華東師範大學第二附屬中學

（实验班用）

语文（深度阅读　中册）

Chinese Language

主编　陈　强　副主编　俞文静　骆　蔚

上海教育出版社
SHANGHAI EDUCATIONAL
PUBLISHING HOUSE

图书在版编目（CIP）数据

华东师范大学第二附属中学语文深度阅读. 中册 / 陈强主编. —
上海：上海教育出版社, 2016.9(2020.9重印)
ISBN 978-7-5444-6971-5

Ⅰ.①华⋯　Ⅱ.①陈⋯　Ⅲ.①阅读课—高中—教学参考资料
Ⅳ.①G634.333

中国版本图书馆CIP数据核字(2016)第215521号

责任编辑　方鸿辉
封面设计　陈　芸

华东师范大学第二附属中学
语文（深度阅读　中册）
陈　强　主编

出版发行	上海教育出版社有限公司
官　　网	www.seph.com.cn
地　　址	上海市永福路123号
邮　　编	200031
印　　刷	昆山市亭林印刷有限责任公司
开　　本	787 × 1092　1/16　印张 16　插页 1
字　　数	385千字
版　　次	2016年9月第1版
印　　次	2020年9月第7次印刷
印　　数	25,001－30,000 本
书　　号	ISBN 978-7-5444-6971-5/G·5744
定　　价	48.00 元

如发现质量问题，读者可向本社调换　电话：021-64377165

前　言

名谓"语文(深度阅读)",自然是相对于高中语文学科教材而言的,即希望以此出发作一些深化和升华性阅读,旨在扩大学生语文视界、提升学生语文品位,适应当下及未来生活的发展需要。

这样的构想,见诸书籍可以有各种各样的编法。

本套书以专题来构架,将浩瀚文本提领、串联起来,是基于这么一种思考:现行语文学科教材受限于学校学科教育整体授课的时数,作为语文知识、认知、能力、人格、文化学习载体的篇目,不得不挂一漏万、浅尝辄止。当代高中学生实在太需要更具预期性的阅读来满足其发展需求。

本套书是以古今经典作家、经典作品为专题,共设50至60个专题,每个专题遴选了5至10篇文章,设置适当的导语与问题探究,简约地勾勒出"这一"位作家、"这一"部作品集的阅读路径。这样做,就好比一幢大厦的桩基——通过一个个专题的阅读、思考、品味,打下建造语文素养、品位殿宇的一个个桩基,它们深扎于悠久文化地层之中,而不是动辄得咎的沙滩桩。其中的每一个专题力求精深、扎实而华美,为高远的未来发展奠定无可动摇的基础。这就是本套书所追求的"桩基效应"。

本套书分上、中、下三册,对应于高中一、二、三学年度(当然也可统筹安排、灵活调用)。每一册均有"基础阅读""拓展阅读""语文视界"三个部分。前两个"阅读"部分,区分点在于相邻性,即理应深入作探究性阅读的"基础阅读"专题中可能触及的左右前后各领域文本,就将其编入"拓展阅读"专题之中。至于"语文视界",则是对当今语文学科学习中众多语焉不详的知识性、认知性的相关内容,分列一些小专题予以解说和例说,诸如对"意思""意义""大意""意蕴""意象"之类易混淆概念作一些边界切分,期望有助于教学者、学习者厘清。

那么,这样一个大容量的阅读专题与篇目,该如何作策略性设计,方能收到预期阅读效应呢?根据对华东师范大学第二附属中学十余年实践指导、运用成效的研究,本书诸位选编者认为不妨按下述三类功能来处置:

一是将本套书作为高中语文学科独立阅读教材。这需要通过研读、品读、萃读来完成对众多篇目的阅读学习。这里的“研读”是借助文前“专题导语”、文后“问题研究”与“相关链接”对每一专题首篇中构成“这一”文本的各类语言、篇章、审美、风格的内容作精细探究,以期收到举一反三的阅读效果;“品读”是对每一专题除首篇之外的3至5篇,作审美、风格或相关性的品味、咀嚼,以获得“这一”作家、作品集更为立体的印象与认识;而“萃读”则以粗线条方式,浏览专题的其余篇目,诚如晋人陶渊明所说,“好读书,不求甚解;每有会意,便欣然忘食”,能各自从中提取感兴趣的东西。如此这般,使学习者形成共性与个性相结合的专题阅读认知。

二是将本套书作为已有高中语文学科教材的辅助性拓展阅读文本。本套书内置的专题不少已在现有高中语文教材中出现了。只是仅有教材的一鳞半爪阅读,恐怕难以获得春风化雨般的语文文化涵育。本套书期望能起到为基于现有高中语文教材的拓展、延伸性阅读打开有机联系的另一个高远空间的作用。鉴于各类高中学校及学生的不同情况,教师可结合教材单元主题或对象,指导学生有选择地阅读本套书中一些相关篇目,用前辈学者所说以“獭祭”式的相关阅读来扩展教材的学习效应。这就使得本套书能与教材篇目有机联系、彼此映衬、相得益彰了。

三是将本套书作为学校的校本文化课程教材之一。试翻阅本套书的各个专题标题,无一不是校本课程设计的资源、关键点或切入点,而内置专题又都是当代高中学生理应具有的一些素养性、品位性的基本内容。以本套书各专题为契机,启动、激活学生广泛阅读、深入探讨,显然是打造校本课程的一条捷径。如“格物致知——庄子寓言专题”,唐诗人李白说他“发天机于漆园,吐峥嵘之高论,开浩荡之奇言”,如果将这门拟议开设的课程命名为“天机泄漏者”,或许会引来众多学生研读原本视为畏途的庄子“高论”与“奇言”之兴趣,而一探两千多年前智者的眼界与胸襟。

当然,本套书的下册若安排在高三作深度阅读,似乎与现在大多数学校把高中阶段最后一年统统用于备考应考的实情不符——有的甚至连高三两册教材也弃之不用——那么,如何能读完十多个专题的如许篇目?正是基于这一考虑,编者在设计专题及遴选文本时,特意安排了与高考语文卷选文有高度契合性的文本类型,如“梓翁说园——陈从周专题”“大家小论——王梓坤专题”“水陆杂陈——古诗文话拼盘”等,完全可以作为备考应考试卷中书卷气的说明、文艺性的议论与笔记体的古文选文类型来研读,甚或试着命题以检查高中语文学习状况,也未尝不可。

本套书是华东师范大学第二附属中学语文学科教改的成果,经过十余年的使用与改进,已经实现了改善、提升学生语文学习素养与文化品位的预期。很希望这套书也能对有同样追求的教师与学生们有所助益。

魏国良

2016年3月

目　录

基础阅读

不大与不小

——契诃夫小说专题

专题导语

在世界文学长廊中有着这样一群栩栩如生的人物：万卡、奥楚米洛夫、别里科夫……

高尔基曾经说过："这是一个独特的巨大天才，是那些在文学史上和在社会情绪构成时代中的作家中的一个。""作为文体家，契诃夫在我们当代艺术家中是唯一掌握了'言简意赅'的高超写作艺术的。"

列夫·托尔斯泰也给契诃夫极高的评价，称他是"无与伦比的艺术家"，而且还说："我撇开一切虚伪的客套肯定地说，从技巧上，他，契诃夫，远比我更为高明！"

高尔基曾指出契诃夫的短篇小说的巨大社会作用，他对契诃夫说："您以您的篇幅不大的小说在做着一件意义巨大的事情；唤起人们对浑浑噩噩半死不活的生活的厌恶。"(《文学书简》)

契诃夫的同时代人、文学评论家伊·谢格洛夫说过，"在契诃夫的一个短篇小说中那个可以感觉到的俄罗斯，比在博雷金写的所有长篇小说中所感觉到的还要多。"(《文学遗产》)

科罗连科曾精辟地指出，在契诃夫的优秀作品中，除了无忧无虑的欢乐和愉快之外，还有着"沉思、抒情以及契诃夫的悠然杰作。"他说："只要认真读一读这些'悠然'小说，你就会确信，在那些可笑的话语和情景的背后，作家难过地看到并羞怯地隐藏了许多残酷和可恶的东西。"(《同时代人回忆契诃夫》)

契诃夫

契诃夫认为,一个人"应该意识到自己的尊严",一个诚实的人"可不是渺小的微不足道的"。所以,他笔下的那些"小人物"以自己方式展开了独特的生活画卷……

文本研读

胖子和瘦子

在尼古拉铁路的一个火车站上,两位朋友,一个胖子和一个瘦子,相遇了。胖子刚刚在火车站餐厅里用过午餐,他的嘴唇油亮亮的,像熟透了的樱桃。他身上有一股核烈斯酒和橙花的气味。瘦子刚从车厢里下来,吃力地提着箱子、包裹和硬纸盒。他身上有一股火腿肠和咖啡渣的气味。在他背后,有个下巴很长的瘦女人不时探头张望——那是他的妻子,还有一个眯着一只眼的中学生,他的儿子。

"波尔菲里!"胖子看到瘦子大声喊道,"是你吗?我亲爱的!多少个冬天,多少个夏天没见面啦!"

"我的老天爷!"瘦子惊呼道,"这是米沙,小时候的朋友!你打从哪儿来?"

两位朋友互相拥抱,一连吻了三次,然后彼此看着对方泪汪汪的眼睛。两人都感到又惊又喜。

"我亲爱的!"接吻后瘦子开始道,"真没有料到!简直喜出望外!哎,你倒是仔细瞧瞧我!你呢,还是那么一个美男子,跟从前一样!还是那样气派,喜欢打扮!咳,你,天哪!噢,你怎么样?发财了吧?结婚了吧?我已经成家了,你看……这是我的妻子路易莎,娘家姓万岑巴赫……她是新教徒……这是我的儿子,纳法奈尔,中学三年级学生。纳法尼亚,这位是我小时候的朋友!中学同班同学!"

纳法奈尔犹豫一下,摘下帽子。

"中学同班同学!"瘦子接着说,"你可记得,同学们当时怎么拿你开心的?给你起了一个外号,叫赫洛斯特拉特,因为你用香烟把公家的一本图书烧了一个洞。我的外号叫厄菲阿尔特,因为我喜欢告密。哈……当时都是小孩子哩!你别害怕,纳法尼亚!你走过来呀……噢,这是我的妻子,娘家姓万岑巴赫……新教徒。"

纳法奈尔犹豫一下,躲到父亲背后去了。

"喂,朋友,你生活得怎么样?"胖子热情地望着朋友,问道,"在哪儿供职?做多大的官啦?"

"在供职,我亲爱的!升了八品文官,已经做了两年了,还得了一枚圣斯坦尼斯拉夫勋章。薪金不高……咳,去它的!我妻子给人上音乐课,我呢,工作之余用木料做烟盒。烟盒很精致!我卖一卢布一个。若是有人要十个或十个以上,你知道,我就给他便宜点。好歹能维持生活。你知道,原来我在一个厅里做科员,现在把我调到这里任科长,还是原来那个部门……往后我就在这里工作了。噢,你怎么样?恐怕已经做到五品文官了吧?啊?"

"不对,亲爱的,再往上提,"胖子说,"我已经是三品文官了……有两枚星章。"

刹那间,瘦子脸色发白,目瞪口呆,但很快他的脸往四下里扭动,做出一副喜气洋洋的笑容。似乎是,他的脸上,他的眼睛里直冒金星。他本人则蜷缩起来,弯腰曲背,矮了半截……他的那些箱子、包裹和硬纸盒也在缩小,皱眉蹙额……他妻子的长下巴拉得更长,纳法奈尔垂手直立,扣上了大衣上所有的纽扣……

"我,大人……非常高兴!您,可以说,原是我儿时的朋友,忽然间,青云直上,成了如此显赫的高官重臣！嘿嘿，大人！"

"哎，算了吧！"胖子皱起了眉头，"何必来这种腔调！你我是儿时朋友——何必来这一套官场里的奉承！"

"哪儿行呢……您怎么能这么说，大人……"瘦子缩得更小，嘿嘿笑着说，"大人体恤下情……使我如蒙再生的甘露……这是，大人，我的儿子纳法奈尔……这是我妻子路易莎，新教徒，某种意义上说……"

胖子本想反驳他几句，但看到瘦子那副诚惶诚恐、阿谀谄媚、低三下四的寒酸相，使得三品文官几乎要呕吐了。他扭过脸去，向瘦子伸出一只手告别。

瘦子握握他的三个指头，一躬到地，像中国人那样嘿嘿笑着。他妻子眉开眼笑。纳法奈尔喀嚓一声，收脚敬礼，把制帽掉到地上。一家三口都感到又惊又喜。

一八八三年十月一日

（本专题文章均选自《契诃夫小说精选》，广州出版社，2008）

1. 问题研究

（1）这篇小说大量运用了对比的手法，试从文本中找出不少于三例，并做简述。

（2）细节描写是刻画人物形象的重要方法。试从文中的几处画线句来揣摩分析人物的心理及生活现状。

2. 相关链接

人民文学出版社：《契诃夫短篇小说选》（上、下）

深度阅读

阅读一

小公务员之死

一个美好的晚上，一位心情美好的庶务官伊凡·德米特里·切尔维亚科夫，坐在剧院第二排座椅上，正拿着望远镜观看轻歌剧《科尔涅维利的钟声》。他看着演出，感到无比幸福。但突然间……小说里经常出现这个"但突然间"。作家们是对的：生活中确实充满了种种意外事件。但突然间，他的脸皱起来，眼睛往上翻，呼吸停住了……他放下望远镜，低下头，便……阿嚏一声！！！他打了个喷嚏，你们瞧。无论何时何地，谁打喷嚏都是不能禁止的。庄稼汉打喷嚏，警长打喷嚏，有时连达官贵人也在所难免。人人都打喷嚏。切尔维亚科夫毫不慌张，掏出小手绢擦擦脸，而且像一位讲礼貌的人那样，举目看看四周：他的喷嚏是否溅着什么人了？但这时他不由得慌张起来。他看到，坐在他前面第一排座椅上的一个小老头，正用手套使劲擦他的秃头和脖子，嘴里还嘟哝着什么。切尔维亚科夫认出这人是三品文官布里扎洛夫将军，他在交通部门任职。

"我的喷嚏溅着他了！"切尔维亚科夫心想，"他虽说不是我的上司，是别的部门的，不过这总不妥当。应当向他赔个不是才对。"

切尔维亚科夫咳嗽一声，身子探向前去，凑着将军的耳朵小声说：

"务请大人原谅，我的唾沫星子溅着您了……我出于无心……"

"没什么，没什么……"

"看在上帝份上，请您原谅。要知道我……我不是有意的……"

"哎，请坐下吧！让人听嘛！"

切尔维亚科夫心慌意乱了，他傻笑一下，开始望着舞台。他看着演出，但已不再感到幸福。

他开始惶惶不安起来。幕间休息时,他走到布里扎洛夫跟前,在他身边走来走去,终于克制住胆怯心情,嗫嚅道:

“我溅着您了,大人……务请宽恕……要知道我……我不是有意的……”

“哎,够了!……我已经忘了,您怎么老提它呢!”将军说完,不耐烦地撇了撇下嘴唇。

“他说忘了,可是他那眼神多凶!”切尔维亚科夫暗想,不时怀疑地瞧他一眼。“连话都不想说了。应当向他解释清楚,我完全是无意的……这是自然规律……否则他会认为我故意啐他。他现在不这么想,过后肯定会这么想的!……”

回家后,切尔维亚科夫把自己的失态告诉了妻子。他觉得妻子对发生的事过于轻率。她先是吓着了,但后来听说布里扎洛夫是“别的部门的”,也就放心了。

“不过你还是去一趟赔礼道歉的好,”她说,“他会认为你在公共场合举止不当!”

“说得对呀!刚才我道歉过了,可是他有点古怪……一句中听的话也没说。再者也没有时间细谈。”

第二天,切尔维亚科夫穿上新制服,刮了脸,去找布里扎洛夫解释……走进将军的接待室,他看到里面有许多请求接见的人。将军也在其中,他已经开始接见了。询问过几人后,将军抬眼望着切尔维亚科夫。

“昨天在‘阿尔卡吉亚’剧场,倘若大人还记得的话,”庶务官开始报告,“我打了一个喷嚏,无意中溅了……务请您原……”

“什么废话!……天知道怎么回事!”将军扭过脸,对下一名来访者说:“您有什么事?”

“他不想说!”切尔维亚科夫脸色煞白,心里想道,“看来他生气了……不行,这事不能这样放下……我要跟他解释清楚……”

当将军接见完最后一名来访首,正要返回内室时,切尔维亚科夫一步跟上去,又开始嗫嚅道:

契诃夫为众人诵读《海鸥》

“大人!倘若在下胆敢打搅大人的话,那么可以说,只是出于一种悔过的心情……我不是有意的,务请您谅解,大人!”

将军做出一副哭丧脸,挥一下手。

“您简直开玩笑,先生!”将军说完,进门不见了。

“这怎么是开玩笑?”切尔维亚科夫想,“根本不是开玩笑!身为将军,却不明事理!既然这样,我再也不向这个好摆架子的人赔不是了!去他的!我给他写封信,再也不来了!真的,再也不来了!”

切尔维亚科夫这么思量着回到家里。可是给将军的信却没有写成。想来想去,怎么也想不出这信该怎么写。只好次日又去向将军本人解释。

“我昨天来打搅了大人,”当将军向他抬起疑问的目光,他开始嗫嚅道,“我不是如您讲的来开玩笑的。我来是向您赔礼道歉，因为我打喷嚏时溅着您了，大人……说到开玩笑，我可从来没有想过。在下胆敢开玩笑吗？倘若我们真开玩笑，那样的话，就丝毫谈不上对大人的敬重了……谈不上……"

"滚出去!!"忽然间，脸色发青、浑身打颤的将军大喝一声。

"什么，大人？"切尔维亚科夫小声问道，他吓呆了。

"滚出去!!"将军顿着脚，又喊了一声。

切尔维亚科夫感到肚子里什么东西碎了。什么也看不见，什么也听不着，他一步一步退到门口。他来到街上，步履艰难地走着……他懵懵懂懂地回到家里，没脱制服，就倒在长沙发上，后来就……死了。

一八八三年七月二日

阅读二

预 谋 犯

法院审讯官面前，站着一个身材矮小、消瘦异常的庄稼汉。他穿着花粗布衬衫和打补丁的裤子，那张鬓须浓重、布满麻点的脸，以及藏在耷拉的浓眉里、让人不易看清的眼睛，露出阴沉而冷漠的表情。一头蓬乱的浓发已很久没有梳理，看上去像一顶帽子，使得他的面容越发显得似蜘蛛般阴沉。他光着脚。

"丹尼斯·格里戈里耶夫!"审讯官开始说，"你走近一点，回答我的问题。本月七日，也就是七月七日，铁路看守人伊凡·谢苗诺夫·阿金福夫沿线巡查时，在一百四十一公里处，撞见你正在拧铁轨上固定枕木的螺丝帽。瞧，这就是螺丝帽……他把你同这颗螺丝帽一齐扣下了。是这样吗？"

"啥？"

"事情是像阿金福夫说的那样吗？"

"没错，是这样。"

"好。那你为什么要拧螺丝帽？"

"啥？"

"你别'啥啥啥'的，回答我的问题：你为什么要拧螺丝帽？"

"要是用不着，俺才不去拧它哩，"丹尼斯斜眼望着天花板，声音嘶哑地说。

"那你要这螺丝帽做什么用？"

"螺丝帽吗？俺们拿它做坠子……"

"俺们是谁？"

"俺们，老百姓呗……也就是克利莫夫斯克的庄稼人。"

"听着，老乡，你别跟我装糊涂，说正经的！用不着撒谎，扯什么坠子不坠子的!"

"俺一辈子没有撒过谎，这会儿说俺瞎扯……"丹尼斯眨巴着眼睛，嘟哝着，"再说，老爷，没有坠子能行吗？你若把鱼饵或是蚯蚓装到钓钩上，不加上个坠子，难道它能沉到水底？还说俺瞎扯哩……"丹尼斯冷笑道："鱼饵这东西，若是浮在水面上，能顶个屁用！鲈鱼、梭鱼、江鳕，向来往深水里钻。鱼饵若漂在水上那只有赤梢鱼才来咬钩，再说那种事也少见……俺们那条河就没有赤梢鱼……这种鱼喜欢大河大水。"

"你跟我大讲赤梢鱼干什么？"

“啥?这可是您自己问的呀!俺们那儿,连地主老爷们也都这么钓鱼的。最不懂事的娃娃没有坠子也不去钓鱼。当然啦,也有一种人啥也不懂,嘿,没有坠子也去钓鱼。傻瓜蛋可不管章法不章法……”

“那么你是说,你拧下这颗螺丝帽是为了拿它做坠子的?”

“不为这个又为啥,总不能拿它当羊拐子玩!”

“可是,你要做坠子尽可以拿铅块,子弹壳……或者钉子什么的……”

“铅块在大路上可找不着,得花钱去买。说到钉子,那不管用。螺丝帽这东西最好不过了……又重,还有个小洞。”

“你装什么糊涂!倒像是昨天才出生的,或者从天上掉下来的。难道你不明白,笨脑瓜,拧掉螺丝帽会造成什么后果?要不是看守人及时发现,火车就要出轨,许多人就会丧命!你就成了杀人凶手!”

“上帝保佑,可千万别出这种事,老爷!干啥要去害人?难道俺们不信教,或是什么坏人?谢天谢地,好老爷,别说俺一辈子没害死过一个人,就连这种念头也没有转过……求圣母娘娘保佑,饶恕……瞧您说的,老爷!”

“那么依你看,火车是怎么出事的?告诉你:你拧下两三颗螺丝帽,火车就要翻身!”

丹尼斯嘿嘿冷笑,眯起眼睛怀疑地瞧着审讯官。

“得了吧!这些年来,俺们村的人拧下的螺丝帽不少,上帝保佑,可从来也没见翻车,这会儿说什么出事,害人……我若把铁轨搬了去,或是,比方说吧,扛一根大木头横在铁路上,噢,那样的话,火车倒兴许要出轨,可是……呸!不就是少一颗螺丝帽吗!”

“你要明白:那些螺丝帽是用来固定铁轨和枕木的。”

“这个俺们也懂……俺们又不是把所有的螺丝帽都拧下……还留着许多呢……俺们办事也不是不动脑筋……俺们也懂……”

丹尼斯打了个哈欠,在嘴巴上画个十字。

“去年这地方有一列火车出轨了,”审讯官说,“现在知道是什么原因了……”

“您说啥?”

“我是说,现在知道了,为什么去年有一列火车出轨……我弄明白了!”

“您念过书,所以才明白事理,俺们的恩人……上帝知道,该让谁明白事理……您刚才评判了一大通,是怎么回事,为什么,可那个看守人也是庄稼汉,啥也不懂,就知道一把揪住俺的后脖领;拖着俺就走……你先说出个理来,再拖人也不迟呀!俗话说得好,庄稼人有庄稼人的道理……您再记上一笔,老爷,他还扇俺两个嘴巴子,一拳打在俺胸口上。”

“搜你家的时候,又搜出另外一颗螺丝帽……那颗螺丝帽你是在什么地方什么时候拧下的?”

“您是说小红箱子底下的那一颗吧?”

“我可不知道它放在哪儿,只知道又搜出一颗。你什么时候拧下的?”

“俺可没拧,那是伊格纳什卡给我的,他么,就是独眼龙伊凡的儿子。俺说的是压在小箱子底下的那一颗,至于院子里雪橇上的那一颗是俺同米特罗凡一块儿拧的。”

“哪个米特罗凡?”

“就是米特罗凡·彼得罗夫呗……难道没听说过?他在俺们村编大鱼网,卖给老爷们。他需要很多这种螺丝帽。编一张网,估摸着也得十来颗……”

“你听着……刑法第一千零八十一条规定：凡蓄意破坏铁路，致使该路上行驶中的运输工具发生危险，且肇事者明知该行为的后果将造成不幸——听明白了吗？明知！而你不可能不知道，拧掉螺丝帽是什么后果——该肇事者当判处流放并服苦役。”

“当然，您知道的东西多……俺们是无知无识的人，这个俺们哪能弄懂？”

“你什么都懂！你就会瞎扯，装糊涂！”

“干啥要瞎扯？您若不信，去问问村里人好了……不加坠子只能钓钓欧鲌。赤梢鱼是最次不过的鱼了，不加坠子，就连它也不上钩的。”

“你再讲讲赤梢鱼呀！”审讯官微笑着说。

“俺那儿可没有赤梢鱼……俺有时用蛾子当饵，不加坠子，让钓丝在水面上漂，只有雅罗鱼来咬钩，再说那也少见。”

“行了，你住嘴吧……”

随后是沉默。丹尼斯不知所措地倒换着脚站定，瞅着蒙上绿绒布的桌子，使劲眨巴眼睛，仿佛他看到的不是身前的绿绒布，而是红太阳。审讯官很快写着什么。

“俺可以走了吧？”沉默半晌后丹尼斯问道。

“不行。我得把你押起来，再送进班房。”

丹尼斯不再眨眼，抬起浓眉，怀疑地望着审讯官。

“怎么要去班房？老爷！俺可没有这个闲工夫，俺得去赶集。伊戈尔欠俺三卢布的腌猪油钱，俺得去讨回来……”

“住嘴，别碍事。”

“坐班房……要是真做了坏事，去也行啊，可是……活得好好的……犯什么罪啦？俺又没有偷东西，好像也没跟人打过架……您若怀疑俺拖欠税款，老爷，那您千万别信村长的话……您一定得问问常任委员先生……他，那个村长，没有良心……”

“住嘴！”

“俺也没说啥……”丹尼斯嘟哝着，“村长尽造假账，这个俺敢对天起誓……俺家三兄弟：老大库兹马·格里戈里耶夫，老二伊戈尔·格里戈里耶夫，再就是俺，丹尼斯·格里戈里耶夫……”

“你碍我的事……喂，谢苗！”审讯官叫道，“把他押下去！”

“俺家三兄弟，”丹尼斯继续嘟哝，这时两名壮实的士兵押着他走出审讯室。

“亲兄弟也不替亲兄弟担当责任……库兹马没有完税，那么你，丹尼斯，就得来承担……什么法官！俺东家是将军——可惜死了，但愿他升天——要不然他会给你们这些法官厉害瞧瞧……审案子也得有本事，不能胡来……你哪怕用树条抽我一顿，可是得有凭有据，凭良心……”

一八八五年七月二十四日

阅读三

普里希别耶夫中士

“普里希别耶夫中士！你被指控于今年九月三日出言冒犯并动手殴打了本县警察日金、村长阿利亚波夫、乡村警察叶菲莫夫、见证人伊凡诺夫和加夫里洛夫，以及另外六个农民，并且前三人是在执行公务时受到侮辱的。你承认自己有罪吗？”

普里希别耶夫，一个满脸皱纹和肉刺的退伍中士，手贴裤缝立正，操起沙哑而低沉的嗓子，回答时咬清每一个字，像发布命令似的："长官，调解法官先生！当然，根据法律条款，法院有理由要求双方陈述当时的各种情况。有罪的不是我，而是另外那些人。整个事件是由一具死尸引起的——愿他的灵魂升天！三号那一天，我同老婆安菲莎安安静静、规规矩矩地走着，一看——河岸上聚了一大堆各式各样的人。我请问：老百姓有什么权利在这地方集会？什么目的？难道律书上写着，老百姓可以成群结伙走动的？我喊了一声：散开！开始推开众人，要他们回家去，还下令乡村警察揪住他们的脖领，把他们轰走……"

"对不起，要知道你既不是本县警察，也不是村长，难道你管得着赶散人群这种事吗？"

"他管不着，管不着！"审讯室里各个角落里的人齐声喊道，"他搅得人不得安生，大人！我们忍了他十五年了！自从他退伍回乡，从那时起，弄得人简直想从村里逃走。他把大家害苦了！"

"正是这样，大人！"村长作证说，"全村人都在抱怨。真没法跟他在一起生活！捧着圣像去教堂啦，举行婚礼啦，要不，比如说吧，出了什么事故啦，处处都有他，还大喊大叫，吵吵闹闹，总得由他来维持秩序。他揪小伙子的耳朵，跟踪监视婆娘们，生怕她们出事，倒像是她们的老公公……前几天，他挨家挨户下令不许唱歌，不许点灯。他说，没见法律规定可以唱歌的。"

"请等一下，待会儿您再提供证词，"调解法官打断他的话，"现在，让普里希别耶夫继续陈述。说吧，普里希别耶夫！"

"遵命，先生。"中士操着哑嗓子说，"您，长官，刚才说到，赶散人群不关我的事……好，先生……可要是民众闹事呢？难道能允许乡民胡作非为吗？哪一部法典里写着，可以放纵百姓，听其胡来的？我绝不许可，先生。要不是我赶散人群，给他们点厉害瞧瞧，谁又能挺身站出来？谁也不懂现行的规章秩序，可以这么说，长官，全村只有我一人知道，怎样对付普通老百姓，而且，长官，我什么都能弄懂。我不是庄稼汉，我是中士军官，退役的军输给养员，在华沙当过差，还在司令部呢，先生。以后呢，请注意，我堂堂正正退了伍，当了消防队员，先生。再后来，由于病后体弱离开了消防队，在古典男子初级中学当了两年的门卫……所有的规章秩序我都知道，先生。可是庄稼汉都是粗人，啥也不懂，就应该听我的，因为——那也是为他们好。就拿眼前这件事来说吧……我是驱赶了人群，可是岸边沙地上躺着一具捞起来的死尸。我请问：根据什么理由，尸体躺在这个地方？难道这正常吗？县警察管什么的？我说了：'为什么你这个县里的警察不把此事报告上级？兴许这个淹死的人是投水自尽，但兴许这案子带点西伯利亚的气味：说不定是一桩刑事凶杀案……'可是本县警察日金满不在乎，只顾抽他的烟。他还说：'这人是谁，怎么跑来指手划脚的？他是你们这儿的什么人？好像我们离了他就不知道该怎么办了。'我就说：'既然你只知道站着，不管不问，可见你这个傻瓜就不知道该怎么办。'他说：'我昨天就把这事报告了县警察局长。'我请问：'为什么报告县警察局长？根据哪部法典的哪一条？碰到这类案子，比如有人淹死，有人上吊，或者诸如此类的事，难道归县警察局长管吗？'我说，'这是刑事案件，民事诉讼……'我说，'眼下得派专人呈报侦查员先生和法官们。'我还说，'第一步你得写份报告，送交调解法官先生。'可是他，这个本县警察，光是听着笑。那些庄稼汉也一样。大家都笑，长官。我可以对天起誓，我说的没错。喏，这人笑了，那人笑了，日金也笑了。我说，'你们都龇牙咧嘴做什么？'可是县警察开口了，'这类案子调解法官管不着。'我一听这话就冒火了。县警察，你是这么说的吧？"中士转身问县警察。

"说过。"

“大家都听见了,你当着众人的面就是这么说的:‘这类案子调解法官管不着。’大家都听见了,你就是这么说的……我火冒三丈,长官,我甚至吓着了。我说:‘你再说一遍,坏蛋,把你刚才的话再说一遍!’他又重复了一遍……我跑到他跟前。我责问:‘你怎么能这样说调解法官先生?你是本县警察,怎么反对官府?啊?’我还说,‘你知道吗?调解法官先生只要他愿意,凭你这句话就可以把你这个不可靠分子送交省宪兵队!你知道吗?凭你这些政治性言论调解法官先生可以把你发配到什么地方去?’可是村长说话了:‘调解法官超出权限的事一样也做不来。他只能管管小事。’他就是这么说的,大家都听见了……我就说:‘你怎么敢蔑视官府?嘿,你可别跟我开玩笑,否则,老弟,事情就不妙!’想当初我在华沙当过差,在男子中学当过门卫。那个时候,只要我一听到这类不成体统的话,我就朝大街上张望,看有没有宪兵。‘老总,’我喊,‘你上这儿来!’于是把事情原原本本都报告他。现如今在乡下你跟谁说去?我气愤极了。一想到如今的老百姓放肆得很,想怎么干就怎么干,不服从命令,我心里就有气,我抡起拳头……当然我没有使劲,真的,就这么轻轻地打了一下,好叫他下次不敢再说您长官的坏话……本县警察这时出来为村长保驾。我因此连县警察也……就这样一个接一个……我一时性起,长官,嘿,要知道不这样也不行。你要是见着蠢人不打他,那就昧了良心了。何况遇到人命案子……民众闹事……”

“不行!即使民众闹事也有人会管。这方面有本县警察,村长,本村警察……”

“县警察不能样样事情都管到,再说县警察许多事不如我明白……”

“可是你要知道,这不关你的事!”

“什么,先生?这怎么不关我的事?奇怪,先生……有人胡作非为,还不关我的事!莫不是还要我去夸奖他们?刚才他们向您诉苦,说我禁止唱歌……这唱歌又有什么好处?他们放着正经事不干,就知道唱歌……如今还时兴晚上点着灯闲坐着。该睡觉了,他们却闲聊,还嘻嘻哈哈。这事我都记下来了,先生!”

“你记下什么了?”

“哪些人点灯闲坐着。”

说罢,普里希别耶夫从衣袋里摸出一张油污的小纸片,戴上眼镜,念道:“点灯闲坐的农民计有:伊凡·普罗霍罗夫,萨瓦·米基福罗夫,彼得罗夫。大兵的寡妇舒斯特罗娃同谢苗诺夫·基斯洛夫私姘。伊格纳特·斯韦尔乔克大搞妖术,他的老婆玛芙拉是巫婆,每天夜里跑出去挤人家的牛奶。”

“够了!”法官说完开始询问证人。

普里希别耶夫把眼镜推到额头上,不胜惊讶地望着调解法官,显然这位法官并不站在他一边。他那双瞪大的眼睛发亮,鼻子变得通红。他望着调解法官,望着证人,怎么也弄不明白,为什么审讯室里各个角落一片不满的埋怨声和压抑着的笑声。他更是弄不明白最后竟是这样的判决:拘禁一个月。

“什么罪?”他大惑不解地摊开双手问,“我犯了哪条王法?”

但有一点他是清楚的,那就是这世界变了,变得简直没法活下去了。种种阴暗、沮丧的念头困扰着他。但是,当他走出审讯室,看到一群乡民聚在一起谈论什么的时候,他积习难改,不由得手贴裤缝立正,操起沙哑的嗓子,生气地喊道:

“平民百姓,散开!不准聚会!都给我回家去!”

一八八五年十月五日

阅读四

外 科 手 术

地方自治局医院。由于医师回家结婚,病人暂由医士库里亚京接待。他是一个四十岁上下的胖子,穿一件很旧的柞丝绸单排扣短上衣,下穿一条破旧的花呢裤。脸上一副责任重大、心情愉快的表情。左手的食指和中指之间,夹着一支冒臭气的雪茄烟。

本是医生也是剧作家的契诃夫

诵经士奉米格拉索夫走进诊所,他是一个又高又结实的老头,穿着窄腰肥袖的棕色长袍,拦腰束一条宽皮带。他的右眼患白内障,半睁半闭着,鼻子上有一颗疣子,远看像一只很大的苍蝇。诵经士很快用眼睛搜寻圣像,没有找到后便对着一个盛着石碳酸溶液的长颈大玻璃瓶画了一个十字。随后从红布中取出一块圣饼,边鞠躬边把它放到医士面前。

“啊……谢谢啦!”医士打着哈欠说,“您有何贵干?”

“祝您礼拜天过得好,谢尔盖·库兹米奇……我有件事求您……对不起,还是圣诗里说得千真万确:‘我所饮的,掺着眼泪。’几天前,我坐下跟老婆子一块儿喝茶——哎哟,我的上帝!我连一点一滴也喝不进去,就想躺下,真不如死掉的好……刚喝那么一小口——就痛得我没一点儿力气了!除了牙痛,整个这半边脸……好痛啊,好痛啊!这耳朵里也突然痛起来,不行啊,就像里面有颗钉子,或是别的什么东西:一阵阵刺痛,一阵阵刺痛!作孽呀!犯戒呀!……可耻的罪恶迷住心窍,终生在懒惰中……报应呀,谢尔盖·库兹米奇,报应呀!大司祭神父做完弥撒后责备我:‘你呀,叶菲姆,口齿不清,鼻音很重。唱诗时,叫人一点也听不清你唱什么。’请您来评评理:要是连嘴都张不开,还能唱什么诗呢!脸都肿了,不行啊,夜里也睡不着……”

“噢,是的……请坐下……张开嘴!”

奉米格拉索夫坐下,张开嘴。

库里亚京皱起眉头,往嘴巴里瞧,在一排由于年老和烟熏而变黄的牙里,看到一颗龋齿。

“助祭神父要我敷上辣子泡酒——不管用。格利克里娅·阿尼西莫夫娜——求上帝保佑她老人家身体健康——给我一根从阿索斯圣山带回的细线,让我扎在胳臂上,还要我用牛奶漱口。我呢,老实说吧,线倒是扎上了,至于牛奶,我没有照办:我敬畏上帝,正是斋戒期呀……”

“迷信!……”医士稍作停顿后又说:“牙得拔掉,叶菲姆·米海伊奇!”

“您比我清楚,谢尔盖·库兹米奇。您上过学堂,所以对这种事很内行,知道该怎么办:是拔了呢,还是上点药水,或是用点别的什么……所以才把您摆在这里,恩人哪,求上帝保佑您身体健康,好让我们为您,亲爹哪,日日夜夜祷告……直到躺进坟墓……”

“不值一提……”医士谦虚起来,他走到立柜前,开始翻寻拔牙器具,“外科手术——不值一提……这里全靠熟练,手有劲……这不费吹灰之力……前不久,地主亚历山大·伊凡内奇·叶吉佩茨基来到医院,就像您现在这样……也是牙痛……这人很有学问,什么事都要问长问短,弄个明白:怎么回事,为什么。他跟我握手,称我的名字和父名……他在彼得堡住了七年,跟所有的教授都混熟了……我跟他待了很久……他以耶稣上帝的名义央求我：‘您给我拔了它，谢尔盖·库兹米奇！’那有什么不行的？可以拔。不过，这里需要懂行，不懂就不行……牙齿有各种各样的。有的用夹钳拔，有的用专用牙钳，有的用螺旋钳……这要因人而异。”

医士拿起专用牙钳，疑惑地看了它一分钟，之后把它放下，拿起一把夹钳。

“好吧，先生，把嘴张大些……”他拿着夹钳走到诵经士跟前说，“我这就来把它……那个……这不费吹灰之力……只要扎破牙床……顺着垂直轴心往外拽……这就成了……”他扎破牙床，“这就成了……”

“您是我们的救命恩人……我们这些蠢人啥也不懂，是天主让你们的脑子开了窍……”

“既然你的嘴张着，就别发什么议论啦……这牙容易拔，可是弄不好牙根常常拔不出来……这一颗——不费吹灰之力……”他把夹钳放上去，“等一等，别拉扯……坐好，别动……一眨眼的工夫……（用力拽）……关键是，要往深里拔（使劲拽）……别把牙根弄断了……”

“我们的天父呀……圣母娘娘呀……哎哟哟……”

“不对头……不对头……怎么拔？你别用手乱抓！把手放下！”他使劲拔，“马上就好……快了，快了……事情么，要知道并不简单……”

“天父呀……爹娘呀……”他一声尖叫，“天使呀！哎哟哟……你倒是拔呀，拔呀，你怎么拖拖拉拉拔五年呢？”

“这事么，要知道……属外科手术……一下子完不了……快了，快了……”

奉米格拉索夫痛得把双膝抬到胳膊时，十个指头乱抓乱动，瞪大眼睛，上气不接下气……那张紫红的脸上冒出了汗，眼睛里涌出泪水，库里亚京站在诵经士面前累得直喘，跺着脚，用力拔……最折磨人的半分钟过去了——夹住牙齿的钳子脱落了。诵经士跳起来，用手指伸进嘴里。他摸到嘴里那颗龋齿还在老地方。

“瞧你拽的！”他用哭笑不得的腔调说，“把你拽到阴间才好！太感谢啦！既然没有本事，就别来拔牙！痛得我眼前发黑……”

“那你为什么用手抓我？”医士也生气了，“我在拔牙，你呢，老来碰我的手，还说了无数蠢话……混账！”

“你才混账！”

“你以为，乡巴佬，牙齿是好拔的？你来试试！这可比不得爬到钟楼上撞撞钟！（戏弄地）‘没有本事，没有本事！’你说，你怎么教训起人来了！真有你的……我给叶吉佩茨基老爷，也就是亚历山大·伊凡内奇拔过牙，那一位什么事也没有，一句话也没说……人家比你高贵，也不用手乱抓……坐下！我跟你说：坐下！”

“我痛得晕头转向了……你让我喘口气……哎哟！”他坐下，又说，“就是别太久了，用力拔吧。你别拽，用力拔……一下子就拔出来！”

“居然开导起行家来了！天哪，这么一个无知无识的粗人！跟这种人生活在一起……你都要发疯！张开嘴！”他放进夹钳，“外科手术，老兄，可不是闹着玩的……这比不得在唱诗班里唱唱诗……”他用力拽，“别发抖……看来，这牙老了，牙根很深……”他使劲拽，“别动……这就对了，这就对了……别动……好，好……”响起断裂声，“我早知会这样！”

奉米格拉索夫呆呆地坐了片刻，似乎失去了知觉。他昏迷了……他的眼睛茫然望着空间，惨白的脸上满是汗水。

“我要是用专用牙钳就好了……”医士嘟哝着，“真没有料到！”

诵经士清醒过来,立即把手指塞进嘴里,在病牙的地方有两个冒尖的碎茬。

“恶,恶鬼! ……”他破口大骂,“让你们这些希律待在这里,是要我们的命呀!”

“你再骂人……”医士嘟哝着,把夹钳放回立柜,“无知无识的粗人……你在神学校里鞭子挨少了……叶吉佩茨基老爷,也就是亚历山大·伊凡内奇,他在彼得堡住了七年……多有学问……他的一件外衣就值一百卢布……可是人家不骂人……你有什么了不起? 不要紧,就死不了!”

诵经士拿起桌上的圣饼,一手捂着脸颊,只好回家去了……

一八八四年八月十一日

呐喊与彷徨

——鲁迅小说专题

专题导语

在中学语文教材中，出现频率最高的作家曾经是鲁迅。

有关鲁迅，文坛、学界各种人物的看法歧见纷出，其差异之大文学史上罕见。但奇怪的是也有众口一词的：人们都承认鲁迅是那个时代最伟大的作家。甚至有称他为文坛唯一权威、学界唯一领袖。而鲁迅几乎没有争议的是他的小说创作。冯雪峰、胡风、茅盾、胡适等，都对鲁迅的小说作出很高的评价。胡适在《五十年来之中国文学》中说："但成绩最大的却是一位托名'鲁迅'的。他的短篇小说，从四年前的《狂人日记》到最近的《阿 Q 正传》，虽然不多，差不多没有不好的。"

1947 年，沈从文为鲁迅逝世 11 周年而写的《学鲁迅》，把鲁迅对文学的贡献说成是"明确而永久的"，尊鲁迅为"乡土文学"的"领路者"，而且明确表白自己从鲁迅小说中受到了鼓励。

不过，也有人曾挑战鲁迅在中国现代文学史上的地位。李敖在接受访谈时就曾说："我觉得鲁迅在大陆过分被政治化了，高估了。……连他弟弟周作人也这样讲，他说鲁迅可能本人不愿意这样被高估。高估不在鲁迅，而在于高估他的人，你的水平出了问题。"

2000 年，王朔在《我看鲁迅》中说："鲁迅的小说写得确实不错，但不是都好，没有一个作家的全部作品都好……，说鲁迅的小说代表中国小说的最高水平，那也不是事实。……各界人士对他的颂扬，有时到了妨碍我们自由呼吸的地步。我不相信他如此完美……，既然大家越来越严厉地互相对待，他也不该例外。他甚至应该成为一个标尺，什么时候能随便批评他了，或者大家都把他淡忘了，我们就进步了。"

这些说法到底该怎么评判？研读了鲁迅小说，你会有自己的看法的。

鲁迅先生

文本研读

风　　波

临河的土场上，太阳渐渐的收了他通黄的光线了。场边靠河的乌桕树叶，干巴巴的才喘过气来，几个花脚蚊子在下面哼着飞舞。面河的农家的烟突里，逐渐减少了炊烟，女人孩子们都在自己门口的土场上泼些水，放下小桌子和矮凳；人知道，这已经是晚饭的时候了。

老人男人坐在矮凳上，摇着大芭蕉扇闲谈，孩子飞也似的跑，或者蹲在乌桕树下赌玩石子。女人端出乌黑的蒸干菜和松花黄的米饭，热蓬蓬冒烟。河里驶过文人的酒船，文豪见了，大发诗兴，说，“无思无虑，这真是田家乐呵！”

但文豪的话有些不合事实，就因为他们没有听到九斤老太的话。这时候，九斤老太正在大怒，拿破芭蕉扇敲着凳脚说：

“我活到七十九岁了，活够了，不愿意眼见这些败家相，——还是死的好。立刻就要吃饭了，还吃炒豆子，吃穷了一家子！”

伊的曾孙女儿六斤捏着一把豆，正从对面跑来，见这情形，便直奔河边，藏在乌桕树后，伸出双丫角的小头，大声说，“这老不死的！”

九斤老太虽然高寿，耳朵却还不很聋，但也没有听到孩子的话，仍旧自己说，“这真是一代不如一代！”

这村庄的习惯有点特别，女人生下孩子，多喜欢用秤称了轻重，便用斤数当作小名。九斤老太自从庆祝了五十大寿以后，便渐渐的变了不平家，常说伊年青的时候，天气没有现在这般热，豆子也没有现在这般硬：总之现在的时世是不对了。何况六斤比伊的曾祖，少了三斤，比伊父亲七斤，又少了一斤，这真是一条颠扑不破的实例。所以伊又用劲说，“这真是一代不如一代！”

伊的儿媳七斤嫂子正捧着饭篮走到桌边，便将饭篮在桌上一摔，愤愤的说，“你老人家又这么说了。六斤生下来的时候，不是六斤五两么？你家的秤又是私秤，加重称，十八两秤；用了准十六，我们的六斤该有七斤多哩。我想便是太公和公公，也不见得正是九斤八斤十足，用的秤也许是十四两……”

“一代不如一代！”

七斤嫂还没有答话，忽然看见七斤从小巷口转出，便移了方向，对他嚷道，“你这死尸怎么这时候才回来，死到那里去了！不管人家等着你开饭！”

七斤虽然住在农村，却早有些飞黄腾达的意思。从他的祖父到他，三代不捏锄头柄了；他也照例的帮人撑着航船，每日一回，早晨从鲁镇进城，傍晚又回到鲁镇，因此很知道些时事：例如什么地方，雷公劈死了蜈蚣精；什么地方，闺女生了一个夜叉之类。他在村人里面，的确已经是一名出场人物了。但夏天吃饭不点灯，却还守着农家习惯，所以回家太迟，是该骂的。

七斤一手捏着象牙嘴白铜斗六尺多长的湘妃竹烟管，低着头，慢慢地走来，坐在矮凳上。六斤也趁势溜出，坐在他身边，叫他爹爹。七斤没有应。

“一代不如一代！”九斤老太说。

七斤慢慢地抬起头来，叹一口气说，“皇帝坐了龙庭了。”

七斤嫂呆了一刻，忽而恍然大悟的道，“这可好了，这不是又要皇恩大赦了么！”

七斤又叹一口气，说，“我没有辫子。”

“皇帝要辫子么？”

“皇帝要辫子。”

“你怎么知道呢？”七斤嫂有些着急，赶忙的问。

“咸亨酒店里的人，都说要的。”

七斤嫂这时从直觉上觉得事情似乎有些不妙了，因为咸亨酒店是消息灵通的所在。伊一转眼瞥见七斤的光头，便忍不住动怒，怪他恨他怨他；忽然又绝望起来，装好一碗饭，搡在七斤的面前道，"还是赶快吃你的饭罢！哭丧着脸，就会长出辫子来么?"

太阳收尽了他最末的光线了，水面暗暗地回复过凉气来；土场上一片碗筷声响，人人的脊梁上又都吐出汗粒。七斤嫂吃完三碗饭，偶然抬起头，心坎里便禁不住突突地发跳。伊透过乌桕叶，看见又矮又胖的赵七爷正从独木桥上走来，而且穿着宝蓝色竹布的长衫。

赵七爷是邻村茂源酒店的主人，又是这三十里方圆以内的唯一的出色人物兼学问家；因为有学问，所以又有些遗老的臭味。他有十多本金圣叹批评的《三国志》，时常坐着一个字一个字的读；他不但能说出五虎将姓名，甚而至于还知道黄忠表字汉升和马超表字孟起。革命以后，他便将辫子盘在顶上，像道士一般；常常叹息说，倘若赵子龙在世，天下便不会乱到这地步了。七斤嫂眼睛好，早望见今天的赵七爷已经不是道士，却变成光滑头皮，乌黑发顶；伊便知道这一定是皇帝坐了龙庭，而且一定须有辫子，而且七斤一定是非常危险。因为赵七爷的这件竹布长衫，轻易是不常穿的，三年以来，只穿过两次：一次是和他呕气的麻子阿四病了的时候，一次是曾经砸烂他酒店的鲁大爷死了的时候；现在是第三次了，这一定又是于他有庆，于他的仇家有殃了。

七斤嫂记得，两年前七斤喝醉了酒，曾经骂过赵七爷是"贱胎"，所以这时便立刻直觉到七斤的危险，心坎里突突地发起跳来。

赵七爷一路走来，坐着吃饭的人都站起身，拿筷子点着自己的饭碗说，"七爷，请在我们这里用饭！"七爷也一路点头，说道"请请"，却一径走到七斤家的桌旁。七斤们连忙招呼，七爷也微笑着说"请请"，一面细细的研究他们的饭菜。

"好香的干菜，——听到了风声了么?"赵七爷站在七斤的后面七斤嫂的对面说。

"皇帝坐了龙庭了。"七斤说。

七斤嫂看着七爷的脸，竭力陪笑道，"皇帝已经坐了龙庭，几时皇恩大赦呢?"

"皇恩大赦？——大赦是慢慢的总要大赦罢。"七爷说到这里，声色忽然严厉起来，"但是你家七斤的辫子呢，辫子？这倒是要紧的事。你们知道：长毛时候，留发不留头，留头不留发，……"

七斤和他的女人没有读过书，不很懂得这古典的奥妙，但觉得有学问的七爷这么说，事情自然非常重大，无可挽回，便仿佛受了死刑宣告似的，耳朵里嗡的一声，再也说不出一句话。

"一代不如一代，——"九斤老太正在不平，趁这机会，便对赵七爷说，"现在的长毛，只是剪人家的辫子，僧不僧，道不道的。从前的长毛，这样的么？我活到七十九岁了，活够了。从前的长毛是——整匹的红缎子裹头，拖下去，拖下去，一直拖到脚跟；王爷是黄缎子，拖下去，黄缎子；红缎子，黄缎子，——我活够了，七十九岁了。"

七斤嫂站起身，自言自语的说，"这怎么好呢？这样的一班老小，都靠他养活的人，……"

赵七爷摇头道，"那也没法。没有辫子，该当何罪，书上都一条一条明明白白写着的。不管他家里有些什么人。"

七斤嫂听到书上写着，可真是完全绝望了；自己急得没法，便忽然又恨到七斤。伊用筷子指着他的鼻尖说，"这死尸自作自受！造反的时候，我本来说，不要撑船了，不要上城了。他偏要死进城去，滚进城去，进城便被人剪去了辫子。从前是绢光乌黑的辫子，现在弄得僧不僧道不道的。这囚徒自作自受，带累了我们又怎么说呢？这活死尸的囚徒……"

村人看见赵七爷到村，都赶紧吃完饭，聚在七斤家饭桌的周围。七斤自己知道是出场人物，被女人当大众这样辱骂，很不雅观，便只得抬起头，慢慢地说道：

“你今天说现成话,那时你……”

“你这活死尸的囚徒……”

看客中间,八一嫂是心肠最好的人,抱着伊的两周岁的遗腹子,正在七斤嫂身边看热闹;这时过意不去,连忙解劝说,“七斤嫂,算了罢。人不是神仙,谁知道未来事呢?便是七斤嫂,那时不也说,没有辫子倒也没有什么丑么?况且衙门里的大老爷也还没有告示,……”

七斤嫂没有听完,两个耳朵早通红了;便将筷子转过向来,指着八一嫂的鼻子,说,“阿呀,这是什么话呵!八一嫂,我自己看来倒还是一个人,会说出这样昏诞胡涂话么?那时我是,整整哭了三天,谁都看见;连六斤这小鬼也都哭,……”六斤刚吃完一大碗饭,拿了空碗,伸手去嚷着要添。七斤嫂正没好气,便用筷子在伊的双丫角中间,直扎下去,大喝道,“谁要你来多嘴!你这偷汉的小寡妇!”

扑的一声,六斤手里的空碗落在地上了,恰巧又碰着一块砖角,立刻破成一个很大的缺口。七斤直跳起来,捡起破碗,合上了检查一回,也喝道,“入娘的!”一巴掌打倒了六斤。六斤躺着哭,九斤老太拉了伊的手,连说着“一代不如一代”,一同走了。

八一嫂也发怒,大声说,“七斤嫂,你‘恨棒打人’……”

赵七爷本来是笑着旁观的;但自从八一嫂说了“衙门里的大老爷没有告示”这话以后,却有些生气了。这时他已经绕出桌旁,接着说,“‘恨棒打人’,算什么呢。大兵是就要到的。你可知道,这回保驾的是张大帅,张大帅就是燕人张翼德的后代,他一支丈八蛇矛,就有万夫不当之勇,谁能抵挡他,”他两手同时捏起空拳,仿佛握着无形的蛇矛模样,向八一嫂抢进几步道,“你能抵挡他么!”

八一嫂正气得抱着孩子发抖,忽然见赵七爷满脸油汗,瞪着眼,准对伊冲过来,便十分害怕,不敢说完话,回身走了。赵七爷也跟着走去,众人一面怪八一嫂多事,一面让开路,几个剪过辫子重新留起的便赶快躲在人丛后面,怕他看见。赵七爷也不细心察访,通过人丛,忽然转入乌桕树后,说道“你能抵挡他么!”跨上独木桥,扬长去了。

村人们呆呆站着,心里计算,都觉得自己确乎抵不住张翼德,因此也决定七斤便要没有性命。七斤既然犯了皇法,想起他往常对人谈论城中的新闻的时候,就不该含着长烟管显出那般骄傲模样,所以对于七斤的犯法,也觉得有些畅快。他们也仿佛想发些议论,却又觉得没有什么议论可发。嗡嗡的一阵乱嚷,蚊子都撞过赤膊身子,闯到乌桕树下去做市;他们也就慢慢地走散回家,关上门去睡觉。七斤嫂咕哝着,也收了家伙和桌子矮凳回家,关上门睡觉了。

七斤将破碗拿回家里,坐在门槛上吸烟;但非常忧愁,忘却了吸烟,象牙嘴六尺多长湘妃竹烟管的白铜斗里的火光,渐渐发黑了。他心里但觉得事情似乎十分危急,也想想些方法,想些计画,但总是非常模胡,贯穿不得:“辫子呢辫子?丈八蛇矛。一代不如一代!皇帝坐龙庭。破的碗须得上城去钉好。谁能抵挡他?书上一条一条写着。入娘的!……”

第二日清晨,七斤依旧从鲁镇撑航船进城,傍晚回到鲁镇,又拿着六尺多长的湘妃竹烟管和一个饭碗回村。他在晚饭席上,对九斤老太说,这碗是在城内钉合的,因为缺口大,所以要十六个铜钉,三文一个,一总用了四十八文小钱。

九斤老太很不高兴的说,“一代不如一代,我是活够了。三文钱一个钉;从前的钉,这样的么?从前的钉是……我活了七十九岁了,——”

此后七斤虽然是照例日日进城,但家景总有些黯淡,村人大抵回避着,不再来听他从城内得来的新闻。七斤嫂也没有好声气,还时常叫他“囚徒”。

过了十多日,七斤从城内回家,看见他的女人非常高兴,问他说,“你在城里可听到些什么?”

“没有听到些什么。”

“皇帝坐了龙庭没有呢?”

“他们没有说。”

“咸亨酒店里也没有人说么?”

“也没人说。”

“我想皇帝一定是不坐龙庭了。我今天走过赵七爷的店前,看见他又坐着念书了,辫子又盘在顶上了,也没有穿长衫。”

“……”

“你想,不坐龙庭了罢?”

“我想,不坐了罢。”

现在的七斤,是七斤嫂和村人又都早给他相当的尊敬,相当的待遇了。到夏天,他们仍旧在自家门口的土场上吃饭;大家见了,都笑嘻嘻的招呼。九斤老太早已做过八十大寿,仍然不平而且康健。六斤的双丫角,已经变成一支大辫子了;伊虽然新近裹脚,却还能帮同七斤嫂做事,捧着十八个铜钉的饭碗,在土场上一瘸一拐的往来。

一九二〇年十月

(本专题文章均选自《鲁迅经典作品选》,当代世界出版社,2007)

鲁迅先生

1. 问题研究

(1)“一代不如一代”这句话在小说中反复出现,其作用是什么?

(2)结合小说的最后一段,说说“风波”的含义。

2. 相关链接

黑龙江出版社:《鲁迅小说集》

深度阅读

阅读一

白　　光

陈士成看过县考的榜,回到家里的时候,已经是下午了。他去得本很早,一见榜,便先在这上面寻陈字。陈字也不少,似乎也都争先恐后的跳进他眼睛里来,然而接着的却全不是士成这两个字。他于是重新再在十二张榜的圆图里细细地搜寻,看的人全已散尽了,而陈士成在榜上终于没有见,单站在试院的照壁的面前。

凉风虽然拂拂的吹动他斑白的短发,初冬的太阳却还是很温和的来晒他。但他似乎被太阳晒得头晕了,脸色越加变成灰白,从劳乏的红肿的两眼里,发出古怪的闪光。这时他其实早已不看到什么墙上的榜文了,只见有许多乌黑的圆圈,在眼前泛泛的游走。

隽了秀才,上省去乡试,一径联捷上去,……绅士们既然千方百计的来攀亲,人们又都像看见神明似的敬畏,深悔先前的轻薄,发昏,……赶走了租住在自己破宅门里的杂姓——那是不劳说赶,自己就搬的,——屋宇全新了,门口是旗竿和扁额,……要清高可以做京官,否则不如谋外放。……他平日安排停当的前程,这时候又像受潮的糖塔一般,刹时倒塌,只剩下一堆碎片了。他不自觉的旋转了觉得涣散了的身躯,惘惘的走向归家的路。

他刚到自己的房门口,七个学童便一齐放开喉咙,吱的念起书来。他大吃一惊,耳朵边似乎敲了一声磬,只见七个头拖了小辫子在眼前幌,幌得满房,黑圈子也夹着跳舞。他坐下了,他们送上晚课来,脸上都显出小觑他的神色。

"回去罢。"他迟疑了片时,这才悲惨的说。

他们胡乱的包了书包,挟着,一溜烟跑走了。

陈士成还看见许多小头夹着黑圆圈在眼前跳舞,有时杂乱,有时也摆成异样的阵图,然而渐渐的减少,模胡了。

"这回又完了!"

他大吃一惊,直跳起来,分明就在耳边的话,回过头去却并没有什么人,仿佛又听得嗡的敲了一声磬,自己的嘴也说道:

"这回又完了!"

他忽而举起一只手来,屈指计数着想,十一,十三回,连今年是十六回,竟没有一个考官懂得文章,有眼无珠,也是可怜的事,便不由嘻嘻的失了笑。然而他愤然了,蓦地从书包布底下抽出誊真的制艺和试帖来,拿着往外走,刚近房门,却看见满眼都明亮,连一群鸡也正在笑他,便禁不住心头突突的狂跳,只好缩回里面了。

他又就了坐,眼光格外的闪烁;他目睹着许多东西,然而很模胡,——是倒塌了的糖塔一般的前程躺在他面前,这前程又只是广大起来,阻住了他的一切路。

别家的炊烟早消歇了,碗筷也洗过了,而陈士成还不去做饭。寓在这里的杂姓是知道老例的,凡遇到县考的年头,看见发榜后的这样的眼光,不如及早关了门,不要多管事。最先就绝了人声,接着是陆续的熄了灯火,独有月亮,却缓缓的出现在寒夜的空中。

空中青碧到如一片海,略有些浮云,仿佛有谁将粉笔洗在笔洗里似的摇曳。月亮对着陈士成注下寒冷的光波来,当初也不过像是一面新磨的铁镜罢了,而这镜却诡秘的照透了陈士成的全身,就在他身上映出铁的月亮的影。

他还在房外的院子里徘徊,眼里颇清静了,四近也寂静。但这寂静忽又无端的纷扰起来,他耳边又确凿听到急促的低声说:

"左弯右弯……"

他耸然了,倾耳听时,那声音却又提高的复述道:

"右弯!"

他记得了。这院子,是他家还未如此雕零的时候,一到夏天的夜间,夜夜和他的祖母在此纳凉的院子。那时他不过十岁有零的孩子,躺在竹榻上,祖母便坐在榻旁边,讲给他有趣的故事听。伊说是曾经听得伊的祖母说,陈氏的祖宗是巨富的,这屋子便是祖基,祖宗埋着无数的银子,有福气的子孙一定会得到的罢,然而至今还没有现。至于处所,那是藏在一个谜语的中间:

"左弯右弯,前走后走,量金量银不论斗。"

对于这谜语，陈士成便在平时，本也常常暗地里加以揣测的，可惜大抵刚以为可通，却又立刻觉得不合了。有一回，他确有把握，知道这是在租给唐家的房底下的了，然而总没有前去发掘的勇气；过了几时，可又觉得太不相像了。至于他自己房子里的几个掘过的旧痕迹，那却全是先前几回下第以后的发了怔忡的举动，后来自己一看到，也还感到惭愧而且羞人。

但今天铁的光罩住了陈士成，又软软的来劝他了，他或者偶一迟疑，便给他正经的证明，又加上阴森的摧逼，使他不得不又向自己的房里转过眼光去。

白光如一柄白团扇，摇摇摆摆的闪起在他房里了。

"也终于在这里！"

他说着，狮子似的赶快走进那房里去，但跨进里面的时候，便不见了白光的影踪，只有莽苍苍的一间旧房，和几个破书桌都没在昏暗里。他爽然的站着，慢慢的再定睛，然而白光却分明的又起来了，这回更广大，比硫黄火更白净，比朝雾更霏微，而且便在靠东墙的一张书桌下。

陈士成狮子似的奔到门后边，伸手去摸锄头，撞着一条黑影。他不知怎的有些怕了，张惶的点了灯，看锄头无非倚着。他移开桌子，用锄头一气掘起四块大方砖，蹲身一看，照例是黄澄澄的细沙，揎了袖爬开细沙，便露出下面的黑土来。他极小心的，幽静的，一锄一锄往下掘，然而深夜究竟太寂静了，尖铁触土的声音，总是钝重的不肯瞒人的发响。

土坑深到二尺多了，并不见有瓮口，陈士成正心焦，一声脆响，颇震得手腕痛，锄尖碰着什么坚硬的东西了；他急忙抛下锄头，摸索着看时，一块大方砖在下面。他的心抖得很利害，聚精会神的挖起那方砖来，下面也满是先前一样的黑土，爬松了许多土，下面似乎还无穷。但忽而又触着坚硬的小东西了。圆的，大约是一个锈铜钱；此外也还有几片破碎的磁片。

陈士成心里仿佛觉得空虚了，浑身流汗，急躁的只爬搔；这其间，心在空中一抖动，又触着一种古怪的小东西了，这似乎约略有些马掌形的，但触手很松脆。他又聚精会神的挖起那东西来，谨慎的撮着，就灯光下仔细的看时，那东西斑斑驳驳的像是烂骨头，上面还带着一排零落不全的牙齿。他已经悟到这许是下巴骨了，而那下巴骨也便在他手里索索的动弹起来，而且笑吟吟的显出笑影，终于听得他开口道：

"这回又完了！"

他栗然的发了大冷，同时也放了手，下巴骨轻飘飘的回到坑府里不多久，他也就逃到院子里了。他偷看房里面，灯火如此辉煌，下巴骨如此嘲笑，异乎寻常的怕人，便再不敢向那边看。他躲在远处的檐下的阴影里，觉得较为平安了；但在这平安中，忽而耳朵边又听得窃窃的低声说：

"这里没有……到山里去……"

陈士成似乎记得白天在街上也曾听得有人说这种话，他不待再听完，已经恍然大悟了。他突然仰面向天，月亮已向西高峰这方面隐去，远想离城三十五里的西高峰正在眼前，朝笏一般黑魆魆的挺立着，周围便放出浩大闪烁的白光来。

而且这白光又远远的就在前面了。

"是的，到山里去！"

他决定的想，惨然的奔出去了。几回的开门之后，门里面便再不闻一些声息。灯火结了大灯花照着空屋和坑洞，毕毕剥剥的炸了几声之后，便渐渐的缩小以至于无有，那是残油已经烧尽了。

“开城门来……”

含着大希望的恐怖的悲声,游丝似的在西关门前的黎明中,战战兢兢的叫喊。

第二天的日中,有人在离西门十五里的万流湖里看见一个浮尸,当即传扬开去,终于传到地保的耳朵里了,便叫乡下人捞将上来。那是一个男尸,五十多岁,“身中面白无须”,浑身也没有什么衣裤。或者说这就是陈士成,但邻居懒得去看,也并无尸亲认领,于是经县委员相验之后,便由地保埋了。至于死因,那当然是没有问题的,剥取死尸的衣服本来是常有的事,够不上疑心到谋害去:而且仵作也证明是生前的落水,因为他确凿曾在水底里挣命,所以十个指甲里都满嵌着河底泥。

一九二二年六月

阅读二

在酒楼上

我从北地向东南旅行,绕道访了我的家乡,就到S城。这城离我的故乡不过三十里,坐了小船,小半天可到,我曾在这里的学校里当过一年的教员。深冬雪后,风景凄清,懒散和怀旧的心绪联结起来,我竟暂寓在S城的洛思旅馆里了;这旅馆是先前所没有的。城圈不大,寻访了几个以为可以会见的旧同事,一个也不在,早不知散到那里去了,经过学校的门口,也改换了名称和模样,于我很生疏。不到两个时辰,我的意兴早已索然,颇悔此来为多事了。

我所住的旅馆是租房不卖饭的,饭菜必须另外叫来,但又无味,入口如嚼泥土。窗外只有渍痕斑驳的墙壁,帖着枯死的莓苔;上面是铅色的天,白皑皑的绝无精采,而且微雪又飞舞起来了。我午餐本没有饱,又没有可以消遣的事情,便很自然的想到先前有一家很熟识的小酒楼,叫一石居的,算来离旅馆并不远。我于是立即锁了房门,出街向那酒楼去。其实也无非想姑且逃避客中的无聊,并不专为买醉。一石居是在的,狭小阴湿的店面和破旧的招牌都依旧;但从掌柜以至堂倌却已没有一个熟人,我在这一石居中也完全成了生客。然而我终于跨上那走熟的屋角的扶梯去了,由此径到小楼上。上面也依然是五张小板桌;独有原是木棂的后窗却换嵌了玻璃。

“一斤绍酒。——菜?十个油豆腐,辣酱要多!”

我一面说给跟我上来的堂倌听,一面向后窗走,就在靠窗的一张桌旁坐下了。楼上“空空如也”,任我拣得最好的坐位:可以眺望楼下的废园。这园大概是不属于酒家的,我先前也曾眺望过许多回,有时也在雪天里。但现在从惯于北方的眼睛看来,却很值得惊异了:几株老梅竟斗雪开着满树的繁花,仿佛毫不以深冬为意;倒塌的亭子边还有一株山茶树,从暗绿的密叶里显出十几朵红花来,赫赫的在雪中明得如火,愤怒而且傲慢,如蔑视游人的甘心于远行。我这时又忽地想到这里积雪的滋润,著物不去,晶莹有光,不比朔雪的粉一般干,大风一吹,便飞得满空如烟雾。……

“客人,酒。……”

堂倌懒懒的说着,放下杯,筷,酒壶和碗碟,酒到了。我转脸向了板桌,排好器具,斟出酒来。觉得北方固不是我的旧乡,但南来又只能算一个客子,无论那边的干雪怎样纷飞,这里的柔雪又怎样的依恋,于我都没有什么关系了。我略带些哀愁,然而很舒服的呷一口酒。酒味很纯正;油豆腐也煮得十分好;可惜辣酱太淡薄,本来S城人是不懂得吃辣的。

大概是因为正在下午的缘故罢，这会说是酒楼，却毫无酒楼气，我已经喝下三杯酒去了，而我以外还是四张空板桌。我看着废园，渐渐的感到孤独，但又不愿有别的酒客上来。偶然听得楼梯上脚步响，便不由的有些懊恼，待到看见是堂倌，才又安心了，这样的又喝了两杯酒。

我想，这回定是酒客了，因为听得那脚步声比堂倌的要缓得多。约略料他走完了楼梯的时候，我便害怕似的抬头去看这无干的同伴，同时也就吃惊的站起来。我竟不料在这里意外的遇见朋友了，——假如他现在还许我称他为朋友。那上来的分明是我的旧同窗，也是做教员时代的旧同事，面貌虽然颇有些改变，但一见也就认识，独有行动却变得格外迂缓，很不像当年敏捷精悍的吕纬甫了。

"阿，——纬甫，是你么？我万想不到会在这里遇见你。"

"阿阿，是你？我也万想不到……"

我就邀他同坐，但他似乎略略踌躇之后，方才坐下来。我起先很以为奇，接着便有些悲伤，而且不快了。细看他相貌，也还是乱蓬蓬的须发；苍白的长方脸，然而衰瘦了。精神跟沉静，或者却是颓唐，又浓又黑的眉毛底下的眼睛也失了精采，但当他缓缓的四顾的时候，却对废园忽地闪出我在学校时代常常看见的射人的光来。

"我们，"我高兴的，然而颇不自然的说，"我们这一别，怕有十年了罢。我早知道你在济南，可是实在懒得太难，终于没有写一封信。……"

"彼此都一样。可是现在我在太原了，已经两年多，和我的母亲。我回来接她的时候，知道你早搬走了，搬得很干净。"

"你在太原做什么呢？"我问。

"教书，在一个同乡的家里。"

"这以前呢？"

"这以前么？"他从衣袋里掏出一支烟卷来，点了火衔在嘴里，看着喷出的烟雾，沉思似的说："无非做了些无聊的事情，等于什么也没有做。"

他也问我别后的景况；我一面告诉他一个大概，一面叫堂倌先取杯筷来，使他先喝着我的酒，然后再去添二斤。其间还点菜，我们先前原是毫不客气的，但此刻却推让起来了，终于说不清那一样是谁点的，就从堂倌的口头报告上指定了四样菜：茴香豆，冻肉，油豆腐，青鱼干。

"我一回来，就想到我可笑。"他一手擎着烟卷，一只手扶着酒杯，似笑非笑的向我说。"我在少年时，看见蜂子或蝇子停在一个地方，给什么来一吓，即刻飞去了，但是飞了一个小圈子，便又回来停在原地点，便以为这实在很可笑，也可怜。可不料现在我自己也飞回来了，不过绕了一点小圈子。又不料你也回来了。你不能飞得更远些么？"

"这难说，大约也不外乎绕点小圈子罢。"我也似笑非笑的说。"但是你为什么飞回来的呢？"

"也还是为了无聊的事。"他一口喝干了一杯酒，吸几口烟，眼睛略为张大了。"无聊的。——但是我们就谈谈罢。"

堂倌搬上新添的酒菜来，排满了一桌，楼上又添了烟气和油豆腐的热气，仿佛热闹起来了；楼外的雪也越加纷纷的下。

"你也许本来知道，"他接着说，"我曾经有一个小兄弟，是三岁上死掉的，就葬在这乡下。

我连他的模样都记不清楚了,但听母亲说,是一个很可爱念的孩子,和我也很相投,至今她提起来还似乎要下泪。今年春天,一个堂兄就来了一封信,说他的坟边已经渐渐的浸了水,不久怕要陷入河里去了,须得赶紧去设法。母亲一知道就很着急,几乎几夜睡不着,——她又自己能看信的。然而我能有什么法子呢?没有钱,没有工夫:当时什么法也没有。

“一直挨到现在,趁着年假的闲空,我才得回南给他来迁葬。”他又喝干一杯酒,看着窗外,说,“这在那边那里能如此呢?积雪里会有花,雪地下会不冻。就在前天,我在城里买了一口小棺材,——因为我豫料那地下的应该早已朽烂了,——带着棉絮和被褥,雇了四个土工,下乡迁葬去。我当时忽而很高兴,愿意掘一回坟,愿意一见我那曾经和我很亲睦的小兄弟的骨殖:这些事我生平都没有经历过。到得坟地,果然,河水只是咬进来,离坟已不到二尺远。可怜的坟,两年没有培土,也平下去了。我站在雪中,决然的指着他对土工说,‘掘开来!’我实在是一个庸人,我这时觉得我的声音有些希奇,这命令也是一个在我一生中最为伟大的命令。但土工们却毫不骇怪,就动手掘下去了。待到掘着圹穴,我便过去看,果然,棺木已经快要烂尽了,只剩下一堆木丝和小木片。我的心颤动着,自去拨开这些,很小心的,要看一看我的小兄弟,然而出乎意外!被褥,衣服,骨骼,什么也没有。我想,这些都消尽了,向来听说最难烂的是头发,也许还有罢。我便伏下去,在该是枕头所在的泥土里仔仔细细的看,也没有。踪影全无!”

我忽而看见他眼圈微红了,但立即知道是有了酒意。他总不很吃菜,单是把酒不停的喝,早喝了一斤多,神情和举动都活泼起来,渐近于先前所见的吕纬甫了,我叫堂倌再添二斤酒,然后回转身,也拿着酒杯,正对面默默的听着。

“其实,这本已可以不必再迁,只要平了土,卖掉棺材;就此完事了的。我去卖棺材虽然有些离奇,但只要价钱极便宜,原铺子就许要,至少总可以捞回几文酒钱来。但我不这样,我仍然铺好被褥,用棉花裹了些他先前身体所在的地方的泥土,包起来,装在新棺材里,运到我父亲埋着的坟地上,在他坟旁埋掉了。因为外面用砖墩,昨天又忙了我大半天:监工。但这样总算完结了一件事,足够去骗骗我的母亲,使她安心些。——阿阿,你这样的看我,你怪我何以和先前太不相同了么?是的,我也还记得我们同到城隍庙里去拔掉神像的胡子的时候,连日议论些改革中国的方法以至于打起来的时候。但我现在就是这样子,敷敷衍衍,模模胡胡。我有时自己也想到,倘若先前的朋友看见我,怕会不认我做朋友了。——然而我现在就是这样。”

他又掏出一支烟卷来,衔在嘴里,点了火。

“看你的神情,你似乎还有些期望我,——我现在自然麻木得多了,但是有些事也还看得出。这使我很感激,然而也使我很不安:怕我终于辜负了至今还对我怀着好意的老朋友。……”他忽而停住了,吸几口烟,才又慢慢的说,“正在今天,刚在我到这一石居来之前,也就做了一件无聊事,然而也是我自己愿意做的。我先前的东边的邻居叫长富,是一个船户。他有一个女儿叫阿顺,你那时到我家里来,也许见过的,但你一定没有留心,因为那时她还小。后来她也长得并不好看,不过是平常的瘦瘦的瓜子脸,黄脸皮;独有眼睛非常大,睫毛也很长,眼白又青得如夜的晴天,而且是北方的无风的晴天,这里的就没有那么明净了。她很能干,十多岁没了母亲,招呼两个小弟妹都靠她,又得服侍父亲,事事都周到;也经济,家计倒渐渐的稳当起来了。邻居几乎没有一个不夸奖她,连长富也时常说些感激的话。这一次我动身回来的时候,我的母亲又记得她了,老年人记性真长久。她说她曾经知道顺姑因为看见谁的头上戴着红的剪绒花,自己也想一朵,弄不到,哭了,哭了小半夜,就挨了她父亲的一顿打,后来眼眶还红肿了两三天。这种剪绒花是外省的东西,S城里尚且买不出,她那里想得到手呢?趁我这一次回南的便,便叫我买两朵去送她。

鲁迅先生

“我对于这差使倒并不以为烦厌,反而很喜欢;为阿顺,我实在还有些愿意出力的意思的。前年,我回来接我母亲的时候,有一天,长富正在家,不知怎的我和他闲谈起来了。他便要请我吃点心,荞麦粉,并且告诉我所加的是白糖。你想,家里能有白糖的船户,可见决不是一个穷船户了,所以他也吃得很阔绰。我被劝不过,答应了,但要求只要用小碗。他也很识世故,便嘱咐阿顺说,‘他们文人,是不会吃东西的。你就用小碗,多加糖!’然而等到调好端来的时候,仍然使我吃一吓,是一大碗,足够我吃一天。但是和长富吃的一碗比起来,我的也确乎算小碗。我生平没有吃过荞麦粉,这回一尝,实在不可口,却是非常甜。我漫然的吃了几口,就想不吃了,然而无意中,忽然间看见阿顺远远的站在屋角里,就使我立刻消失了放下碗筷的勇气。我看她的神情,是害怕而且希望,大约怕自己调得不好,愿我们吃得有味,我知道如果剩下大半碗来,一定要使她很失望,而且很抱歉。我于是同时决心,放开喉咙灌下去了,几乎吃得和长富一样快。我由此才知道硬吃的苦痛,我只记得还做孩子时候的吃尽一碗拌着驱除蛔虫药粉的沙糖才有这样难。然而我毫不抱怨,因为她过来收拾空碗时候的忍着的得意的笑容,已尽够赔偿我的苦痛而有余了。所以我这一夜虽然饱胀得睡不稳,又做了一大串恶梦,也还是祝赞她一生幸福,愿世界为她变好。然而这些意思也不过是我的那些旧日的梦的痕迹,即刻就自笑,接着也就忘却了。

“我先前并不知道她曾经为了一朵剪绒花挨打,但因为母亲一说起,便也记得了荞麦粉的事,意外的勤快起来了。我先在太原城里搜求了一遍,都没有;一直到济南……”

窗外沙沙的一阵声响,许多积雪从被他压弯了的一枝山茶树上滑下去了,树枝笔挺的伸直,更显出乌油油的肥叶和血红的花来。天空的铅色来得更浓,小鸟雀啾唧的叫着,大概黄昏将近,地面又全罩了雪,寻不出什么食粮,都赶早回巢来休息了。

“一直到了济南,”他向窗外看了一回,转身喝干一杯酒,又吸几口烟,接着说。“我才买到剪绒花。我也不知道使她挨打的是不是这一种,总之是绒做的罢了。我也不知道她喜欢深色还是浅色,就买了一朵大红的,一朵粉红的,都带到这里来。

“就是今天午后,我一吃完饭,便去看长富,我为此特地耽搁了一天。他的家倒还在,只是看去很有些晦气色了,但这恐怕不过是我自己的感觉。他的儿子和第二个女儿——阿昭,都站在门口,大了。阿昭长得全不像她姊姊,简直像一个鬼,但是看见我走向她家,便飞奔的逃进屋里去。我就问那小子,知道长富不在家。‘你的大姊呢?’他立刻瞪起眼睛,连声问我寻她什么事,而且恶狠狠的似乎就要扑过来,咬我。我支吾着退走了,我现在是敷敷衍衍……

“你不知道,我可是比先前更怕去访人了。因为我已经深知道自己之讨厌,连自己也讨厌,又何必明知故犯的去使人暗暗地不快呢?然而这回的差使是不能不办妥的,所以想了一想,终于回到就在斜对门的柴店里。店主的母亲,老发奶奶,倒也还在,而且也还认识我,居然将我邀进店里坐去了。我们寒暄几句之后,我就说明了回到S城和寻长富的缘故。不料她叹息说:

“‘可惜顺姑没有福气戴这剪绒花了。’

“她于是详细的告诉我，说是‘大约从去年春天以来，她就见得黄瘦，后来忽而常常下泪了，问她缘故又不说；有时还整夜的哭，哭得长富也忍不住生气，骂她年纪大了，发了疯。可是一到秋初，起先不过小伤风，终于躺倒了，从此就起不来。直到咽气的前几天，才肯对长富说，她早就像她母亲一样，不时的吐红和流夜汗。但是瞒着，怕他因此要担心，有一夜，她的伯伯长庚又来硬借钱，——这是常有的事，——她不给，长庚就冷笑着说：你不要骄气，你的男人比我还不如！她从此就发了愁，又怕羞，不好问，只好哭。长富赶紧将她的男人怎样的挣气的话说给她听，那里还来得及？况且她也不信，反而说：好在我已经这样，什么也不要紧了。’

“她还说，‘如果她的男人真比长庚不如，那就真可怕呵！比不上一个偷鸡贼，那是什么东西呢？然而他来送殓的时候，我是亲眼看见他的，衣服很干净，人也体面；还眼泪汪汪的说，自己撑了半世小船，苦熬苦省的积起钱来聘了一个女人，偏偏又死掉了。可见他实在是一个好人，长庚说的全是诳。只可惜顺姑竟会相信那样的贼骨头的诳话，白送了性命。——但这也不能去怪谁，只能怪顺姑自己没有这一份好福气。’

“那倒也罢，我的事情又完了。但是带在身边的两朵剪绒花怎么办呢？好，我就托她送了阿昭。这阿昭一见我就飞跑，大约将我当作一只狼或是什么，我实在不愿意去送她。——但是我也就送她了，母亲只要说阿顺见了喜欢的了不得就是。这些无聊的事算什么？只要模模胡胡。模模胡胡的过了新年，仍旧教我的‘子曰诗云’去。”

“你教的是‘子曰诗云’么？”我觉得奇异，便问。

“自然。你还以为教的是 ABCD 么？我先是两个学生，一个读《诗经》，一个读《孟子》。新近又添了一个，女的，读《女儿经》。连算学也不教，不是我不教，他们不要教。”

“我实在料不到你倒去教这类的书，……”

“他们的老子要他们读这些，我是别人，无乎不可的。这些无聊的事算什么？只要随随便便，……”

他满脸已经通红，似乎很有些醉，但眼光却又消沉下去了。我微微的叹息，一时没有话可说。楼梯上一阵乱响，拥上几个酒客来：当头的是矮子，拥肿的圆脸；第二个是长的，在脸上很惹眼的显出一个红鼻子；此后还有人，一叠连的走得小楼都发抖。我转眼去看吕纬甫，他也正转眼来看我，我就叫堂倌算酒账。

“你借此还可以支持生活么？”我一面准备走，一面问。

“是的。——我每月有二十元，也不大能够敷衍。”

“那么，你以后豫备怎么办呢？”

“以后？——我不知道。你看我们那时豫想的事可有一件如意？我现在什么也不知道，连明天怎样也不知道，连后一分……”

堂倌送上账来，交给我；他也不像初到时候的谦虚了，只向我看了一眼，便吸烟，听凭我付了账。

我们一同走出店门，他所住的旅馆和我的方向正相反，就在门口分别了。我独自向着自己的旅馆走，寒风和雪片扑在脸上，倒觉得很爽快。见天色已是黄昏，和屋宇和街道都织在密雪的纯白而不定的罗网里。

一九二四年二月一六日

阅读三

肥　皂

四铭太太正在斜日光中背着北窗和她八岁的女儿秀儿糊纸锭，忽听得又重又缓的布鞋底声响，知道四铭进来了，并不去看他，只是糊纸锭。但那布鞋底声却愈响愈逼近，觉得终于停在她的身边了，于是不免转过眼去看，只见四铭就在她面前耸肩曲背的狠命掏着布马挂底下的袍子的大襟后面的口袋。

他好容易曲曲折折的汇出手来，手里就有一个小小的长方包，葵绿色的，一径递给四太太。她刚接到手，就闻到一阵似橄榄非橄榄的说不清的香味，还看见葵绿色的纸包上有一个金光灿烂的印子和许多细簇簇的花纹。秀儿即刻跳过来要抢着看，四太太赶忙推开她。

"上了街？……"她一面看，一面问。

"唔唔。"他看着她手里的纸包，说。

于是这葵绿色的纸包被打开了，里面还有一层很薄的纸，也是葵绿色，揭开薄纸，才露出那东西的本身来，光滑坚致，也是葵绿色，上面还有细簇簇的花纹，而薄纸原来却是米色的，似橄榄非橄榄的说不清的香味也来得更浓了。

"唉唉，这实在是好肥皂。"她捧孩子似的将那葵绿色的东西送到鼻子下面去，嗅着说。

"唔唔，你以后就用这个……。"

她看见他嘴里这么说，眼光却射在她的脖子上，便觉得颧骨以下的脸上似乎有些热。她有时自己偶然摸到脖子上，尤其是耳朵后，指面上总感着些粗糙，本来早就知道是积年的老泥，但向来倒也并不很介意。现在在他的注视之下，对着这葵绿异香的洋肥皂，可不禁脸上有些发热了，而且这热又不绝的蔓延开去，即刻一径到耳根。她于是就决定晚饭后要用这肥皂来拼命的洗一洗。

"有些地方，本来单用皂荚子是洗不干净的。"她自对自的说。

"妈，这给我！"秀儿伸手来抢葵绿纸；在外面玩耍的小女儿招儿也跑到了。四太太赶忙推开她们，裹好薄纸，又照旧包上葵绿纸，欠过身去搁在洗脸台上最高的一层格子上，看一看，翻身仍然糊纸锭。

"学程！"四铭记起了一件事似的，忽而拖长了声音叫，就在她对面的一把高背椅子上坐下了。

"学程！"她也帮着叫。

她停下糊纸锭，侧耳一听，什么响应也没有，又见他仰着头焦急的等着，不禁很有些抱歉了，便尽力提高了喉咙，尖利的叫：

"绖儿呀！"

这一叫确乎有效，就听到皮鞋声橐橐的近来，不一会，绖儿已站在她面前了，只穿短衣，肥胖的圆脸上亮晶晶的流着油汗。

"你在做什么？怎么爹叫也不听见？"她谴责的说。

"我刚在练八卦拳……。"他立即转身向了四铭，笔挺的站着，看着他，意思是问他什么事。

"学程，我就要问你：'恶毒妇'是什么？"

"'恶毒妇'？……那是，'很凶的女人'罢？……"

"胡说！胡闹！"四铭忽而怒得可观。"我是'女人'么!?"

学程吓得倒退了两步,站得更挺了。他虽然有时觉得他走路很像上台的老生,却从没有将他当作女人看待,他知道自己答的很错了。

“‘恶毒妇’是‘很凶的女人’,我倒不懂,得来请教你?——这不是中国话,是鬼子话,我对你说。这是什么意思,你懂么?”

“我,……我不懂。”学程更加局促起来。

“吓,我白花钱送你进学堂,连这一点也不懂。亏煞你的学堂还夸什么‘口耳并重’,倒教得什么也没有。说这鬼话的人至多不过十四五岁,比你还小些呢,已经叽叽咕咕的能说了,你却连意思也说不出,还有这脸说‘我不懂’!——现在就给我去查出来!”

学程在喉咙底里答应了一声“是”,恭恭敬敬的退出去了。

“这真叫作不成样子,”过了一会,四铭又慷慨的说,“现在的学生是。其实,在光绪年间,我就是最提倡开学堂的,可万料不到学堂的流弊竟至于如此之大:什么解放咧,自由咧,没有实学,只会胡闹。学程呢,为他花了的钱也不少了,都白花。好容易给他进了中西折中的学堂,英文又专是‘口耳并重’的,你以为这该好了罢,哼,可是读了一年,连‘恶毒妇’也不懂,大约仍然是念死书。吓,什么学堂,造就了些什么?我简直说:应该统统关掉!”

“对咧,真不如统统关掉的好。”四太太糊着纸锭,同情的说。

“秀儿她们也不必进什么学堂了。‘女孩子,念什么书?’九公公先前这样说,反对女学的时候,我还攻击他呢;可是现在看起来,究竟是老年人的话对。你想,女人一阵一阵的在街上走,已经很不雅观的了,她们却还要剪头发。我最恨的就是那些剪了头发的女学生,我简直说,军人土匪倒还情有可原,搅乱天下的就是她们,应该很严的办一办……。”

“对咧,男人都像了和尚还不够,女人又来学尼姑了。”

“学程!”

学程正捧着一本小而且厚的金边书快步进来,便呈给四铭,指着一处说:

“这倒有点像。这个……。”

四铭接来看时,知道是字典,但文字非常小,又是横行的。他眉头一皱,擎向窗口,细着眼睛,就学程所指的一行念过去:

“‘第十八世纪创立之共济讲社之称’。——唔,不对。——这声音是怎么念的?”他指着前面的“鬼子”字,问。

“恶特拂罗斯(oddfellows)。”

“不对,不对,不是这个。”四铭又忽而愤怒起来了。“我对你说:那是一句坏话,骂人的话,骂我这样的人的。懂了么?查去!”学程看了他几眼,没有动。

“这是什么闷胡卢,没头没脑的?你也先得说说清,教他好用心的查去。”她看见学程为难,觉得可怜,便排解而且不满似的说。

“就是我在大街上广润祥买肥皂的时候,”四铭呼出了一口气,向她转过脸去,说。“店里又有三个学生在那里买东西。我呢,从他们看起来,自然也怕太噜苏一点了罢。我一气看了六七样,都要四角多,没有买;看一角一块的,又太坏,没有什么香。我想,不如中通好,便挑定了那绿的一块,两角四分。伙计本来是势利鬼,眼睛生在额角上的,早就撅着狗嘴的了;可恨那学生这坏小子又都挤眉弄眼的说着鬼话笑。后来,我要打开来看一看才付钱:洋纸包着,怎么断得定货色的好坏呢。谁知道那势利鬼不但不依,还蛮不讲理,说了许多可恶的废话;坏小子们又附和着说笑。那一句是顶小的一个说的,而且眼睛看着我,他们就都笑起来了:可见一定是一句坏话。”他于是转脸对着学程道，“你只要在‘坏话类’里去查去！”

学程在喉咙底里答应了一声“是”，恭恭敬敬的退去了。

“他们还嚷什么‘新文化新文化’，‘化’到这样了，还不够？”他两眼盯着屋梁，尽自说下去。“学生也没有道德，社会上也没有道德，再不想点法子来挽救，中国这才真个要亡了。——你想，那多么可叹？……”

“什么？”她随口的问，并不惊奇。

“孝女。”他转眼对着她，郑重的说。“就在大街上，有两个讨饭的。一个是姑娘，看去该有十八九岁了。——其实这样的年纪，讨饭是很不相宜的了，可是她还讨饭。——和一个六七十岁的老的，白头发，眼睛是瞎的，坐在布店的檐下求乞。大家多说她是孝女，那老的是祖母。她只要讨得一点什么，便都献给祖母吃，自己情愿饿肚皮。可是这样的孝女，有人肯布施么？”他射出眼光来钉住她，似乎要试验她的识见。

她不答话，也只将眼光钉住他，似乎倒是专等他来说明。

“哼，没有。”他终于自己回答说。“我看了好半天，只见一个人给了一文小钱；其余的围了一大圈，倒反去打趣。还有两个光棍，竟肆无忌惮的说：‘阿发，你不要看得这货色脏。你只要去买两块肥皂来，咯支咯支遍身洗一洗，好得很哩！’哪，你想，这成什么话？”

“哼，”她低下头去了，久之，才又懒懒的问，“你给了钱么？”

“我么？——没有。一两个钱，是不好意思拿出去的。她不是平常的讨饭，总得……。”

“嗡。”她不等说完话，便慢慢地站起来，走到厨下去。昏黄只显得浓密，已经是晚饭时候了。

四铭也站起身，走出院子去。天色比屋子里还明亮，学程就在墙角落上练习八卦拳：这是他的“庭训”，利用昼夜之交的时间的经济法，学程奉行了将近大半年了。他赞许似的微微点一点头，便反背着两手在空院子里来回的踱方步。不多久，那惟一的盆景万年青的阔叶又已消失在昏暗中，破絮一般的白云间闪出星点，黑夜就从此开头。四铭当这时候，便也不由的感奋起来，仿佛就要大有所为，与周围的坏学生以及恶社会宣战。他意气渐渐勇猛，脚步愈跨愈大，布鞋底声也愈走愈响，吓得早已睡在笼子里的母鸡和小鸡也都唧唧足足的叫起来了。

堂前有了灯光，就是号召晚餐的烽火，合家的人们便都齐集在中央的桌子周围。灯在下横；上首是四铭一人居中，也是学程一般肥胖的圆脸，但多两撇细胡子，在菜汤的热气里，独据一面，很像庙里的财神。左横是四太太带着招儿；右横是学程和秀儿一列。碗筷声雨点似的响，虽然大家不言语，也就是很热闹的晚餐。

招儿带翻了饭碗了，菜汤流得小半桌。四铭尽量的睁大了细眼睛瞪着看得她要哭，这才收回眼光，伸筷自去夹那早先看中了的一个菜心去。可是菜心已经不见了，他左右一瞥，就发见学程刚刚夹着塞进他张得很大的嘴里去，他于是只好无聊的吃了一筷黄菜叶。

“学程，”他看着他的脸说，“那一句查出了没有？”

“那一句？——那还没有。”

“哼，你看，也没有学问，也不懂道理，单知道吃！学学那个孝女罢，做了乞丐，还是一味孝顺祖母，自己情愿饿肚子。但是你们这些学生那里知道这些，肆无忌惮，将来只好像那光棍……。”

“想倒想着了一个，但不知可是。——我想，他们说的也许是‘阿尔特肤尔’。”

“哦哦,是的!就是这个!他们说的就是这样一个声音:‘恶毒夫咧。’这是什么意思?你也就是他们这一党:你知道的。”

“意思,——意思我不很明白。”

“胡说!瞒我。你们都是坏种!”

“‘天不打吃饭人’,你今天怎么尽闹脾气,连吃饭时候也是打鸡骂狗的。他们小孩子们知道什么。”四太太忽而说。

“什么?”四铭正想发话,但一回头,看见她陷下的两颊已经鼓起,而且很变了颜色,三角形的眼里也发着可怕的光,便赶紧改口说,“我也没有闹什么脾气,我不过教学程应该懂事些。”

“他那里懂得你心里的事呢。”她可是更气忿了。“他如果能懂事,早就点了灯笼火把,寻了那孝女来了。好在你已经给她买好了一块肥皂在这里,只要再去买一块……”

“胡说!那话是那光棍说的。”

“不见得。只要再去买一块,给她咯支咯支的遍身洗一洗,供起来,天下也就太平了。”

“什么话?那有什么相干?我因为记起了你没有肥皂……”

“怎么不相干?你是特诚买给孝女的,你咯支咯支的去洗去。我不配,我不要,我也不要沾孝女的光。”

“这真是什么话?你们女人……”四铭支吾着,脸上也像学程练了八卦拳之后似的流出油汗来,但大约大半也因为吃了太热的饭。

“我们女人怎么样?我们女人,比你们男人好得多。你们男人不是骂十八九岁的女学生,就是称赞十八九岁的女讨饭:都不是什么好心思。‘咯支咯支’,简直是不要脸!”

“我不是已经说过了?那是一个光棍……”

“四翁!”外面的暗中忽然起了极响的叫喊。

“道翁么?我就来!”四铭知道那是高声有名的何道统,便遇赦似的,也高兴的大声说。“学程,你快点灯照何老伯到书房去!”

学程点了烛,引着道统走进西边的厢房里,后面还跟着卜薇园。

“失迎失迎,对不起。”四铭还嚼着饭,出来拱一拱手,说。“就在舍间用便饭,何如?……”

“已经偏过了。”薇园迎上去,也拱一拱手,说。“我们连夜赶来,就为了那移风文社的第十八届征文题目,明天不是‘逢七’么?”

“哦!今天十六?”四铭恍然的说。

“你看,多么胡涂!”道统大嚷道。

“那么,就得连夜送到报馆去,要他明天一准登出来。”

“文题我已经拟下了。你看怎样,用得用不得?”道统说着,就从手巾包里挖出一张纸条来交给他。

四铭踱到烛台面前,展开纸条,一字一字的读下去:

“‘恭拟全国人民合词吁请贵大总统特颁明令专重圣经崇祀孟母以挽颓风而存国粹文’。——好极好极。可是字数太多了罢?”

“不要紧的!”道统大声说。“我算过了,还无须乎多加广告费。但是诗题呢?”

“诗题么?”四铭忽而恭敬之状可掬了。“我倒有一个在这里:孝女行。那是实事,应该表彰表彰她。我今天在大街上……”

“哦哦，那不行。”薇园连忙摇手，打断他的话。“那是我也看见的。她大概是‘外路人’，我不懂她的话，她也不懂我的话，不知道她究竟是那里人。大家倒都说她是孝女；然而我问她可能做诗，她摇摇头。要是能做诗，那就好了。”

“然而忠孝是大节，不会做诗也可以将就……。”

“那倒不然，而孰知不然！”薇园摊开手掌，向四铭连摇带推的奔过去，力争说。“要会做诗，然后有趣。”

“我们，”四铭推开他，“就用这个题目，加上说明，登报去。一来可以表彰表彰她；二来可以借此针砭社会。现在的社会还成个什么样子，我从旁考察了好半天，竟不见有什么人给一个钱，这岂不是全无心肝……”

“阿呀，四翁！”薇园又奔过来，“你简直是在‘对着和尚骂贼秃’了。我就没有给钱，我那时恰恰身边没有带着。”

“不要多心，薇翁。”四铭又推开他，“你自然在外，又作别论。你听我讲下去：她们面前围了一大群人，毫无敬意，只是打趣。还有两个光棍，那是更其肆无忌惮了，有一个简直说，‘阿发，你去买两块肥皂来，咯支咯支遍身洗一洗，好得很哩。’你想，这……”

“哈哈哈！两块肥皂！”道统的响亮的笑声突然发作了，震得人耳朵嗡嗡的叫。“你买，哈哈，哈哈！”

“道翁，道翁，你不要这么嚷。”四铭吃了一惊，慌张的说。

“咯支咯支，哈哈！”

“道翁！”四铭沉下脸来了，“我们讲正经事，你怎么只胡闹，闹得人头昏。你听，我们就用这两个题目，即刻送到报馆去，要他明天一准登出来。这事只好偏劳你们两位了。”

“可以可以，那自然。”薇园极口应承说。

“呵呵，洗一洗，咯支……唏唏……”

“道翁！！！”四铭愤愤的叫。

道统给这一喝，不笑了。他们拟好了说明，薇园誊在信笺上，就和道统跑往报馆去。四铭拿着烛台，送出门口，回到堂屋的外面，心里就有些不安逸，但略一踌躇，也终于跨进门槛去了。他一进门，迎头就看见中央的方桌中间放着那肥皂的葵绿色的小小的长方包，包中央的金印子在灯光下明晃晃的发闪，周围还有细小的花纹。

秀儿和招儿都蹲在桌子下横的地上玩；学程坐在右横查字典。最后在离灯最远的阴影里的高背椅子上发见了四太太，灯光照处，见她死板板的脸上并不显出什么喜怒，眼睛也并不看着什么东西。

“咯支咯支，不要脸不要脸……”

四铭微微的听得秀儿在他背后说，回头看时，什么动作也没有了，只有招儿还用了她两只小手的指头在自己脸上抓。

他觉得存身不住，便熄了烛，踱出院子去。他来回的踱，一不小心，母鸡和小鸡又唧唧足足的叫了起来，他立即放轻脚步，并且走远些。经过许多时，堂屋里的灯移到卧室里去了。他看见一地月光，仿佛满铺了无缝的白纱，玉盘似的月亮现在白云间，看不出一点缺。

他很有些悲伤，似乎也像孝女一样，成了“无告之民”，孤苦零丁了。他这一夜睡得非常晚。

但到第二天的早晨，肥皂就被录用了。这日他比平日起得迟，看见她已经伏在洗脸台上擦脖子，肥皂的泡沫就如大螃蟹嘴上的水泡一般，高高的堆在两个耳朵后，比起先前用皂荚时候的只有一层极薄的白沫来，那高低真有霄壤之别了。从此之后，四太太的身上便总带着些似橄榄非橄榄的说不清的香味；几乎小半年，这才忽而换了样，凡有闻到的都说那可似乎是檀香。

一九二四年三月二二日

把玩与咀嚼

——川端康成小说专题

专题导语

小小说在日本，有个颇具日本特色的名称“掌小说”，意思是“写在掌上的小说”。这是川端康成首先提出的一种命名，并且以极大的热情投入此类文体实践中，因为“掌小说是短篇小说的精髓”，“是短篇小说的顶峰”。(《关于掌小说·川端康成全集》)

为此，1968年瑞典文学院在授予川端康成诺贝尔文学时评价他：“作为一位将叙事技巧与画家的眼睛和感觉结合在一起的小说家，川端康成在探索爱、美、死亡以及对价值追求等主题的过程中，极其完美地表现出日本的特征。”

阅读川端康成的作品，你兴许能感受到——

川端康成

他小说的意境极美。日本自古注重幽玄之美、含蓄之趣，韵味绵长，而川端向来以继承传统的日本美学自诩。兼之又汲取了西方现代派文学的表现手法，借助外来艺术技巧，书写日本民族特有的纤细而敏锐的感受。

他小说的空间不大。“就人物而言，群体上形成的空间较小，而侧重于对人物个体‘内宇宙’的考察；在背景场景描写上，不追求宏大的社会政治叙事，善于把人物糅合在自然环境之中，充分展示生活在这种环境并与之交融起来的人物美，呈现的是局部性空间特征。川端康成小说的空间艺术特点与其本人的人生际遇、美学追求以及日本的文化美学传统密切相关。”(曹丹：《试论川端康成小说中的悲与美》)

他小说的风格独特。在创作初期，他就十分鲜明地表现了自己的艺术个性和艺术特色，并逐步形成他的独特风格。在创作实践的全过程中，他的风格虽然还有发展，其作品的色调也有些许改变，或浓或淡，但一成不变、没有断层：孤独、忧郁、感伤、人情、虚无、颓废……川端康成是“以现代人的感受，用叹惋的笔调，描写日本民族的传统美。”

这样地重复自己，好像又不太符合我们对大师的一贯要求。你怎么看？

文本研读

少男少女和板车

少男少女四五人一组并排地分坐在路旁板车的两端，把板车当作跷跷板玩了起来，弄得车轴咯吱作响。他们连晚饭也忘记吃了。男孩儿紧紧搂住女孩儿的肩膀，女孩儿把手扶在男孩儿的膝上或车上,每次脚着地的时候就使劲地蹬,让跷跷板一起一落。——夏天傍晚昏暗的光线,让这小小的景物隐约地浮现了出来。行人稀疏,而且脚步是急匆匆的。

“咯噎,咯噎——上面是老爷,下面是乞丐……”板车上的孩子们随着跷跷板的一上一下,不停地和唱着。

那个眉清目秀的十二三岁的男孩儿冷不防地把搂着两个女孩儿肩膀的双手松开,回过头来喊道:

“把小组换换吧!”

“干么?不换也挺好嘛。来,跷快点!”背靠背另一方的一个孩子答道。

“不换换,太没意思啦。这样,坐在车把上的人太亏了。跷不高嘛。”

“瞧你!胡说,胡说。不信,你瞧,不是跷得一样高吗?”一个十二三岁的美貌少女,甩了甩她的披肩发,转过头来说。

“百合子,你别说啦。背靠背的伙伴是不知道高低的。可我看见了。坐在车把上的人太亏了。”

“就说龙雄吧,他也不知道嘛。”

“不换,我可就不干啦。”

“坐在车把上的人也不亏嘛。换来换去多麻烦呀。还是加快蹬吧。”

“不干!”

“不干就算。我知道你为什么不干。噢,你是想同百合子一个组嘛。”一边搂住百合子的肩膀、一边同龙雄争辩的少年恶口伤人地说。

龙雄从车上蓦地跳了下来,双手抓住车把。同一瞬间,他感到自己的视线迅即同回过头来的百合子的视线碰在一起,脸上倏地鲜红了,他那潇洒的眉宇间透出了明显的敌意回答说:

“就说你吧,你也想同百合子一个组,你才不愿意调换的嘛。”

百合子从车上跳了下来,满脸通红地站立在那里。她不甘示弱,意外地断然冲着与龙雄争吵的对方说:

“我讨厌春三这样说!算了,让我同龙雄一组吧。”

“什么?女孩子家,玩什么跷跷板,真是好出风头。”春三转过身来说。

“不行吗?”

“不行。车主一来,女孩子家逃脱不了。挨打,我可不管。”

“谁打?是车铺的叔叔吗?他经常来我家呐。”

“什么,什么来过你家,我也坐车来过呢。”

“哟,真的?什么时候?”

龙雄对春三和百合子的对话毫不在意,他心情平和,像还没玩够似的平静地说:

“怎么组合都行,重玩一遍,来!”

“嗯,好。好是好,不过我要编在龙雄一组。”

百合子真讨人嫌,男孩儿春三的自尊心被她伤害了,而且完全被她压垮了。

“什么呀,我才不愿意跟女孩儿编在一组呢。没有哪个男孩儿是愿意跟女孩儿编在一组的。对吧,龙雄,咱们男孩儿组成一组,好吗?”

“怎么都行,快点编组吧!”龙雄老老实实地听从了春三的意见。

“好吧。我不同龙雄编在一起,随便跟谁一组都行。”

“可是，男女都分开，恐怕不行。女孩儿太轻，没意思。”春三脱口而出说了一句。

百合子把眸子里的火花投向龙雄，仿佛在说：瞧！这不是吗，春三这笨蛋！可是，龙雄并没有给这位少女回报投其所好的眼色。所以，百合子说：

“女孩儿也不轻嘛。”

“你说什么，就是轻嘛。熊蛋包就是轻嘛。”再次受到伤害的春三射出了锐利的目光。

“不轻呀。那样就算沉了吧。”

龙雄平和地插进了一句。

“百合子太逞强。算了吧，你肯定要输的。”

“龙雄你这个熊蛋包，我才不会输呐，对吧。”

说罢，百合子回头看了看其他女孩子。数了数，少男五人，少女五人，除了三人以外，其他孩子都比她小二三岁。

“吹牛。那么，玩吧，玩吧，好吗？龙雄，玩吧，看哪边沉嘛。”

百合子非常可爱地眯缝着眼睛，稍想了想，突然天真地微微一笑，兴高采烈地摇晃着身体说：

“好嘛，好嘛。我不会输的，瞧着吧……嘿，快来呀！”

百合子跑了过去，紧紧攥住车把的前端。然后，她咬着招来的女孩儿的耳朵，吃吃地笑个不停。

“滑头，滑头。百合子耍滑头可不行呀。攥住车把的一头，太滑头啦。得攥住车身呀。”龙雄仿佛忘却一切似地叫喊着。

“可不是吗，不这样就会输的啊。我倒无所谓，其他孩子都太小了嘛。”

春三再也沉默不了了。

“耍滑头就算了吧。女人真滑头。”

“男人才滑头呢，不是吗？这样就赢不了吧。你们是男子汉还是熊蛋包？”

“当然能赢。别逞能，你这个人真好出风头啊。”

春三虽然没有输，但是攥住车尾的男孩们的脚，不费劲地离开地面跷了上去。远离车轴的在车把这一端的百合子和女孩子们都喜不自禁。

“赢了，赢了！瞧啊，男熊蛋包，男熊蛋包！”

“输个屁。我们是决不会输的！”春三破口骂了一声，就冲男孩儿嘀咕了几句，冷不防地发了一声号令：

“听着！一、二、三！”五个男孩儿的胳膊和腹部一齐使劲，一下子就把车子猛压了下来。

于是，百合子攥住车把的手被强推了上去，受到一股弹力的冲击，手松开了，她四脚朝天地猝然倒落在地上。她那漂亮的单和服下摆像是被风掀开了，她赶紧合拢起来，一古脑地翻过身子，用两只袖管捂住了脸面，抽抽嗒嗒地哭起来，趴在地上不起了。

其他女孩儿没有松开手，幸免没有摔落下来。

“嗳呀！”

吃惊的少男少女跑到摔倒的百合子的身边。春三偷偷瞧了一眼百合子的脸，认定她只是摔倒以后，说道：

“就爱哭！所以说女孩子就是熊蛋包嘛。动不动就哭。”

百合子听了这些话，立即站立起来，可她依然用两只袖管掩住脸面，呜呜咽咽地断断续续地说。

“好,等着瞧。我告诉爸爸去……妈妈早就说了,别跟春三那孩子玩……龙雄你也太狠了,太狠了。”

于是,她转过身去,跑到种着许多梧桐树的半洋式房子的门前,把脸贴在门扉上,轻轻地抽动着肩膀。

“你说什么!家吗?你的家吗?土包子。我家嘛,不认识你的父亲。”

春三说着似乎在鼓励其他孩子要么继续玩跷跷板,要么开始玩别的新游戏。可是,龙雄和少男少女们都惦挂着靠在门上哭泣的百合子,并且想家了。

满脸不悦的春三大概看透了靠在门上却不想开门的百合子的心思吧,他抽冷子跑到了她的身边,把嘴贴近她的耳朵。少女扭身把脸转了过去,他紧跟着转过去,要把少女抱住似的,一味附身窃窃低语。

百合子轻轻地点了点头,正同春三正面相遇,目光碰在一起。她有点羞答似的笑了笑,尔后又再次点了点头。于是,春三和百合子又返回板车所在的地方。

这回是龙雄、春三、百合子和另一女孩儿组成一组,板车的另一边则坐着比他年少的六个孩子。龙雄和春三把胳膊搭在百合子的肩上,又开始蹬起跷跷板来了。

约莫过了五分钟,突然间,大粒的雨点飘落在花落后长出嫩叶的樱树上,点点洒落在大地上,敲打在板车上。这之前,孩子们忘记仰望一下黑压压的天空。

“嗳哟,雷阵雨哩,凉飕飕的。打湿了,打湿了。”

“雨点算什么,打湿了也没什么了不起的嘛。”

少年们用胳膊使劲地按住想要站起来的少女的肩膀,挤来挤去,加快了跷跷板上下的速度。

“不干啦,我说不干了嘛!太冷了。会挨骂的啊!”

傍晚的雷阵雨把市街点缀得更加美了。

“大概是下雨的缘故吧,色彩……”春三高呼着跳了起来,男孩子一溜烟似地都跑散了。

“嗳呀,太狠了!”百合子高声呼喊。

在倾盆大雨中的板车上,仅剩下孤身只影的百合子。

(本专题文章均选自《川端康成掌小说百篇》,生活·读书·新知三联书店,1989)

1. 问题研究

(1) 川端康成的作品以唯美见长,依据文本说说其美在何处?

(2) 作者在文末设计了一场突如其来的雨,其用意是什么?

2. 相关链接

中国社会科学出版社:《川端康成文集》

深度阅读

阅读一

百　合

上小学的时候,百合子心想:“梅子多么可怜啊。用的是比大拇指还短的铅笔头,拎的是哥哥的旧书包。”

于是,为了要与自己最爱的友人有相同的东西,她用附在小刀上的锯子将长铅笔锯成几截，没有哥哥的她却哭着要家人买个男生用的书包。

上女校的时候，她心想："松子多美啊。耳朵和手指长了冻疮，微微发红，着实可爱。"

于是，为了要与最爱的友人一个模样，她长时间地把手泡在洗脸盆的凉水里，还把耳朵濡湿，迎着晨风上学去。

女校毕业之后，结了婚，无容赘言，百合子迷恋般地爱着自己的丈夫。于是，为了要模仿最爱的人，要与他一个模样，她就剪短头发，戴上高度的近视镜，蓄上胡须，嘴里叼着大烟斗，呼唤丈夫时"喂、喂"的，迈步活蹦活跳，志愿去当陆军等等。可是，令她吃惊的是，以上任何一件事情，丈夫都不允许她做。连对她要穿与丈夫相同的贴身衬衣也表示了不满，要与丈夫一样不涂脂抹粉也露出了不乐意的神色。所以，她的爱是被束缚手脚的不自由，爱的萌芽像是被掐断，渐渐地衰颓了。

"他这个人多讨厌啊。他为什么不让我和他一样呢？我不能和我所爱的人一样，太寂寞了。"

于是，百合子渐渐地爱上了神。她祷告了。

"神啊！请让我拜谒一下尊容吧，无论如何让我拜谒一下尊容吧。我希望能与我所爱的神成为同样的模样，做同样的事。"

神灵的御音清亮地响彻了上空。

"你应该变成一朵百合花，犹如百合花爱任何事物，犹如百合花爱所有的人。"

"是。"百合子真诚地应了一声，她变成一朵百合花了。

阅读二

玻　璃

快满十五岁的从小已订婚的蓉子，双颊失去了血色，回来了。

"我头痛。看见整个凄惨的场面了！"

据蓉子说，她在制造酒瓶的玻璃厂里，看见一个童工被严重烫伤，口吐鲜血，昏厥过去了。

他也知道那家玻璃厂。因为要干灼热的活计，一年到头窗户都是敞开着。不时有两三个过路人伫立在窗边。马路对面是条贮满了污水似的臭河，河面油污发亮，是一潭死水。

在阳光照射不到的阴湿的厂房里，职工手持长棒在挥舞着火球。他们的衬衫像他们的脸庞一样在淌汗，他们的脸庞像他们的衬衫一样肮脏。用棒尖将火球拉长，变成瓶子的形状，浸入水中。良久又把它拿起，嘎巴一声把它折断。尔后，活像驼背的饿鬼似的小孩儿，便用火筷把它挟起，出溜出溜地跑着送到最后加工的炉前……在这飞舞的火球和玻璃声的刺激下，伫立在窗边观察着工厂的人，不需十分钟，脑子里就像玻璃碎片似的零乱，变得麻木了。

蓉子在窥视的时候，看见运送玻璃瓶的小孩儿口吐黏糊糊的鲜血，双手捂着嘴，趴了下来。四处飞溅的火星，打在他的肩膀上，实在难以忍受。小孩儿的下巴颏儿血迹斑斑，他一边张开嘴，像炸裂似的叫喊着，一边蹦跳起来，不由自主地打了个转转就倒下了。

"危险！混蛋！"

人们给他浇了一身变成温热的水。童工昏厥过去了。

"他一定没钱住院。我想给他送点慰问金，可是……"

"你就送好啰。不过，可怜的职工也不只他一个啊！"

“哥哥,谢谢。啊,我太高兴了。”

约莫过了二十天,那童工登门致谢来了。说是要见小姐,蓉子便来到了门厅。站在庭院里的少年立即跪坐下来,抓住门槛,叩头施礼。

“啊,已经全好了吗?”

“啊?!”少年苍白的脸上露出了惊愕的神色。

蓉子哭丧着脸说:

“烫伤的伤口都好了吗?”

“嗯。”说罢,少年准备解开衬衫的扣子。

“不,不要……”

蓉子急步跑了过来,问她的未婚夫:

“啊,哥哥,我……”

“把这个给他拿去吧。”

他把钱递给了未婚妻。

“我再也不愿意去了,叫佣人去吧。”

此后,十年过去了。

在一文艺杂志上,他读到一篇题为《玻璃》的小说。

这篇小说描写他所在的城镇的景物。有油污发亮的死河,有火球飞溅的地狱,有喀血、烧伤、资产阶级小姐的恩惠……

“喂,蓉子,蓉子!”

“什么事?”

“你曾记得吗?有一回你看到玻璃厂的一个童工昏厥过去,你还送钱给他。那时候你是念女校一二年级啊。”

“对,有这件事。”

“那孩子现在成小说家了,还写了这件事呐。”

“在哪儿?让我拜读拜读。”

蓉子从他的手里把杂志夺了过来。

但是,站在背后注视着妻子阅读《玻璃》的时候,他开始后悔不该让妻子读这篇小说了。

小说写道:后来少年进了一家制造花瓶的工厂。在这家厂子里,他在花瓶的色泽和式样设计上,显示出了卓越才能,现在条件变好,他无需像从前那样残酷地驱使病弱的身躯了。而且,他还根据自己的设计,创作出一只最美的花瓶赠送给那位少女。

不,自己——(小说写了这层意思)——四五年来,自己不断以一个资产阶级少女为对象,创作了花瓶。促使自己的阶级觉醒的,究竟是悲惨的劳动生活的经历呢?还是对一个资产阶级少女的恋情?当时自己吐血,一直吐到死是最正确的啊。令人诅咒的敌人的恩惠啊!屈辱啊!昔日城堡被攻陷了的武士的幼儿,由于敌人的哀怜而生命得救了,可是摆在这孩子面前的,就只有等待着充当杀父的这男人的小妾的命运。那少女的第一次恩惠,救了自己的命。第二次恩惠,给自己提供了谋求新职的机会。然而,这新职业究竟为哪个阶级创作花瓶呢?自己分明成了敌人的小妾了。自己懂得为什么会博得那少女的可怜,懂得为什么会获得那少女的恩惠。但是,人不能像狮子那样用四条腿走路。同样的,自己不能洗净少年时代的梦。例如,自己空想着烧毁敌人的宅邸。于是,自己听见了明亮的少女房间里的美丽花瓶被火烧成丑态的叹息，想象着少女的美将要消逝。即使自己站在阶级战线上，归根结蒂也只是一面玻璃板，一个玻璃球。然而，难道现在也是我们的同志、一个背上没有背负玻璃的人吗？首先就让敌人打碎我们背上的玻璃好了。倘使自己连同玻璃一起消失，也是无可奈何啊。倘使没有消失，反而变得一身轻松，那么自己就将会欣然地继续战斗吧……

蓉子读完了《玻璃》这篇小说，露出了追忆遥远过去的神色。

"不知那只花瓶放在哪儿了？"

他从未见过妻子如此温顺的表情。

"不过，那时候我还只是个孩子啊。"

他把脸沉了下来。

"那是啊。即使同别的阶级作斗争，即使站在别的阶级的立场上，同自己的阶级作斗争，作为个人的自己，首先要作好毁灭的思想准备，否则是不行的。"

他觉得不可思议。过去他从未曾在妻子身上感受到如小说中所描绘的少女那种可爱和新鲜。

那个像驼背的、脸色苍白的、饿鬼般的病人，为什么有这样的力量呢？

阅读三

布袜子

像姐姐那样温柔的人，为什么竟是这样一副死相？我实在不明白。

黄昏时分，她不省人事，上半身后仰，紧握拳头的手激烈地颤抖。震颤戛止，她的头就落在枕头的左侧。这时候，一条白蛔虫从她的半张的嘴里慢悠悠地爬了出来。

这条蛔虫意外的白。此后，这种古怪的白色不时鲜明地浮现在我的脑海里。每逢这种时候，我一定联想起白袜子来。

家里人将各种各样的东西放在姐姐的棺木里，我说。

"妈妈，布袜子呢？把布袜子也放进去吧！"

"对，对。这孩子的脚很干净，所以我把布袜子给忘了。"

"是二十一公分半的呀。别拿错妈妈的或我的啊！"我提醒似地说。

我所以提出布袜子，固然是因为姐姐的脚小巧玲珑，而且很美，同时还有一段关于布袜子的往事。

这是我十二岁那年十二月份的事。附近的市镇曾举办过一次宣传"勇"布袜子的电影大会。镇巡回演奏乐队竖起红色的长条旗，也巡回到我们村子里来了。乐队散发的传单中夹有入场券，我们村子里的孩子们都尾随乐队捡传单。其实入场券就是贴在布袜子上的商标。那时候，除了庙会和盂兰盆节以外，村里人几乎没有机会看电影，所以布袜子走俏极了。

我还捡了一些画有侠客模样的广告传单。傍晚早早地到了镇上戏院去排队，生怕看不成电影。

"什么呀，那不是广告传单吗？"在戏院门口，我挨了人家的耻笑。我垂头丧气地走回家去，不知为什么，我没有进屋，就伫立在井边上。满肚子的委屈情绪。这时，姐姐拎着水桶走出来，她将一只手搭在我的肩上，问了声"怎么啦？"我立即用手捂住了脸。姐姐放下水桶，去把钱取来了。

“快去吧!”

走到路口拐角处,我回过头来,只见姐姐仍然站在那里目送着我。我一溜烟似地跑了。镇上布袜子店的人问道:

“你要几公分的?”

我答不上话来。

“喏,把你穿着的脱下来看看。”

布袜子的扣别子写着二十一点五公分。

回到家里,我把买来的布袜子交给了姐姐。姐姐也是穿二十一点五公分的。

此后过了二年,我们举家移居朝鲜,住在京城。上女校三年级的时候,由于我同三桥先生的关系过于亲密,挨了家里人的批评,禁止我去拜访先生。先生感冒,久病不愈,连期末考试也没有进行。

圣诞节前,我打算选购一件礼物送给先生,于是和母亲到了镇上,买了一顶鲜艳的缎子礼帽。帽子的丝带上插着配有深绿色叶子的红果。我还买了银纸包装的巧克力。

我们走进市镇大街的一家书店里,遇见了姐姐。我把大礼帽的包交给了她,说:

“你猜猜这是什么？这是送给三桥先生的礼物。”

“等一等。唯独这件事可不能干啊!”姐姐责备似的压低嗓门说,“你不是挨学校批评了吗?”

我的幸福感顿时消失了。这时,我开始感到姐姐和我都判若两人了。

就这样,圣诞节也过去了,红色大礼帽依然放在我的书桌上。我觉得仿佛连幸福的影子也消失了。“这是为什么呢?”我连问也不敢问姐姐一句。

翌日除夕之夜,姐姐邀我外出散步,她说:

“我已将那些巧克力供奉在三桥先生的灵前了。它就好像是在白花丛中的红宝珠,美极了。我拜托人家将它放在棺木里。”

我不知道三桥先生与世长辞了。我把红色大礼帽放在书桌上以后,没有走出过这间屋子。先生之死,家里人是有意隐瞒着我的。

我将东西放进棺木里,仅仅两次,就是这顶红色大礼帽和白色布袜子。据说,三桥先生在简易公寓里,躺在薄薄的棉被上,喉咙呼噜噜地响,眼珠子几乎蹦出来,是痛死的。

尚活着的我在寻思:究竟这红色的大礼帽和白色的布袜子是怎么回事呢?

阅读四　三等候车室

他之所以坐在东京站的三等候车室里,有必要说明一下。用一句话来说,就是因为她选定这儿作为与他见面的地点。他想:以她来说,她是过着与三等车无缘的生活,不是吗？所以,他反对了。

“一二等车设有妇女候车室嘛。在三等候车室太显眼,不好办啊!”

“你是说我吗？……我是个那么引人注目的女人吗?”

仅凭这点,他只好诚挚地接受了她的彬彬之礼。

但是,就是与她约会,他一来到东京站也不是径直走进三等候车室的。他确认还有十五分钟才到五点时,很自然地信步走到了一二等候车室。那里的墙上剜出一块小银幕,正在放映松岛的风光片。他想起大阪的老朋友，便写了一封信，投入车站的邮筒里，然后来到了三等候车室。

这里的墙上没有银幕。大概是以为坐三等车的客人无能力到松岛观光吧。成群像是休假旅行归来的成群农村女学生，挤满了大厅，她们谈笑风生。他像要躲藏起来似的，坐在少女们的后面。眼前的长椅子上，放着一顶菅草编的斗笠。

奉四国八十八处灵地朝拜
本来无东西
千叶县印幡郡白井村
何处有南北
南无大师遍照金刚
迷故三界域
字富家　川村作治
同行人
悟故十分空

斗笠上的七行字墨香未消。朝拜者身穿黑色僧衣，里衬白棉布衫，入神地观看着摊放在送行的僧侣膝上的彩色印刷“四国朝山拜庙地图”，一边倾听僧侣的谈话，一边频频点头。对这老人来说，只有那副几乎连眉毛都遮盖了的墨镜是不相称的。

他想起老人的新斗笠渐渐变旧的四国之旅来。虽说与“迷故三界域，悟故十分空”这些写在斗笠上的文字毫不相干，但老人能踏上多年夙愿的朝拜旅途，无疑是幸福的。不过，这种幸福同他想象中的幸福相距是多么遥远啊。回首再思想，他的祖父母不是也曾同行到四国朝拜了吗。眼下他沉湎在童年故乡的回忆之中，仿佛听见了朝山拜庙的铃声。

这又怎么样？——他等候她等着不耐烦，不能再思想下去。

——在三等候车室里相会，反而比在一二等候车室更不引人注目，这是凭经验知道的，难道她经常幽会吗？

——她悄悄地将男性分类，分成在一二等候车室相会和在三等候车室相会的，难道她不是在嘲笑这些男人吗？

浮现在他脑海里的，都是这样一些愚蠢的事。他大概觉得她此刻正同在二等候车室里的男人邂逅，就走到一二等候车室去观察。人群像雪崩似的前挤后拥，把茫然地折回来的他几乎挤倒在地。原来那个朝拜者和僧侣被刑警带走了。

你以为我是坐二等车的女人。不过，这不是你的责任，而是由于我平素煞费苦心装成那样子。昨天我无意中说出了三等候车室，终于原形毕露。我在家里落入沉思。对于把我看成是坐三等车的女人的先生，我已经感到厌倦了。

他在东京站等候她等得疲惫不堪，一回到家里收到了她寄来这样一封信。

她将自己装扮得十分寒伧，也许其实是嘲笑他。不管怎样，他目前还过着同三等候车室无缘的生活。因此，借助那朝拜者和僧侣的姿影，在他的脑海里三等候车室还将继续保持着浪漫的印象吧。

然而,无论如何他也不相信那个朝拜者竟是乔装打扮的罪犯。这与他无法相信她是坐三等车的女子一样……

阅读五

手　　表

一个穷法学学士在一个律师的法律事务所工作,他为一市议会议员的受贿案作过辩护,意外地认识了一位美丽的女友,还得到了一小笔钱。

他邀请她看了戏。

两人从剧场出来,坐上了小型出租汽车。坐汽车,是他生平第一次。半年前去温泉的时候,他还是坐带篷的马车,连公共汽车也敬而远之。

在狭窄的车厢里,大气仿佛被切成了小块,他身边保持着不扩散的年轻女子的感触。汽车在没有风声的寒夜中奔驰,毋宁说,他的感情是畏缩在怯懦之中,简直手足无措。忽然,他心不在焉地说:

"剧场门口待客的,都是些便宜的出租汽车啊。天气太冷了,与其走到高级出租汽车公司去,不如凑合坐这种车啰。"

"嗯。"

女子简短地应了一声,回过头来像是要探问什么。他却快嘴地补充说:

"不过,车身摇摇晃晃,车身小,却反而冷呢。"

然后,像是要证实自己的什么东西的,他敲响了没有铺垫的硬席座。

"反正就是它了。真够呛啊。"

"是啊。"

女子一时找不到适当的搭话。他有点自我嫌恶,顿时冷场了。

他打算扭转这种局面,突然冒失地伸过手去,想将女子放在膝上的手翻过来。

"现在几点啦?"

不料女子尖叫了起来。

"嗳呀,真糟糕,这只手表!"

他吓得把手缩了回来。女子脸上飞起一片红潮。

"这只手表真讨厌。我手腕细,表太大了,是日本制的。国产货哩,而且是旧式的。我戴手表,你什么时候看见的?你一直看到我的袖管里了吧?"

顿时他呆若木鸡,连奉承的话也说不出来了。

"这是家母的遗物,才随身带着。把母亲的纪念品带在身边,是不是脑筋太旧呢?"

"这样一来,就可以听见令堂的声音了,对吧。"

"家母的声音?嗯,是啊。这是国产货,很像日本女人,声音沙哑而迟缓。"

"怎么样?"

这时他才稍许轻松地握住女子的手,把它凑到自己的耳边。

"诺,听见了吧?……家母说过,不能和男人一起外出呐。"

女子微笑了。她的手接触了他的脸,她的颤抖透过他的脸直传遍了他的全身。

……不能轻率地蔑视这两人的虚荣心。因为虚荣的偶然的结果,将会给像他这样一个对世界上的女性感到卑屈和畏惧的人,多少带来一点儿恋爱的勇气。

总而言之,由此看来恋爱这种东西,也许必须利用某种媒介才能成立的无聊的事吧。

然而,这事件也许会给他的生命带来一次飞跃,使他的生活感情进一步加深吧。为什么呢?哪怕是唯一的原因,因为他轻轻地接触了她的肌肤,他未必不这样思忖:

“让我来重新改变这个美丽女子的人生吧,我要让她背上她生育的孩子,戴着这只金手表走进当铺里去!”

思者与说者

——名家演说拼盘

专题导语

演讲是传递信息的一种形式。换一种视角，演讲也是“布道”，牧师可借以循循劝诫，撒播上帝的福音；政治家借以雄辩鼓动，陈说各自主张。总之，各色人均借助演讲以展现着生命的光彩、生存的状态与人格的诉求。

历史上，在人类或奋进、或危急、或狂欢、或悲痛的时刻，总有这样一些伟大的演讲让这一段历史从此“定格”。

还记得孔子周游列国的演讲吗？随便翻翻《论语》，你就会从中感受到社会大变动对一个伟人带来的震撼。

还记得谭嗣同临刑前的演讲吗？“中国未闻有因变法而流血者，此国所以不昌也。有之，请自嗣同始！”

马丁·路德凭借他的演说从德国的一个城市走到另一个城市，一路走来到处阐说新教义，鼓动宗教革新精神。马丁·路德·金面对百万美国人群，说出了“我有一个梦”，民权运动终于推动了美国民权宪法的诞生。

历史名人的演讲，让我们看到他们活跃的思维、深刻的思想、丰富的情感、纵横捭阖的演讲技巧与风格。这些熠熠生辉、荡气回肠的演讲，无论其或伟岸、或坚执、或睿智、或沉郁，都洋溢着对生活的热爱、对自由的追求、对革新的渴望。如果我们说演讲是一部人类口述的历史，大概不为过吧？

如今是e时代，人们可以通过多种方式获得信息、交流信息。那么，演讲还是社会生活中的需要吗？在研读完了本专题的演讲作品，你会找到答案的。

文本研读

安　南：**在诺贝尔和平奖颁奖典礼上的演讲**

国王和王后陛下，

各位阁下，

女士们、先生们！

今天，一个女孩将在阿富汗诞生。这个女孩的母亲将和世界其他地方的母亲一样，她会搂抱、喂养、爱抚和照顾自己的孩子。这是人类的本性，人人如此，没有分别。但今天在阿富汗出生的这个女孩，她将开始的生活，与那些已实现富足生活的少部分人相比，相差几个世纪。她的生活条件，在我们这个大厅中许多人看来，是不人道的。

同样我也可以提到塞拉利昂的一个男婴，或一个女婴。今天，没有人不知道世界上贫富之间的差距,没有人能说一点也不了解这个差距让穷人付出了什么样的代价。那些穷人与我们一样,应当享有人的尊严、基本自由、安全、食物和教育。但付出代价的不会仅仅是那些穷人。最终,我们所有人,无论是北方还是南方、无论是富人还是穷人、无论种族和宗教,所有人都要付出代价。

今天真正的分界线不在国与国之间,而在强者与弱者、自由者与受压制者、特权者与困窘者之间。今天,没有一堵墙能把世界上一个地区的人道主义或人权危机与另一个地区的国家安全危机隔离开。

科学家告诉我们,自然世界是多么的狭小,并且相互依存。一只蝴蝶在亚马逊热带雨林中扇动翅膀就能够在地球另一端造成强烈风暴。这就是人们所说的"蝴蝶效应"原则。今天,我们比以往更加清醒地认识到,人类世界也有自己的"蝴蝶效应",是好是坏,都要面对。

女士们、先生们,

我们在重重困境中迈进第三个千年。在经历了"9·11"恐怖事件后的今天,如果我们能看得更清楚、更长远,我们就会认识到人类是不可分割的。新的威胁不会视种族、国家或地区的不同而有所不同。无论贫富或社会地位,每个人都从内心深处产生了新的不安全感。所有人,无论是年轻的、还是年长的,都对在痛苦时和在富足时维系我们的凝聚力有了更深刻的认识。

人们曾以为全球的和平与繁荣必然逐步实现。但21世纪伊始的暴力打破了人们的这个幻想。我们不能继续对这一现实视而不见,而是要勇敢面对。

安 南

20世纪可能是人类历史中磨难最多的世纪,这个世纪充斥着不计其数的冲突、不能言状的痛苦和难以想象的罪行。一个集团或国家,往往出于非理性的仇恨和猜疑,或出于极度傲慢及对权力和资源的渴求,一次次地对另一个集团或国家采取极端的暴力行动。为了应对这些灾难,各国领导人在20世纪中叶走到一起,促使各国空前团结起来。

联合国这个舞台应运而生。在这里,各国可以联合起来维护人的尊严与价值,争取全人类的和平与发展。在这里,各国团结一致,加强法制的力量,确认并设法满足穷人的需要,抑制人的残忍与贪欲,保护资源和美丽的大自然,支持男女权利平等,同时为子孙后代创造一个安全的环境。

20世纪为我们提供了很多政治手段和科技工具。只要我们善加利用这些手段和工具的话,就有可能消除贫穷、无知和疾病。

21世纪,联合国的使命应该定义为"重新、更深刻地认识人类生命的圣洁和尊严,不分种族、不分宗教"。这就要求我们超越国家框架,透过民族或团体的表面分析问题。我们必须比以往任何时候都更注重改善个人的生活条件,因为是他们塑造了国家或民族的性格,并使其呈多样性发展。我们必须从阿富汗的小女孩开始,认识到拯救一个生命就是拯救全人类。

在这个新世纪,我们必须认识到和平不仅属于国家或人民,而且属于国家或团体的每一个成员。……我们必须让人们在日常生活中感受到和平的存在。我们谋求和平的首要原因,是因为和平是人类大家庭每个成员都过上尊严和安全生活的前提条件。

个人的权利对欧洲和美洲的移民和少数民族非常重要,对阿富汗的妇女或非洲的儿童也同等重要。无论是富人还是穷人,个人权利都是最基本权利;发达世界也好,发展中世界也好,为了安全,都必须保障个人的权利。

从这一角度看,联合国主要通过以下三个优先实施的项目,来发挥在下一世纪的作用,即消灭贫穷、预防冲突和促进民主。只有在摆脱贫困的世界中,所有人才能充分发挥其聪明才智。只有尊重个人权利,才能通过政治渠道处理分歧,并以和平手段加以化解。只有在一个尊重多样性和尊重对话的民主环境中,才能确保个人的自我表达和自我管理,才能维护结社自由。

在我担任联合国秘书长期间,我一直设法将我们所有工作围绕着人来展开,不管是避免冲突还是发展人权。确保真正和持久地改善每个人的生活是衡量联合国所做一切工作的唯一标准。

正是本着这种精神,我谦卑地接受诺贝尔百年和平奖。40 年前的今天,也就是在 1961 年,和平奖第一次颁发给联合国的秘书长,那是在获奖者死后颁发的,因为达格·哈马舍尔德已经为中非的和平事业献出了生命。在 1960 年的同一天,和平奖首次颁发给一个非洲人——阿尔伯特·卢图利,他是反对南非种族隔离斗争最早的领导人之一。当时的我,一个年轻的非洲人,在几个月后开始了在联合国的职业生涯,对我来说,这两人确立了我在整个工作生涯中一直努力遵循的标准。

这个奖不仅是属于我的。我站在这里并不代表我个人。我代表我那些全心全意工作在联合国各个部门和全球各个角落的同事,感谢诺贝尔委员会成员给予我们这一崇高荣誉。很多时候,他们为和平事业冒着生命危险甚至奉献出生命。我自己之所以能够走上为联合国服务的道路,是因为有我的家人和各大洲许多朋友作出的牺牲和奉献,其中一些人已过世,他们都是我的良师益友。我对他们表示深深的感激。

在充满战争武器和战争言论的世界中,诺贝尔委员会已成为极其重要的和平推动者。遗憾的是,为和平设立的奖项仍然很少。大多数国家建有战争纪念碑或纪念馆,还有称颂英勇战役的铜雕和凯旋门。但是和平既没有庆祝的游行,也没有胜利的殿堂。

只有诺贝尔奖,它以独特响亮的声音和说服力表明对和平的希望与勇气。只有理解和满足个人对自由、尊严和安全的需要,我们联合国的人才有希望配得上今天得到的荣誉,并实现我们创始人的理想。这就是联合国工作人员每天在世界各地开展的谋求和平的主要任务。

其中有几位,有先生也有女士,今天就在这个大厅里。在他们中间有帮助刚果民主共和国获得基本安全的塞内加尔军事观察员;有帮助改善科索沃境内法治的美国民警顾问;有来自厄瓜多尔帮助哥伦比亚保证最易受伤害公民权利的儿童基金会儿童保护干事,还有来自中国帮助提供食物给北朝鲜人民的世界粮食计划署官员。

尊敬的来宾,

掌握真理的人只有一个,消除世界弊端的答案只有一种,满足人类需要的办法只有一个,这种想法在整个历史中造成了严重的损害,特别是在上个世纪。然而,今天,即使在世界各地不断发生种族冲突的情况下,人们也日益认识到人类的多样性不仅是促使对话成为必要的现实，而且是对话的真正基础。

我们比以往更加深刻地认识到，我们每个人都应该获得尊重和尊严，这对我们全体人类至关重要。我们认识到，我们是多种文化、多种传统和多种记忆的产物；如果我们能够互相尊重，我们就能研究和学习其他文化；就能把熟悉的和外来的融合起来，我们力量就会增强。

在任何一个伟大的信仰和传统中，人们都可以找到宽容和相互谅解的价值观。例如，《古兰经》告诉我们"我确已从一男一女创造你们，我使你们成为许多民族和部落，以使你们互相认识"。孔子教导他的弟子："邦有道，危言危行；邦无道，危行言孙。"在犹太传统教义中，"爱邻如爱己"的训谕被视为圣经旧约前五卷的精髓。

基督教的《福音书》也反映同样的思想，还教导我们爱自己的敌人，并为那些想迫害我们的人祈祷。印度教训示"真理唯一，哲人以不同名字称谓之"。佛教教义则敦促个人在生活诸方面慈悲济世。

我们每个人都有权为自己的信仰或传统而感到自豪。有人认为，属于我们的必定与属于他人的发生矛盾冲突，这种看法不仅是错误的，也是危险的。这种看法导致了无休止的敌对和冲突，导致人们以神灵的名义犯下莫大的罪行。

国王和王后陛下，

各位阁下，

女士们、先生们，

大家都可能还记得，我在开始讲演时提到的在阿富汗出生的女孩。尽管她的母亲将尽全力保护和抚养她，但她仍非常有可能活不过她的五岁生日。她是否能活着庆祝五岁生日，这是对我们全体人类的一个考验，考验我们的信念——我们对我们的同胞负有个人责任。这是唯一重要的考验。

记住这个女孩，那么我们更远大的目标——战胜贫穷、避免冲突或医治疾病，就不会显得那么遥远，或者是无法实现了。的确，大家都会感到这个目标近在咫尺，很容易实现。因为在国家和民族、思想和语言等表面现象下，是与个人息息相关的命运。响应他们的需要是联合国下一个世纪的使命。

谢谢。

（南方网 2002 年 10 月 14 日）

1. 问题研究

（1）解说"人类世界也有自己的'蝴蝶效应'"。

（2）演讲中有一些篇幅回忆了 20 世纪，你对其目的的推想是（至少写出三点）。

（3）演讲中可以不断使用一些称谓来称呼听演讲的人们。从本文看，一般会有以下一些情形需要这样使用（至少写出三点并例证）。

（4）从安南演讲中选出你认为最值得关注的一句并就此作适当解说（80 字左右）。

2. 相关链接

天津社会科学出版社：《历史上最伟大的演说辞》

深度阅读

阅读一　威廉·福克纳：人不只是要生存下去

我以为这个奖不是颁给我个人，而是给我的作品——一本既不为名，更不为利，而是用我毕生心血去创造以前没有的东西的结晶，因此我只是受托来接受这份奖品，要把这笔奖金贡献在能够符合诺贝尔奖始创用意的有意义的事业上。其实并不难，而我也会这样做；但同时，我还要利用这个机会，向已经献身于写作事业的先生们、女士们——这些人中有人将会像我一样站在这里受奖——说几句我的感受。

我们目前的悲剧是，每个人都只惧怕肉体的痛苦，但时间久了，对此惧怕也习以为常，而全然不考虑到精神问题，只是老想着：我什么时候会被炸？由于这点，现今的男女写作时，就完全忘了唯有描写人类内心的自我冲突才能成为上乘之作，也唯有那种主题才值得花心力去写。

所以每位作家都应该了解，世界上最怯懦的事情就是害怕；应该忘了恐惧感，而把全部心力放在属于人类情感的真理上，如爱、荣誉感、同情心、自尊心以及牺牲的精神。如果作品里缺乏这些世界性的真理，则将无法留传久远，并且会遭人责骂。因为作者写的不是爱而是欲；所谓挫败也不是指某人丢失了任何极具价值之物；胜利却不带有任何希望；更糟的是，根本就没有怜悯在内，为不值得悲伤的事情哭泣，其哀伤之情只是短暂而虚假的罢了，因此他写的东西并非发乎至情。

如果他能先认清那些真理，才能俨然以万古不朽之躯来创作。我是不以为人类会灭亡的，因为你只要想想人可以世世代代不停地繁衍下去，就这点我们即可说人类是不朽的。但是我觉得这样还不够，人不仅要生存下去，而且更要出众，人类之不朽并非只因他在万物之中有着无穷尽的声音，主要的是因为他有心灵、有同情、牺牲以及忍耐的精神；而诗人、作家的责任就在于写这些事情，他们有权利帮助人类升华精神世界，提醒人们过去有的光荣，如勇气、荣誉、希望、自尊、同情及牺牲精神，诗人的作品不只是人类的记录，也可以说是帮助人类生存及超越一切的支柱。

（1949 年 12 月 10 日在瑞典举行的诺贝尔文学奖授奖会上的演说）

阅读二　黑格尔：哲学史开讲辞

黑格尔

我所讲授的对象就是哲学史，而今天我又是初次来到本大学，所以请诸位让我先说几句话，就是我特别感到愉快，恰好在这时候我能够在大学里重新恢复我讲授哲学的生涯。因为这样的时机似乎业已来到，即可以期望哲学重新扬起它的呼声，并且可以希望这个对哲学久已不闻不问的世界又将倾听它的声音。时代的艰苦使人对于日常生活中平凡的琐屑兴趣予以太大的重视；现实上很高的利益和为了这些利益而作的斗争，曾经大大地占据了精神上一切的能力和力量以及外在手段，因而使得人们没有自由的心情去理会那些较高的内心生活和较纯洁的精神活动，以致许多较优秀的人才都为这种艰苦环境所束缚，并且部分地被牺牲在里面。因为世界精神太忙碌于现实，所以它不能转向内心；回复到自身。现实的这股潮流既然已经打开，日耳曼民族既然已经从最恶劣的情况下开辟出了道路，且把它自己的民族性——一切有生命的生活的本源——拯救了过来：所以我们可以希望，除了那吞并一切兴趣的国家之外，教会也要上升起来，除了那为一切思想和努力所集中的现实世界之外，天国也要重新被思维到；换句话说，除了政治和其他与日常现实相联系的兴趣之外，科学、自由合理的精神世界也要重新兴盛起来。

我们将在哲学史里看到，在其他欧洲国家内，科学和理智的教养都有人以热烈和敬重的态度在从事钻研；唯有哲学，除了空名字外，却衰落了，甚至到了没有人记起，没有人想到的情况；只有在日耳曼民族，哲学才被当作特殊的财产保持着。我们曾接受自然的最高的号召去作这神圣火炬的保持者，如同雅典的优摩尔披得族是受留西的神秘信仰的保持者，又如萨摩特拉克岛上的居民是一种较高的崇拜仪式的保存者与维持者，又如更早一些，世界精神把它自己最高的意识保留给犹太民族，俾使它自己作为一个新精神从犹太民族里产生出来。（我们现在一般地已经达到了这样一种较大的热忱和较高的需要，即对于我们只有理念以及经过我们的理性证明了的事物才有效准。——确切点说，普鲁士国家就是建筑在理智上的国家。）但是像前面所提到的时代的艰苦和对于重大的世界事变的兴趣也曾经阻遏了我们深切地和热诚地去从事哲学工作，分散了我们对于哲学的普遍注意。这样一来坚强的人才都转向实践方面，而浅薄空疏就支配了哲学，并在哲学里盛行一时。我们很可以说，德国自有哲学以来，哲学这门科学的情况看起来从来没有像现在这样坏过。空洞的词语，虚骄的气焰从来没有这样漂浮在表面上，而且以那样自高自大的态度在这门科学里说出来做出来，就好像掌握了一切的统治权一样。为了反对这种浅薄思想而工作，以日耳曼人的严肃性和诚实性来工作，把哲学从它所陷入的孤寂境地中拯救出来——去从事这样的工作，我们可以认为是接受我们时代的较深精神的号召。让我们共同来欢迎一个更美丽的时代的黎明。在这时代里，前此向外驰逐的精神将回复到它自身，得到自觉，为它自己固有的王国赢得空闲和基地，在那里，人的性灵将超脱日常的兴趣，而虚心接受那真的、永恒的和神圣的事物，并以虚心接受的态度去观察并把握那最高的东西。

我们老一辈的人是从时代的暴风雨中长成的，我们应该赞羡诸君的幸福，因为你们的青春正是落在这样一些日子里，你们可以不受扰乱地专心从事真理和科学的探讨。我曾经把我的一生贡献给科学，现在我感到愉快，因为我得到这样一个地方，可以在较高的水准，在广的范围内，与大家一起工作，使较高的科学与兴趣能够活跃起来，并帮助引导大家走进这个领域。我希望我能够值得并赢得诸君的信赖。但我首先要求诸君只须信赖科学，信赖自己。追求真理的勇气和对于精神力量的信仰是研究哲学的第一个条件。人既然是精神，则他必须而且应该自视为配得上最高尚的东西，切不可低估或小视他本身精神的伟大和力量。人有了这样的信心，没有什么东西会顽固到不对他展示。那最初隐蔽蕴藏着的宇宙的本质，并没有力量可以抵抗求知的勇气，它必然会向勇毅的求知者揭开它的秘密，而将它的财富和宝藏公开给他，让他享受。

（1816 年 10 月 28 日在海德堡大学）

阅读三　雨　果：纪念伏尔泰的讲话

一百年前的今天，一颗巨星陨落了。但他是永生的。他离开人世时已年登耄耋，他著述极富,肩负着最荣耀也最艰巨的责任,那就是:培育良知,教化人类。他在咒骂与祝福声中溘然长逝;被旧时代所诅咒,又受到未来的祝福。这二者都是至高无上的光荣。在他弥留之际,一方面,他受到同代人和后世子孙的欢呼赞美;另一方面,像其他曾经和旧时代搏斗过的人一样,那对他怀有深仇大恨的旧时代也得意洋洋地发出了叫骂声。他不仅是一个人,他是整整一个时代。他曾尽己任,完成了一项使命。他已完成的工作显然是天意选派他去完成的,命运的法则和自然的法则都同样明白地体现出上天的意旨。

这位伟人所生活的八十四个年头,经历了达到极点的专制时期和刚刚露出一线晨曦的革命年代。他诞生时,路易十四尚在王位,他去世时,路易十六已经戴上了王冠。他的襁褓映照着王朝盛世的余辉,他的灵柩则投射着从大深渊里透出的最初光芒。

……我们要面向伏尔泰那伟大的死亡、伟大的生命和伟大的精神。让我们在他神圣的墓前鞠躬致敬。他在一百年前与世长辞,但他曾造福人类因而永垂不朽,让我们向他请教吧。让我们也向其他伟大的思想家请教,向卢梭、狄德罗和孟德斯鸠请教,他们是光荣的伏尔泰的辅翼者。让我们与这些伟大的声音共鸣。让我们在人类所流的血上再加上我们自己的血吧。够了!够了!暴君们。既然野蛮冥顽不化,好吧,让文明激起义愤吧,让 18 世纪来帮助 19 世纪吧。我们的先驱哲人都是真理的倡导者。让我们唤起那些光辉的亡灵,请他们在策划战争的君主面前公开宣布人类生存的权利,良知争取自由的权利,请他们宣布理性支配一切,宣布劳动神圣,宣布和平应受到祝福。既然黑暗来自帝王的宝座,让坟墓中放出光明吧!

雨 果

在这轻薄无聊、凄惨忧郁的时世下,伏尔泰独自一人,面对宫廷、贵族和资本的联合力量,面对那股毫无意识的强力——群盲;面对那些无恶不作的官吏,他们专门媚上欺下,俯伏于国王之前,凌驾于人民之上;面对那些教士,他们是伪善与宗教狂的邪恶混合体。让我再说一遍,伏尔泰独自一人向社会上一切邪恶的联合力量宣战,向这茫茫的恐怖世界宣战,并与之搏斗。他的武器是什么呢?是那轻若微风而重如霹雳的——一支笔。

他用这武器进行战斗,用这武器赢得胜利。

让我们一齐向伏尔泰的英灵致敬吧。

伏尔泰胜利了。他发动了一场非同寻常的战争,一场以一敌众的战争,一场气壮山河的战争。这是思想向物质作战,理性向偏见作战,正义向不义作战,被压迫者向压迫者作战;这是善之战,仁爱之战。伏尔泰具有女性的温柔和英雄的怒火,他具有伟大的头脑和浩瀚无际的心胸。

他战胜了陈旧的秩序和陈旧的教条,他战胜了封建君主、中古时代的法官和罗马的教士。他把黎民百姓提高到尊严的地位。他教化、慰抚、播种文明。他为西尔旺和蒙贝利而战,也为卡莱斯和拉巴利而战。他承受了一切威胁、辱骂、迫害、毁谤。他还遭到流放。但是他不屈不挠,坚定不移,他以微笑战胜暴力,以讽刺战胜专横,以嘲弄战胜宗教的自命一贯正确,以坚韧战胜顽固偏执,以真理战胜愚昧无知。

我刚才说到微笑,我要在这里停一停。微笑!这就是伏尔泰。

……只有希腊、意大利和法兰西民族享有以人物来命名时代的特权，这正是文明的最高标志。在伏尔泰之前，只有以某国元首来命名时代的先例。伏尔泰比国家元首更高，他是各派思想的元首，一个新的纪元以伏尔泰开始。从此我们感到，最高的统治力量就是让一切被理性思考。文明曾服从于武力，以后，文明将服从于思想。王杖和宝剑折断了，光明取而代之。这就是说，权威已经变换为自由。自此以往，高于一切的是人民的法律和个人的良心。作为一个人，我们要行使权利；作为一个公民，我们要恪尽职责。对于我们每一个人来说，这两方面的进步是明确分开的。

（1878 年 5 月 30 日在伏尔泰逝世一百周年纪念会上的讲演）

阅读四

米兰·昆德拉：智慧是什么

以色列颁发的最重要的奖给予了国际文学，在我看来，这不是偶然的事，而是来自一个悠久的传统。事实上，犹太的伟大人物们远离他们出生的土地，超越了民族主义的激情，始终对超民族的欧洲，即被看作是一种文化而不是一块土地的欧洲，怀有特殊的敏感。如果说在对欧洲产生了悲惨的绝望之后，犹太人仍然忠实于这个欧洲的世界主义，那么在我眼里，以色列作为他们重新找到的小小的祖国有如欧洲真正的心灵，这是一个长在身体以外的奇特的心灵。

米兰·昆德拉

今夜我以无比激动的心情接受耶路撒冷奖，它带着伟大的犹太世界主义精神的名字和印记。我是作为小说家来接受它的。我要强调小说家，我不是说作家。按照福楼拜的说法，小说家是想消失在自己作品之后的人。消失在作品之后，就是放弃公共人的角色，这在今天并不容易。今天，所有重要或不重要的都要走上被大众传播媒介照亮的令人无法忍受的舞台，这些传播媒介与福楼拜的意图相反，使作品消失在作者的形象后面。在这种任何人都无法逃避的境况里，福楼拜的看法在我看来几乎是一番警告：小说家一旦扮演公共人的角色，便把自己的作品置于危险之中，他们的作品有可能被看作仅仅是他的动作、声明、立场的一个阑尾。然而，小说家不是任何人的发言人，我甚至把这个看法推向更远的地方，我要说小说家甚至不是他自己的思想的发言人。托尔斯泰在写《安娜·卡列尼娜》第一稿时，安娜是一个非常令人反感的女人，她的悲惨结局不过是自圆其说，自食其果。小说的定稿却完全不同。但我不认为托尔斯泰在这中间改变了他的道德思想。我更愿意说，他在写书时，倾听的不是他个人的道德信念，而是另一个声音。他所倾听的是我喜欢称作小说的智慧的那种东西。所以真正的小说家都倾听这种超个人的智慧，这说明伟大的小说总是比它们的作者稍微聪明一些。比自己的作品聪明的小说家应当改换职业。

然而，这个智慧是什么？小说是什么？犹太人有一个精彩的谚语：“人们一思索，上帝就发笑。”在这个格言的启发下，我喜欢想象：弗朗索瓦·拉伯雷有一天听到了上帝的笑声，欧洲

第一部伟大的小说因而诞生,我很喜欢把小说艺术来到世界当作上帝发笑的回声。

为什么上帝看到人思索就会笑呢?因为人一思索,真理就躲开了他。因为人越是思索,这个人与那个人的思想就相距越远,因为人从来不是他想是的那样。早在现代的黎明时分,走出了中世纪的人所处的这一基本境况就已显露出来:堂·吉诃德思考,桑乔思考,而逃离他们的不仅是世界的真理,还有他们的自我的真理。早期的欧洲小说家们看到并抓住了人的这一新的境况,并在它之上建立了新的艺术,即小说的艺术。

弗朗索瓦·拉伯雷发明了许多新词,它们后来进入了法兰西语言和其他语言,但是这些词有一个被遗忘了,这是令人遗憾的。这个词是"不快活的人",它来自希腊文,意思指不笑和没有幽默感的人。拉伯雷讨厌不快活的人。他害怕他们。他抱怨那些不快活的人"对他如此残忍",使他差一点停止写作,并永远不再写。在小说家与不快活的人中间,不可能有和平。不快活的人从没有听过上帝的笑,他们坚信:真理是明白的,所有人都应思考同样的东西,他们自己就是他们所想的那样。然而,人之成为个人,恰恰在于他失去对真理的肯定和别人的一致同意。小说,是个人想象的天堂。在这块土地上,没有人是真理的占有者,不是安娜,也不是卡列尼娜,但所有人在那里都有权被理解,包括安娜,也包括卡列尼娜。

在《卡冈都阿和庞大固埃》的第三卷中,欧洲小说的第一个伟大人物庞大固埃被一个问题所折磨:他应不应该结婚?他去请教医生、相面人、教授、诗人、哲学家,这些人拿出希波克拉提、亚里士多德、荷马、赫拉克利特和柏拉图引经据典。但是在做了这番浩大的博学的研究之后——它占据了整个一本书——庞大固埃始终不知道他是否应该结婚。我的读者也不知道。但是我们却从一切可能的角度,勘察了这个不知道自己应不应该结婚的人的可笑却又基本的境况。

拉伯雷的博学如此非凡,与笛卡儿的博学相比却有另一种意义。小说的智慧与哲学的智慧不一样。小说不是从理论精神中产生而是从幽默精神中产生。欧洲的失败之一在于它从未理解过最具欧洲性的艺术——小说,它既没有理解它的精神,它的博大的知识与发现,也没有理解它的历史的自主性。在上帝笑声启发下的艺术从本质上说,不是屈从于意识形态的可靠性,而是与它们相矛盾。它像帕尼罗帕一样,在夜里拆坏了神学家、哲学家和学者们前一天编好的地毯。

近来,人们习惯于谈论18世纪的病症,甚至重弹老调说:俄国专制主义的不幸是欧洲的作品,尤其是启蒙时代无神论理性主义和信仰理性巨大威力的作品。我觉得自己没有能力去与那些把伏尔泰作为承担古拉格的责任的人们去论战。然而,我认为自己有能力说:"18世纪不仅是卢梭、伏尔泰、霍尔巴赫的世纪,而且也是(尤其是!)菲尔丁、斯特恩、歌德和拉科罗什的世纪。"

在这个时代的所有小说中,我最喜欢的是劳伦斯·斯特恩的*Tristram Shanffy*,一部让人奇怪的小说。斯特恩以一个夜晚的回忆开头,Tristram被构思出来,他刚开始要说他的想法,另一个想法立刻吸引了他,这个想法通过自由的结合,又引出另一个思索,然后是另一个故事,一个离题接着一个,而Tristram这个小说主人公,在一百多页中被人遗忘。这个虚构小说的荒谬办法可以被看作是一种简单的形式的游戏。但是,在艺术中,形式始终是超出形式的。每一部小说,不管它愿意或不愿意,都拿出一种答案来回答一个问题:什么是人的存在?它的诗在哪里?比如说,菲尔丁、斯特恩的同时代人特别善于享受行动与冒险的魅力。斯特恩小说意味的回答是:在他看来,诗不在行动中,而是在行动的不中断之中。

也许这里间接地开始了一场小说与哲学的重要对话。18 世纪的理性主义基于莱布尼兹的一句名言:nihil est sine ratione,没有没理由的存在。在这个信念的推动下,科学热心地检查了一切事物的为什么,使一切看上去可以解释的变成可以估量的。人想要他的生活具有一个意义,于是放弃了每一个没有原因和目的的动作。所有的传记都是这样写的。生活看上去像是原因、结果、失败和成功的光辉历程,人用焦急的目光盯着自己行为的因果联系,加快了朝死亡的奔跑。

面对把世界缩减为事件的因果连续,斯特恩的小说以它自己的形式证明:诗不是在行动中,而是在行动停止的地方,在原因与结果之间的桥被破坏,思想游荡在温和与闲在的自由的时候。存在的诗,斯特恩的小说告诉我们,在离题之中。它在无法估量之中,它在原因的另一侧。它是 sine ratione,没有理由的。它在莱布尼兹那句话的另一侧。

因而,我们不能仅仅根据一个世纪的思想和理论观念来判断这个世纪的精神,而不重视它的艺术,特别是小说。19 世纪发明了蒸汽机,黑格尔坚信自己把握了宇宙历史的精神。福楼拜发现了傻,我敢说这是那个对自己的科学理性如此骄傲的世纪的最伟大的发现。当然,即便在福楼拜以前,人们也不怀疑傻的存在,但是人们对它的理解稍有不同:它被看作一种简单的缺乏知识,一个可以被教育所改正的缺点。然而,在福楼拜的小说里,傻是与人的存在不可分离的一个范畴。它伴随可怜的艾玛度日,直到爱情的床前,直到死亡的床前,在床头,两个可怕的不快活的人 Hom-ais 和 Bournisien 长时间地互相说着蠢话,像是做一种葬礼祷告。但是在福楼拜对死亡的看法中,最令人震惊最令人发指的是:在科学、技术、进步与现代性面前,傻非但没有消失,相反,却与进步并驾齐驱。

福楼拜带着恶意的激情,收集了他周围的人为了显示聪明人时而作的刻板说教。他为此编了一本《既成思想词典》。我们借用这个题目来说:现代的傻不是意味着无知,而是对既成思想的不思考。福楼拜的发现对于世界未来比马克思或弗洛伊德的最震撼人心的思想更为重要。因为,我们可以想象没有阶级斗争或没有精神分析的未来,但却不可能想象它没有既成思想不可逆转的发展;他们被输入电脑,被大众传播媒介宣传,有可能很快成为一种力量,粉碎所有独特的个人的思想,因此而扼杀现代欧洲文化的本质。

在福楼拜想象出他的艾玛·包法利 80 多年后,本世纪 30 年代的一位小说家海尔曼·布洛赫谈起现代小说的英勇努力,这种努力致力于反对媚俗的潮流,但却最终被它打翻在地。媚俗一词指一种人的态度,他想付出一切代价向大多数人讨好;为了使人高兴,就要确认所有人想听到的,并服务于既成思想。媚俗,是把既成的思想翻译在美与激动的语言中;它使我们对我们自己,对我们思索的和感觉的平庸流下同情的眼泪。50 年后的今天,布洛赫的话具有更真实的意义。大众传播媒介的美学意识到必须讨人高兴和赢得最大多数人的注意,它不可避免地变成媚俗的美学。随着大众传播媒介对我们整个生活的包围和渗入,媚俗成为我们日常的美学观与道德。直到最近的时代,现代主义还意味着反对随大流和对既成思想与媚俗的反叛。然而今天,现代性与大众传播媒介的巨大活力混在一起,作现代派意味着疯狂地努力的出现,随波逐流,比最为随波逐流者更随波逐流。现代性穿上了媚俗的长袍。

不快活的人,对既成思想的不思索、媚俗,这是作为上帝发笑的回声而诞生的艺术所面对的唯一的敌手。这一艺术创造了迷人的想象的空间,在那里,没有人是真理的占有者,每个人都有权被理解。这个想象的空间与现代欧洲一起诞生,它是欧洲的形象,或者说,它至少是我们对欧洲的梦想。这个梦想屡遭背叛,但它仍然足够强大,它能把我们大家都团结在远远超越了我们小小大陆的博爱之中。但是,我们知道这个个人被尊重的世界(小说的想象的世界,和欧洲的真实的世界)是脆弱的,会死亡的。我们看见不快活的人组成的大军正在远处窥测我们。正是在这个不宣战的永久的战争年代,在这个命运如此悲惨和残酷的城市,我决定只谈小说。或许你们明白,这在我并不是在所谓严重问题面前临阵脱逃。因为,如果说在我看来,欧洲文化在它的外部和内部,在它最珍贵的对个人的尊重,对个人的特殊思想的尊重,对个人享有的私生活不被侵犯的权利的尊重上受到威胁,那么我认为欧洲精神的这一珍贵本质像被放进一个银盒子一样,被放进了小说的历史和小说的智慧中。在我这篇致谢辞中,我要向这一智慧致以敬意。但是我应当停住了。我正在忘记上帝一看见我思索,就会发笑。

(在耶路撒冷接受以色列国际文学大奖时的演说)

山思与水情

——台港散文拼盘

专题导语

祖国台港地区的文学与大陆文学是一脉相承的。《诗经》之风、《楚辞》之情，李杜之胸臆、苏辛之气度，共同奠定了“书同文”的三地文学发展基础。五千年岁月中携手同行、一路走来，造就了几近相同的文学风貌。

只是到了近代，三地才因历史、社会、经济等种种因素，“挥手从兹去”，出现了不相同的文化体制与景观。好在人同此心、心同此理，共同的发展基础让三地不同的文学风尚，仍然可以寻找到相似的心路历程与蹒跚前行的足迹，并不会因为香港曾有的殖民统治、台湾走过的“日据”时代，而令文学失去交集。

你会在郭枫的《空山鸟语》里读到江南、石头城、青石板路；你也会在子敏的《中国的月亮》里看到“我们中国人的‘月亮节’”——八月十五日的思绪；你也会发现，吴鲁芹在数字中发现的中国人独特“人生”轨迹；简媜则从夏天中走进了绝句……

读着这些我们久已睽违的文学情味、情趣，好像久别朋友的一朝不期而遇，那种感慨、怅惘、心波荡漾，真不知从何说起……

文本研读

郭　枫：空山鸟语

到山上来，我最喜欢的事就是听鸟叫。

当然，山上有的是娇艳的花、婆娑的树，有的是奇崛的岩石、爽飒的风、飘逸的云朵；在山上，每一片风景，都会使你神迷。但，我说我还是最喜欢听山里的鸟叫。到山里来，找一片幽深的林子躺下，静静地躺在铺着落叶的土地上，这时你的心灵便贴紧了山的心灵，别动也别想，好好地听一听鸟叫吧！

鸟儿的鸣声是世间最美的语言，你不懂得鸟的语言么？

你不懂鸟的语言么？我想你应该懂的。在山上，谁都喜欢鸟的鸣叫，谁都懂得鸟的语言；谁都懂，清风懂，白云懂，流泉更懂，连挂在树枝上晒太阳的小花蛇也懂。鸟的语言永远叙述着动人的爱情。

在朝来金色的阳光里，我喜欢用大半天时间，去谛听两只鸟在我头顶上鸣叫。它们总是用五个不同的音符串成一支歌。一只先唱，另一只接着，缠缠绵绵，重重复复，透明的情意，像滑滴在青石上的一线灵泉从歌声里迸落。我在小时候就很熟悉这种鸟，绿背黄纹有一只小巧的红喙。我喜欢它们灵活的体态，更喜欢它们的样子，依偎着、厮磨着，总是分不开啊！那时我不知道它的名字，现在仍然不知道，它究竟是哪种鸟呢？想着想着，自己却不禁失笑了。真是太傻！名字有什么用？人们喜欢各种好听的名字，鸟不一定喜欢，鸟喜欢唱的歌，人不一定能听懂；其实，人爱不爱听都是一样，鸟是唱给鸟听的。

山雀是顽皮的精灵，老是成群结队地撒野，老是呼朋唤友，兴奋地吵闹。山雀们短促而嘹亮的鸣声，让人来不及凝神，只感到一阵轻快的音乐雨，散乱地、急骤地、漫天撒来，直把你全身淋透；尔后，雨过天晴，在你阴翳的心版上引进阳光，在你灰白的生命里加上色彩，在你浸于奔放的欢乐而又有些淡淡的悒郁里。不是么？谁，面对着山雀子这么奢侈的自由、这么天真的喜乐能不怅然呢？谁，没有山雀子一样的欢乐时光呢？可是，少年的好时光，总是流逝得太快又太恍惚，谁又能永远像山雀子那样的欢乐呢？想想看，人，制造出自己的桎梏，把自己套牢，乃是自然中最可悲的族类啊！但山雀们却不管这些，不管你快乐不快乐，不管你忧伤不忧伤，不管你有多少无聊的思想，山雀们，什么都不管；它们飞翔像一阵旋风卷起，它们落下像一片云彩罩地，嗳！为了欢乐，它们是忙碌的。难得的是有这片深山广林，要不，这些喜欢唱歌的精灵向何处容身？

过午之后，山林便到了入睡的时刻，高照在千山之外的秋阳，朦胧的光线竟灵空得如同饮醉了的月华：透着微醺，透着温柔，敛起那份耀眼的光彩；任凭幽谷深林去制造秋日的奥秘了。山林睡了，鸟儿们静默了。踏一坡金黄的落叶，踏一地斑驳的树影，也踏着一份薄薄的寂寞。在众鸟默默之中，“咕——咕——”，从哪里传来的几声鹧鸪呢？忽断、忽续，忽近、忽远，那缥缈的鸣声，竟有些不可捉摸了。真的是鹧鸪么？在台湾很少听到鹧鸪呢！鹧鸪该是鸟中的诗人，不，或者便是诗人的化身吧！就那缥缈的几声，便会把人拉回到一个古老的世界。“咕——咕——”，我回到了江南，“咕——咕——”，我沐着淡烟疏雨。石头城的苔痕，更加暗绿了哪！长檐飞角的小街，更加寂寥了哪！江畔的落日更苍凉了哪！“咕——咕——”，奔驰在石板路上嘚嘚的马蹄声突然隐去了。这是梦境，呵！这是在海角孤岛上奇幻的梦境。——是的，我知道这是梦，可是我多么喜欢重温！

到山上来，且闭起眼睛，不要再浏览风景，好好地听一听鸟叫吧！鸟儿们用一百种声调在歌唱，仙乐飘飘，回荡在峰峦间，流淌在涧谷间。你不是从这美妙的清音中，已经听到自然的消息和人世的沧桑了么？那么，除了敞开自己的心灵，还要做些什么呢？

还要做些什么呢？

我想做一只鸟，在山中。

（本专题文章均选自《中国散文鉴赏文库》（当代卷），百花文艺出版社，1993）

1. 问题研究

（1）“鸟儿的鸣声是世间最美的语言”，从全文看，这“语言”的内容有＿＿＿＿＿＿＿＿＿＿＿＿

＿＿

（2）“我想做一只鸟，在山中”句使用了特殊语序，这样处理的作用是＿＿＿＿＿＿＿＿＿＿＿＿

＿＿

（3）下面一段文字写得十分动情。作者为什么对鹧鸪鸟的叫声这么感慨？简约谈谈你的认识。

“真的是鹧鸪么？在台湾很少听到鹧鸪呢！鹧鸪该是鸟中的诗人，不，或者便是诗人的化身吧！就那缥缈的几声，便会把人拉回到一个古老的世界。‘咕——咕——’，我回到了江南，‘咕——咕——’，我沐着淡烟疏雨。石头城的苔痕，更加暗绿了哪！长檐飞角的小街，更加寂寥了哪！江畔的落日更苍凉了哪！‘咕——咕——’，奔驰在石板路上嘚嘚的马蹄声突然隐去了。”

2. 相关链接

（1） 当代世界出版社：港台名家名作系列

（2） 中国评论学术出版社：《香港精美散文赏析》

（3） 中山大学出版社：《台湾散文名篇欣赏·第一集》

深度阅读

阅读一

张秀亚：秋日小札

菁菁，你浣衣古潭，水面生凉，我看见你的影子在水面颤抖了。而当你归去，独木桥上，月明如霜，正是一个银色的夜，残荷上的水珠滑落了，一切静寂，过路的只有微风同你，更不闻青蛙跳水的音响。

秋天来了，它随着牵牛花的残朵，嵌进了竹编的门同小窗子，于是，秋意满了屋子。连回忆也凝结了，还有梦。但是，你晶亮的眸子可也注意到丝瓜的藤蔓么？皎黄的花似乎开得美了，是否慵懒的秋阳，忘记了收去它这一件衣裳？在那下面，一条可爱的小丝瓜，翠蛇似的在悄悄蜿蜒了，秋天使你感伤吗？孩子，秋天也在安慰你，你可感到它的丰富？

如果春天是珠圆玉润的小诗，夏日是管弦嘈切的歌剧，而秋天则是一篇优美的神话，富于想象，更富于色彩。你不觉得它像一个乡村美人（village beauty）么？乍得了远亲姨祖母的首饰箱，遂天真地在人前尽量炫弄了，树上缀满了明月珰似的小果子，而那紫水晶似的葡萄珠，把枝子都压弯了，我不禁想起了一个诗人的名句：“枝柯似不胜负荷，乃卸它的重载于喜鹊的喙内。”秋天是豪华、慷慨的，它给予，唯恐其不多，唯恐其不够。如果说春天像一个恋人，秋天不是更像一个母亲么？菁菁，是不是呢？

我爱秋天，在那淡淡的云影天光里，我似乎找到了我自己。当我在古城的时候（那已是几年前的秋天了），我常常划着一只小游船，来到无人多风的桥洞下，我捻起那一截玲珑的竹子，将无限的忧思消散于长风短笛之中，于是我心上的重量消失了。记得有一晚，我泊舟湖边，上岸寻诗，一切静寂，只听得水鸟扑飞。我曾口占过一首小诗，也许你会喜欢（也许你只能领略一半，那也好）。我把它为你写在这儿：

今夜我泛舟湖上，
水上是一片凄迷，
只有零落几点白露，
悄悄的沾湿了人衣。
为了寻觅诗句，
我系住了小船，
萤虫指引我前路，
微月如一片淡烟。

山径是如此清冷，
林木间虫声细碎，
何处飘来了一丝淡香，

可是夏日忘记的一朵蔷薇?

菁菁,你这幸福的岛上采茶的小姑娘,你不要笑我,说着,说着,又引起我的乡愁了。我故乡中的秋天,秋天里的故乡,比我那平凡的诗句美多了。

我常常记起我临行的时候,故乡的一位朋友对我含泪而语:

"当秋天的太阳斜在日晷仪上,

我乃为你这归来的人,采撷新熟的枣子。"

自从我离去,那些株枣树,曾几次成熟了,每个秋天,当露水落下来的时候,泪水湿透了我的襟袖,在泪光中,我似乎又看到了故乡的湖水,湖边我常坐的青石,石边更有那凌乱的菖蒲,如同古英雄锈了的青剑……还有那微睡的鹭鸶,在秋月下,白得如此玲珑……

秋渐渐的深了,我一任乡梦撒上我的眼帘,我梦见湖水边我那白色的小房子,我的那些书卷同画册,我坐过的那把紫色的椅子,还有那一架小风琴,琴旁扔着那拜尔琴谱,上面印满了我昔年的指痕……惊悸于海风的沁凉,我茫然的又醒来了,是的,秋色将一天天的深了,时光将带着我们走入冬天,也走入春天。

当春天的百灵鸟吐出第一声歌唱时,那将是胜利的时光,快乐的日子,我要回到故乡去,坐在那小白房子前,享受茶藤架下温暖的阳光。菁菁,不要感伤吧,那时候,你将随我去,带着你手摘的宝岛上一箩新茶。我希望茶藤架下有你,梳理着你那浓密如长春藤的柔发。

菁菁,微笑吧,这是秋天,这是秋天里的春天。让我们把春天的远景,嵌在秋日的窗口。

阅读二　　子　敏:中国的月亮

人类最初对月亮有情,大概是由月亮的"会偷看"。在静夜,在孤独的时候,一抬头,月亮在那边看着你。许多夜间的秘密,只有月亮知道。月亮慢慢成为人人的"自己的"。人类学会对月亮倾诉,有声的,无声的,月亮就成为人人的"密友"。

太空中那块"离地球很近的",寂寞的大石头,一跟多情的人类接触,它的生命就开始丰富起来。本来"无情的月",却成了"有情的人"。世界上许多民族,文明的、野蛮的,都有着古老的关于月亮的神话。这些神话,从现代观点看起来,不幸的是不但没有使月亮不朽,反而证明月亮已"朽"。那些"月亮故事"使现代的教育家紧张,在讲述的时候忘不了补充一句"那是假的,从现代科学的观点看,月亮怎么样怎么样……",这一声"那是假的",就足以使月亮全"朽"。现代那种"科学月亮"实在太要命,太不可爱了。

不过月亮所交的朋友当中,也不是全都冷面无情。它运气很好,交上了一个真正爱月的民族,那就是我们这些黄帝的子孙。我们这个民族,在我们的文学作品中,赋予月亮不朽的生命,主要的不是靠着神话。而是从心灵的深处,从日常生活中,从感觉中,真挚地爱上了月亮。我们赋予月亮一种永恒不朽的诗趣。月亮照着汉朝的宫殿,照着唐朝的长安,也照着统一饭店,照着违章建筑,从古代到现代,一直安慰那些屋子里的人。

我们这个民族,认为只有靠月亮,才能完成一幅"文学上不朽的名画",那些图画,不只是画面美,而且含有浓厚的情感色彩。唐朝夜里的长安城,必须靠月光来装饰才够美,最好是整座城都映着月光。这种"染月光"的意念,使李白写出"长安一片月,万户捣衣声"的有名的诗句。这种"文学上的不朽名画",诗人李白会画,诗人杜甫画的是"星垂平野阔,月涌大江流",

想想那滔滔滚滚的大江,那波浪上跳动的月光！田园诗人王维也画得不错。他在《桃源行》里画松树,画房子,不够,再添一个月亮就使全盘美化起来:“月明松下房栊静”。松树本身不够美,加上月光就美极了。王维运用月亮的天然光,就像现代室内装饰艺术家运用灯光那么棒。“明月松间照,清泉石上流”,如果把柔和的月光去掉,不是味道全没了吗?。白居易在有名的《琵琶行》里,有三幅文学上的“月亮图画”杰作。第一幅是“醉不成欢惨将别,别时茫茫江浸月”。第二幅是“东船西舫悄无言,唯见江心秋月白”。第三幅是“去来江口守空船,绕船月明江水寒”。张九龄所画的壮丽大幅文学图画,也很使人动心,“海上生明月,天涯共此时”。对中国人来说,月亮就是美的化身,月亮就是“美”。

中国人喜欢跟月亮交往,文学作品上常常有“跟月亮在一起”的记述。李白有一次下山,月亮送他回家:“暮从碧山下,山月随人归”。老人家做人豪迈痛快,心情激动的时候怕人说他是疯子,所以只有去找月亮喝酒去,说过要到天上去找月亮玩儿的傻话:“欲上青天览明月”。他常常请月亮喝酒,“举杯邀明月,对影成三人”。李白、月亮、影子,多热闹,三个知心朋友;但是也多寂寞。老人家主张:“人生得意须尽欢,莫使金樽空对月”。杜甫也是“月友”,也说过:“几时杯重把,昨夜月同行”,爱月,跟月喝酒。王维弹琴的时候,月亮也伴着他:“松风吹解带,山月照弹琴”。月亮是中国人永恒的朋友,真挚的朋友。

中国人相信月亮是“有情”的,通人性的,所以诗人张泌甚至说月亮会关怀人,是一位痴心朋友:“多情只有春庭月,犹为离人照落花”。因为这样,中国人面对明月的时候,往往情绪波动,好像躺上现代心理治疗师诊所的大皮椅上,童年、故乡、远地的亲人、自己的身世,都涌上了心头。中国儿童都会朗诵“床前明月光,疑是地上霜”和下面那有名的两句——“举头望明月,低头思故乡”,这是李白的。杜甫的呢?“露从今夜白,月是故乡明”。王昌龄的是“秦时明月汉时关,万里长征人未还”。卢纶,唐朝诗人,也有“万里归心对明月”的感触。

跟“月”有关的诗句中国人也爱念爱记:“月落乌啼霜满天,江枫渔火对愁眠”(张继),“烟笼寒水月笼沙”(杜牧),“明月几时有,把酒问青天”(苏轼)。这些月的诗句,中国人念起来津津有味,因为它跟月有关,因为它是美的。

八月十五日是我们中国人的“月亮节”。在这一天,我们应该为我们是爱月的民族觉得自负,因为我们靠历代作家诗人的努力,已经赋予那块作太空流浪的大石头不朽的生命。我们的文学,使月亮从古代到现代,一直活在人类的精神生活里。只有中国人,对“月亮”这个语词才有那么丰富的“语感”。中国人把月亮迎接到现代,并且使它不露一丝儿的“矿石味儿”。

阅读三

张晓风:**秋天·秋天**

满山的牵牛藤起伏,紫色的小浪花一直冲击到我的窗前才猛然收势。

阳光是耀眼的白,像锡,像许多发光的金属。是哪个聪明的古人想起来以木像春而以金像秋的?我们喜欢木的青绿,但我们怎能不钦仰金属的灿白。

对了,就是这灿白,闭着眼睛也能感到的。在云里,在芦苇上,在满山的翠竹上,在满谷的长风里,这样乱扑扑地压了下来。

在我们的城市里,夏季上演得太长,秋色就不免出场得晚些。但秋永远不会被混淆的——这坚硬明朗的金属季。让我们从微凉的松风中去认取,让我们从新刈的草香中去认取。

已经是生命中第二十五个秋天了,却依然这样容易激动。正如一个诗人说的。

“依然迷信着美。”

是的,到第五十个秋天来的时候,对于美,我怕是还要这样执迷的。

那时候,在南京,刚刚开始记得一些零碎的事,画面里常常出现一片美丽的郊野,我悄悄地从大人身边走开,独自坐在草地上,梧桐叶子开始簌簌地落着,簌簌地落着,把许多神秘的美感一起落进我的心里来了。我忽然迷乱起来,小小的心灵简直不能承受这种兴奋。我就那样迷乱地捡起一片落叶。叶子是黄褐色的,弯曲的,像一只载着梦的小船,而且在船舷上又长期载着两粒美丽的梧桐子。每起一阵风我就在落叶的雨中穿梭,拾起一地的梧桐子。必有一两颗我所未拾起的梧桐子在那草地上发了芽吧?二十年了,我似乎又能听到遥远的西风,以及风里簌簌的落叶。我仍能看见那些载着梦的船,航行在草原里,航行在一粒种子的希望里。

在暮色和秋色的双重苍凉里,往往不知什么人加上一阵笛音的苍凉。我喜欢这种凄清的美,莫名所以地喜欢。小舅舅曾带着一直走到城墙的旁边,那些斑驳的石头,蔓生的乱草,使我有一种说不出的感动。长大了读辛稼轩的词,对于那种沉郁悲凉的意境总觉得那样熟悉,其实我何尝熟悉什么词呢?我所熟悉的只是古老南京城的秋色罢了。

后来,到了柳州,一城都是山,都是树。走在街上,两旁总夹着橘柚的芬芳。学校前面就是一座山,我总觉得那就是地理课本上的十万大山。秋天的时候,山容澄清而微黄,蓝天显得更高了。

“媛媛,”我怀着十分的敬畏问我的同伴,“你说教我们美术的龚老师能不能画下这个山?”

“能,他能。”

“当然能,当然,”她热切在喊着,“可惜他最近打篮球把手摔坏了,要不然,全柳州、全世界他都能画呢。”

沉默了好一会。

“是真的吗?”

“真的,当然真的。”

我望着她,然后又望着那座山,那神圣的、美丽的、深沉的秋山。

“不,不可能。”我忽然肯定地说,“他不会画,一定不会。”

那天的辩论会后来怎样结束,我已不记得了。而那个叫媛媛的女孩和我已经阔别了十几年。如果我能重见到,我仍会那样坚持的。

没有人会画那样的山,没有人能。

媛媛,你呢?你现在承认了吗?前年我碰到一个叫媛媛的女孩子,就急急地问她,她却笑着说已经记不得住过柳州没有了。那么,她不会是你了。没有人能忘记柳州的,没有人能忘记那苍郁的、沉雄的、微带金色的、不可描摹的山。

而日子被西风尽了,那一串金属性、有着欢乐叮当声的日子。终于,人长大了,会念《秋声赋》了,也会骑在自行车上,想象着陆放翁“饱将两耳听秋风”的情怀了。

秋季旅行,相片册里照例有发光的记忆。还记得那次倦游回来,坐在游览车上。

“你最喜欢哪一季呢?”我问芷。

“秋天。”她简单地回答,眼睛里凝聚了所有美丽的秋光。

我忽然欢欣起来。

“我也是,啊,我们都是。”

她说了许多秋天的故事给我听，那些山野和乡村里的故事。她又向我形容那个她常在它旁边睡觉的小池塘，以及林间说不完的果实。

车子一路走着，同学沿站下车，车厢里越来越空虚了。

“芷，”我忽然垂下头来，“当我们年老的时候，我们生命的同伴一个个下车了，座位慢慢地稀松了，你会怎样呢?”

“我会很难过。”她黯然地说。

我们在做什么呢？芷，我们只不过说了些小女孩的傻话罢了，那种深沉的、无可如何的摇落之解的。

但，不管怎样，我们一起躲在小树丛中念书，一起说梦话的那段日子是美的。

而现在，你在中部的深山里工作，像传教士一样地工作着，从心里爱那些朴实的山地灵魂。今年初秋我们又见了一次面，兴致仍然那样好，坐在小渡船里，早晨的淡水河还没有揭开薄薄的蓝雾，橹声琅然，你又继续你山林故事了。

“有时候，我向高山上走去，一个人，慢慢地翻越过许多山岭。”你说，“忽然，我停住了，发现四壁都是山！都是雄伟的、插天的青色！我吃惊地站着，啊，怎么会那样美!”

我望着你，芷，我的心里充满了幸福。分别这样多年了，我们都无恙，我们的梦也都无恙——那些高高的山！不属于地平线上的梦。

而现在，秋在我们这里的山中已经很浓很白了。偶然落一阵秋雨，薄寒袭人，雨后常常又现出冷冷的月光，不由人不生出一种悲秋的情怀。你那儿呢？窗外也该换上淡淡的秋景了吧？秋天是怎样地适合故人之情，又怎样的适合银银亮亮的梦啊!

随着风，紫色的浪花翻腾，把一山的秋凉都翻到我的心上来了。我爱这样的季候，只是我感到我爱得这样孤独。

我并非不醉心春天的温柔，我并非不向往夏天的炽热，只是生命应该严肃、应该成熟、应该神圣，就像秋天所给我们的一样——然而，谁懂呢？谁知道呢？谁有欣赏深度呢？

远山在退，遥远地盘结着平静的黛蓝。而近处的木本珠兰仍香着(香气真是一种权力，可以统辖很大片的土地)。溪水从小夹缝里奔窜出来，在原野里写着没有人了解的行书，它是一首小令，曲折而明快，用以描绘纯净的秋光的。

而我的扉页空着，我没有小令，只是我爱秋天，以我全部的虔诚与敬畏。

愿我的生命也是这样的，没有太多绚丽的春花、没有太多飘浮夏云、没有喧哗、没有旋转的五彩，只有一片安静纯朴的白色，只有成熟生命的深沉与严肃，只有梦，像一叶红枫那样热切殷实的梦。

秋天，这坚硬而明亮的金属季，是我深深爱着的。

(选自《张晓风散文精选》，长江文艺出版社，2010)

阅读四

简　媜：夏之绝句

春天，像一篇巨制的骈俪文；而夏天，像一首绝句。

已有许久，未去关心蝉声。耳朵忙着听车声、听综艺节目的敲打声、听售票小姐不耐烦的声音、听朋友附在耳朵旁，低低哑哑的秘密声……应该找一条清澈洁净的河水洗洗我的耳朵，因为我听不见蝉声。

于是，夏天什么时候跨了门坎进来我并不知道，直到那天上文学史课的时候，突然四面楚歌、鸣金击鼓一般，所有的蝉都同时叫了起来，把我吓一跳。我提笔的手势搁浅在半空中，无法评点眼前这看不见、摸不到的一卷声音！多惊讶！把我整个心思都吸了过去，就像铁沙冲向磁铁那样。但当我屏气凝神正听得起劲的时候，又突然不约而同地全都住了嘴，这蝉，又吓我一跳！就像一条绳子，蝉声把我的心扎捆得紧紧地，突然在毫无警告的情况下松了绑，于是我的一颗心就毫无准备地散了开来，如奋力跃向天空的浪头，不小心跌向沙滩！

夏天什么时候跨了门坎进来我竟不知道！

是一扇有树叶的窗，圆圆扁扁的小叶子像门帘上的花鸟绣，当然更活泼些。风一泼过来，它们就“刷”一声地晃荡起来，我似乎还听见嘻嘻哈哈的笑声，多像一群小顽童在比赛荡秋千！风是幕后工作者，负责把它们推向天空，而蝉是拉拉队，在枝头努力叫闹。没有裁判。

我不禁想起童年，我的小童年。因为这些愉快的音符太像一卷录音带，让我把童年的声音又一一捡回来。

首先捡的是蝉声。

那时，最兴奋的事不是听蝉而是捉蝉。小孩子总喜欢把令他好奇的东西都一一放在手掌中赏玩一番，我也不例外。念小学时，上课分上下午班，这是一二年级的小朋友才有的优势，可见我那时还小。上学时有四条路可以走，其中一条沿着河，岸边高树浓荫，常常遮掉半个天空。虽然附近也有田园农舍，可是人迹罕至，对我们而言，真是又远又幽深，让人觉得怕怕的。然而一星期总有好多趟是从那儿经过的，尤其是夏天。轮到下午班的时候，我们总会呼朋引伴地一起走那条路，没有别的目的，只为了捉蝉。

你能想象一群小学生，穿卡其短裤，戴着黄色小帽，或吊带褶裙，乖乖地把“碗公帽”的松紧带贴在脸沿的一群小男生小女生，书包搁在路边，也不怕掉到河里，也不怕钩破衣服，更不怕破皮流血，就一脚上一脚下地直往树的怀里钻的那副猛劲吗？只因为树上有蝉。蝉声是一阵袭人的浪，不小心掉进小孩子的心湖，于是湖心抛出千万圈涟漪如千万条绳子，要逮捕那阵浪。“抓到了！抓到了！”有人在树上喊。赶快下面有人打开火柴盒把蝉关进去。不敢多看一眼，怕它飞走了。那种紧张就像天方夜谭里，那个渔夫用计把巨魔骗进古坛之后，赶忙封好符咒再不敢去碰它一般。可是，那轻纱般的薄翼却已在小孩们的两颗太阳中，留下了一季的闪烁。

到了教室，大家互相炫耀铅笔盒里的小动物——蝉、天牛、金龟子。有的用蝉换天牛，有的用金龟子换蝉。大家互相交换也互相赠送，有的乞求几片叶子，喂他铅笔盒或火柴盒里的小宝贝。那时候，打开铅笔盒就像打开保险柜一般小心，心里痒痒的时候，也只敢凑一只眼睛开一个小缝去瞄几眼。上课的时候，老师在前面呱啦呱啦地讲，我们两眼瞪着前面，两只手却在抽屉里翻玩着“聚宝盆”，耳朵专心地听着金龟子在笔盒里拍翅的声音，愈听愈心花怒放，禁不住开个缝，把指头伸进去按一按金龟子，叫它安静些，或是摸一摸敛着翅的蝉，也拉一拉天牛的一对长角，看是不是又多长了一节？不过，偶尔不小心，会被天牛咬了一口，它大概颇不喜欢那长长扁扁被戳得满是小洞的铅笔盒吧！

整个夏季，我们都兴高采烈地强迫蝉从枝头搬家到铅笔盒来，但是铅笔盒却从来不会变成八音盒，蝉依旧在河边高高的树上叫。整个夏季，蝉声也没少了中音或低音，依旧是完美无缺的和音。

捉得住蝉，却捉不住蝉声。

夏乃声音的季节，有雨打，有雷响，蛙声、鸟鸣及蝉唱。蝉声足以代表夏，故夏天像一首绝句。

绝句该吟该诵，或添几个衬字歌唱一番。蝉是大自然的一队合唱团，以优美的音色，明朗的节律，吟诵着一首绝句，这绝句不在唐诗选不在宋诗集，不是王维的也不是李白的，是蝉对季节的感触，是它们对仲夏有共同的情感，而写成的一首抒情诗。诗中自有其生命情调，有点近乎自然诗派的朴质，又有些旷达飘逸。更多的时候，尤其当它们不约而同地收住声音时，我觉得它们胸臆之中，似乎有许多豪情悲壮的故事要讲。也许，是一首抒情的边塞诗。

晨间听蝉，想其高洁。蝉该是有翅族中的隐士吧！高踞树梢，餐风饮露，不食人间烟火。那蝉声在晨光朦胧之中分外轻逸，似远似近，又似有似无。一段蝉唱之后，自己的心灵也跟着透明澄净起来，有一种“何处惹尘埃”的了悟。蝉亦是禅。

午后也有蝉，但喧嚣了点。像一群吟游诗人，不期然地相遇在树阴下，闲散地歇它们的脚。拉拉杂杂地，它们谈天探询、问候季节、倒没有人想作诗，于是声浪阵阵，缺乏韵律也没有压韵。它们也交换流浪的方向，但并不热心，因为“流浪”，其实并没有方向。

我喜欢一面听蝉一面散步，在黄昏。走进蝉声的世界里，正如欣赏一场音乐演唱会一般，如果懂得去听的话。有时候我们也抱怨世界愈来愈丑了，现代文明的噪音太多了；其实在一滩浊流之中，何尝没有一潭清泉？在机器声交织的音图里，也有所谓的“天籁”。我们只是太忙罢了，忙得与美的事物擦身而过都不知不觉。也太专注于自己，生活的镜头只摄取自我喜怒哀乐的大特写，其他种种，都是一派模糊的背景。如果能退后一步看看四周，也许我们会发觉整个图案都变了。变的不是图案本身，而是我们的视野。所以，偶尔放慢脚步，让眼眸以最大的可能性把天地随意浏览一番，我们恍然大悟；世界还是时时在装扮着自己的。而有什么比一面散步一面听蝉更让人心旷神怡？听听亲朋好友的倾诉，这是我们常有的经验。聆听万物的倾诉，对我们而言，亦非难事，不是吗？

聆听，也是艺术。大自然的宽阔是最佳的音响设备。想象那一队一队的雄蝉敛翅踞在不同的树梢端，像交响乐手各自站在舞台上一般。只要有只蝉起个音，接着声音就纷纷出了笼。它们各以最美的音色献给你，字字都是真话，句句来自丹田。它们有鲜明的节奏感，不同的韵律表示不同的心情。它们有时合唱有时齐唱，也有独唱，包括和音，高低分明。它们不需要指挥也无需歌谱，它们是天生的歌者。歌声如行云如流水，让人了却忧虑，幽游其中。又如澎湃又如骇浪，拍打着你心底沉淀的情绪，顷刻间，你便觉得那蝉声宛如狂浪淘沙般地攫走了你紧紧扯在手里的轻愁。蝉声的急促，在最高涨的音符处突地戛然而止，更像一篇锦绣文章被猛然撕裂，散落一地的铿锵字句，掷地如金石声，而后寂寂寥寥成了段简残篇，徒留给人一些怅惘、一些感伤。何尝不是生命之歌？蝉声。

而每年每年，蝉声依旧，依旧像一首绝句，平平仄仄平。

阅读五　罗　青：**野渡册：画**

所以说，偶尔出去走走，是不错的。如果，一开始，你就弃舟登岸的话。

岸上迎面而来的，究竟会是些什么呢？是一片自山坡上滑溜下来的草地？还是，一伙踏着大步迈出山谷的松林？这，你可就用不着操心了。总之，你只管弃舟，只管登岸好了。不要胡思，不要乱想，量量看，那么长的岸，绝不会一下子都随水漂走的。你就放胆往岸上跨好了，不过,可千万记住,跨时,要稍微轻一点啊! 至于舟嘛……那就随你的便了,随你丢在哪个山脚下都行,反正,山就是再顽皮,也不会顽皮到偷偷把它当作鞋子穿出去玩……

事实上,松林是和草地一起从山谷中出来迎接你的。起先,你还以为是遇上了一群驾着碧云的虬须金刚,不觉吓了一跳,怔住了。这惹得大家都笑了起来,直到金刚笑成了松林,松林笑弯了腰,直到碧云笑成了草地,草地笑出了黄花,你才定住了神,匆匆地向前走了两步,也不好意思地跟着笑了起来。边笑边走之际,你发现,有一个小太阳,正躲在松间,望着你,像草中的小花一样,好奇地望着你;在风中,一闪一闪地望着你。

一说到风,就不得不令人想起你的发了。此时你的发也一定会风般地在空中飞舞着吧?飞你的衣,舞你的袖。风,吹开了系在山腰上的小径,小径缎带似的向你的脚下飘荡过来。山径飘向左,太阳就飞向右。向左的山径,还没来得及认出你的足迹,向右的太阳还没赶得上绣出你的影子,你就已经没入深深的山心了。

你走着,迎面吹过来的,依旧是风,可是这回,风中有花香。花,那是插戴在青石耳边的花,这是握在你手中的花。香花淡淡,淡淡花香。花香在风里陪你谈心,谈曲折的山景,谈小小的草堂,谈半里外隐隐约约的水声。就这样,你放情地谈好了,不会有人跟着偷听的。要有,那准又是那个闪闪躲躲的小太阳,那个什么也听不懂的,调皮的小太阳。

松林,
松林里高歌走来的你;
你轻快的步子,
步子旁边粗大的松根;
根间的细草,
细草上,
伸向天空的巨龙;
龙头仰起,
龙爪扑下;
龙爪外高歌而去的你。
草堂,
檐滴落;
松林,
松子落静;
蓝天,
星将落。

接着,是坡。已经该到松尽水横的时候了。

谁知道横来的会是什么样的一种水呢? 是溪? 是潭? 还是湖? 实在令人费猜疑呀! 好在黄昏已自对山踏过绿丛,悄悄地向一座独木桥走来了,而独木桥也开始从对岸有一步没一步地,歪歪斜斜,向你走来。管他是溪是湖是潭,反正,你已走下了山坡,还是,大步朝黄昏迈去吧!

松林慢慢地远了,林外有归鸟;草色慢慢地深了,草外有落花;迎面而来的山在缓缓长高,山下有你;围在你四周的云在缓缓升高,云下有你。

云下的你，渐远渐小，渐渐成为一点。

忽然，你停下来了，停在桥头。跟着，云、山、水、松也都停下来了；草色不动，花香不动；太阳不动，黄昏不动；连爱飞翔的时间也不动了。一切的一切，都整个无声无息地融入了一幅美妙绝伦的宁静中，框挂进满是星子的蓝天上，框挂在你最喜欢的那面墙上。

所以说，所以说，偶尔，抽空出去走走，是蛮不错的。因为，谁也猜不透你到底会在途中遇到什么。如果，一开始你弃舟登岸的话，如果一开始，你弃舟登岸。

阅读六

梅　苑：墙

当我第一次穿过这条僻静的小径时，我就非常喜欢它了。我爱上它的寂静，爱上那一大片绿绿的田野，和那一望无际的云空。

以后，每一个早晨与傍晚，我都要走过那条僻静的小径，每次我踯躅在途中时，总觉得这是我一天中最欢愉写意的一段时光。因为我可以抛开一切凡俗的琐事，可以洒落满腔郁闷，把思想放纵成一匹野马，让它恣意驰骋，跃过绿绿的田野，跃过人与人组合的世界，跃进蓝蓝的云空，融入纯净思想的领域里。

人生不如意的事太多了，真的，太多了！有时多得使人无法用微笑去接受，但也无法拒绝。不如意，仿佛是生命中最自然的韵律，正如郁闷，是组合一个“真”的生命的音符。但是，过多的云梦，总会使人感到生命的乏味，茫然自问：活着究竟是为了什么？为了些什么？为了抖落这些茫然的情绪，有时必须把思想的羽翼放纵，让它随意翱翔在苍茫的太空。让多幻的白云，提示我生命的短暂。让我把一切郁闷幻化成飘忽的白云，飘远，飘散。

已忘了哪一个日子，这条僻静的小径突然砌起了一堵墙，一堵厚厚的、红红的、高高的、坚固的墙。隔开了那一片绿绿的田野，截断了自然与我的吻合。我无法再将思想放纵成一匹野马，因为它无法跃过那堵墙——那堵高高的、厚厚的、红红的、坚固的墙。

每天，我得在墙的阴影下走过，仿佛走在一条狭窄的暗道。看不见耀眼的朝阳，看不到绿绿的田野和那一望无际的云空。这条小径也失去了昔日的僻静，因为有些人喜欢这堵墙，这堵阴阴暗暗而能躲避阳光的墙。所以，这小径变成一条普通的小路。为了避免阻碍交通，我再不能挪着极慢的步子踯躅，只像过往的行人一样匆匆来过。于是，这一段原属于欢愉的旅程，顿时失落了昔日的神怡。

这原是一种微妙的意觉，我骤然由此领悟到善恶、美丑、得失相距的微少，少得有时我们无法用肉眼去衡量。你说这堵墙是自然的破坏者吗？然而，它却是时代的产物，它能替一些求庇护的人，挡住刺目的光线。墙又是时代文明不可缺少的装饰品。有人的地方，必须有墙。墙少的地方，只是落后的地区。墙越多越高的地方，是最进步繁荣的都市，你能否认这句话的真理吗？然而，世界上许多罪恶的地方，都是在墙的阴影下产生，你又能否认吗？因此，你说：墙是庇护人类？还是纵容罪恶？

从这里，你就可以看到善恶相距的微少，少得无法用真理去衡量。何况，真理也不是绝对的，都随着人类的思想而转移。正如从不同的角度去评价墙的善恶。有时，你以为最美好不过的东西，别人不一定认为完美。你最欣赏的人物，可能在别人眼中充满瑕疵。因为美丑、善恶、得失，还没有一定的标准界限，多少要掺入一些主观。所以，我们无须要求别人符合自己，也无须勉强自己适应别人，这都是非常不智的。为什么不保持自己的独特？然而，人类就这样奇怪,总喜欢要求别人来符合自己,也喜欢委委屈屈地去适应别人,这是一种多傻的行为。像杀人吧,算是一种罪大恶极的举动,但在战场上,杀人却是一种英雄的表现。又如眼前这堵高高的墙,有人喜欢墙下的阴暗,而我却怪它挡住了那充满生命力的阳光。

墙存在世界上任何一个角落,是人类所不可缺少的东西,有人的地方,必定有墙。幸而墙是一种有形体的实物,我们随时建筑,又可以随时拆毁。因此,墙只能发挥它的功用,而不能恣意地贻害。然而,世界上还有许许多多无形的墙,使我们束手无策,因为它建筑在人类的心里。这些墙,又比一切有形体的墙更厚、更高,隔绝了人与人之间的相处,截开了无数个原该吻合的心灵。他们把墙作为一种庇护物,为了一份莫名奇妙的安全感,常常在心中建起了一堵不必要的墙,又不愿意在墙上开一个窗,窥视一下外面的世界。只在墙内猜测墙外的变动,在墙内估计别人的用心。这样,人与人之间怎会不发生误解、仇视、纷争?人与人之间的距离,怎不拉得更长、更远?

墙原是人类不可缺少的东西,但建筑在人类心里的墙,确实一堵绝对多余的障碍物。正如我认为在这怪僻静的小径里,无须要建起这一堵高高的墙。

(选自《梅苑作品选》,百花文艺出版社,1986)

阅读七　亮　轩:**船**

依稀记得有人说过,人类最早都是住在水边的。那么,喜欢船,大概也是远古相传的根性之一了。

船越小越迷人。记得最清楚的船,竟是遥远的童年中的一叶扁舟。多半时间,都泊在门前的一棵柳荫下。那条小河,不知道是哪一条河支流的支流的支流。宽仅丈余。河的对岸是看不见边际的水田。河水太静了,浮萍生得一层又一层,用柳条子都拨不开,跨下三两级青石板砌成的渡头,就可以迈上这一条拢在凝碧中的小舟。夏天,太阳再大,也晒不到它,只余得金光点点。船拴在树干上,划出去的本领当时却没有,只能抓牢一把垂柳,轻轻地来回荡几荡,看那些挨着船缘的萍草,散了又聚,聚了又散。有时什么也不做,悄悄地躺在船里,聆听隐身在柳枝里的蝉鸣,结果就那么沉沉地睡着了。在小船上很容易睡着,即便是这么一道极小的支流,也接连着大海潮汐的脉搏,总有点轻微的起伏,仿佛母亲的胸脯。

小河很曲折,通到什么地方,从来没有乘这条小船出去过,不得而知。每次看见别人兴高采烈地划着桨摇出去,周折回转中渐渐地小了,笑声也渐渐地远了,总禁不住对连接着小河的遥远世界充满向往之情。

差不多的小船,曾经跟随在长辈身边坐过,好像很窄,窄得两只手可以分别搭在船缘的两侧。船身虽小,吃水却很深,趴在船边,鼻尖几乎都可以触到水面。船上有桨,也有竹篙,因为河道在水田间转折,所以用篙撑一撑田垄也就行了。用桨的机会很少,水真是清得可以,船首掠过,经常惊动了原来潜藏在岸边水草丛里的游鱼,大大小小黑灰色偶尔闪动的鳞光的影子,箭一般地四下里迸射开去。一个孩子就可以那么一直趴在船头,看水草依依地舒缓着手臂衣带,看游鱼你争我夺,一直趴到自己的口水都滴到河里。

两岸的稻田别有景致,因为河道低,田坪高,于是重重碧碧的禾苗便直接以青空白云为衬底了,说也奇怪,就是那么一程又一程的碧绿,怎么也看不腻。偶尔有一两只白鹭滑翔而降,怎么停下却看不到了。若是到了快收成的时候,燕子特别多,燕子能飞又能叫,也许是因为在空中的关系，叫声听起来非常遥远，一层又一层浪淘般地传入耳鼓，那一片天空，全都是属于燕子的。“桃红柳绿”的事情真有，硬是参差夹岸，凑巧了小舟真从树梢底下穿过，见过这般风景的人，不能不相信《桃花源记》。

回程时多半已是薄暮时分，船上堆着大包小包的物事。恐怕是心理因素，总觉得船也累了，走得也慢了。习习凉风徐徐拂来，那一股轻柔的水声却不容易用文字写出。岸边摇摆的芦花，在夕阳余晖中金光闪闪。最近看到一幅摄影作品，三两支芦花迎风招展，背景是一片蓝得几乎可以撕下一块来的天空，不觉眼眶子湿湿润润的。

告诉你，我乘过扬子江上的江轮。别的都不记得，只记得有一天清晨，我起得比谁都早，一个人兴冲冲地上了甲板，江面上雾很浓，默沉沉的江水灰蒙蒙的，泊在江上的轮船随着暗涌的浪头起起伏伏，冷然间船上的汽笛呜的鸣了一下，声音就那么样，仿佛贴着水面飘散开去，不一会又听到另一声远处传来的汽笛，那是另一只江轮的呼应，但听不出来到底在什么方向。接着汽笛声越来越多，此起彼落，居然把雾也给冲散了。远远近近的轮船，并不太多，却一艘一艘地现出身子，船都不大，而且很老。老的好，老船跟江水相处得最融洽，一看就知道。斑斑驳驳的漆痕都是骄傲的表记。到船身印染上晨曦时，岸边的江村也就清晰可辨了，早起的妇女已经在水边一级一级的石板渡口上洗衣服，捣衣的杵声与鸡鸣彼此遥遥呼应。然后江轮轰隆轰隆地烧起锅炉，马上又要开始一天的航程。

台湾的河川多石多沙，深浅无常，不适合于舟行，况且有的是火车汽车，更不必要坐船。内河的轮船根本不必有，便是小舟，也是论时计酬，从哪里划出去，便一定要回到哪里来。登舟之前，付押金看表计时。船家一阵子吆喝，情调尽失。比较令人怀念的小舟情趣，算算也在二十年前了。那时新店碧潭远不如今天热闹，偏偏潭水比诸现在既清又宽，夏天租船来划是凑热闹，不是我要说的这回事。我是说冬天，奇怪亚热带地区的人，怎么会以为船只宜在夏天划？不过这样也好。

冬天船家都歇了业，好在要租还是可以租到，而且还便宜些。运气好的话，潭面上只有自己的一条船，也要清晨去，那时台北新店间还有小火车，就乘小火车去划船。五块钱新台币，可以划一早上，而且绝不会与别的船相撞。

冬天潭水格外的清，寒流来了的时候最好，那一阵冷，可以把人冷回童年去。还有水的气味，清香清香的，在夏天可闻不到，夏天有的是一种奇怪的腥气。潭面上冬天落叶比较多，其间或有枯枝浮沉。此时可以无所为而为地荡舟，有时仅仅为了细读一片红叶，竟曲曲折折了好半天。兴致高的话，可以沿着陡峭的岩石边划，从吊桥划到湍急的上游，也得消遣掉一两个钟点。划划停停停停划划更好，收了桨伸直了身子躺在船里，只见到天上的浮云，只听到耳际拍打着船身的水声，想象“碧波万顷，着我扁舟一叶”，是无上的享受。冬天不会有人来兜售卤菜或是卖汽水。有时飘着飘着，头顶出现了一片树影，于是不必起身也知置身何处，这是说你常常去划，熟识潭边的一树一石。在刻着“美和”二字的石壁边有一个洞，恰巧能容一舟，相传这是一个“情人洞”。我却是独自进去，大概由于空气回流之故，仔细点可以听出特别的声音，好像在一个大蚌壳里。耳边不停地有这种声音，又格外地阴冷，洞外的浮光掠影便好似隔了一层，别饶风致。洞壁水光掩映，真会令人疑惑是否全然置身水中。冬日碧潭荡舟的唯一遗憾，是不可在舟中睡着，下游有坝，万一漂流到坝上可不是闹着玩儿的，固然是唯一的遗憾，这个遗憾也非常遗憾。

这个遗憾在另外一个地方就没有了，但不能常去，有的时候几年都捞不着机会去，就是日月潭。日月潭现在也很热闹了,不论冬夏,不过有心的话,还是可以找出玩法,我的办法依然是打清晨的主意,稍稍费事了点,不过还是值得。

是这样的,早一天先跟船家打好交道,告诉他你明天清早就要划船,约定好时间,第二天天色微明中就起床登舟。日月潭很大,好像是八百公顷,尽够划的,潭面宽广,风浪当然不再是碧潭的那种等级,不识水性就不必尝试了。

斯时斯景中,天地扁舟之感,最是透彻敏锐。日月潭山色奇佳,朦胧中,李义山的“永忆江湖悲白发”,便是黑发人也摸索得出一二分神髓。潭面薄雾轻拢,随着船头无声无息地分开,时而一重水烟急掠而过,又轻轻卷起,散化得无踪无影,一如平镜的潭水,沉睡了一夜,却被我的一对轻桨悄悄划破,天地造化,此时真觉得享受得太过分。四面翠峦围绕,所以阳光也来得特别迟些,不过看得到,在山头,先是薄薄的镶一层金边,渐次扩大,终于满山金黄,不过还是不见得就会照射到小舟上来。远处山巅的慈恩塔最耐看,“远山近水迷向背,只凭孤塔认西东”,真的就是这么回事。

现代的观光客也真勤快,早上八点半就开始行动,他们集体乘大船,马达轰隆轰隆地转动起来,速度很快,一会儿上光华岛,一会上德化村,好像是为了上岸才乘船来的。汽船激起很大的波浪,把小舟高高擎起低低放下,那就不如回旅馆去吃早点了。

月夜荡舟的滋味倒从来没有品尝,应该是很动人的,否则哪里来的《赤壁赋》?“纵一苇之所如,凌万顷之茫然”,那一番快意,值得含着泪去体验,也许拿性命交换也不错。苏东坡的《临江仙》里说“小舟从此逝,江海寄余生”,他当时一定有过这样的冲动,好在那一夜他仅仅是立在岸边听听江声,有此感触罢了,要不然我们就损失了大半个苏东坡了,这还了得。

画家画船,石涛的一幅予人印象深刻,图中一叶扁舟,船头上坐着一个人,一双赤足任情浸在江流里,沧浪之水浊兮,可以濯我足啊!不消说船桨自是闲在一边,画上有题句,好像是“春水才深二三尺,野航恰渡两三人”。其实春水一点也不浊,这大概就是石涛的妙处。中国传统诗人绘画中船的故事是说不穷的,其中最耐人回味的,当属李清照的“闻说双溪春尚好,也拟泛轻舟。又恐双溪蚱蜢舟,载不动许多愁”。她那“春尚好”的“尚”字,配上欲荡舟而未荡舟的慵懒,岂止迷死赵明诚一人呢!

船的种种,看来是说不完的了。唉!

声音与心音

——时事与文学评论拼盘

专题导语

时评,是一份报纸的窗口。今天的新闻,不仅要求真实、全面、及时,还要有深刻内涵、贴近读者生活、反映不同意见……于是,对新闻敏锐反应的时评便应运而生,清晰、理性、尖锐、民主,特色纷呈,并且兼具高频率与时效性。

《经济观察报》总编何力表达过一个很精辟的观点:知识就是力量,对于媒体而言,话语权就是力量。今天的媒体竞争已经进入"观点时代",在信息高度发达的今天,报纸提供的信息同质化程度越来越高,独家新闻的可能性比以往明显减少。因此,一份报纸能否在提供信息以外,呈现一些具有思想深度和独到见解的观点,无疑成了决定报纸质量和影响力的主要因素。

学者傅然可曾经讲到,时评的距离在理想与现实之间,意思是时评产生的根源在于现实和目标之间的差距。一个社会的应然状态和实然状态之间的差异,往往是促使时评作者奋笔疾书的原动力。而写好时评文章的关键就在于紧密关注时事,体现时代精神。"应时而作"可以说是时评受读者欢迎的根本原因。

那么,对于当下那么多的问题,这些专家关注到了什么?他们又是怎么做到独树一帜地看问题的呢?

文本研读

李泽厚、《南方周末》记者 张 健:

他们是精英和平民之间的桥梁

李泽厚如是说——

我支持于丹。1994年,我在《论语今读》前言中有一段讲到这个问题,我说,"如果今天从《论语》(等经典)再作出某些新的摘录编写,加以新的解说发挥,它们不同样可以与《圣经》、佛经和其他宗教读物一样,起着慰安人际、稳定社会、健康身心的功能作用吗?"我没想到,十多年后,于丹做了这件事情,并获得了如此多的听众和读者,我祝贺她成功。《圣经》在西方的重要作用,就是稳定社会、慰安人际。于丹就是在新的社会条件下讲生活快乐,安贫乐道,这起着同样的作用。宗教并不是坏的,它有稳定社会的积极功能,当年儒学和《论语》也起了这种作用。

记者:《论语》非得要"摘录加心得"才能"慰安人际"吗?干嘛不直接读《论语》?能讲一下国外宗教思想的传播方式吗?

李泽厚:《圣经》并不是孤零零的一本书,它有很多解释它的书,还有一些电台专门解释教义,有专门设计给儿童看的,配了很多彩色图画,编成故事,销量很大。此外,教会还会免费赠送一些书籍。在今天新的社会环境下,当然需要针对今天人们的问题和状况来"摘录加心得”,作出解释发挥。

记者:在美国,有没有播音员因为讲《圣经》,像于丹一样成了几乎家喻户晓的明星?

李泽厚:美国人做这个事情很久了,人们习以为常。我们突然地出了一个于丹,所以一下子很火。美国很多人一星期去一次教堂,宗教行为已经不知不觉成了日常生活的一部分了,所以没有这种现象。

记者:孔子不忍“礼崩乐坏”而追求“克己复礼”,于丹迅速深得人心,是否说明当下近于“礼崩乐坏”?

李泽厚:为什么中国那么多人从老人到小孩都愿意接受于丹?现代社会物质生活是进步了比较富裕了,也许更加彷徨、苦闷和心理的不平衡。于丹适应了这种需要。我刚才说了,虽然现在物质生活丰富了,但是心灵上的苦恼不但没有减少,反而增多了,真情难得,人际关系淡漠,每天都在计算金钱,这些都会使人的精神生活感觉更加贫乏。没有宗教,没有寄托,为人处世没有准则,生活意义没处寻觅,等等。所以讲一些孔夫子的东西,能够安慰他们,启发、引导他们。

记者:可美国人物质生活也很丰富啊。

李泽厚:它的宗教传统没有遭到太大的破坏。如果美国没有宗教,那问题就会更大了。

记者:1919 年后,孔子在新文化运动中被打倒。是否此前,礼乐有序?

李泽厚

李泽厚:此前有礼教,“文革”前有毛泽东思想,人们讲诚信。为什么,他们有信仰,毛时代信仰共产主义。对于个体来说,有一个信仰,生活就会充实很多。现在是信仰丧失的时代,道德丧失的时代。所以大家就感觉“礼崩乐坏”了,无论对事还是对人,人们没有了准则,有人不知所措,也有人无所不为。于丹讲这个,不就是为了大家生活快乐、心灵快乐嘛。这个就是起到了宗教性的作用。中国没有宗教,但是有半哲学半宗教的儒学和礼教,如我反复讲过的。

记者:您怎么看待某些宁要信仰不要命的生存方式?

李泽厚:这就是信仰麻烦的地方,信仰有时候是上帝,有时候是魔鬼。美国有过人民圣殿教,将教徒集中在一块,然后杀死,这是邪教。美国还有其他类似的宗教,它们也有信仰,却信仰了魔鬼。但是,全世界那些大的宗教,能够绵延那么广,持续那么久,有那么众多的信徒,就有它的理由,它们一般是有益于社会和大众的。

记者:您觉得于丹的错误都能容忍吗?

李泽厚:错误是免不了的嘛,何况《论语》很多地方就有多种解释,像“足食,足兵,民信之矣”她大概是解释错了,但是改了就行了嘛,没有必要抓住这些大肆攻击。当然,人各有分工,但是基本的意思还是不能错的。十几处错误也不算什么。于丹还有一个好处,就是让大家重新产生对中国经典的兴趣。20 多年前,反传统最厉害,现在,又突然觉得传统好得不得了,都不对。这里我也要提醒一下,每个传统都有坏的东西。

记者:回到一个旧有的争论,它的关键词是:精英、平民和思想史。

李泽厚:你讲的可能是指当时葛兆光先生出版了他的《中国思想史》,这是 20 世纪 90 年代的事了。当时有人说这种写作方法是最好的,甚至是唯一的,我不赞成。葛兆光强调的是民间思想,我说这种写法应该有,但是重要的还是精英思想,精英的思想还是思想史的主流,比如你要了解古希腊,你是了解那些哲学家的思想,还是了解那些老百姓的思想?你要了解先秦时代的中国,你是去了解孔子、老子、庄子、孟子,还是了解先秦老百姓的思想?你当然主要是去了解前者,因为这些精英在当时站得更高,看得更远,想得更深。后人从中可获取的智慧、能力和知识要多得多。精英并不一定是高居庙堂,有的就很可怜嘛,在各个国家流浪,孔子不也如此么?

记者:那您将于丹放在什么位置,平民还是精英?

李泽厚:她是做普及化平民化的工作,她并不是专门研究孔子的专家学者,她只是在宣传孔子的思想,有点相当于西方的布道士。她自己也承认是布道嘛,布孔子之道有什么不好呢?人们觉得需要她,觉得她讲得好,能打动人心,这就很不简单,不要用专家学者的标准来要求她。要那么多学者干嘛,什么人都要做专家学者干嘛。

记者:学者不需要很多,那么布道士呢?

李泽厚:布道士需要一大批人来做。他们是精英和平民之间的桥梁。去年我就说,余秋雨、易中天、阎崇年很不错,我支持他们上电视讲坛,他们讲历史,按照正史来讲。现在老百姓了解历史是通过电视剧,好些电视剧乌七八糟胡编乱造。那么他们做这些事有什么坏处?当时,易中天不是也被人攻击得很厉害吗?

记者:易中天比之于丹,谁更能称作为布道士?

李泽厚:易中天讲的是历史故事,而于丹讲的是为人之道,那当然更受关注。前者不是"布道",后者却涉及一些宇宙、人生的根本问题,也涉及人们的日常生活,它不单纯是知识、趣味,当然更为老百姓所需要。儒学是有宗教性的,港台的新儒家,例如牟宗三,便把儒学的宗教性挖掘得很深,但那是在书斋里的学术研究,所以我说你那个大讲宗教性的儒学却算不了有宗教性,因为讲的那些东西根本没几个人懂,根本到不了老百姓那里去。只有学术意义,没有社会意义,起不了宗教或宗教性应起的作用。

记者:那您有没有想过做一个布道者?

李泽厚:我从来没想过。我没有这个能力,也没有这个兴趣。如果我的书一下子销250万,那我就彻底失败了。我想王国维,他也会不情愿自己的书一下子就能卖250万册吧。尽管他的《人间词话》销量也不小,但那是累积的长期的。以前有人问我对学者从政从商怎么看,我说那很好啊,为什么要所有人都挤着做学者呢?每个人的才能、性情、境遇都不一样,人应该按自己的主客观条件来做自己能做和愿做的事情。社会本来就是分工合作来维持生存的,不需要所有的人都挤在一条通道上,即使这条通道如何宽广美丽,也不必要。

(《南方周末》2007年3月22日)

注:

(1) 三圣像,作者,元代著名书画家赵孟頫。孔子居中,右为颜子,左为曾子。画家在三圣的衣服上,用蝇头小楷书写出整部《论语》。

(2) 李泽厚,著名哲学家,湖南长沙人,生于1930年,20世纪90年代起客居美国,出版了《论语今读》《世纪新梦》等著作。

1. 问题研究

(1) 题目中"桥梁"的含义是什么?

(2) 就"于丹热"这一现象,李泽厚发表了他的看法。请概述他的要点。

2. 相关链接

红旗出版社:《人民日报评论集——人民论坛》

深度阅读

阅读一

金陵客:“国学大师”是“选”出来的吗

人大国学院在网上举办“我心目中的国学大师评选活动”。人大国学院院长冯其庸“作为本次活动特别顾问”,特地寄语网民,说:“这项活动很好,有意义,我很支持这件事。”他推荐王国维、章太炎、陈寅恪三人,说他们“都是当之无愧的‘大师’”。

冯先生是大名人,他说“很好”,当然“很好”,本来应该相信。忽然想起鲁迅的话:“我们应该分别名人之所以名,是由于那一门,而对于他的专门以外的纵谈,却加以警惕。”(《名人和名言》)冯先生的“那一门”,当然是“红学”。虽然很长一段时间“红学”成为“显学”,但毕竟与“国学”还有一字之差;虽然他是国学院长,但这些年来连几位大学校长也闹过笑话,所以,这款招牌也依然不能保证“他的专门以外的纵谈”不需警惕。

我只想请教一个问题:“国学大师”是“选”出来的吗?

首先,大师是一种客观存在,还仅仅是一份虚衔美谥?大师的存在,究竟是既成事实,还仅仅是别人心目中的幻影?你心中有,他便是“大师”;你目中无,他便不是“大师”么?换言之,你奉赠他一顶“大师”帽子,他就是“大师”;你不给他一顶“大师”帽子,他便不是“大师”么?大师的存在,本身就是一种事实。有一个,就是一个;有两个,就是两个。凭什么确定正巧是10个?多几个怎么办?一笔抹杀?少几个怎么办?拉人充数?这种逻辑,好像也不叫实事求是。汤一介先生2005年8月为《未名讲坛》丛书作序,序中说:“自古以来可以称得上‘大师’的应该是:既能以他的深邃的思想引导人,又能以他的人格魅力吸引人,他们是真、善、美的化身。”换言之,这种“真、善、美的化身”,靠他自己“既能以他的深邃的思想引导人,又能以他的人格魅力吸引人”的事实永存于世,与别人选不选他毫无关系。可见,“大师”不是那种可以赠予的冠冕,可以任由别人拿在手上吆喝。

其次,这种“评选”,是凭学识,还是凭感觉?换言之,“评选”大师者,对大师究竟了解多少?参加“评选活动”的人,有的专门研究中国传统文化,他们对各学术领域的大师有或多或少或深或浅的了解;有的就稍逊一筹,也许一知半解,或是“久闻其名”,但是却缺少深入研究;还有慕名而来者,说凑热闹有点失敬,说不具备基本条件,却是无情的事实。不必说普通参与者,就以国学院长本人为例,请问冯先生,您对你们罗列的50位“候选大师”全部了解吗?您研究过他们的全部著作?您熟悉他们各自的思想?您对他们各自的学术建树都了如指掌?如果不符合这些条件,那么,请问,您究竟准备凭着什么来对他们甄别取舍呢?《论语·为政》:“知之为知之,不知为不知,是知也。”这种“选”法,岂不离谱?

再说,“我心目中的国学大师”,这个“我”,如何理解?“我”也者,不是别人,就是自己。既然评选“我心目中的国学大师”,当然只应由“我”一人投票,这才真是“我”的意见。来一个网上海选,最后出来的结果,与“我”何干?如果还硬要名之曰“我心目中的国学大师”,那么,请问,这个“我”是谁?谁是这个“我”?还以冯先生为例,您推荐王国维、章太炎、陈寅恪三位充当带着引号的大师,倘若这几位或者其中某一位榜上无名,这结果还是您心目中的“国学大师”么?您会不会解释说,幸亏我早已给他们打上引号了呢?

(《南方周末》2006年6月1日)

阅读二　　师　欣：当代艺术与大众消费的言欢

艺术家创作兼起居的工作室、上世纪50年代的国企厂房、法国餐厅、中式服装店、举办过假面舞会的俱乐部、戏剧工作室……当把所有这些既是空间概念，又全然不搭界的个体全部框定在一片2万多平方米的地理位置内，会产生怎么样的效果呢？

这几年，等同"仓库"的LOFT，是个高频语，并伴随着当代艺术家工作室频频在各路大众时尚类媒体亮相后，它的普及更为迅猛。套路中的LOFT多半是散落而不为大众所知的。可当艺术家的LOFT成群集体入驻798厂区，还随之带来餐饮服装等赢利的消费空间后，一切也就变得让人耐琢磨起来：798厂坐落于北京市东北角机场路附近的大山子地区，从厂名代号看，不言而喻是个军工厂，不过也做民用设备。而798厂所在大院内共有6个厂，数798厂所占面积最大。主要是做电子元器件。

厂区共1平方公里，有年头了，兴建于上世纪50年代初，苏联对中国的一项援助。钱是德国给苏联的战争赔款，可房子又是德国人设计的。据说国内东德建筑大抵也就此处了，而且设计又秉承了德国包豪斯博物馆的设计理念。包豪斯风格闻名于世，已成为现代主义发展和现代艺术教育之路上的里程碑。

798厂工人最多时能达到2.4万人，现在剩下只有5000人，主要原因集中在这两年内大批工人下岗。当时接管这片儿的七星集团物业管理中心六分部经理曲京生，可谓如饥似渴。整日琢磨着怎么才能把空置厂房往外租出去，收钱养活人。

起初有不少小厂来实地考察，但因为798厂位于院内最靠里的角落，造成汽车出入运输的不便，急得曲经理是眉毛胡子一把抓，大的租不出去，就把小的租给做豆腐的，哪怕一月就收100元租金。艺术家来了后，他们不仅迅速地租完可能出租的房子，去年光租金就收了2000多万现金，而且还受到集团的嘉奖。

艺术家也拓宽了这些物业部工作人员的思路，现在曲经理俨然一副不怕租不出去的胸有成竹。因为目前光四处打听谁要退房和排队的还有二三十位呢。

初具规模的798厂也有了自己的艺名——"798艺术区"，已有近30位艺术家入住。而日本东京画廊实行的北京东京艺术工程也在去年年底在这里完成了首次展览——《北京"浮世绘"》，包括行为装置、摄影、油画、影像等多项内容。

798开始由一个地理概念向文化概念演变。

先批驻扎、也是发起人之一的黄锐坐在他9米高的工作室兼起居室里细数这里对艺术家们的磁性：空间大、租金便宜、交通又便利。窗户一律朝北而开，大而通透。向北开的窗户，保证了光线不管阴天下雨还是阳光高照，都能均匀地流撒到房间。

与此同时，黄锐还和几个朋友联合经营了个小咖啡馆，就在工作室旁边。如何摆正艺术家与经营者两种身份，黄锐的解释为，"艺术家应该是多才多艺的，既要有设计创作的能力，又有对付经济富于实践的能力。"

此外他们还策划了分春秋两季，呼吁开放整个艺术区的计划。"其实艺术家关在屋里做事未尝不可，但艺术家又需要与社会沟通，与时代沟通，密切和城市生活发生关系，艺术家都希望别人能看到自己的作品。"

现在长长的艺术通道内正在紧锣密鼓地装修，到了5月份，占地600多平米的法国餐厅就要开业了,而咖啡厅、酒吧、服装店也都将陆续在下个月开张。黄锐也希望这些酒吧,咖啡馆能引导城市文化的潮流,他们租房合同都签到 2005 年底,只有把这里做大又具备规模,才能意味着留存。黄锐甚至想有大型连锁店进驻就更好。

“保留下来的当代艺术,对提升整个城市魅力有很大的影响,要知道观光是巴黎主要收入之一。”文化策划人舒阳说道。他认为这里的文化村落,绝对是个艺术品牌。唯有完好地保留历史,才能获取极大的尊重。“让别人知道,北京不光有古老文化、现代垃圾,还有当代艺术。”

吴晓军、刘野、赵半狄共同租了一间工作室,在看似全然不相关连的艺术方向中碰撞。“其实艺术并不重要,方式很重要。”吴晓军认为,现在的艺术家变得更加主动和自由,他们看重互相在交流中间灵感撞击。

刚刚回国没有多长时间的马树青,选择这里后,现在正忙着给工作室装卫生间。他喜欢这种空荡荡的艺术空间感,不喜欢自己跟自己绊脚,对这种空间感觉的沉醉,使他往返于北京和巴黎两个城市间,还不以为然,“不过才 9 个小时的路途”。

石心宁在架上绘画着历史的重造,将不可能发生的事情进行重新结合;苍鑫则刚完成自己的天人合一……艺术家在这里井然有序地创作和生活。

他们还注意和物业保持了良好的沟通,开会,甚至会邀请物业工作人员以及工人来看艺术展览。从电子城到艺术城,艺术家发挥了他们对建筑和生活方式创造性的理解,在一片老式西化的空间里。

美国芝加哥大学讲座教授巫鸿,曾对这里有此评述:“这种对于‘过去’的使用在国际建筑中不是新鲜事情,且不说巴黎和纽约这样的世界大都市,就是一些名不见经传的中小国家和城市也把对传统建筑的改造使用当成城市持续发展的一项基本方向和手段,特别是对于艺术场所,‘过去’痕迹的存在为当代审美提供了历史深度。”

国内类似的地方还有云南和上海。云南是一些画家牵头做的“上河创库”;上海画家村,让画家们集中居住在公寓楼里,并且对画家行为有所规定,属于一种商业行为,艺术家的独立性受到牵制。而原来苏州河旁旧仓库改建的画廊,已经开始拆毁。它们都还没有 798 的这个规模。

过去的大制造业转换产业经营,一流旧厂房的空间究竟该如何利用?国外发达国家较早地经历了这个阶段,并对历史进行保留。“不像中国城市,旧东西一旦不行就马上拆掉,只要不符合现有用途的就否定掉。全然不顾历史形成,以及其中的文化价值。”所以这批艺术家进驻后,装修时有意保留了屋顶上那具有时代意义的标语:“毛主席是我们心中的红太阳”。

本月底,名为“越界语言”的诗/行为艺术也将面向公众。这个以汉字为核心跨地域、跨文化的交流,和媒体协办,发起人黄锐希望这也是和社会交流的通道。他认为针对此前对于行为艺术一片批评的声潮,“越界语言”就是从身体出发超越理性,旨在做到重要性、公开性、透明性,也为了让普通人感受行为艺术。

北京有成形的宋庄画家村,但社会功能比较单一,画家们都要出来喝酒交流;北京也有三里屯这个名扬世界的酒吧街,但也一直被看作是缺少文化品位。798 艺术区,艺术与消费的结合,文化向大众的推广,是否真能发展成为继古老传统、现代垃圾之后,北京现代艺术的聚集地和普及地呢?有待时间的论证。

(《南方周末》2003 年 3 月 27 日)

阅读三

陈克艰:《罗生门》与《红楼梦》

——认识论二题(其一)

二、事实本身与关于事实的知识

说《红楼梦》的原作者可能不是曹雪芹,这在热爱《红楼梦》因而也热爱曹雪芹的广大读者中会是一个引起惊愕甚至犯众怒的问题,但是红学界对此确实有很多的讨论和辩论。一方认为小说在曹雪芹之前已有一部原稿,曹雪芹巧手新裁,对其作了重大加工,成为现在这个样子,此可以称为"改作论";另一方坚持前八十回无可置疑是曹雪芹一手创纂,其"著作权"不容剥夺,这是"原作论";认为非曹雪芹原作的一方,关于原作的具体情况,亦复有多种说法。各方的论证,大多写得有理有据。

事实本身只有一个,关于事实的知识却有多种,彼此歧异甚至冲突,这里的"问题情境"与《罗生门》有点相似。二者都提示我们,"事实本身"与"关于事实的知识"是两个不同的范畴,必须加以区分。但红学与《罗生门》二者的"问题情境"又有着实质的区别:《罗生门》中,三个当事人所陈述的"关于事实的知识",之所以都不真,是由于各自心理的障碍;红学问题上各种不同解答之间的争论难以得到共识,"事实本身"难以呈现,则需要作方法论的省视。

红学上几乎所有的问题(作者问题是最重要、牵涉面最广的一个)都有不同的解答,这里未必有什么"心理需要",虽然也存在某些论者急于取胜而强词夺理、或便词巧说的情况,但这并不重要,可以不论。关键在于,历史事实是一过性的,过去了,不会重演,所谓"复原历史事实",其实是运用证据和推理构建"关于事实的知识"。"有理有据"者,"理"即推理,"据"即证据;从积极方面言,"理"和"据"是构建知识、通向事实真相的必要途径;从消极方面言,"理"和"据"自身的性质及其相互关系又会成为知识的限度。妨碍在"关于事实的知识"和"事实本身"之间划等号的那条界限,并不是主观设定的,而是"理"和"据"在构建知识过程中的运作方式客观上决定的。在此关键点上有清醒的"方法论自觉",虽然不一定能帮助"事实本身"的呈现,至少,可以澄清已有知识的秩序,明确问题导向,减少无谓争论,使认识的客观形势明朗化。

"理"和"据"的自身性质及相互关系如何呢?故举《红楼梦》作者问题讨论中的两个小例来说明。

现存各种《红楼梦》抄本上有大量批语(通称"脂批"),有署名,有不署名,署名最多的是脂砚斋,其次是畸笏叟,他们与曹雪芹关系密切,深知并一定程度上参与了《红楼梦》的成书过程,所以脂批是研究红学问题的重要证据。

第十三回回末写王熙凤协理宁国府,考虑首先要治理五项弊端,庚辰本眉批云:"读五件事未完,余不禁放声大哭。三十年前作书人在何处耶。"批者一定是因小说想到了现实生活中曹家的衰败之由,所以"放声大哭"。重要的是后一句,论者先考定写此批的时间,前推三十年,曹雪芹还是未成年人,怎么可能就开始创作这部自称是写"半生潦倒之罪"的小说了呢?所以"三十年前作书人"一定是别人,他早就不知去向了,所以批者发问"在何处耶",这是"改作论"对这

陈克艰

条证据的运用和推论。但是“原作论”对这同一条证据作了相反的解释:“三十年前”不是定语,而是状语,只要在“三十年前”后,添一逗号,这一点就更加清楚;“在何处耶”不是问“作书人”完书后的去向,而是问现正作书的人,那时候在何处啊?如此,则可以是未成年,甚至可以是未出生。按前一种读法,这条证据是对“改作论”的支持;按后一种读法,则化解了这一支持,“原作论”本就占优势,化解了对对立论点的支持,似乎也就是对己身的支持。

再看一个“改作论”化解支持“原作论”证据的例子。甲戌本第一回贾雨村口占“未卜三生愿”一律,侧批:“这是第一首诗,后文香奁闺情皆不落空。余谓雪芹撰此书,中亦为传诗之意。”明言“雪芹撰此书”,无疑雪芹是一手创纂的原作者了。但是“改作论”者换了一个读法,把这条批语中的第二个逗号移后一字,“雪芹撰此书”变成“雪芹撰此书中”,“此”字不再指“书”,而是指“诗”,意即曹雪芹将自己的诗写进别人原作的书中,借以“传诗”;这一读法,文字似乎也更通顺一些,否则“中”字显得有点多余。当然曹雪芹完全可以在自己的书中写诗以“传诗”,但后一读法至少使这一条批语对“原作论”不起什么支持作用了。抄本本文和批语都无句读,究竟哪种读法符合批者原意,除非起脂砚、畸笏于地下,又何从得知?

诸如此类的例子很多。上述二例已经足以显示红学论争中“理”与“据”的方法论性质。并非“证据”本身已有确定不移的客观含义,其含义是“读”出来,“解释”出来的,而“解释”真正所“据”的,是先期已立的论点,这样的“论点”,如实言之,应被视为“假设”。论者每谓自己的论点是“结论”,是从证据中“推理”出来的;既然证据是客观的,是事实,推理又是从正确到正确的思维过程,因而自己的论点必定正确,也因而对立方的论点只能是主观猜测,必定错误。这是缺乏方法论自觉的表现。

其实,通常情况下,所谓“推理”,并不是从证据到结论的“演绎”,而是从假设到证据的“解释”,方向正好相反。“假设”碰到“证据”而能解释得通,“假设”就得到“证据”的支持,至少不被反驳。在研究的历程中,“假设”往往是受“证据”的启发而立的,二者处于互动的双向关系中;但就论证过程而言,“假设”逻辑上在先,先于“证据”,推理是根据“假设”对“证据”作出解释。往往同一个或同一堆“证据”,从不同的“假设”都可以解释得通。将一种“假设”可以解释通的“证据”,从对立的“假设”出发再解释一遍,并不构成对前一种“假设”的反驳。上举二例就是这种情况。

历史考证上,“假设”总是对未知事实的假设,对同一个未知事实有不同的假设,也就是关于这个事实有不同的知识。不同的“假设”,依据它们在解释证据上的表现,是可以比较其优劣的。能够解释较多的“证据”,解释得较为通畅、顺当的,是较好的“假设”。反之,解释得很别扭,很牵强,就是不好的“假设”,在有较好的备选“假设”时,就会被淘汰。

然而须知,以“假设”在解释“证据”上的表现作为弃取标准,是不得已而为之的方法论标准。譬如一个反映司法无能的电影,它先已告诉你事实明明是什么,所以你知道法庭是判错了;但是历史考证上没有这样的便宜,那个“明明”的事实,在历史考证上恰恰是最为“暗暗”。人们常说“认识要与事实相符”,但必须两个东西都在明处,才能看它们是否“相符”;若“事实”本身在暗处,又如何判断关于这个事实的多项知识中哪一项与其“相符”呢?于是只能在各项知识之间进行比较、选择,那个依据方法论标准显得最优的“假设”会被选中,暂时被认为就是正确的关于事实的知识,或曰与事实相符的知识。但也仅此而已,如果出现反面的“证据”或新的更好的“假设”,就得让位。

事件的亲历者要道出事实真相,其障碍在心理方面;历史事实的研究者要得知事实真相,其限度在方法上面。方法既是进取的利器,又是进取的限度,确切地说,方法正因为是进取的利器,所以又构成进取的限度。方法是不得不用的,既用方法,又不能自觉方法之限度,此所以红学研究成果累累、而无谓争论亦复多多之一因也。总之,方法论的自觉不会使事情变得容易些,也许反而会使事情变得更困难些,因为它不允许将"关于事实的知识"轻易地等同于"事实本身"。红学问题的困难,客观原因是文献不足,有关曹雪芹的材料太少,无歧异解释的直接证据太少,因此推测想象的空间特大,立说容易,说中就困难了。然而困难所在,也正是它的魅力所在。

(《南方周末》2007 年 3 月 1 日)

阅读四 李宏宇:纳博科夫才是俄罗斯的未来(节选)

记者:您是怎么开始研究纳博科夫的?

赫鲁晓娃:我爱上了一尊铜像。听起来可笑是吧?可是我是俄罗斯人,我相信唯心的文化概念。

1999 年,我去了瑞士蒙特勒,纳博科夫就葬在那里,正好是他百年诞辰。说实话那时候我连喜欢他都还谈不上,只是去玩而已。就像随便哪个游客,到了瑞士沃维就会去看卓别林墓地,我也想去纳博科夫墓地,想找他曾经住过的酒店。

那种旅游胜地满是豪华绚丽的酒店,我一点儿头绪也没有。我想随便去一家问问看,也许有些个小资的家伙知道呢。

我看到一家酒店,就像个涂满了奶油花饰的巨大蛋糕,那种新艺术运动风格的装饰美极了。我下了车走进大堂,迎面碰上了纳博科夫——他就坐在那儿,当然,是尊铜像。我目瞪口呆,只不过随便撞了一家,结果就是他曾住过的。我觉得天哪,这肯定是种预兆!

我不知道该怎么形容这种感觉,或许是心灵感应?从那开始我阅读他写的一切,发现他总是把要说的东西深藏起来。后来我写了一篇文章,叫《拜访纳博科夫》,是我和一尊雕像之间的对话。我想用这种对话方式找到这些深藏其后的东西。

记者:您一开始就是用政治的视角阅读纳博科夫么?

赫鲁晓娃:我自己 12 岁就试着读过《洛丽塔》。那时候还禁止出版,是打字机打的,私下流传,晚上借到第二天早上就得还……我讨厌那本书,讨厌洛丽塔,讨厌整个纳博科夫的概念。倒不是因为性描写,其实也没什么过火的描写。

纳博科夫始终说自己写的东西无关政治,也不涉及社会价值观,他说"我喜欢编造没有答案的谜语"。我是研究政治的,我读了他所有作品,这两件事凑到一起,我发现他在写未来的俄罗斯。他自己都没料到,他在四五十年以前就为我们描摹出当代的、集体思想消失之后的俄罗斯会是什么样子。我认为他的每一本书都是政治书。

记者:您说纳博科夫就是俄罗斯社会转型的路标,怎么理解?

赫鲁晓娃:西方尤其是盎格鲁—萨克逊美国,搬来国际货币基金组织的财务报表、世界银行的法律文件,希望改变俄罗斯的体制,可是俄罗斯人特别不擅长看这个,俄罗斯人只是贪婪地阅读文学。比如《古拉格群岛》对终结苏联政权的专制属性就起了非常重要的作用。所以我觉得如果俄罗斯人阅读纳博科夫,就是重要的转型教材。

他自己是在十月革命后离开俄国,带着 19 世纪的俄罗斯文化传统,要转型到 20 世纪开放的美国文化——现在他是最伟大的美国作家之一。

19世纪俄国文学作品里的大多人物都很典型——苦难、悲惨成了共同的前提意识,从来没有好结局。俄罗斯人在现实中不顺利,就从这些人物身上寻找安慰。我们安慰自己:没有洗衣机、食品店,可是我们有俄罗斯精神,这就能构成一个大国。

而纳博科夫一生都没有这样的主张,他自称从来没有社会目的,写作只为自娱。可如果你看他的作品,尤其是20世纪40年代后用英语撰写的作品,他基本上是在为俄罗斯人改写俄罗斯文学。

《阿达》是改写《安娜·卡列尼娜》。后者的开头非常著名:"幸福的家庭都是一样的,不幸的家庭却各有各的不幸。"俄罗斯人的看法就是这样,幸福没什么,都一样。而《阿达》的开头恰恰倒转过来:"幸福的家庭多少各有其幸福,不幸的家庭倒多少是一样的。"意思是说不幸实在没什么值得赞美的,其实在幸福里才能发现人生。

《微暗的火》改写果戈理的《狂人日记》,《斩首的邀请》改写《白痴》。他改写每一部名著都是为了让我们今天利用,因为俄罗斯人还是更擅长领会形而上的文化概念。

整个俄罗斯传统文化背后的观念是:做一个舒服的资产阶级没什么意思,人生要义在于拼搏奋斗,就算拼上性命也是快乐的,因为奋斗是要成为更高贵的人或更高贵的灵魂。而纳博科夫认为过一个普通人的小日子也不坏。纳博科夫提前四十多年就预言了俄罗斯后共产主义时期的命运——从苏联共产主义解放出来,缓慢而有组织地建立个人竞争的资本主义文化。他赋予人物现代性,而前者只是在集体背景下书写个人不幸。

我那篇《拜访纳博科夫》后来写成了一本书,这就是那本书的政治信息。我觉得有趣的是他揭开了现代性的神秘,他学会了做一个好的资本主义者。当然他没这么称呼过自己,但他确实是个好的自由主义者;他适应那个体制,有社会责任感又快乐,一个俄罗斯人成了美国文学大师,这是了不起的成就。

(《南方周末》2007年3月29日)

阅读五　唯　色:契里柯的画与帕廓拐角的身影

以前我不知道契里柯。其实契里柯是谁,对我重要吗?在我从未见过那幅画之前,他是不重要的,因为即使不知道他,我也一直安之若素地成长到了重返拉萨的时候。这时候我24岁。这时候,我才着迷于藏人口中的"帕廓"和"祖拉康"(大昭寺)。帕廓与祖拉康是不能分开的。我正是在转帕廓的过程中命定地走入了祖拉康。帕廓是一条不规则的圆形街道。祖拉康则是一座古老的寺院。恰恰在拉萨人的思维中,包括了帕廓和祖拉康的这片并不广大的区域,才是传统意义上的拉萨。

所以在遇见那幅画时,我已经在内心建立了对拉萨的基本认识。结果那一瞬间,我如雷轰顶,铭心刻骨。那幅不知绘于何时的画果然透露了某个只可意会的秘密吗?它居然命名为"一条街的神秘与忧郁",而如此直露的名字不是我的偏爱。为何要说破呢?那十多个幽深的拱廊,那一半掩入阴影中的庞大建筑和四轮木车,之间恰好是一条金黄色的街道,像是被黄昏的光线照耀着,却奇异地,除了一个滚铁环的少女飞跑着(长长的头发和扬起来的裙摆是她飞跑的证据),以及街道的另一端倒映在地面的一个巨硕身影和另一个细细的影子(没有挂旗的旗杆?),再无一样多余之物。太静了,太静了,太静了,竟然令人不安起来。

可是那幅画与拉萨又有什么关系呢？那亦是一个下午，我原本轻松地走在帕廓街上，信手翻看着古玩摊上锈迹斑驳、真假难辨却别具一格的器皿，往身上比试着曳地的藏式绸缎长裙或尼泊尔棉布小背心。忽然，一阵异常凶猛的大风裹胁着遮天蔽日的灰尘，犹如一个张牙舞爪的魔鬼尖啸着一掠而过，顷刻间，先前熙熙攘攘的闹市如鸟兽散，一下子只剩下三五个手忙脚乱地收拾东西的人，一串断了线的红珊瑚念珠散落一地，但谁也顾不得将之拾起。我怔怔地站着，摊开着空空如也的双手，心底涌起莫大的幻灭。这时候，我无意瞥见一个模样瘦小的女人正匆匆地从不远处一幢绛红色的房子前闪过，一身长途跋涉的朝圣者的装束分明，更醒目的是那一个在她的手中飞快地转动着的、硕大的、银光烁烁的嘛尼轮！嘛尼轮由左至右，旋转得是那般地快，似乎要脱离她的掌握，又似乎要携带着她奔向某个不可言喻的美好之所在。我顿时平静下来，注视她远去的背影如同注视自己的亲人，注视那幢绛红色的房子如同注视自己的家。

多年后，我才在一篇文章中记录了那个朝圣者的身影，而且文学化地披露了我的心事。还写了第一次去北京时，在另一个有着悠久名声的老街——琉璃厂的际遇。请容我复述，就像是老调再弹：

寒冬的风一阵阵地穿过阒无人迹的街道和两旁错落有致的仿古建筑，却无声无息，不着痕迹，甚至见不到一片被卷走的落叶或纸屑。似乎只有我，是的，只有我是这刺骨的风中，这宛如刚刚搭起来的舞台布景前唯一的正在活动的生命。我因而在那些间罗列着各种陈旧什物（发黄的字画、黯淡的银饰、破碎的绫罗绸缎以及鼻烟壶、瓷器、红木家具等等）的小屋里踌躇、迟疑，对长相亦如出土文物的店主那浓重、滑溜的卷舌音置若罔闻，更对刚刚套在手腕上的一只镂空的红木手镯那难以想象的重量十分费解。我梦幻般地看见，许多逝去的时光正在这样的空间里奇异地叠现着，交错着，其中穿梭着一个若有若无的影子，这影子恍若人形，却分明蕴积着一种令人生畏的力量，很难说清是神力抑或魔力，也不清楚这是刚刚离去的背影，还是即将到来的投影，而我倒像是一个与这影子有着一份秘不可宣的特殊关系的小动物。我不由得赶紧低头寻找装有一尊小小的白度母佛像、一粒洁白而圆润的舍利子和一位仁波切赐予数粒“秦娄”（法药）的“嘎乌”（小型佛龛），还好，它被一根受过加持的“松旺”（金刚结）系着，仍然紧贴着我的胸口，在具有鲜明的西藏风格的外套下，默默地庇护着身处异地的人儿。

但即使这样，很长很长的时间里，我依然不知契里柯何许人也，常常还会想不起他的名字，忘不了的只有那幅画，似乎已经足够，似乎秘密在握。

（《南方周末》2007 年 3 月 15 日）

阅读六　　吴　晨：外国建筑师的试验场？

我对目前中国建筑的风气不是很欣赏。我担心，中国正在成为外国建筑师的试验场。

这种印象最初来自国家大剧院。我并不认为那是一个好建筑，随着时间的流逝这种感觉越来越强烈。前些日子我看了一个关于北京城的航拍照片，中轴线的感觉非常强烈，但那个国家大剧院已经拱出地面了，中轴线左侧那个蛋形的平面轮廓极端醒目，和北京的尺度、肌理、形态格格不入。联想到建筑师保罗·安德鲁的“保护一种文化的唯一办法就是要把它置于危险境地”的说法，很让人不舒服。而且，我知道为了实现这个建筑，在建筑功能上作了很大的妥协。

安德鲁是一位不错的建筑师,但他毕竟是以做交通建筑出名的,并不是说他不能做剧院,但用此项目让他做了试验,却不能说是一种负责任的态度。毕竟,目前并不很富裕的中国人要为这个剧院付几十个亿。

现在,一些先锋的建筑师也进入了中国。也许有的建筑师得过大奖,号称建筑界的诺贝尔奖,但是,正如诺贝尔的有些奖项也有意识形态问题一样,本质上,西方的意识形态是单边化的,它的建筑也是要输出自己的文化,是带有强迫性的。

库哈斯的CCTV大楼,在追求可持续发展与尊重人性的今天,这个方案对这两方面都没有着墨。它的确会给你某种震撼,实际上,它除了震撼没有带来其他任何东西,而且这个震撼将非常昂贵。做CCTV结构设计的公司就是当初做悉尼歌剧院的公司,以做挑战性的结构出名,但是我从这家公司得到的信息是:CCTV大楼的难度和糜费甚至超过悉尼歌剧院。但是悉尼歌剧院毕竟是美的,很少人怀疑这点,美在眼里,愉悦在心里。但是,CCTV大楼那个扭曲的门被巨型的钢结构捆绑着,给人不安定的感觉。库哈斯在国外也没做过这么大的建筑,这回中国人又要为另外一个几十亿付账了。

而我们注意到,在这次国家体育场的评选中,库哈斯是评委之一。

总的来看,中国有一种非常不好的现象:在丧失城市特色的同时,到处都要建造城市雕塑式的建筑物,似乎有遍地开花的趋势,也许只能用社会心理的浮躁来解释这种现象。我不介意眼前一亮,但是如果到处都亮,那就成了炫光了。人们最终将对形式麻木,对城市厌恶。

值得一提的是,在欧洲,对城市规划、城市保护是控制得比较严的,对待大的建筑都比较谨慎,并无追求雕塑型建筑的风气。只有一小部分建筑可以让建筑师这样玩。但是似乎中国正在提供这样一种外国建筑师在自己国家都得不到的机会。

每次竞赛都要请"大师",动不动都要进前几名,一个城市没有大师作品好像就是遗憾,评委如果不附和它好像就没有水平——果真如此,那就是中国的悲哀了。

将来,责任由谁负?没有人负;包袱由谁承担?中国人承担。

本报记者张捷采访整理

注:吴晨,英国皇家特许建筑师,英国泰瑞·法瑞建筑设计公司中国区董事。

(《南方周末》2003年4月3日)

手上与手下

——当代中外小说拼盘

专题导语

加西亚·马尔克斯曾说:“我全部的人生都被概括进了我的小说。”你相信吗?你即将阅读的,是不同的人生,亲近不同的心灵。

阅读的经历,能影响你吗?法国作家安德烈·纪德说:“影响不创造任何东西,它只是唤醒。”加西亚·马尔克斯对胡安·鲁尔弗的《佩德罗·巴拉莫》可以倒背如流,“雷德利亚神父在很多年后将会回忆起那前天晚上的情景”,似曾相识?《百年孤独》的开篇是这样写的:“多年以后,奥雷连诺上校站在行刑队面前,准会想起父亲带他去参观冰块的那个遥远的下午。”这句话被当作马尔克斯的注册商标,殊不知这是马尔克斯在自己的作品中向前辈致以敬意。

知道吗?中国先锋派的两大著名代表苏童和格非,在说起深刻影响他们小说创作技巧的作家时,都不约而同地提到过一个名字——舍伍德·安德森,还有他的作品《手》。记忆是那么散漫,却又是那么刻骨铭心。

阅读的经历,能唤醒你吗?因为,“一个被唤醒的人,他和文学的距离是最近的。”

早已经被唤醒的这些中国的先锋作家们,开启了20世纪80年代中国文坛的春天。“今天的文学之所以呈现多元并存,百花竞放的审美格局,在很大程度上,也正是由于无数先锋作家不断颠覆传统创作模式,探索各种新的表达方式和审美理想的结果。”(洪治纲《永远的先锋》,《小说评论》2002年第6期)

当时的一些文学作品,人们是以惊艳、震撼来形容的。

“文人最是这阿城好,令笔墨处处荡开”(《齐人物论(续一)》),而《棋王》被誉为“寻根文学”的扛鼎之作。

“《透明的红萝卜》是20世纪80年代后我读过的中国最好的中篇小说之一。”(《影响了我的二十篇小说(格非中国小说读本)——一生的文学珍藏·格非序》)

在这个社会转型时期,有这样一批优秀的作家,以他们的作品颠覆了横亘已久的审美观,在形式上“故意”违反约定俗成的创作原则、欣赏习惯,造就了一种以人物内心、意识的流动为特征的文学结构。随着岁月的流逝,他们最终减弱了形式实验和文本游戏,凭借着小说家丰沛的想象力、深刻的洞察力、冷静的叙事能力,也开始回归到对人物命运的关注,对人类的生存状态的透视,使得现实深度和人性关注又重归文本。

当然,这不是简单的回归,他们在主题和题材的处理上发生质的飞跃。

汪曾祺先生曾说:“读了阿城的小说,我觉得,这样的小说我写不出来。我相信,不但是我,很多人都写不出来。这样就增加了一种新的小说,给小说的这个概念带进了一点新的东西。否则,多写一篇,少写一篇,写,或不写,差不多。”

好吧,读一读这些富于生气的杰作,应该会有如布莱克诗中所言的"把无限放在你的手掌上,永恒在一刹那里收藏"之感觉。

文本研读

舍伍德·安德森:手

舍伍德·安德森

一栋小木屋,坐落在离俄亥俄州温士堡小城不远的、一个幽谷的边缘附近。一个胖胖的小老头儿,在这木屋的半朽走廊上,神经质地往来踱蹬。越过一长块种了苜蓿却只生出浓密的黄色芥草来的田地,他可以看见公路,看见路上行着一辆满载从田野里回来的采浆果者的运货马车。采浆果的少男和少女,骚骚然大笑大叫。一个穿蓝衬衫的少男从车上跳下来,要把其中一个少女拉下车来,少女锐声叫喊抗议。少男的脚在路上踢起一团烟尘,烟尘飘浮过落日的脸。越过那一长块田地,传来一串轻微的女孩子气的声音。"喂,飞翼比德尔鲍姆呀,梳梳你的头发吧,头发要落到你的眼睛里去了。"这声音命令着这个秃顶的人,他的神经质的小手摸索着光秃秃的雪白前额,仿佛正理着一绺乱发似的。

飞翼比德尔鲍姆永远诚惶诚恐,被种种狐疑所困扰;他在城里住了二十年了,却认为自己无论如何不是这小城生活的一部分。在温士堡所有的人中间,只有一个人跟他是接近的。他对乔治·威拉德(他是威拉德新旅社的业主汤姆·威拉德的儿子)产生了类似友谊的感情。乔治·威拉德是《温士堡鹰报》的记者,有时他在晚上沿着公路散步,走到飞翼比德尔鲍姆的家里来。现在,老人在走廊往来踱蹬,双手神经质地挪动,他正盼望着乔治·威拉德会来和他一同消磨黄昏。载着采浆果者的运货马车过去之后,他在高高的芥草中间穿过田畴,攀上铁路的栅栏,沿着通向城市的公路急切地凝望。他这样站了一会儿,搓着双手,朝大路上望来望去;接着,他为恐惧所压倒,又跑回家去,在自己的门廊上徘徊了。

二十年来,飞翼比德尔鲍姆一直是小城里的一个谜。面前有个乔治·威拉德,比德尔鲍姆的懦弱便减少几分,而他那朦胧的个性,原来沉没在狐疑的海中的,也冒出来见识世界了。有年轻的记者在他身边,他敢于在大天白日走上大街,或是在他自己家的歪歪斜斜的门廊里大步徜徉,激动地说着话儿。原来低沉而颤抖的声音,变得尖锐而响亮了;弯曲的身体也挺直了。像是在渔夫身边回到小河里去的一尾鱼,身体一扭一摆,缄默者飞翼比德尔鲍姆开始说话了,竭力把沉默的漫长岁月里在他心中累积起来的思想化为言语。

飞翼比德尔鲍姆说话时大做手势。他那纤细的善于表现的手指,始终活跃而又始终竭力藏在衣袋里或是背后的手指,伸出来了,成为他表情达意的机器上的活塞杆。

飞翼比德尔鲍姆的故事是手的故事。双手无休止的动作,像是被囚的鸟的双翼的飞动,使他得了这个诨名。那是城里一个无名诗人想出来的。这双手吓坏了它们的主人。他要把这双手隐藏起来,同时他又惊奇地望着旁人的手,在田里挨着他干活的人们或是在乡村大路上赶着瞌睡的牲口的人们的、安静而毫无表情的手。

同乔治·威拉德谈话的时候,飞翼比德尔鲍姆捏紧了拳头,打在桌子上或是打在他家的墙上。这动作使他更加舒畅。两人在田野里散步时，要是他想谈天的话，他就设法找一段树桩或是栅栏顶上的一条木板，两手忙着砰砰地猛击，说话便重新从容自在了。

飞翼比德尔鲍姆这双手的故事，本身就值得写一本书。同情地写来，便可触及无名小人物的许多奇异美丽的品性。这是诗人的指责。在温士堡，这双手之引起注意，只是由于它们的动作。凭着这双手，飞翼比德尔鲍姆在一天中采的草莓，高达一百四十夸脱。这双手成为他的显著的特色和他的声名的源泉。这双手也使一个原来已经畸形和不可捉摸的个性更加畸形。温士堡之以飞翼比德尔鲍姆的双手自豪，其精神实质正如以银行家怀特的新石屋自豪，以韦斯理·莫耶的在克理夫兰秋季赛马中创二分十五秒记录的栗色雄马托尼·蒂普自豪，完全一模一样。

至于乔治·威拉德，他好几次想问起这双手的事。有时，一种几乎压倒之势的好奇心怂恿着他。他觉得这双手的奇怪的活动的老是要藏起来的倾向，必定自有道理，只是出于对飞翼比德尔鲍姆逐渐增进的尊敬，使他没把时常萦回心头的问题脱口说出来罢了。

有一次他快要问出口了。某一个夏天的下午，他们两人正在田野里散步，在一条青草埂上歇息坐下。整个下午，飞翼比德尔鲍姆谈天说地，像一个神灵感悟的人。他站在一道栅栏的旁边，像一只巨大的啄木鸟般打击着栅栏顶上的木板，他对乔治·威拉德大叫，责备他那过分受周围人物左右的倾向。“你在毁灭自己，”他说道。“你有孤独和做梦的倾向，而你又怕梦境。你想和这小城的人一样。你听他们说话，还设法模仿他们。”

在青草埂上，飞翼比德尔鲍姆竭力再强调这一点。他的语调变成柔和而追怀式的，他心满意足地叹了一口气，开始散漫的长谈，像一个幻游梦境的人在说话。

飞翼比德尔鲍姆就这梦境为乔治·威拉德描出一幅图画。画中的人物再一次生活在一种牧歌式的黄金时代里。越过一片苍翠空旷的乡村，来了手足洁净的年轻男子，有的步行，有的骑马。青年男子成群地聚集在一个老人足旁，老人坐在小小花园里一棵树下对他们说话。

飞翼比德尔鲍姆变得浑身都是灵感。他暂时忘掉了双手。慢慢地这双手溜了出来，放在乔治·威拉德的肩上。某种新鲜而勇敢的东西，渗透进那说话的声音。“你必须忘掉你所学到的一切，”老人说，“你必须开始做梦，从此你切而听信旁人夸夸其谈。”

飞翼比德尔鲍姆的说话顿了一下，他长久而诚恳地凝视乔治·威拉德。他的眼睛炯炯发光。他又伸出手来抚摩那少年，而一瞥惊惧之色随即扫过了他的脸。

飞翼比德尔鲍姆浑身一震，跳起身来，双手直插在裤袋深处。泪水涌到他的眼睛里。“我一定得回家了，我不跟你多谈了，”他神经质地说道。

也不回头瞧瞧，老人匆匆赶下山坡，横过草原，丢下乔治·威拉德惶惑而惊讶地在青草埂上。这少年恐惧得战栗起来，站起身，沿着通达城市的大路走去。“我决不问他那双手的事了，”他想，记起他在老人眼中看到的恐惧，颇有感触。“一定有什么委屈的事，可是我不想搞清真相了。他怕我，怕每一个人，是同他那双手有些关系。”

乔治·威拉德说对了。让我们对这个手的故事略作探究。我们讲到这双手，或许会鼓舞诗人道出有关陶冶感化的隐秘奇迹，而那双手只是为了陶冶感化而飘动着的信号旗而已。

在年轻的时候，飞翼比德尔鲍姆曾在宾夕法尼亚的一个小城里当学校教师。那时他不叫飞翼比德尔鲍姆，却以音调较差的阿道夫·迈耶斯为姓名。作为教师阿道夫·迈耶斯，他受到学校里孩子们极大的爱戴。

阿道夫·迈耶斯是年轻人的天造地设的教师。他是那些稀有的，不为世人所了解的人们中的一个，那些人用过分温和的力量来管教孩子们，温和得竟像是一种可爱的弱点。他们对于自己管教所及的孩子们的感情，跟温文尔雅的妇人对于男子的爱情毫无两样。

然而那不过是粗略的说明。这种地方需要诗人来解释。阿道夫·迈耶斯同他的学校里的孩子们，曾在黄昏里散步，或是坐在学校的台阶上直谈到薄暮，神往于一种梦幻之境。他的手伸来伸去，抚摩着孩子们的肩膀，把玩着头发蓬乱的脑袋。他讲话的时候，声音变得柔和而富于音乐性。声调中也渗透着一种爱抚之情。在某种程度上，这语调和这手，这抚摩肩膀和摩弄头发，对于这教师之把梦送进孩子们的心灵，也尽了几分力量。他借助于手指的爱抚，表达了他自己的内心。有的人，其内在的、创造生命的力量，是散漫而不集中的；他便是这样的人中的一个。在他双手的爱抚下，孩子们心灵里的怀疑和眩惑消失了，他们也开始做梦了。

跟着便发生了悲剧。学校里的一个鲁钝愚昧的孩子变得迷恋上了这年轻的教师。夜间他在床上幻想不可言说的事情，早晨他把他的梦境当作实事讲出来。奇怪的可怕的控诉，从他的没遮拦的嘴里落出来。全宾夕法尼亚州为之不寒而栗。隐藏在人们心中的、对于阿道夫·迈耶斯的朦胧怀疑，竟激变成了信以为真。

悲剧急转直下。颤栗着的孩子们被从床上拉起来，受到盘问："他用手臂抱我，"一个说。"他的手指老是摸弄我的头发，"另一个道。

一天下午，在小城里开酒吧间的亨利·布拉德福，来到学校门口。他把阿道夫·迈耶斯叫到了校园里，便开始用拳头打他。他坚硬的指关节打在那吃惊的教师脸上时，他的愤怒变得越来越可怕。孩子们吓得直叫，像被惊扰的昆虫一样奔来奔去。"你竟染指我的孩子，我要教训教训你，你这畜生，"酒吧间老板怒吼道，他打得厌倦了，便开始把教师在院子里踢来踢去。

阿道夫·迈耶斯在夜间被逐出宾夕法尼亚。有十二、三个人，手中拿了灯，走到他独住的屋子门前，命令他穿了衣服走出来。天正下着雨，其中一人手里拿着一根绳子。他们原来想吊死这教师的，但他身体上的某些东西，那么小，那么苍白，那么可怜，触动了他们的心，他们便放他逃走了。当他逃到黑暗之中时，他们又懊恼自己的心肠太软了，便跑上去追他，骂他，向那一面叫喊一面越来越快地奔向黑暗中去的身形，掷木棒和大烂泥块。

阿道夫·迈耶斯孤独地在温士堡住了二十年。他只有四十岁，看上去倒像六十五岁了。比德尔鲍姆这名字是他匆忙地经过俄亥俄州东部一个小城时，在货运站内的一只货物箱上看到的。他在温士堡有一个姑妈，是个养鸡的黑牙齿老妇人，他和她一起生活到她逝世为止。在宾夕法尼亚受过挫折之后，他病了一年，恢复健康后便在田里卖苦力作零工，他怯生生地走动着，并且竭力藏起他的手来。虽然他不明白究竟是怎么一回事，但他总觉得他的手是有过失的。孩子们的父亲一再提到手的事。酒吧间老板曾经在校园里暴跳如雷地怒喝道："不许你伸出手来碰别人！"

飞翼比德尔鲍姆在他那靠近幽谷的房子走廊上继续往来蹀躞，直到太阳消失，田野外的大路泯灭在灰色的阴影里。他走进屋内，切几片面包，涂上蜂蜜。晚间快车载着全天收获的浆果隆隆驶去，夏夜重新归于寂静时，他又到走廊上去散步。黑暗中他见不到双手，而双手也静止不动了。虽然他仍旧渴望着少年的出现（那少年是他表达他热爱人类的媒介物），那渴望却又变成了他的孤独和他的期待的一部分了。飞翼比德尔鲍姆点亮一盏灯，洗涤他简单的一餐所弄脏的几只盆子；他在通向走廊的纱门边搭好一张帆布床，准备解衣就寝。一些零星的白面包屑,落在桌旁洗刷干净的地板上;他把灯移到一张矮凳上,开始拾起面包屑,以不可思议的速度一粒粒地送到嘴里。在桌子底下、灯光的浓密黑影里,这跪着的人,看上去像是在教堂中做礼拜的神父。神经质的富于表情的手指,在亮光中或隐或现,很可能被误认为信徒的手指在迅速地十个复十个地数着他的念珠哩。

(选自《美国文学选读》,南开大学出版社,1991)

1. 问题研究

(1) 根据小说提供的信息,为飞翼比德尔鲍姆写一则人物小传。

(2) 小说对"手"做了极其细腻的描摹,你从这只"手"中读出了什么?

2. 相关链接

(1) 西安交通大学出版社:《美国文学选读》

(2) 百花文艺出版社:《影响了我的二十篇小说(苏童外国小说读本)——一生的文学珍藏》

深度阅读

阅读一　莫　言:透明的红萝卜(节选)

夜里,莫名其妙地下了一场雷阵雨。清晨上工时,人们看到工地上的石头子儿被洗得干干净净,沙地被拍打得平平整整。闸下水槽里的水增了两拃,水面蓝汪汪地映出天上残余的乌云。天气仿佛一下子冷了,秋风从桥洞里穿过来,和着海洋一样的黄麻地里的窸窣之声,使人感到从心里往外冷。老铁匠穿上了他那件亮甲似的棉袄,棉袄的扣子全掉光了,只好把两扇襟儿交错着掩起来,拦腰捆上一根红色胶皮电线。黑孩还是只穿一条大裤头子,光背赤足,但也看不出他有半点瑟缩。他原来扎腰的那根布条儿不知是扔了还是藏了,他腰里现在也扎着一节红胶皮电线。他的头发这几天像发疯一样地长,已经有二寸长,头发根根竖起,像刺猬的硬毛。民工们看着他赤脚踩着石头上积存的雨水走过工地,脸上都表现出怜悯加敬佩的表情来。

"冷不冷?"老铁匠低声问。

黑孩惶惑地望着老铁匠,好像根本不理解他问话的意思。"问你哩!冷吗?"老铁匠提高了声音。惶惑的神色从他眼里消失了,他垂下头,开始生火。他左手轻拉风箱,右手持煤铲,眼睛望着燃烧的麦秸草。老铁匠从草铺上拿起一件油腻腻的褂子给黑孩披上。黑孩扭动着身体,显出非常难受的样子。老铁匠一离开,他就把褂子脱下来,放回到铺上去。老铁匠摇摇头,蹲下去抽烟。

"黑孩,怪不得你死活不离开铁匠炉,原来是图着烤火暖和哩,妈的,人小心眼儿不少。"小铁匠打了一个百无聊赖的呵欠,说。

工地上响起哨子声,刘副主任说,全体集合。民工们集合到闸前向阳的地方,男人抱着膀子、女人纳着鞋底子。黑孩偷觑着第七个桥墩上的石缝,心里忐忑不安。刘副主任说,天就要冷,因此必须加班赶,争取结冰前浇完混凝土底

莫　言

槽。从今天起每晚七点到十点为加班时间,每人发给半斤粮,两毛钱。谁也没提什么意见。二百多张脸上各有表情。黑孩看到小石匠的白脸发红发紫,姑娘的红脸发灰发白。

当天晚上,滞洪闸工地上点亮了三盏汽灯。汽灯发着白炽刺眼的光,一盏照耀石匠们的工场,一盏照着妇女们砸石子儿的地方。妇女们多数有孩子和家务,半斤粮食两毛钱只好不挣。灯下只围着十几个姑娘。她们都离村较远,大着胆子挤在一个桥洞里睡觉,桥洞两头都堵上了闸板,只在正面留了个洞,钻进钻出。菊子姑娘有时钻桥洞,有时去村里睡。村里有她一个姨表姐,丈夫在县城当临时工,有时晚上不回家睡,表姐就约她去作伴。第三盏汽灯放在铁匠炉的桥洞里,照着老年、青年和少年。石匠工场上锤声丁当,钢钻子啃着石头,不时迸出红色的火星。石匠们干得还算卖劲,小石匠脱掉夹克衫,大红运动衣像火炬一样燃烧着。姑娘们围灯坐着,产生许多美妙联想。有时嘎嘎大笑,有时窃窃私语,砸石子的声音零零落落。在她们发出的各种声音的间隙里,充填着河上的流水声。菊子放下锤子,悄悄站起来,向河边走去。灯光把她的影子长长地投在沙地上。"当心被光棍子把你捉去。"一个姑娘在菊子身后说。菊子很快走出灯光的圈子。这时她看到的灯光像几个白亮亮的小刺球,球刺儿伸到她面前停住了,刺尖儿是红的、软的。后来她又迎着灯光走上去。她忽然想去看看黑孩儿在干什么,便躲避着灯光,闪到第一个桥墩的暗影里。

她看到黑孩儿像个小精灵一样活动着,雪亮的灯光照着他赤裸的身体,像涂了一层釉彩。仿佛这皮肤是刷着铜色的陶瓷橡皮,既有弹性又有韧性,撕不烂也扎不透。黑孩似乎胖了一点点,肋条和皮肤之间疏远了一些。也难怪么,每天中午她都从伙房里给他捎来好吃的。黑孩很少回家吃饭,只是晚上回家睡觉,有时候可能连家也不回——姑娘有天早晨发现他从桥洞里钻出来,头发上顶着麦秸草。黑孩双手拉着风箱,动作轻柔舒展,好像不是他拉着风箱而是风箱拉着他。他的身体前倾后仰,脑袋像在舒缓的河水中漂动着的西瓜,两只黑眼睛里有两个亮点上下起伏着,如萤火虫优雅地飞动。

小铁匠在铁砧子旁边以他一贯的姿势立着,双手拄着锤柄,头歪着,眼睛瞪着,像一只深思熟虑的小公鸡。

老铁匠从炉子里把一支烧熟的大钢钻夹了出来,黑孩把另一支坏钻子捅到大钢钻腾出的位置上。烧透的钢钻白里透着绿。老铁匠把大钢钻放到铁砧上,用小叫锤敲敲砧子边,小铁匠懒洋洋地抄起大锤,像抡麻杆一样抡起来,大锤轻飘飘地落在钢钻子上,钢花立刻光彩夺目地向四面八方飞溅。钢花碰到石壁上,破碎成更多的小钢花落地,钢花碰到黑孩微微凸起的肚皮,软绵绵地弹回去,在空中画出一个个漂亮的半圆弧,坠落下去。钢花与黑孩肚皮相撞以及反弹后在空中飞行时,空气摩擦发热发声。打过第一锤,小铁匠如同梦中猛醒一般绷紧肌肉,他的动作越来越快,姑娘看到石壁上一个怪影在跳跃,耳边响彻咣咣咣咣的钢铁声。小铁匠塑铁成形的技术已经十分高超,老铁匠右手的小叫锤只剩下干敲砧子边的份儿。至于该打钢钻的什么地方,小铁匠是一目了然。老铁匠翻动钢钻,眼睛和意念刚刚到了钢钻的某个需要锻打的部位,小铁匠的重锤就敲上去了,甚至比他想的还要快。

姑娘目瞪口呆地欣赏着小铁匠的好手段,同时也忘不了看着黑孩和老铁匠。打得最精彩的时候,是黑孩最麻木的时候(他连眼睛都闭上了,呼吸和风箱同步),也是老铁匠最悲哀的时候,仿佛小铁匠不是打钢钻而是打他的尊严。

钢钻锻打成形,老铁匠背过身去淬火,他意味深长地看了小铁匠一眼,两个嘴角轻蔑地往下撇了撇。小铁匠直勾勾地看着师傅的动作。姑娘看到老铁匠伸出手试试桶里的水,把钻子举起来看了看，然后身体弯着像对虾，眼瞅着桶里的水，把钻子尖儿轻轻地、试试探探地触及水面，桶里水"嗞嗞"地响着，一股很细的蒸气窜上来，笼罩住老铁匠的红鼻子。一会儿，老铁匠把钢钻提起来举到眼前，像穿针引线一样瞄着钻子尖，好像那上边有美妙的画图，老头脸上神采飞扬，每条皱纹里都溢出欣悦。他好像得出一个满意答案似地点点头，把钻子全淹到水里，蒸气轰然上升，桥洞里形成一个小小的蘑菇烟云。汽灯光变得红殷殷的，一切全都朦胧晃动。雾气散尽，桥洞里恢复平静，依然是黑孩梦幻般拉风箱，依然是小铁匠公鸡般冥思苦想，依然是老铁匠如枣者脸如漆者眼如屎克螂者臂上疤痕。

老铁匠又提出一支烧熟的钢钻，下面是重复刚才的一切，一直到老铁匠要淬火时，情况才发生了一些变化。老铁匠伸手试水温。加凉水。满意神色。正当老铁匠要为手中的钻子淬火时，小铁匠耸身一跳到了桶边，非常迅速地把右手伸进了水桶。老铁匠连想都没想，就把钢钻戳到小伙子的右小臂上。一股烧焦皮肉的腥臭味儿从桥洞里飞出来，钻进姑娘的鼻孔。

小铁匠嗷地嚎叫一声，他直起腰，对着老铁匠恶狠狠地笑着，大声喊："师傅，三年啦！"

老铁匠把钢钻扔在桶里，桶里翻滚着热浪头，蒸气又一次弥漫桥洞。姑娘看不清他们的脸子，只听到老铁匠在雾中说："记住吧！"

没等烟雾散尽她就跑了，她使劲捂住嘴，有一股苦涩的味儿在她胃里翻腾着。坐在石堆前，旁边一个姑娘调皮地问她："菊子，这一大会儿才回来，是跟着大青年钻黄麻地了吗？"她没有回腔，听凭着那个姑娘奚落。她用两个手指捏着喉咙，极力不让自己发出声音。

收工的哨声响了。三个钟头里姑娘恍惚在梦幻中。"想汉子了吗？菊子？""走吧，菊子。"她们招呼着她。她坐着不动，看着灯光下幢幢的人影。

"菊子，"小石匠板板整整地站在她身后说，"你表姐让我捎信给你，让你今夜去作伴，咱们一道走吗？"

"走吗？你问谁呢？"

"你怎么啦？是不是冻病啦？"

"你说谁冻病啦？"

"说你哩！"

"别说我。"

"走吗？"

"走。"

石桥下水声响亮，她站住了。小石匠离她只有一步远。她回过头去，看到滞洪闸西边第一个桥洞还是灯火通明，其他两盏汽灯已经熄灭。她朝滞洪闸工地走去。

"找黑孩吗？"

"看看他。"

"我们一块去吧，这小混蛋，别迷迷糊糊掉下桥。"

菊子感觉到小石匠离自己很近了，似乎能听到他"砰砰"的心跳声。走着，走着。她的头一倾斜，立刻就碰到小石匠结实的肩膀，她又把身子往后一仰，一只粗壮的胳膊便把她揽住了。小石匠把自己一只大手捂在姑娘的心口上，轻轻地按摩着，她的心像鸽子一样乱扑楞。脚不停地朝着闸下走，走进亮圈前，她把他的手从自己胸前移开。他通情达理地松开了她。

"黑孩！"她叫。

"黑孩！"他也叫。

小铁匠用只眼看着她和他，腮帮子抽动一下。老铁匠坐在自己的草铺上，双手端着烟袋，像端着一杆盒子炮。他打量了一下深红色的菊子和淡黄色的小石匠，疲惫而宽厚地说："坐下等吧，他一会儿就来。"

……黑孩提着一只空水桶，沿着河堤往上爬。收工后，小铁匠伸着懒腰说："饿死啦。黑孩，提上桶，去北边扒点地瓜，拔几个萝卜来，我们开夜餐。"

黑孩睡眼迷蒙地看看老铁匠。老铁匠坐在草铺上，像只羽毛凌乱的败阵公鸡。

"瞅什么？狗小子，老子让你去你尽管去。"小铁匠腰挺得笔直，脖子一抻一抻地说。他用眼扫了一下瘫坐在铺上的师傅。胳膊上的烫伤很痛，但手上愉快的感觉完全压倒了臂上的伤痛，那个温度可是绝对的舒适绝对的妙。

黑孩拎起一只空水桶，踢踢踏踏往外走。走出桥洞，仿佛呼嗵一声掉下了井，四周黑得使他的眼睛里不时迸出闪电一样的虚光，他胆怯地蹲下去，闭了一会眼睛，当他睁开眼睛时，天色变淡了，天空中的星光暖暖地照着他，也照着瓦灰色的大地……

河堤上的紫穗槐枝条交叉伸展着，他用一只手分拨着枝条，仄着肩膀往上走。他的手捋着湿漉漉的枝条和枝条顶端一串串结实饱满的树籽，微带苦涩的槐枝味儿直往他面上扑。他的脚忽然碰到一个软绵绵热乎乎的东西，脚下响起一声"唧喳"，没及他想起这是只花脸鹌，这只花脸鹌就蒙头转向地飞起来，像一块黑石头一样落到堤外的黄麻地里。他惋惜地用脚去摸花脸鹌适才趴窝的地方，那儿很干燥，有一簇干草，草上还留着鸟儿的体温。站在河堤上，他听到姑娘和小石匠喊他。他拍了一下铁桶，姑娘和小石匠不叫了。这时他听到了前边的河水明亮地向前流动着，村子里不知哪棵树上有只猫头鹰凄厉地叫了一声。后娘一怕天打雷，二怕猫头鹰叫。他希望天天打雷，夜夜有猫头鹰在后娘窗前啼叫。槐枝上的露水把他的胳膊濡湿了，他在裤头上擦擦胳膊。穿过河堤上的路走下堤去。这时他的眼睛适应了黑暗，看东西非常清楚，连咖啡色的泥土和紫色的地瓜叶儿的细微色调差异也能分辨。他在地里蹲下，用手扒开瓜垄儿，把地瓜撕下来，叮叮当当地扔到桶里。扒了一会儿，他的手指上有什么东西掉下，打得地瓜叶儿哆嗦着响了一声。他用右手摸摸左手，才知道那个被打碎的指甲盖儿整个儿脱落了。水桶已经很重，他提着水桶往北走。在萝卜地里，他一个挨一个地拔了六个萝卜，把缨儿拧掉扔在地上，萝卜装进水桶……

"你把黑孩弄到哪儿去了？"小石匠焦急地问小铁匠。

"你急什么？又不是你儿子！"小铁匠说。

"黑孩呢？"姑娘两只眼盯着小铁匠一只眼问。

"等等，他扒地瓜去了。你别走，等着吃烤地瓜。"小铁匠温和地说。

"你让他去偷？"

"什么叫偷？只要不拿回家去就不算偷！"小铁匠理直气壮地说。

"你怎么不去扒？"

"我是他师傅。"

"狗屁！"

"狗屁就狗屁吧！"小铁匠眼睛一亮，对着桥洞外骂道："黑孩，你他妈的去哪里扒地瓜？是不是到了阿尔巴尼亚？"

黑孩歪着肩膀，双手提着桶鼻子，趔趔趄趄地走进桥洞，他浑身沾满了泥土，像在地里打过滚一样。

“哟，我的儿，真够下狠的了，让你去扒几个，你扒来一桶！”小铁匠高声地埋怨着黑孩，说，“去，把萝卜拿到池子里洗洗泥。”

“算了，你别指使他了。”姑娘说，“你拉火烤地瓜，我去洗萝卜。”

小铁匠把地瓜转着圈子垒在炉火旁，轻松地拉着火。菊子把萝卜提回来，放在一块干净石头上。一个小萝卜滚下来，沾了一身铁屑停在小石匠脚前，他弯腰把它捡起来。

“拿来，我再去洗洗。”

“算了，光那五个大萝卜就尽够吃了。”小石匠说着，顺手把那个小萝卜放在铁砧子上。

黑孩走到风箱前，从小铁匠手里把风箱拉杆接过来。小铁匠看了姑娘一眼，对黑孩说：“让你歇歇哩，狗日的。闲着手痒痒？好吧，给你，这可不怨我，慢着点拉，越慢越好，要不就烤糊了。”

小石匠和菊子并肩坐在桥洞的西边石壁前。小铁匠坐在黑孩后边。老铁匠面南坐在北边铺上，烟锅里的烟早烧透了，但他还是双手捧烟袋，双肘支在膝盖上。

夜已经很深了，黑孩温柔地拉着风箱，风箱吹出的风犹如婴孩的鼾声。河上传来的水声越加明亮起来，似乎它既有形状又有颜色，不但可闻，而且可见。河滩上影影绰绰，如有小兽在追逐，尖细的趾爪踩在细沙上，声音细微如同毳毛纤毫毕现，有一根根又细又长的银丝儿，刺透河的明亮音乐穿过来。闸北边的黄麻地里，泼刺刺一声响，麻杆儿碰撞着，摇晃着，好久才平静。全工地上只剩下这盏汽灯了，开初在那两盏汽灯周围寻找过光明的飞虫们，经过短暂的迷惘之后，一齐麇集到铁匠炉边来，为了追求光明，把汽灯的玻璃罩子撞得哗哗啪啪响。小石匠走到汽灯前，捏着汽杆，噗唧噗唧打气。汽灯玻璃罩破了一个洞，一只蝼蛄猛地撞进去，炽亮的石棉纱罩撞掉了，桥洞里一团黑暗。待了一会儿，才能彼此看清嘴脸。黑孩的风箱把炉火吹得如几片柔软的红绸布在抖动，桥洞里充溢着地瓜熟了的香味。小铁匠用铁钳把地瓜挨个翻动一遍。香味越来越浓，终于，他们手持地瓜红萝卜吃起来。扒掉皮的地瓜白气袅袅，他们一口凉，一口热，急一口，慢一口，咯咯吱吱，唏唏溜溜，鼻尖上吃出汗珠。小铁匠比别人多吃了一个萝卜两个地瓜。老铁匠一点也没吃，坐在那儿如同石雕。

“黑孩，回家吗？”姑娘问。

黑孩伸出舌头，舔掉唇上残留的地瓜渣儿，他的小肚子鼓鼓的。

“你后娘能给你留门吗？”小石匠说，“钻麦秸窝儿吗？”

黑孩咳嗽了一声。把一块地瓜皮扔到炉火里，拉了几下风箱，地瓜皮卷曲，燃烧，桥洞里一股焦糊味。

“烧什么你？小杂种，”小铁匠说，“别回家，我收你当个干儿吧，又是干儿又是徒弟，跟着我闯荡江湖，保你吃香的喝辣的。”

小铁匠一语未了，桥洞里响起凄凉亢奋的歌唱声。小石匠浑身立时爆起一层幸福的鸡皮疙瘩，这歌词或是戏文他那天听过一个开头。

> 恋着你刀马娴熟，通晓诗书，少年英武；跟着你闯荡江湖，风餐露宿，受尽了世上千般苦——

老头子把脊梁靠在闸板上，从板缝里吹进来的黄麻地里的风掠过他的头顶，他头顶上几根花白的毛发随着炉里跳动不止的煤火轻轻颤动。他的脸无限感慨，腮上很细的两根咬肌像两条蚰蚓一样蠕动着,双眼恰似两粒燃烧的炭火。

> ……你全不念三载共枕,如云如雨,一片恩情,当作粪土。奴为你夏夜打扇,冬夜暖足,怀中的香瓜,腹中的火炉……你骏马高官,良田万亩,丢弃奴家招赘相府,我我我我是苦命的奴呀……

姑娘的心高高悬着,嘴巴半张开,睫毛也不眨动一下地瞅着老铁匠微微仰起的表情无限丰富的脸和他细长的脖颈上那个像水银珠一样灵活地上下移动着的喉结。凄婉哀怨的旋律如同秋雨抽打着她心中的田地,她正要哭出来时,那旋律又变得昂扬壮丽浩渺无边,她的心像风中的柳条一样飘荡着,同时,有一种麻酥酥的感觉从脊椎里直冲到头顶,于是她的身体非常自然地歪在小石匠肩上,双手把玩着小石匠那只厚茧重重的大手,眼里泪光点点,身心沉浸在老铁匠的歌里、意里。老铁匠的瘦脸上焕发出夺目的光彩,她仿佛从那儿发现了自己像歌声一样的未来……

小石匠怜爱地用胳膊揽住姑娘,那只大手又轻轻地按在姑娘的胸脯上。小铁匠坐在黑孩背后,但很快他就坐不住了,他听到老铁匠像头老驴一样叫着,声音刺耳,难听。一会儿,他连驴叫声也听不到了。他半蹲起来,歪着头,左眼几乎竖了起来,目光像一只爪子,在姑娘的脸上撕着,抓着。小石匠温存地把手按到姑娘胸脯上时,小铁匠的肚子里燃起了火,火苗子直冲到喉咙,又从鼻孔里、嘴巴里喷出来。他感到自己蹲在一根压缩的弹簧上,稍一松神就会被弹射到空中,与滞洪闸半米厚的钢筋混凝土桥面相撞,他忍着,咬着牙。

黑孩双手扶着风箱杆儿,炉中的火已经很弱了,一绺蓝色火苗和一绺黄色火苗在煤结上跳跃着,有时,火苗儿被气流托起来,离开炉面很高,在空中浮动着,人影一晃动,两个火苗又落下去。孩子目中无人,他试图用一只眼睛盯住一个火苗,让一只眼黄一只眼蓝,可总也办不到,他没法把双眼视线分开。于是他懊丧地从火上把目光移开,左右巡睃着,忽然定在了炉前的铁砧上。铁砧踞伏着,像只巨兽。他的嘴第一次大张着,发出一声感叹(感叹声淹没在老铁匠高亢的歌声里)。黑孩的眼睛原本大而亮,这时更变得如同电光源。他看到了一幅奇特美丽的图画:光滑的铁砧子。泛着青幽幽蓝幽幽的光。泛着青蓝幽幽光的铁砧子上,有一个金色的红萝卜。红萝卜的形状和大小都像一个大个阳梨,还拖着一条长尾巴,尾巴上的根根须须像金色的羊毛。红萝卜晶莹透明,玲珑剔透。透明的、金色的外壳里苞孕着活泼的银色液体。红萝卜的线条流畅优美,从美丽的弧线上泛出一圈金色的光芒。光芒有长有短,长的如麦芒,短的如睫毛,全是金色,……老铁匠的歌唱被推出去很远很远,像一个小蝇子的嗡嗡声。他像个影子一样飘过风箱,站在铁砧前,伸出了沾满泥土煤屑、挨过砸伤烫伤的小手,小手抖抖索索……当黑孩的手就要捉住小萝卜时,小铁匠猛地窜起来,他踢翻了一个水桶,水汩汩地流着,渍湿了老铁匠的草铺。他一把将那个萝卜抢过来,那只独眼充着血:“狗日的！公狗！母狗！你也配吃萝卜？老子肚里着火,嗓里冒烟,正要它解渴！”小铁匠张开牙齿焦黑的大嘴就要啃那个萝卜。黑孩以少有的敏捷跳起来,两只细胳膊插进小铁匠的臂弯里,身体悬空一挂,又嘟噜滑下来,萝卜落到了地上。小铁匠对准黑孩的屁股踢了一脚,黑孩一头扎到姑娘怀里,小石匠大手一翻,稳稳地托住了他。

老铁匠停下了嘶哑的歌喉,慢慢地站起来。姑娘和小石匠也站起来。六只眼睛一起瞪着小铁匠。黑孩头很晕,眼前的一切都在转动。使劲晃晃头,他看到小铁匠又拿着萝卜往嘴里塞。他抓起一块煤渣投过去，煤渣擦着小铁匠腮边飞过，碰到闸板上，落在老铁匠铺上。

“日你娘，看我打死你！”小铁匠咆哮着。

小石匠跨前一步，说：“你要欺负孩子？”

“把萝卜还给他！”姑娘说。

“还给他？老子偏不。”小铁匠冲出桥洞，扬起胳膊猛力一甩，萝卜带着飕飕的风声向前飞去，很久，河里传来了水面的破裂声。

黑孩的眼前出现了一道金色的长虹，他的身体软软地倒在小石匠和姑娘中间。

（选自《影响了我的二十篇小说（格非中国小说读本）——一生的文学珍藏》，百花文艺出版社，2005）

阅读二　威廉·福克纳：献给爱米丽的一朵玫瑰花

（一）

威廉·福克纳

爱米丽·格里尔生小姐过世了，全镇的人都去送丧：男子们是出于敬慕之情，因为一个纪念碑倒下了。妇女们呢，则大多数出于好奇心，想看看她屋子的内部，除了一个花匠兼厨师的老仆人之外，至少已有十年光景谁也没进去看看这幢房子了。

那是一幢过去漆成白色的四方形大木屋，坐落在当年一条最考究的街道上，还装点着有十九世纪七十年代风格的圆形屋顶，尖塔和涡形花纹的阳台，带有浓厚的轻盈气息。可是汽车间和轧棉机之类的东西侵犯了这一带庄严的名字，把它们涂抹得一干二净。只有爱米丽小姐的屋子岿然独存，四周簇拥着棉花车和汽油泵。房子虽已破败，却还是桀骜不驯，装模作样，真是丑中之丑。现在爱米丽小姐已经加入了那些名字庄严的代表人物的行列，他们沉睡在雪松环绕的墓园之中，那里尽是一排排在南北战争时期杰弗生战役中阵亡的南方和北方的无名军人墓。

爱米丽小姐在世时，始终是一个传统的化身，是义务的象征，也是人们关注的对象。打一八九四年某日镇长沙多里斯上校——也就是他下了一道黑人妇女不系围裙不得上街的命令——豁免了她一切应纳的税款起，期限从她父亲去世之日开始，一直到她去世为止，这是全镇沿袭下来对她的一种义务。这也并非说爱米丽甘愿接受施舍，原来是沙多里斯上校编造了一大套无中生有的话，说是爱米丽的父亲曾经贷款给镇政府，因此，镇政府作为一种交易，宁愿以这种方式偿还。这一套话，只有沙多里斯一代的人以及像沙多里斯一样头脑的人才能编得出来，也只有妇道人家才会相信。

等到思想更为开明的第二代人当了镇长和参议员时，这项安排引起了一些小小的不满。那年元旦，他们便给她寄去了一张纳税通知单。二月份到了，还是杳无音信。他们发去一封公函，要她便中到司法长官办公处去一趟。一周之后，镇长亲自写信给爱米丽，表示愿意登门访问,或派车迎接她,而所得回信却是一张便条,写在古色古香的信笺上,书法流利,字迹细小,但墨水已不鲜艳,信的大意是说她已根本不外出。纳税通知奉还,没有表示意见。

参议员们开了个特别会议,派出一个代表团对她进行了访问。他们敲敲门,自从八年或者十年前她停止开授瓷器彩绘课以来,谁也没有从这大门出入过。那个上了年纪的黑人男仆把他们接待进阴暗的门厅,从那里再由楼梯上去,光线就更暗了。一股尘封的气味扑鼻而来,空气阴湿而又沉闷,这屋子长久没有人住了。黑人领他们到客厅里,里面摆设的笨重家具全都包着皮套子。黑人打开了一扇百叶窗,这时,便更可看出皮套子已经坼裂;等他们坐了下来,大腿两边就有一阵灰尘冉冉上升,尘粒在那一缕阳光中缓缓旋转。壁炉前已经失去金色光泽的画架上面放着爱米丽父亲的炭笔画像。

她一进屋,他们全都站了起来。一个小模小样,腰圆体胖的女人,穿了一身黑服,一条细细的金表链拖到腰部,落到腰带里去了,一根乌木拐杖支撑着她的身体,拐杖头的镶金已经失去光泽。她的身架矮小,也许正因为这个缘故,在别的女人身上显得是丰满的东西,而她却给人以肥大的感觉。她看上去像长久泡在死水中的一具死尸,肿胀发白。当客人说明来意时,她那双凹陷在一脸隆起的肥肉之中,活像揉在一团生面中的两个小煤球似的眼睛不住地移动着,时而瞧瞧这张面孔,时而打量那张面孔。

她没有请他们坐下来。她只是站在门口,静静地听着,直到发言的代表结结巴巴地说完,他们这时才听到那块隐在金链子那一端的挂表嘀嗒作响。

她的声调冷酷无情。"我在杰弗生无税可纳。沙多里斯上校早就向我交代过了。或许你们有谁可以去查一查镇政府档案,就可以把事情弄清楚。"

"我们已经查过档案,爱米丽小姐,我们就是政府当局。难道你没有收到过司法长官亲手签署的通知吗?"

"不错,我收到过一份通知,"爱米丽小姐说道,"也许他自封为司法长官……可是我在杰弗生无税可缴。"

"可是纳税册上并没有如此说明,你明白吧。我们应根据……"

"你们去找沙多里斯上校。我在杰弗生无税可缴。"

"可是,爱米丽小姐——"

"你们去找沙多里斯上校。"

"沙多里斯上校死了将近十年了。"

"我在杰弗生无税可纳。托比!"黑人应声而来。"把这些先生们请出去。"

(二)

她就这样把他们"连人带马"地打败了,正如三十年前为了那股气味的事战胜了他们的父辈一样。那是她父亲死后两年,也就是在她的心上人——我们都相信一定会和她结婚的那个人——抛弃她不久的时候。父亲死后,她很少外出;心上人离去之后,人们简直就看不到她了。有少数几位妇女竟冒冒失失地去访问过她,但都吃了闭门羹。她居处周围唯一的生命迹象就是那个黑人男子拎着一个篮子出出进进,当年他还是个青年。

"好像只要是一个男子,随便什么样的男子,都可以把厨房收拾得井井有条似的。"妇女们都这样说。因此,那种气味越来越厉害时,她们也不感到惊异。那是芸芸众生的世界与高贵有势的格里尔生家之间的另一联系。

邻家一位妇女向年已八十的法官斯蒂芬斯镇长抱怨。

“可是太太,你叫我对这件事又有什么办法呢?”他说。

“哼,通知她把气味弄掉,”那位妇女说,“法律不是有明文规定吗?”

“我认为这倒不必要,”法官斯蒂芬斯说,“可能是她用的那个黑鬼在院子里打死了一条蛇或一只老鼠。我去跟他说说这件事。”

第二天,他又接到两起申诉,一起来自一个男的,用温和的语气提出意见。“法官,我们对这件事实在不能不过问了。我是最不愿意打扰爱米丽小姐的人,可是我们总得想个办法。”那天晚上全体参议员——三位老人和一位年纪较轻的新一代成员在一起开了个会。

“这件事很简单,”年轻人说,“通知她把屋子打扫干净,限期搞好,不然的话……”

“先生,这怎么行?”法官斯蒂芬斯说,“你能当着一位贵妇人的面说她那里有难闻的气味吗?”

于是,第二天午夜之后,有四个人穿过了爱米丽小姐家的草坪,像夜盗一样绕着屋子潜行,沿着墙角一带以及在地窖通风处拼命闻嗅,而其中一个人则用手从挎在肩上的袋子中掏出什么东西,不断做着播种的动作。他们打开了地窖门,在那里和所有的外屋里都撒上了石灰。等到他们回头又穿过草坪时,原来暗黑的一扇窗户亮起了灯:爱米丽小姐坐在那里,灯在她身后,她那挺直的身躯一动不动像是一尊偶像。他们蹑手蹑脚地走过草坪,进入街道两旁洋槐树树阴之中。一两个星期之后,气味就闻不到了。

而这时人们才开始真正为她感到难过。镇上的人想起爱米丽小姐的姑奶奶韦亚特老太太终于变成了十足疯子的事,都相信格里尔生一家人自视过高,不了解自己所处的地位。爱米丽小姐和像她一类的女子对什么年轻男子都看不上眼。长久以来,我们把这家人一直看作一幅画中的人物:身段苗条,穿着白衣的爱米丽小姐立在身后,她父亲叉开双脚的侧影在前面,背对爱米丽,手执一根马鞭,一扇向后开的前门恰好嵌住了他们俩的身影。因此当她年近三十,尚未婚配时,我们实在没有喜幸的心理,只是觉得先前的看法得到了证实。即令她家有着疯癫的血液吧,如果真有一切机会摆在她面前,她也不至于断然放过。

父亲死后,传说留给她的全部财产就是那座房子;人们倒也有点感到高兴。到头来,他们可以对爱米丽表示怜悯之情了。单身独处,贫苦无告,她变得懂人情了。如今她也体会到多一便士就激动喜悦,少一便士便痛苦失望的那种人皆有之的心情了。

她父亲死后的第二天,所有的妇女们都准备到她家拜望,表示哀悼和愿意接济的心意,这是我们的习俗。爱米丽小姐在家门口接待她们,衣着和平日一样,脸上没有一丝哀愁。她告诉她们,她的父亲并未死。一连三天她都是这样,不论是教会牧师访问她也好,还是医生想劝她让他们把尸体处理掉也好。正当他们要诉诸法律和武力时,她垮下来了,于是他们很快地埋葬了她的父亲。

当时我们还没有说她发疯。我们相信她这样做是控制不了自己。我们还记得她父亲赶走了所有的青年男子,我们也知道她现在已经一无所有,只好像人们常常所做的一样,死死拖住抢走了她一切的那个人。

(三)

她病了好长一个时期。再见到她时,她的头发已经剪短,看上去像个姑娘,和教堂里彩色玻璃窗上的天使像不无相似之处——有几分悲怆肃穆。

行政当局已订好合同,要铺设人行道,就在她父亲去世的那年夏天开始动工。建筑公司带着一批黑人、骡子和机器来了,工头是个北方佬,名叫荷默·伯隆,个子高大,皮肤黝黑,精明强干,声音洪亮,双眼比脸色浅淡。一群群孩子跟在他身后听他用不堪入耳的话责骂黑人,而黑人则随着铁镐的上下起落有节奏地哼着劳动号子。没有多少时候,全镇的人他都认识了。随便什么时候人们要是在广场上的什么地方听见呵呵大笑的声音,荷默·伯隆肯定是在人群的中心。过了不久,逢到礼拜天的下午我们就看到他和爱米丽小姐一齐驾着轻便马车出游了。那辆黄轮车配上从马房中挑出的栗色辕马,十分相称。

起初我们都高兴地看到爱米丽小姐多少有了一点寄托,因为妇女们都说:“格里尔生家的人绝对不会真的看中一个北方佬,一个拿日工资的人。”不过也有别人,一些年纪大的人说就是悲伤也不会叫一个真正高贵的妇女忘记“贵人举止”,尽管口头上不把它叫做“贵人举止”。他们只是说:“可怜的爱米丽,她的亲属应该来到她的身边。”她有亲属在亚拉巴马;但多年以前,她的父亲为了疯婆子韦亚特老太太的产权问题跟他们闹翻了,以后两家就没有来往。他们连丧礼也没派人参加。

老人们一说到“可怜的爱米丽”,就交头接耳开了。他们彼此说:“你当真认为是那么回事吗?”“当然是啰。还能是别的什么事……”而这句话他们是用手捂住嘴轻轻地说的;轻快的马蹄嘚嘚驶去的时候,关上了遮挡星期日午后骄阳的百叶窗,还可听出绸缎的窸窣声:“可怜的爱米丽。”

她把头抬得高高——甚至当我们深信她已经堕落了的时候也是如此,仿佛她比历来都更要求人们承认她作为格里尔生家族末代人物的尊严,仿佛她的尊严就需要同世俗的接触来重新肯定她那不受任何影响的性格。比如说,她那次买老鼠药、砒霜的情况。那是在人们已开始说“可怜的爱米丽”之后一年多,她的两个堂姐妹也正在那时来看望她。

“我要买点毒药。”她跟药剂师说。她当时已三十出头,依然是个削肩细腰的女人,只是比往常更加清瘦了,一双黑眼冷酷高傲。脸上的肉在两边的太阳穴和眼窝处绷得很紧,那副面部表情是你想象中的灯塔守望人所应有的。“我要买点毒药,”她说道。

“知道了,爱米丽小姐。要买哪一种?是毒老鼠之类的吗?那么我介……”

“我要你们店里最有效的毒药,种类我不管。”

药剂师一口说出好几种:“它们什么都毒得死,哪怕是大象。可是你要的是……”

“砒霜,”爱米丽小姐说,“砒霜灵不灵?”

“是……砒霜。知道了,小姐。可是你要的是……”

“我要的是砒霜。”

药剂师朝下望了她一眼。她回看他一眼,身子挺直,面孔像一面拉紧了的旗子。“噢噢,当然有,”药剂师说,“如果你要的是这种毒药。不过,法律规定你得说明做什么用途。”

爱米丽小姐只是瞪着他,头向后仰了仰,以便双眼好正视他的双眼,一直看到他把目光移开了,走进去拿砒霜包好。黑人送货员把那包药送出来给她;药剂师却没有再露面。她回家打开药包,盒上骷髅骨标记下注明“毒鼠用药”。

(四)

于是,第二天我们大家都说:“她要自杀了。”我们也都说这是再好没有的事。我们第一次看到她和荷默·伯隆在一块儿时,我们都说:“她要嫁给他了。”后来又说:“她还得说服他呢。”

因为荷默自己说他喜欢和男人来往,大家知道他和年轻人在麋鹿俱乐部一道喝酒,他本人说过,他是无意于成家的人。以后每逢礼拜天下午他们乘着漂亮的轻便马车驰过:爱米丽小姐昂着头,荷默歪戴着帽子,嘴里叼着雪茄烟,戴着黄手套的手握着马缰和马鞭。我们在百叶窗背后都不禁要说一声:“可怜的爱米丽。”

后来有些妇女开始说,这是全镇的羞辱,也是青年的坏榜样。男子汉不想干涉,但妇女们终于迫使浸礼会牧师——爱米丽小姐一家人都是属于圣公会的——去拜访她。访问经过他从未透露,但他再也不愿去第二趟了。下个礼拜天他们又驾着马车出现在街上,于是第二天牧师夫人就写信告知爱米丽住在亚拉巴马的亲属。

原来她家里还有近亲,于是我们坐等事态的发展。起先没有动静,随后我们得到确讯,他们即将结婚。我们还听说爱米丽小姐去过首饰店,订购了一套银质男人盥洗用具,每件上面刻着“荷·伯”。两天之后人家又告诉我们她买了全套男人服装,包括睡衣在内,因此我们说:“他们已经结婚了。”我们着实高兴。我们高兴的是两位堂姐妹比起爱米丽小姐来,更有格里尔生家族的风度。

因此当荷默·伯隆离开本城——街道铺路工程已经竣工好一阵子了——时,我们一点也不感到惊异。我们倒因为缺少一番送行告别的热闹,不无失望之感。不过我们都相信他此去是为了迎接爱米丽小姐作一番准备,或者是让她有个机会打发走两个堂姐妹(这时已经形成了一个秘密小集团,我们都站在爱米丽小姐一边,帮她踢开这一对堂姐妹)。一点也不差,一星期后她们就走了。而且,正如我们一直所期待的那样,荷默·伯隆又回到镇上来了。一位邻居亲眼看见那个黑人在一天黄昏时分打开厨房门让他进去了。

这就是我们最后一次看到荷默·伯隆。至于爱米丽小姐呢,我们则有一段时间没有见到过她。黑人拿着购货篮进进出出,可是前门却总是关着。偶尔可以看到她的身影在窗口晃过,就像人们在撒石灰那天夜晚曾经见到过的那样,但却有整整六个月的时间,她没有出现在大街上。我们明白这也并非出乎意料;她父亲的性格三番五次地使她那作为女性的一生平添波折,而这种性格仿佛太恶毒,太狂暴,还不肯消失似的。

等到我们再见到爱米丽小姐时,她已经发胖了,头发也已灰白了。以后数年中,头发越变越灰,变得像胡椒盐似的铁灰色,颜色就不再变了。直到她七十四岁去世之日为止,还是保持着那旺盛的铁灰色,像是一个活跃的男子的头发。

打那时起,她的前门就一直关闭着,除了她四十左右的那段约有六七年的时间之外。在那段时期,她开授瓷器彩绘课。在楼下的一间房里,她临时布置了一个画室,沙多里斯上校的同时代人全都把女儿、孙女儿送到她那里学画,那样的按时按刻,那样的认真精神,简直同礼拜天把她们送到教堂去,还给她们二角五分钱的硬币准备放在捐献盆子里的情况一模一样。这时,她的捐税已经被豁免了。

后来,新的一代成了全镇的骨干和精神,学画的学生们也长大成人,渐次离开了,她们没有让她们自己的女孩子带着颜色盒,令人生厌的画笔和从妇女杂志上剪下来的画片到爱米丽小姐那里去学画。最后一个学生离开后,前门关上了,而且永远关上了。全镇实行免费邮递制度之后,只有爱米丽小姐一个人拒绝在她门口钉上金属门牌号,附设一个邮件箱。她怎么也不理睬他们。

日复一日,月复一月,年复一年,我们眼看着那黑人的头发变白了,背也驼了,还照旧提着购货篮进进出出。每年十二月我们都寄给她一张纳税通知单,但一星期后又由邮局退还了,无人收信。不时我们在楼底下的一个窗口——她显然是把楼上封闭起来了——见到她的身影,像神龛中的一个偶像的雕塑躯干,我们说不上她是不是在看着我们。她就这样度过了一代又一代——高贵,宁静,无法逃避,无法接近,怪僻乖张。

她就这样与世长辞了。在一栋尘埃遍地,鬼影幢幢的屋子里得了病,侍候她的只有一个老态龙钟的黑人。我们甚至连她病了也不知道;也早已不想从黑人那里去打听什么消息。他跟谁也不说话,恐怕对她也是如此,他的嗓子似乎由于长久不用变得嘶哑了。

她死在楼下一间屋子里,笨重的胡桃木床上还挂着床帷,她那长满铁灰头发的头枕着的枕头由于用了多年而又不见阳光,已经黄得发霉了。

(五)

黑人在前门口迎接第一批妇女,把她们请进来,她们的话音低沉,发出咝咝声响,以好奇的目光迅速扫视着一切。黑人随即不见了,他穿过屋子,走出后门,从此就不见踪影了。

两位堂姐妹也随即赶到,他们第二天就举行了丧礼,全镇的人都跑来看看覆盖着鲜花的爱米丽小姐的尸体。停尸架上方悬挂着她父亲的炭笔画像,一脸深刻沉思的表情,妇女们唧唧喳喳地谈论着死亡,而老年男子呢——有些人还穿上了刷得很干净的南方同盟军制服——则在走廊上,草坪上纷纷谈论着爱米丽小姐的一生,仿佛她是他们的同时代人,而且还相信和她跳过舞,甚至向她求过爱,他们把按数学级数向前推进的时间给搅混了。这是老年人常有的情形。在他们看来,过去的岁月不是一条越来越窄的路,而是一片广袤的连冬天也对它无所影响的大草地,只是近十年来才像窄小的瓶口一样,把他们同过去隔断了。

我们已经知道,楼上那块地方有一个房间,四十年来从没有人见到过,要进去得把门撬开。他们等到爱米丽小姐安葬之后,才设法去开门。

门猛地被打开,震得屋里灰尘弥漫。这间布置得像新房的屋子,仿佛到处都笼罩着墓室一般的淡淡的阴惨惨的氛围:败了色的玫瑰色窗帘,玫瑰色的灯罩,梳妆台,一排精细的水晶制品和白银做底的男人盥洗用具,但白银已毫无光泽,连刻制的姓名字母图案都已无法辨认了。杂物中有一条硬领和领带,仿佛刚从身上取下来似的,把它们拿起来时,在台面上堆积的尘埃中留下淡淡的月牙痕。椅子上放着一套衣服,折叠得好好的;椅子底下有两只寂寞无声的鞋和一双扔了不要的袜子。

那男人躺在床上。

我们在那里立了好久,俯视着那没有肉的脸上令人莫测的龇牙咧嘴的样子。那尸体躺在那里,显出一度是拥抱的姿势,但那比爱情更能持久,那战胜了爱情的熬煎的永恒的长眠已经使他驯服了。他所遗留下来的肉体已在破烂的睡衣下腐烂,跟他躺着的木床黏在一起,难分难解了。在他身上和他身旁的枕上,均匀地覆盖着一层长年累月积下来的灰尘。

后来我们才注意到旁边那只枕头上有人头压过的痕迹。我们当中有一个人从那上面拿起了什么东西,大家凑近一看——这时一股淡淡的干燥发臭的气味钻进了鼻孔——原来是一绺长长的铁灰色头发。

(选自《影响了我的二十篇小说(苏童外国小说读本)——一生的文学珍藏》,百花文艺出版社,2005)

阅读三　博尔赫斯：第　三　者

《撒母耳记下》一章二十六节①

①原文是《列王纪下》，根据本篇内容应为《圣经·旧约》的《撒母耳记下》。一章二十六节是这样写的："我兄约拿单哪，我为你悲伤；我甚喜悦你，你向我发的爱情奇妙非常，过于妇女的爱情。"

博尔赫斯

有人说，这个故事是纳尔逊兄弟的老二，爱德华多，替老大克里斯蒂安守灵时说的。克里斯蒂安于一八九几年在莫隆县寿终正寝。揆乎情理，这种说法不太可能；但可以肯定的是，在那落寞的漫漫长夜，守灵的人们一面喝马黛茶，一面闲聊，有谁听到这件事，告诉了圣地亚哥·达波维，达波维又告诉了我。几年后，在故事发生的地点图尔德拉，又有人对我谈起，这次更为详细，除了一些难免的细小差别和走样外，大体上同圣地亚哥说的一致。我现在把它写下来，因为如果我没有搞错的话，我认为这个故事是旧时城郊平民性格的一个悲剧性的缩影。我尽量做到有一说一，有二说二，但我也预先看到自己不免会做一些文学加工，某些小地方会加以强调或增添。

图尔德拉的人称他们为尼尔森兄弟。教区神甫告诉我，他的前任有次不无诧异地说起，曾经在他们家里见到一部破旧的《圣经》，黑色的封皮，花体字印刷；最后几张白页上有手写的家庭成员的姓名和生卒年月日，但已模糊不清。那是纳尔逊一家绝无仅有的一本书，也是他们家多灾多难的编年史，到头来终将湮没无闻。他们住的是一座没有粉刷的砖房，如今已不在了，从门厅那儿可以望见两个院子：一个是红色细砖铺地，另一个则是泥地。很少有人去他们家；尼尔森兄弟落落寡合，不同别人交往。家徒四壁的房间里只有两张帆布床；他们的贵重物品是马匹、鞍辔、短刃匕首、星期六穿的漂亮衣服和惹是生非的烧酒。据我所知，他们身材高大，一头红发。这两个土生土长的白种人可能有丹麦或爱尔兰血统，只是从没有听人说起。街坊们像怕红党（红党，指支持阿根廷独裁者罗萨斯的党羽）似的怕他们；说他们有人命案子也并非无中生有。有一次，兄弟两人和警察干了一架。据说老二和胡安·伊贝拉也打过架，并且没有吃亏，对于知道伊贝拉厉害的人，这很能说明问题。他们赶过牲口，套过大车，盗过马，一度还靠赌博为生。他们的吝啬出了名，唯有喝酒和赌钱的时候才慷慨一些。没听说他们有什么亲戚，也不清楚他们是从哪里来的。他们还有一辆大车和两头拉车的牛。

他们是亲兄弟，和逃亡到地中海海岸的亡命徒之间的结盟关系不同。这一点，加上我们不知道的其他原因，有助于我们了解他们之间铁板一块的关系。你得罪其中一个就会招来两个仇敌。

尼尔森固然无赖，但长期以来他们的艳事只限于偷鸡摸狗或逛逛妓院。因此，当克里斯蒂安把胡利安娜·布尔戈斯带回家同居时,引起了不少议论。这一来,他固然赚了一个女佣人,但同样确切的是他送给她许多俗不可耐的、不值钱的插戴,还带她到娱乐聚会上招摇。那年头,在大杂院里举行的寒酸的聚会上,跳舞时的灯光很亮,不准身体剧烈扭动,贴得太紧。胡利安娜皮肤黝黑,眼睛细长,有谁瞅她一眼,她就嫣然一笑。在贫民区,妇女们由于劳累和不事修饰容易见老,胡利安娜算是好看的。

爱德华多起初陪着他们。后来去了阿雷西费斯一次干什么买卖,回家时带了一个姑娘,是路上找来的,没过几天,又把她轰了出去。他变得更加阴沉,一个人在杂货铺里喝得酩酊大醉,谁都不答理。他爱上了克里斯蒂安的女人。街坊们或许比他本人知道得更早,幸灾乐祸地看到了两兄弟争风吃醋的潜在危机。

一天,爱德华多很晚才从街上回家,看到克里斯蒂安的黑马拴在木桩上。老大穿着他那身最体面的衣服在院子里等他,女人捧着马黛茶罐进进出出。克里斯蒂安对爱德华多说:

"我要到法里亚斯那儿去玩,胡利安娜就留给你啦;如果你喜欢她,你就派她用场吧。"

他的口气像是命令,但很诚恳。爱德华多愣愣地瞅了他一会儿,不知该怎么办。克里斯蒂安站起身,向爱德华多告了别,跨上马,不慌不忙地小跑着离去,他没有和胡利安娜打招呼,只把她当作一件物品。

从那晚开始,哥俩就分享那个女人。那种肮脏的苟合同本地正派规矩格格不入,谁都不想了解细节。开头几个星期相安无事,但长此下去毕竟不是办法。兄弟之间根本不提胡利安娜,连叫她时都不称呼名字。但两人存心找茬,老是闹些矛盾。表面上仿佛是争论卖皮革,实际谈的是另一回事。争吵时,克里斯蒂安嗓门总是很高,爱德华多则一声不吭。他们互相隐瞒,只是不自知而已。在冷漠的郊区,女人除了满足男人的性欲,供他占有之外,根本不在他眼里,不值得一提,但是他们两个都爱上了那个女人。从某种意义上来说,这一点使他们感到丢人。

一天下午,爱德华多在洛马斯广场碰到胡安·伊贝拉,伊贝拉祝贺他弄到一个漂亮娘儿们。我想,就是那次爱德华多狠狠地揍了他。以后谁都不敢在爱德华多面前取笑克里斯蒂安。

胡利安娜百依百顺地伺候兄弟两人;但无法掩饰她对老二更有好感,老二没有拒绝介入,可是也没有让她动感情。

一天,哥俩吩咐胡利安娜搬两把椅子放在红砖地的院子里,然后躲开,因为他们有事商谈。她估计这次谈话时间不会短,便去午睡,可是没多久就给唤醒。他们叫她把她所有的衣物塞在一个包里,别忘了她母亲留下的一串玻璃念珠和一个小十字架。他们不作任何解释,只叫她坐上大车,三个人默不作声地上了路。前些时下过雨,道路泥泞累人,他们到达莫隆时已是清晨五点。她被卖给那里一家妓院的老鸨,交易事先已经谈妥,克里斯蒂安收了钱,两人分了。

在那以前,尼尔森兄弟一直陷在那场荒唐爱情的乱麻(也是一种常规)里,回到图尔德拉以后,他们希望恢复他们先前那种男子汉的生活。他们回到了赌博、斗鸡场和偶尔的斗殴之中。有时候他们也许自以为摆脱了烦恼,但是两人常常找一些站不住脚的或者过分充足的理由,分别外出。快过年时,老二说要去首都办些事。克里斯蒂安便直奔莫隆,在上文已经提到过的那座房屋前面的木桩那儿,他认出了爱德华多的花马。他进了屋,发现另一个也在里面,排队等候。克里斯蒂安对他说:

"长此下去,我们的马会累垮的,不如把她留在身边。"

他找老鸨商量，从腰包里掏出一些钱币，把胡利安娜弄了出来。胡利安娜和克里斯蒂安同骑一匹马，爱德华多不愿多看，用马刺猛踢他的花马。

他们又回到以前的状况。那个丢人的解决办法行之无效，哥俩都经不住诱惑，干了欺骗的勾当。该隐的幽灵在游荡——但是尼尔森兄弟之间的感情深厚无比——有谁说得清他们共同经历过的艰难危险！——他们宁愿把激怒发泄在别人头上。发泄在一个陌生人、狗以及替他们带来不和的胡利安娜身上。

3月份快完了，懊热仍没有消退（南北半球的寒暑季节相反，地处南半球的阿根廷的3月份是夏末秋初）。一个星期日（星期日人们睡得早），爱德华多从杂货铺回家，看见克里斯蒂安在套牛车。克里斯蒂安对他说：

“来吧，该去帕尔多卖几张皮子；我已经装了车，我们趁晚上凉快上路吧。”

帕尔多集市在南面，他们走的却是车队路，不久又拐上一条岔道。随着夜色加深，田野显得更广阔。

他们来到一片针茅地边，克里斯蒂安扔掉烟蒂，不紧不慢地说：

“干活吧，兄弟。过一会儿长脚鹰会来帮我们忙的。我今天把她杀了，让她和她的衣物都呆在这里吧，她再也不会给我们添麻烦了。”

兄弟两人几乎痛哭失声，紧紧拥抱。如今又有一条纽带把他们捆绑在一起：惨遭杀害的女人和把她从记忆中抹去的义务。

（选自《大师的残忍》，新世界出版社，2003）

阅读四

博尔赫斯：刀　疤

他脸上有一条险恶的伤疤：一道灰白色的、几乎不间断的弧线，从一侧太阳穴横贯到另一侧的颧骨。

他的真实姓名无关紧要，塔夸仑博的人都管他叫做红土农场的英国人。那片土地的主人，卡多索，起先不愿意出售。我听说那个英国人出了一个意想不到的主意：他把伤疤的秘密故事告诉了卡多索。

英国人来自南里奥格朗德边境地区，不少人说他在巴西干走私买卖。红土农场的土地上荒草丛生，河水枯涩，英国人为了改变这种情况，跟雇工们一起干活。据说他严厉到了残忍的地步，不过办事十分公道。还说他爱喝酒，一年之中有两三次躲在那个有凸肚窗的房间里，猛喝两三天，再露面时像打过一仗或者昏厥之后苏醒过来似的，脸色苍白，两手颤抖，情绪很坏，不过仍旧跟先前一样威严。至今我还记得他冷冰冰的眼神，瘦削精悍的身躯和灰色的小胡子。他跟谁都不来往，他的西班牙语也确实差劲，讲起话来像巴西人。除了偶尔有些商业信函或者小册子以外，从来没有人给他来信。

我最近一次在北方省份旅行的时候，遇上卡拉瓜塔河水暴涨，只能在红土农场过夜。没呆了几分钟，我发现自己来得不是时候；我想讨好那个英国人，便把谈话转到了一个不痛不痒的题目上——爱国主义。我说一个具有英吉利精神的国家是不可战胜的。主人表示同意，可又微笑着补充说他并不是英国人，他是爱尔兰登加凡地方的人。话刚出口，他立刻停住，好像觉得泄露了一个秘密似的。

晚饭后，我们到外面去看看天色。已经放晴了，可是南方尖刀一般的山峰后面的天空，不时被闪电划破,刚才伺候我们吃饭的雇工端来一瓶罗姆酒。我们两人默不做声地喝了好长时间。

不知过了多久,我发现自己有点醉意,不知是由于高兴还是由于腻烦,我忽然异想天开,提到了他脸上的伤疤。英国人脸色一沉,有好几秒钟冷场,我以为他准会把我撵出去。最后,他声调一点没有改变,对我说道:

博尔赫斯

“我不妨把这个伤疤的来历告诉你,可是有一个条件:不论情节多么丢人,多么不光彩,都如实讲来,不打折扣。”

我当然同意。下面就是他的故事,讲的时候英语夹杂着西班牙语,甚至还有葡萄牙语。

1922年前后,康诺特的一个城里有许多策划争取爱尔兰独立的人,我是其中之一。我当时的伙伴中间,有些人如今仍旧健在,从事和平工作;有些人说来也怪,目前在海上或者沙漠里为英国旗帜战斗;还有一个最勇敢,拂晓时分在一个军营的场院里被那些睡眼惺忪的士兵枪决了;再有一些(并非最不走运的)在内战默默无闻甚至几乎是秘密的战斗中找到归宿。我们是一伙拥护共和、信奉天主教的人,我想我们还是浪漫主义者。在我们看来,爱尔兰不仅有难以忍受的现在,有乌托邦似的将来,它还是一个辛酸而可爱的神话;有圆塔,有红色的沼泽,是帕内尔的反抗,是歌颂盗牛的史诗,那些牛有时是英雄的化身,有时又是鱼和山的化身。

一天下午,我记得很清楚,有一个成员,一个名叫约翰·文森特·穆恩的人从芒斯特省来到我们这里。

他年纪不到二十岁,又瘦小又窝囊,像无脊椎动物似的叫人看了不舒服。他带着死心眼的狂热熟读了一本不知什么名字的共产主义的小册子,无论谈论什么问题,总是用辩证唯物论来下结论。你有无数理由可以厌恶或者喜欢一个人,穆恩却把全部历史归纳为肮脏的经济冲突。他断言革命注定要胜利。我说仁人志士应当力挽狂澜,站在失败的一方。

已经很晚了,我们从走廊、楼梯一直争论到街上。给我深刻印象的不是穆恩的观点,而是他那不容置辩的声调。这个新来的同志不是在讨论问题,而是带着轻蔑和愠怒在发号施令。

我们走到市区尽头,周围的房屋稀稀落落,这时突然响起一阵枪声,使我们大吃一惊(在这前后,我们经过了一家工厂或者一座军营的围墙)。我们赶紧拐进一条土路。一个士兵从着火的棚屋里出来,映着火光,身躯显得特别高大。他厉声吆喝,叫我们站住,我加快了脚步,我那个伙伴却没有跟上来。我转过身,只见约翰·文森特·穆恩吓得一动不动,呆若木鸡。我马上再往回跑,一拳把那个士兵打倒在地,使劲推推文森特·穆恩,狠狠骂他,叫他跟我走。他吓瘫了,我只得拽住他的胳臂拉着他跑。我们在火光四起的黑夜里夺路而逃,背后响起一阵密集的枪声。穆恩的右臂给一颗子弹擦过,我们逃进小松林里,他竟然抽抽搭搭地哭了起来。

那一年,1922年秋天,我在贝克莱将军的乡间宅第驻防。将军当时在孟加拉担任不知什么行政职务,我从没有见过他。那座房屋盖了还不到一百年,但很破败阴暗,有许多曲折的走廊和无用的前厅。古董摆设和大量藏书占据了底层,那些书百家争鸣,互不相容,在某种意义上说来正好代表了十九世纪的历史,波斯尼沙普尔的腰刀缓和的弧线上仿佛还遗留着古战场的风声和残酷。我记得我们是从后院进屋的。穆恩嘴唇颤抖干燥,喃喃地说那晚的经历很有趣;我替他倒了一杯茶,包扎了伤口,发现他挨的那枪只擦破了一点皮肉,没有伤筋动骨。突然,他迷惑不解地说:

"可是你冒了很大的危险。"

我叫他不必担心(内战的习惯迫使我刚才非那样做不可,何况一个成员被捕有可能危害我们的整个事业)。

第二天,穆恩已经恢复了镇静。他接过我给他的一支烟,然后严肃地盘问我,要了解"我们革命党的经济来源"。他提的问题很有条理,我实话实说,告诉他情况很严重。南面枪声激烈。我对穆恩说,伙伴们在等着我们。我的大衣和手枪在我自己的房间里,我取了回来时,发现穆恩两眼紧闭,躺在沙发上。他觉得自己在发烧,诉说肩膀疼的厉害。

我明白他已经怯懦到了不可救药的地步,我尴尬地请他自己多加保重,然后向他告别。那个胆小的人叫我害臊,好像胆小鬼是我,不是文森特·穆恩。一个人的所做所为和所有的人都有共同之处,因此,把花园里的一次违抗说成是败坏了全人类不是不公平,说一个犹太人被钉上了十字架就足以拯救全人类也不是不公平的。叔本华的名言:我即是他人,人皆众生,也许有道理。从某种意义上说,莎士比亚就是那个可悲的约翰·文森特·穆恩。

我们在将军的大宅里呆了九天。关于战争的痛苦和希望我不想评论,我的目的是叙说这条使我破相的伤疤。那九天在我的记忆中似乎成了一天,除了最后第二天。那天,我们的人冲进了一座军营,杀了十六个士兵,替我们在艾尔芬被机枪扫射死去的十六个同志报了仇。天蒙蒙亮的时候,我从那座房子里溜了出来,傍晚才回去。我的伙伴在二楼等我,他因为伤痛不能下到底层。我记得他手里拿着一本有关战略的书,毛德或者克劳塞维茨德作品。有一晚,他曾对我说过:"我最喜欢的武器是大炮。"他打听我们的计划,夸夸其谈地加以批评或者修改。他还经常抨击"我们可悲的经济基础",武断而阴沉地预言结局肯定一团糟。他嘀咕着说:"这件事完蛋了。"他为了表明并不介意自己肉体的懦弱,竭力显示头脑的敏锐。我们就这样好歹过了九天。

第十天,爱尔兰皇家警察辅助部队完全控制了城市。高大的骑兵悄悄地在街上巡逻,风中夹着灰烟;我从街角望见广场中央吊着一具尸体,仿佛软荡荡的人体模型,士兵们拿它当作靶子,不停地练习枪法。我那天清晨出门,午前就回来了。穆恩在图书室和谁正讲着话,我听声调知道他在打电话。我听见他提到我的名字,接着又说我晚上七点钟回来,还出点子说可以等我穿过花园时逮捕我。我那位十分理智的朋友正在十分理智地出卖我。我还听到他要求保证他的人身安全。故事的头绪到这里就乱了,也断了。我只记得那个告密者要逃跑,我穿过梦魇似的黑走廊和使人头眩的长楼梯穷追不舍。穆恩很熟悉房子的布局,比我清楚得多,有几次几乎被他逃脱。但在士兵们抓住我之前,我把他逼到一个死角。我从墙上将军的兵器摆设中抽出一把弯刀,用那半月形的钢刃在他脸上留下了一条半月形的永不消退的血的印记。"博尔赫斯,你我虽然素昧平生,我把这件事的真相告诉了你。你尽可以瞧不起我,我不会难受的。"

他说到这里停住了。我发现他的手在颤抖。

"穆恩后来怎么啦?"我问道。

"他领到了犹大的赏钱,逃到巴西去了。那天下午,他看到几个喝醉的士兵在广场上把一个模型似的人当靶子射击。"

我等他讲下去,可是半晌没有下文。最后我请他往下讲。

于是他呻吟一声，怜惜地把那条弯曲的灰白伤疤指给我看。

“难道你不信吗？”他喃喃地说，“难道你没有看到我脸上带着卑鄙的印记吗？我用这种方式讲故事，为的是让你能从头听到完。我告发了庇护我的人，我就是文森特·穆恩。现在你蔑视我吧。”

（选自《虚构集》，浙江文艺出版社，2008）

阅读五　阿　城：棋　王（节选）

第二天一早儿，大家满身是土地起来，找水擦了擦，又约画家到街上去吃。画家执意不肯，正说着，脚卵来了，很高兴的样子。王一生对他说：“我不参加这个比赛。”大家呆了，脚卵问：“蛮好的，怎么不赛了呢？省里还下来人视察呢！”王一生说：“不赛就不赛了。”我说了说，脚卵叹道：“书记是个文化人，蛮喜欢这些的。棋虽然是家里传下的，可我实在受不了农场这个罪，我只想有个干净的地方住一住，不要每天脏兮兮的。棋不能当饭吃的，用它通一些关节，还是值的。家里也不很景气，不会怪我。”画家把双臂抱在胸前，抬起一只手摸了摸脸，看着天说：“倪斌，不能怪你。你没有什么了不得的要求。我这两年，也常常犯糊涂，生活太具体了。幸亏我还会画画儿。何以解忧？唯有——唉。”王一生很惊奇地看着画家，慢慢转了脸对脚卵说：“倪斌，谢谢你。这次比赛决出高手，我登门去与他们下。我不参加这次比赛了。”脚卵忽然很兴奋，攥起大手一顿，说：“这样，这样！我呢，去跟书记说一下，组织一个友谊赛。你要是赢了这次的冠军，无疑是真正的冠军。输了呢，也不太失身份。”王一生呆了呆：“千万不要跟什么书记说，我自己找他们下。要下，就与前三名都下。”

阿　城

大家也不好再说什么，就去看各种比赛，倒也热闹。王一生只钻在棋类场地外面，看各局的明棋。第三天，决出前三名。之后是发奖，又是演出，会场乱哄哄的，也听不清谁得的是什么奖。

脚卵让我们在会场等着，过了不久，就领来两个人，都是制服打扮。脚卵作了介绍，原来是象棋比赛的第二、三名。脚卵说：“这位是王一生，棋蛮厉害的，想与你们两位高手下一下，大家也是一个互相学习的机会。”两个人看了看王一生，问：“那怎么不参加比赛呢？我们在这里呆了许多天，要回去了。”王一生说：“我不耽误你们，与你们两人同时下。”两人互相看了看，忽然悟到，说：“盲棋？”王一生点一点头。两人立刻变了态度，笑着说：“我们没下过盲棋。”王一生说：“不要紧，你们看着明棋下。来，咱们找个地方儿。”话不知怎么就传了出去，立刻嚷动了，会场上各县的人都说有一个农场的小子没有赛着，不服气，要同时与亚、季军比试。百十个人把我们围了起来，挤来挤去地看，大家觉得有了责任，便站在王一生身边儿。王一生倒低了头，对两个人说：“走吧，走吧，太扎眼。”有一个人挤了进来，说：“哪个要下棋？就是你吗？我们大爷这次是冠军，听说你不服气，叫我来请你。”王一生慢慢地说：“不必。你大爷要是肯下，我和你们三人同下。”众人都轰动了，拥着往棋场走去。到了街上，百十人走成一片。行人见了，纷纷问怎么回事，可是知青打架？待明白了，就都跟着走。走过半条街，竟有上千人跟着跑来跑去。商店里的店员和顾客也都站出来张望。长途车路这里开不过，乘客们纷纷探出头来，只见一街人头攒动，尘土飞起多高，轰轰的，乱纸踏得嚓嚓响。一个傻子呆呆地在街中心，咿咿呀呀地唱，有人发了善心，把他拖开，傻子就依了墙根儿唱。四五条狗窜来窜去，觉得是它们在引路打狼，汪汪叫着。

到了棋场，竟有数千人围住，土扬在半空，许久落不下来。棋场的标语标志早已摘除，出来一个人，见这么多人，脸都白了。脚卵上去与他交涉，他很快地看着众人，连连点头儿，半天才明白是借场子用，急忙打开门，连说“可以可以”，见众人都要进去，就急了。我们几个，马上到门口守住，放进脚卵、王一生和两个得了名誉的人。这时有一个人走出来，对我们说：“高手既然和三个人下，多我一个不怕，我也算一个。”众人又嚷动了，又有人报名。我不知怎么办好，只得进去告诉王一生。王一生咬一咬嘴说：“你们两个怎么样？”那两个人赶紧站起来，连说可以。我出去统计了，连冠军在内，对手共是十人，脚卵说：“十不吉利的，九个人好了。”于是就九个人。冠军总不见来，有人来报，既是下盲棋，冠军只在家里，命人传棋。王一生想了想，说好吧。九个人就关在场里。墙外一副明棋不够用，于是有人拿来八张整开白纸，很快地画了格儿。又有人用硬纸剪了百十个方棋子儿，用红黑颜色写了，背后粘上细绳，挂在棋格儿的钉子上，风一吹，轻轻地晃成一片，街上人也嚷成一片。

人是越来越多。后来的人拼命往前挤，挤不进去，就抓住人打听，以为是杀人的告示。妇女们也抱着孩子们，远远围成一片。又有许多人支了自行车，站在后架上伸脖子看，人群一挤，连着倒，喊成一团。半大的孩子们钻来钻去，被大人们用腿拱出去。数千人闹闹嚷嚷，街上像半空响着闷雷。

王一生坐在场当中一个靠背椅上，把手放在两条腿上，眼睛虚望着，一头一脸都是土，像是被传讯的歹人。我不禁笑起来，过去给他拍一拍土。他按住我的手，我觉出他有些抖。王一生低低地说：“事情闹大了。你们几个朋友看好，一有动静，一起跑。”我说：“不会。只要你赢了，什么都好办。争口气。怎么样？有把握吗？九个人哪！头三名都在这里！”王一生沉吟了一下，说：“怕江湖的不怕朝廷的，参加过比赛的人的棋路我都看了，就不知道其他六个人会不会冒出冤家。书包你拿着，不管怎么样，书包不能丢。书包里有……”王一生看了看我，“我妈的无字棋。”他的瘦脸上又干又脏，鼻沟也黑了，头发立着，喉咙一动一动的，两眼黑得吓人。我知道他拼了，心里有些酸，只说：“保重！”就离了他。他一个人空空地在场中央，谁也不看，静静的像一块铁。

棋开始了。上千人不再出声儿。只有自愿服务的人一会儿紧一会儿慢地用话传出棋步，外边儿自愿服务的人就变动着棋子儿。风吹得八张大纸哗哗地响，棋子儿荡来荡去。太阳斜斜地照在一切上，烧得耀眼。前几十排的人都坐下了，仰起头看，后面的人也挤得紧紧的，一个个土眉土眼，头发长长短短吹得飘，再没人动一下，似乎都把命放在棋里搏。

我心里忽然有一种很古的东西涌上来，喉咙紧紧地往上走。读过的书，有的近了，有的远了，模糊了。平时十分佩服的项羽、刘邦都目瞪口呆，倒是尸横遍野的那些黑脸士兵，从地下爬起来，哑了喉咙，慢慢移动。一个樵夫，提了斧在野唱。忽然又仿佛见了呆子的母亲，用一双弱手一张一张地折书页。

我不由伸手到王一生书包里去掏摸,捏到一个小布包儿,拽出来一看,是个旧蓝斜纹布的小口袋,上面绣了一只蝙蝠,布的四边儿都用线做了圈口,针脚很是细密。取出一个棋子,确实很小,在太阳底下竟是半透明的,像是一只眼睛,正柔和地瞧着。我把它攥在手里。

太阳终于落下去,立即爽快了。人们仍在看着,但议论起来。里边儿传出一句王一生的棋步,外面的人就嚷动一下。专有几个人骑车为在家的冠军传送着棋步,大家就不太客气,笑话起来。

我又进去,看见脚卵很高兴的样子,心里就松开一些,问:“怎么样?我不懂棋。”脚卵抹一抹头发,说:“蛮好,蛮好。这种阵式,我从来也没有见过,你想想看,九个人与他一个人,九局连环!车轮大战!我要写信给我的父亲,把这次的棋谱都寄给他。”这时有两个人从各自的棋盘前站起来,朝着王一生鞠躬,说:“甘拜下风。”就捏着手出去了。王一生点点头儿,看了他们的位置一眼。

王一生的姿式没有变,仍旧是双手扶膝,眼平视着,像是望着极远极远的远处,又像是盯着极近的近处,瘦瘦的肩挑着宽大的衣服,土没拍干净,东一块儿,西一块儿。喉节许久才动一下。我第一次承认象棋也是运动,而且是马拉松,是多一倍的马拉松!我在学校时,参加过长跑,开始后的五百米,确实极累,但过了一个限度,就像不是在用脑子跑,而像一架无人驾驶飞机,又像是一架到了高度的滑翔机只管滑翔下去。可这象棋,始终是处在一种机敏的运动之中,兜捕对手,逼向死角,不能疏忽。我忽然担心起王一生的身体来。这几天,大家因为钱紧,不敢怎么吃,晚上睡得又晚,谁也没想到会有这么一个场面。看着王一生稳稳地坐在那里,我又替他赌一口气:死顶吧!我们在山上扛木料,两个人一根,不管路不是路,沟不是沟,也得咬牙,死活不能放手。谁若是顶不住软了,自己伤了不说,另一个也得被木头震得吐血。可这回是王一生一个人过沟坎儿,我们帮不上忙。我找了点儿凉水来,悄悄走近他,在他跟前一挡,他抖了一下,眼睛刀子似的看了我一下,一会儿才认出是我,就干干地笑了一下。我指指水碗,他接过去,正要喝,一个局号报了棋步。他把碗高高地平端着,水纹丝儿不动。他看着碗边儿,回报了棋步,就把碗缓缓凑到嘴边儿。这时下一个局号又报了棋步,他把嘴定在碗边儿,半晌,回报了棋步,才咽一口水下去,“咕”的一声儿,声音大得可怕,眼里有了泪花。他把碗递过来,眼睛望望我,有一种说不出的东西在里面游动,嘴角儿缓缓流下一滴水,把下巴和脖子上的土冲开一道沟儿。我又把碗递过去,他竖起手掌止住我,回到他的世界里去了。

我出来,天已黑了。有山民打着松枝火把,有人用手电筒照着,黄乎乎的,一团明亮。大约是地区的各种单位下班了,人更多了。狗也在人前蹲着,看人挂动棋子,眼神凄凄的,像是在担忧。几个同来的队上知青,各被人围了打听。不一会儿,“王一生”“棋呆子”“是个知青”“棋是道家的棋”,就在人们嘴上传。我有些发噱,本想到人群里说说,但又止住了,随人们传吧,我开始高兴起来。这时墙上只有三局在下了。

忽然人群发一声喊。我回头一看,原来只剩了一盘,恰是与冠军的那一盘。盘上只有不多几个子儿。王一生的黑子儿远远近近地峙在对方棋营格里,后方老帅稳稳地呆着,尚有一“士”伴着,好像帝王与近侍在聊天儿,等着前方将士得胜回朝;又似乎隐隐看见有人在伺候酒宴,点起尺把长的红蜡烛,有人在悄悄地调整管弦,单等有人跪奏捷报,鼓乐齐鸣。我的肚子拖长了音儿在响,脚下觉得软了,就拣个地方坐下,仰头看最后的围猎,生怕有什么差池。

红子儿半天不动,大家不耐烦了,纷纷看骑车的人来没有,嗡嗡地响成一片。忽然人群乱起来,纷纷闪开。只见一老者,精光头皮,由旁人搀着,慢慢走出来,嘴嚼动着,上上下下看着八张定局残子。众人纷纷传着，这就是本届地区冠军，是这个山区的一个世家后人，这次“出山”玩玩儿棋，不想就夺了头把交椅，评了这次比赛的大势，直叹棋道不兴。老者看完了棋，轻轻抻一抻衣衫，跺一跺土，昂了头，由人搀进棋场。众人都一拥而起。我急忙抢进了大门，跟在后面。只见老者进了大门，立定，往前看去。

王一生孤身一人坐在大屋子中央，瞪眼看着我们，双手支在膝上，铁铸一个细树桩，似无所见，似无所闻。高高的一盏电灯，暗暗地照在他脸上，眼睛深陷进去，黑黑的似俯视大千世界，茫茫宇宙。那生命像聚在一头乱发中，久久不散，又慢慢弥漫开来，灼得人脸热。众人都呆了，都不说话。外面传了半天，眼前却是一个瘦小黑魂，静静地坐着，众人都不禁吸了一口凉气。

半晌，老者咳嗽一下，底气很足，十分洪亮，在屋里荡来荡去。王一生忽然目光短了，发觉了众人，轻轻地挣了一下，却动不了。老者推开搀的人，向前迈了几步，立定，双手合在腹前摩挲了一下，朗声叫道：“后生，老朽身有不便，不能亲赴沙场。命人传棋，实出无奈。你小小年纪，就有这般棋道，我看了，汇道禅于一炉，神机妙算，先声有势，后发制人，遣龙治水，气贯阴阳，古今儒将，不过如此。老朽有幸与你接手，感触不少，中华棋道，毕竟不颓，愿与你做个忘年之交。老朽这盘棋下到这里，权做赏玩，不知你可愿意平手言和，给老朽一点面子？”

王一生再挣了一下，仍起不来。我和脚卵急忙过去，托住他的腋下，提他起来。他的腿仍是坐着的样子，直不了，半空悬着。我感到手里好像只有几斤的分量，就暗示脚卵把王一生放下，用手去揉他的双腿。大家都拥过来，老者摇头叹息着。脚卵用大手在王一生身上，脸上，脖子上缓缓地用力揉。半晌，王一生的身子软下来，靠在我们手上，喉咙嘶嘶地响着，慢慢把嘴张开，又合上，再张开，“啊啊”着。很久，才呜呜地说：“和了吧。”

老者很感动的样子，说：“今晚你是不是就在我那儿歇了？养息两天，我们谈谈棋？”王一生摇摇头，轻轻地说：“不了，我还有朋友。大家一起来的，还是大家在一起吧。我们到、到文化馆去，那里有个朋友。”画家就在人丛里喊：“走吧，到我那里去，我已经买好了吃的，你们几个一起去。真不容易啊。”大家慢慢拥了我们出来，火把一团儿照着。山民和地区的人层层团了，争睹棋王风采，又都点头儿叹息。

我搀了王一生慢慢走，光亮一直随着。进了文化馆，到了画家的屋子，虽然有人帮着劝散，窗上还是挤满了人，慌得画家急忙把一些画儿藏了。

人渐渐散了，王一生还有一些木。我忽然觉出左手还攥着那个棋子，就张了手给王一生看。王一生呆呆地盯着，似乎不认得，可喉咙里就有了响声，猛然“哇”地一声儿吐出一些黏液，呜呜地说：“妈，儿今天……妈——”大家都有些酸，扫了地下，打来水，劝了。王一生哭过，滞气调理过来，有了精神，就一起吃饭。画家竟喝得大醉，也不管大家，一个人倒在木床上睡去。电工领了我们，脚卵也跟着，一齐到礼堂台上去睡。

夜黑黑的，伸手不见五指。王一生已经睡死。我却还似乎耳边人声嚷动，眼前火把通明，山民们铁了脸，肩着柴禾林中走，咿咿呀呀地唱。我笑起来，想：不做俗人，哪儿会知道这般乐趣？家破人亡，平了头每日荷锄，却自有真人生在里面，识到了，即是幸，即是福。衣食是本，自有人类，就是每日在忙这个。可囿在其中，终于还不太像人。倦意渐渐上来，就拥了幕布，沉沉睡去。

（选自《近30年中国中篇小说精粹》，长江文艺出版社，2005）

大江与激浪

——韩愈散文专题

专题导语

韩愈是中国文学史上的一座丰碑。

当六朝士人好尚丽藻的风气吹过，骈体文过度膨胀，散体文几成历史的时候，韩愈出现了，他用极大的热情、坚韧和执著，携带着光辉的理论和创新实践，重新奠定了散体文在中国文学史上的地位。

后人对韩愈的评价颇高，尊其为唐宋八大家之首：

柳宗元称其“猖狂恣睢，肆意有所作”（《答韦珩示韩愈相推以文墨事书》）；

皇甫湜形容他的文章“如长江大注，千里一道，冲飘激浪，瀚流不滞”（《谕业》）；

苏洵说：“韩子之文，如长江大河，浑浩流转”（《上欧阳内翰第一书》）；

曾巩则有言：“韩公缀文辞，笔力天乃授。并驱六经中，独立千载后”（《杂诗》）；

陈寅恪说：“（韩愈）古文乃用先秦、两汉之文体，改作唐代当时民间流行之小说，欲借之一扫僵化不适用于人生之骈体文，作此尝试而能成功者，故名虽复古，实则通今，在当时为最便宣传，甚合实际之文体也。以文为诗，尤为独创。较之华译佛偈，有诗之优美，复具文之流畅，韵散同体，诗文合一，不仅空前，恐亦绝后。”

众家之中，苏轼的评价最为我们熟知：“文起八代之衰，道济天下之溺”，“浩然而独存”（《潮州韩文公庙碑》）。

韩公已然远去，幸运的是，我们终还可以品读他的文章，感受他为人，传承他的精神。

李耆卿《文章精义》云：“韩如海，柳如泉，欧如澜，苏如潮。”“韩海”畅游，你准备好了吗？

文本研读

柳州罗池庙碑

罗池庙者，故刺史柳侯庙也。柳侯为州，不鄙夷其民，动以礼法。三年，民各自矜奋，曰：“兹土虽远京师，吾等亦天氓。今天幸惠仁侯，若不化服，我则非人。”于是老少相教语，莫违侯令，凡有所为于其乡闾及于其家，皆曰：“吾侯闻之，得无不可于意否？”莫不忖度而后从事。凡令之期，民劝趋之，无有后先，必以其时。于是民业有经，公无负租，流逋四归，乐生兴事。宅有新屋，步有新船，池园洁修；猪牛鸭鸡，肥大蕃息；子严父诏，妇顺夫指。嫁娶葬送，各有条法。出相弟长，入相慈孝。先时民贫，以男女相质，久不得赎，尽没为隶。我侯之至，按国之故，以佣除本，悉夺归之。大修孔子庙，城郭巷道，皆治使端正，树以名木。柳民既皆悦喜。

尝与其部将魏忠、谢宁、欧阳翼饮酒驿亭，谓曰：“吾弃于时，而寄于此，与若等好也。明年吾将死，死而为神，后三年为庙祀我。”及期而死。三年孟秋辛卯，侯降于州之后堂，欧阳翼等见而拜之。其夕，梦翼而告之曰：“馆我于罗池。”其月景辰庙成，大祭。过客李仪醉酒，慢侮堂上，得疾，扶出庙门即死。

明年春，魏忠、欧阳翼使谢宁来京师，请书其事于石。余谓柳侯，生能泽其民，死能惊动福祸之，以食其土，可为灵也已。作迎享送神诗遗柳民，俾歌以祀焉，而并刻之。柳侯河东人，讳宗元，字子厚。贤而有文章，尝位于朝，光显矣，已而摈不用。其辞曰：

荔子丹兮蕉黄，杂肴蔬兮进侯堂。侯之船兮两旗，度中流兮风泊之，待侯不来兮不知我悲。侯乘驹兮入庙，慰我民兮不颦以笑。鹅之山兮柳之水，桂树团团兮白石齿齿。侯朝出游兮暮来归，春与猿吟兮秋鹤与飞。北方之人兮为侯是非，千秋万岁兮侯无我违。福我兮寿我，驱厉鬼兮山之左。下无苦湿兮高无干，粳稌充羡兮蛇蛟结蟠。我民报事兮无怠，其始自今兮钦于世世。

（本专题选文除特别注明外，均选自《韩愈全集校注》，四川大学出版社，1996）

1. 问题研究

（1）下列句中没有通假字的一项是（　　）

A. 妇顺夫指　　B. 出相弟长

C. 步有新船　　D. 俾歌以祀焉

（2）下列句子中加点字用法不同的一项是（　　）

A. 树以名木　　B. 其夕，梦翼而告曰

C. 流逋四归，乐生兴事　　D. 馆我于罗池

（3）选出与“吾弃于时”句式相同的一项（　　）

A. 而寄于此　　B. 尝位于朝

C. 自今兮钦于世世　　D. 已而摈不用

（4）将下列句子翻译成现代汉语。

A. 柳侯为州，不鄙夷其民，动以礼法。

B. 北方之人兮为侯是非，千秋万岁兮侯无我违。

（5）在序文的第三段作者说柳侯“生能泽其民”，其根据是什么？

（6）碑文一般讲究雅洁精严、纯正古雅，但本文第二段却写了有关柳庙的传说，作者这样写的用意是什么？请谈谈你的看法。

2. 相关链接

四川大学出版社：《韩愈全集校注》（屈守元，常思春　主编）；南京大学出版社：《韩愈评传》（卞孝萱，张清秋，阎琦　著）

深度阅读

阅读一　**杂说四首**

其一

龙嘘气成云，云固弗灵于龙也。然龙乘是气，茫洋穷乎玄间，薄日月，伏光景，感震电，神变化，水下土，汩陵谷，云亦灵怪矣哉！

云，龙之所能使为灵也；若龙之灵，则非云之所能使为灵也。然龙弗得云，无以神其灵矣。失其所凭依，信不可欤！异哉！其所凭依，乃其所自为也。

《易》曰：“云从龙。”既曰龙，云从之矣。

其二

善医者，不视人之瘠肥，察其脉之病否而已矣；善计天下者，不视天下之安危，察其纪纲之理乱而已矣。天下者，人也；安危者，肥瘠也；纪纲者，脉也。脉不病，虽瘠不害；脉病而肥者，死矣。通于此说者，其知所以为天下乎！

夏、殷、周之衰也，诸侯作而战伐日行矣。传数十王而天下不倾者，纪纲存焉耳。秦之王天下也，无分势于诸侯，聚兵而焚之，传二世而天下倾者，纪纲亡焉耳。是故四支虽无故，不足恃也，脉而已矣；四海虽无事，不足矜也，纪纲而已矣。忧其所可恃，惧其所可矜，善医善计者，谓之天扶与之。《易》曰：“视履考祥。”善医善计者为之。

其三

谈生之为《崔山君传》，称鹤言者，岂不怪哉！然吾观于人，其能尽其性而不类于禽兽异物者希矣，将愤世嫉邪，长往而不来者之所为乎？昔之圣者，其首有若牛者，其形有若蛇者，其喙有若鸟者，其貌有若蒙倛者。彼皆貌似而心不同焉，可谓之非人耶？即有平肋曼肤，颜如渥丹，美而很者，貌则人，其心则禽兽，又恶可谓之人耶？然则观貌之是非，不若论其心与其行事之可否为不失也。怪神之事，孔子之徒不言，余将特取其愤世嫉邪而作之，故题之云尔。

其四

世有伯乐，然后有千里马。千里马常有，而伯乐不常有。故虽有名马，祗辱于奴隶人之手，骈死于槽枥之间，不以千里称也。

马之千里者，一食或尽粟一石。食马者，不知其能千里而食也。是马也，虽有千里之能，食不饱，力不足，才美不外见，且欲与常马等不可得，安求其能千里也？

策之不以其道，食之不能尽其材，鸣之而不能通其意，执策而临之，曰：“天下无马！”呜呼！其真无马邪？其真不知马也！

阅读二

原　　毁

古之君子，其责己也重以周，其待人也轻以约。重以周，故不怠；轻以约，故人乐为善。闻古之人有舜者，其为人也，仁义人也。求其所以为舜者，责于己曰：“彼人也，予人也；彼能是，而我乃不能是？”早夜以思，去其不如舜者，就其如舜者。闻古之人有周公者，其为人也，多才与艺人也。求其所以为周公者，责于己曰：“彼人也，予人也；彼能是，而我乃不能是？”早夜以思，去其不如周公者，就其如周公者。舜，大圣人也，后世无及焉；周公，大圣人也，后世无及焉。是人也，乃曰“不如舜，不如周公，吾之病也”；是不亦责于己者重以周乎！其于人也，曰：“彼人也，能有是，是足为良人矣；能善是，是足为艺人矣。”取其一，不责其二，即其新，不究其旧；恐恐然惟惧其人之不得为善之利。一善易修也，一艺易能也。其于人也，乃曰：“能有是，是亦足矣。”曰：“能善是，是亦足矣。”不亦待于人者轻以约乎！

今之君子则不然，其责人也详，其待己也廉。详，故人难于为善；廉，故自取也少。己未有善，曰：“我善是，是亦足矣。”己未有能，曰：“我能是，是亦足矣。”外以欺于人，内以欺于心，未少有得而止矣，是不亦待其身者已廉乎！其于人也，曰：“彼虽能是，其人不足称也；彼虽善是，其用不足称也。”举其一,不计其十,究其旧,不图其新。恐恐然惟惧其人之有闻也,是不亦责于人者已详乎！夫是之谓不以众人待其身,而以圣人望于人,吾未见其尊己也！

虽然,为是者有本有原,怠与忌之谓也。怠者不能修,而忌者畏人修。吾尝试之矣。尝试语于众曰:“某良士,某良士。”其应者,必其人之与也;不然,则其所疏远不与同其利者也;不然,则其畏也。不若是,强者必怒于言,懦者必怒于色矣。又尝语于众曰:“某非良士,某非良士。”其不应者,必其人之与也;不然,则其所疏远不与同其利者也;不然,则其畏也。不若是,强者必说于言,懦者必说于色矣。是故事修而谤兴,德高而毁来。呜呼！士之处此世,而望名誉之光、道德之行,难已！

将有作于上者,得吾说而存之,其国家可几而理欤！

阅读三　讳　辩

愈与李贺书,劝贺举进士。贺举进士有名,与贺争名者毁之,曰:“贺父名晋肃,贺不举进士为是,劝之举者为非。”听者不察也,和而唱之,同然一辞。皇甫湜曰:“若不明白,子与贺且得罪。”愈曰:“然。”

律曰:“二名不偏讳。”释之者曰:“谓若言‘徵’不称‘在’,言‘在’不称‘徵’是也。”律曰:“不讳嫌名。”释之者曰:“谓若‘禹’与‘雨’、‘丘’与‘蓲’之类是也。”今贺父名晋肃,贺举进士,为犯“二名律”乎?为犯“嫌名律”乎?父名晋肃,子不得举进士;若父名仁,子不得为人乎?

夫讳始于何时?作法制以教天下者,非周公孔子欤?周公作诗不讳,孔子不偏讳二名,《春秋》不讥不讳嫌名。康王钊之孙实为昭王。曾参之父名皙,曾子不讳“昔”。周之时有骐期,汉之时有杜度,此其子宜如何讳?将讳其嫌,遂讳其姓乎?将不讳其嫌者乎?汉讳武帝名“彻”为“通”,不闻又讳“车辙”之“辙”为某字也。讳吕后名“雉”为“野鸡”,不闻又讳“治天下”之“治”为某字也。今上章及诏,不闻讳“浒”“势”“秉”“讥”也。惟宦官宫妾,乃不敢言“谕”及“机”,以为触犯。士君子言语行事,宜何所法守也?今考之于经,质之于律,稽之以国家之典,贺举进士为可邪?为不可邪?

凡事父母得如曾参,可以无讥矣。作人得如周公、孔子,亦可以止矣。今世之士,不务行曾参、周公、孔子之行,而讳亲之名,则务胜于曾参、周公、孔子,亦见其惑也。夫周公、孔子、曾参,卒不可胜,胜周公、孔子、曾参,乃比于宦者宫妾,则是宦者宫妾之孝于其亲,贤于周公、孔子、曾参者邪?

阅读四　画　记

杂古今人物小画共一卷。

骑而立者五人,骑而被甲载兵立者十人,一人骑而执大旗前立,骑而被甲载兵行且下牵者十人,骑且负者二人,骑执器者二人,骑拥田犬者一人,骑而牵者二人,骑而驱者三人,执羁靮立者二人,骑而下倚马臂隼而立者一人,骑而驱涉者二人,徒而驱牧者二人,坐而指使者一人,甲胄手弓矢鈇钺植者七人,甲胄执帜植者十人,负者七人,偃寝休者二人,甲胄坐睡者一人,方涉者一人,坐而脱足者一人,寒附火者一人,杂执器物役者八人,奉壶矢者一人,舍而具食者十有一人,挹且注者四人,牛牵者二人,驴驱者四人,一人杖而负者,妇人以孺子载而可见者六人,载而上下者三人,孺子戏者九人。凡人之事三十有二,为人大小百二十有三,而莫有同者焉。

马大者九匹,于马之中又有上者、下者、行者、牵者、涉者、陆者、翘者、顾者、鸣者、寝者、讹者、立者、人立者、龁者、饮者、溲者、陟者、降者、痒磨树者、嘘者、嗅者、喜相戏者、怒相踶啮者、秣者、骑者、骤者、走者、载服物者、载狐兔者。凡马之事二十有七,为马大小八十有三,而莫有同者焉。

牛大小十一头,橐驼三头,驴如橐驼之数而加其一焉。隼一,犬、羊、狐、兔、麋、鹿共三十,旃车三两。杂兵器、弓矢、旌旗、刀剑、矛楯、弓服、矢房、甲胄之属,瓶、盂、簦、笠、筐、筥、锜、釜、饮食服用之器,壶矢博奕之具,二百五十有一,皆曲极其妙。

贞元甲戌年,余在京师,甚无事,同居有独孤生申叔者,始得此画而与余弹棋,余幸胜而获焉。意甚惜之,以为非一工人之所能运思,盖藂集众工人之所长耳,虽百金不愿易也。明年,出京师,至河阳,与二三客论画品格,因出而观之。座有赵侍御者,君子人也,见之戚然,若有感然。少而进曰:"噫,余之手摸也,亡之且二十年矣。余少时常有志乎兹事,得国本,绝人事而摸得之,游闽中而丧焉。居闲处独,时往来余怀也,以其始为之劳而夙好之笃也。今虽遇之,力不能为已,且命工人存其大都焉。"余既甚爱之,又感赵君之事,因以赠之,而记其人物之形状与数,而时观之,以自释焉。

阅读五　蓝田县丞厅壁记

丞之职所以贰令,于一邑无所不当问。其下主簿、尉,主簿、尉乃有分职。丞位高而偪,例以嫌不可否事。文书行,吏抱成案诣丞。卷其前,钳以左手,右手摘纸尾,雁鹜行以进,平立睨丞曰:"当署。"丞涉笔占位署,惟谨。目吏,问:"可不可?"吏曰:"得。"则退,不敢略省,漫不知何事。官虽尊,力势反出主簿、尉下。谚数慢,必曰:"丞。"至以相訾謷。丞之设,岂端使然哉!

博陵崔斯立,种学绩文,以蓄其有,泓涵演迤,日大以肆。贞元初,挟其能,战艺于京师,再进再屈千人。元和初,以前大理评事言得失黜官,再转而为丞兹邑。始至,喟曰:"官无卑,顾材不足塞职。"既嘿不得施用,又喟曰:"丞哉,丞哉!余不负丞,而丞负余。"则尽枿去牙角,一蹑故迹,破崖岸而为之。

丞厅故有记,坏漏污不可读。斯立易桷与瓦,墁治壁,悉书前任人名氏。庭有老槐四行,南墙钜竹千梃,俨立若相持,水㶁㶁循除鸣。斯立痛扫溉,对树二松,日哦其间。有问者,辄对曰:"余方有公事,子姑去。"

考功郎中、知制诰韩愈记。

阅读六　送董邵南游河北序

燕、赵古称多感慨悲歌之士。董生举进士,连不得志于有司,怀抱利器,郁郁适兹土。吾知其必有合也。董生勉乎哉!

夫以子之不遇时,苟慕义强仁者皆爱惜焉;矧燕、赵之士出乎其性者哉!然吾尝闻风俗与化移易,吾恶知其今不异于古所云邪?聊以吾子之行卜之也。董生勉乎哉!

吾因子有所感矣。为我吊望诸君之墓,而观于其市复有昔时屠狗者乎?为我谢曰:"明天子在上,可以出而仕矣!"

阅读七

送孟东野序

大凡物不得其平则鸣。草木之无声,风挠之鸣;水之无声,风荡之鸣。其跃也或激之,其趋也或梗之,其沸也或炙之;金石之无声,或击之鸣。人之于言也亦然,有不得已者而后言,其歌也有思,其哭也有怀。凡出乎口而为声者,其皆有弗平者乎?乐也者,郁于中而泄于外者也,择其善鸣者而假之鸣。金、石、丝、竹、匏、土、革、木八者,物之善鸣者也。惟天之于时也亦然,择其善鸣者而假之鸣。是故以鸟鸣春,以雷鸣夏,以虫鸣秋,以风鸣冬。四时之相推夺,其必有不得其平者乎!

其于人也亦然。人声之精者为言,文辞之于言,又其精也,尤择其善鸣者而假之鸣。其在唐虞,咎陶、禹其善鸣者也,而假以鸣。夔弗能以文辞鸣,又自假于《韶》以鸣。夏之时,五子以其歌鸣。伊尹鸣殷,周公鸣周。凡载于《诗》《书》六艺,皆鸣之善者也。周之衰,孔子之徒鸣之,其声大而远。传曰:“天将以夫子为木铎。”其弗信矣乎?其末也,庄周以其荒唐之辞鸣。楚,大国也,其亡也,以屈原鸣。臧孙辰、孟轲、荀卿,以道鸣者也。杨朱、墨翟、管夷吾、晏婴、老聃、申不害、韩非、慎到、田骈、邹衍、尸佼、孙武、张仪、苏秦之属,皆以其术鸣。秦之兴,李斯鸣之。汉之时,司马迁、相如、扬雄,最其善鸣者也。其下魏、晋氏,鸣者不及于古,然亦未尝绝也。就其善者,其声清以浮,其节数以急,其辞淫以哀,其志弛以肆,其为言也,乱杂而无章。将天丑其德莫之顾邪?何为乎不鸣其善鸣者也?

唐之有天下,陈子昂、苏源明、元结、李白、杜甫、李观,皆以其所能鸣。其存而在下者,孟郊东野,始以其诗鸣。其高出魏、晋,不懈而及于古,其他浸淫乎汉氏矣。从吾游者,李翱、张籍其尤也。三子者之鸣信善矣。抑不知天将和其声,而使鸣国家之盛邪?抑将穷饿其身,思愁其心肠,而使自鸣其不幸邪?三子者之命,则悬乎天矣。其在上也,奚以喜?其在下也,奚以悲?

东野之役于江南也,有若不释然者,故吾道其命于天者以解之。

阅读八

送李愿归盘谷序

太行之阳有盘谷。盘谷之间,泉甘而土肥,草木丛茂,居民鲜少。或曰:“谓其环两山之间,故曰盘。”或曰:“是谷也,宅幽而势阻,隐者之所盘旋。”友人李愿居之。

愿之言曰:“人之称大丈夫者,我知之矣。利泽施于人,名声昭于时。坐于庙朝,进退百官,而佐天子出令。其在外,则树旗旄,罗弓矢,武夫前呵,从者塞途,供给之人,各执其物,夹道而疾驰。喜有赏,怒有刑。才畯满前,道古今而誉盛德,入耳而不烦。曲眉丰颊,清声而便体,秀外而惠中,飘轻裾,翳长袖,粉白黛绿者,列屋而闲居,妒宠而负恃,争妍而取怜。大丈夫之遇知于天子,用力于当世者之所为也。吾非恶此而逃之,是有命焉,不可幸而致也。穷居而野处,升高而望远,坐茂树以终日,濯清泉以自洁。采于山,美可茹;钓于水,鲜可食。起居无时,惟适之安。与其有誉于前,孰若无毁于其后;与其有乐于身,孰若无忧于其心。车服不维,刀锯不加,理乱不知,黜陟不闻。大丈夫不遇于时者之所为也,我则行之。伺候于公卿之门,奔走于形势之途,足将进而趑趄,口将言而嗫嚅,处秽污而不羞,触刑辟而诛戮,侥幸于万一,老死而后止者,其于为人,贤不肖何如也?”

昌黎韩愈闻其言而壮之,与之酒而为之歌曰:“盘之中,维子之宫。盘之土,可以稼。盘之泉,可濯可沿。盘之阻,谁争子所?窈而深,廓其有容;缭而曲,如往而复。嗟盘之乐兮,乐且无央。虎豹远迹兮,蛟龙遁藏。鬼神守护兮,呵禁不祥。饮且食兮寿而康,无不足兮奚所望?膏吾车兮秣吾马,从子于盘兮,终吾生以徜徉。”

阅读九

张中丞传后叙

元和二年四月十三日夜,愈与吴郡张籍阅家中旧书,得李翰所为《张巡传》。翰以文章自名,为此传颇详密。然尚恨有阙者:不为许远立传,又不载雷万春事首尾。

远虽材若不及巡者,开门纳巡,位本在巡上,授之柄而处其下,无所疑忌,竟与巡俱守死,成功名。城陷而虏,与巡死先后异耳。两家子弟材智下,不能通知二父志,以为巡死而远就虏,疑畏死而辞服于贼。远诚畏死,何苦守尺寸之地,食其所爱之肉,以与贼抗而不降乎?当其围守时,外无蚍蜉蚁子之援,所欲忠者国与主耳,而贼语以国亡主灭。远见救援不至,而贼来益众,必以其言为信。外无待而犹死守,人相食且尽,虽愚人亦能数日而知死处矣。远之不畏死亦明矣!乌有城坏,其徒俱死,独蒙愧耻求活?虽至愚者不忍为。呜呼!而谓远之贤而为之邪?

说者又谓,远与巡分城而守,城之陷自远所分始,以此诟远。此又与儿童之见无异。人之将死,其脏腑必有先受其病者;引绳而绝之,其绝必有处。观者见其然,从而尤之,其亦不达于理矣!小人之好议论,不乐成人之美,如是哉!如巡、远之所成就,如此卓卓,犹不得免,其他则又何说!

当二公之初守也,宁能知人之卒不救,弃城而逆遁?苟此不能守,虽避之他处何益?及其无救而且穷也,将其创残饿羸之余,虽欲去,必不达。二公之贤,其讲之精矣。守一城,捍天下,以千百就尽之卒,战百万日滋之师,蔽遮江淮,沮遏其势,天下之不亡,其谁之功也!当是时,弃城而图存者,不可一二数;擅强兵坐而观者,相环也。不追议此,而责二公以死守,亦见其自比于逆乱,设淫辞而助之攻也。

愈尝从事于汴、徐二府,屡道于两府间,亲祭于其所谓双庙者。其老人往往说巡、远时事,云:南霁云之乞救于贺兰也,贺兰嫉巡、远之声威功绩出己上,不肯出师救。爱霁云之勇且壮,不听其语,强留之,具食与乐,延霁云坐。霁云慷慨语曰:“云来时,睢阳之人不食月余日矣。云虽欲独食,义不忍;虽食,且不下咽。”因拔所佩刀断一指,血淋漓,以示贺兰。一座大惊,皆感激为云泣下。云知贺兰终无为云出师意,即驰去。将出城,抽矢射佛寺浮图,矢著其上砖半箭,曰:“吾归破贼,必灭贺兰,此矢所以志也!”愈贞元中过泗州,船上人犹指以相语。城陷,贼以刃胁降巡,巡不屈,即牵去,将斩之。又降霁云,云未应。巡呼云曰:“南八,男儿死耳,不可为不义屈!”云笑曰:“欲将以有为也。公有言,云敢不死!”即不屈。

张籍曰:有于嵩者,少依于巡。及巡起事,嵩常在围中。籍大历中于和州乌江县见嵩,嵩时年六十余矣。以巡初尝得临涣县尉。好学,无所不读。籍时尚小,粗问巡、远事,不能细也。云巡长七尺余,须髯若神。尝见嵩读《汉书》,谓嵩曰:“何为久读此?”嵩曰:“未熟也。”巡曰:“吾于书读不过三遍,终身不忘也。”因诵嵩所读书,尽卷不错一字。嵩惊,以为巡偶熟此卷,因乱抽他帙以试,无不尽然。嵩又取架上诸书试以问巡,巡应口诵无疑。嵩从巡久,亦不见巡常读书也。为文章,操纸笔立书,未尝起草。初守睢阳时,士卒仅万人,城中居人户亦且数万,巡因一见问姓名,其后无不识者。巡怒,须髯辄张。及城陷,贼缚巡等数十人坐,且将戮。巡起旋,其众见巡起,或起或泣。巡曰:“汝勿怖。死,命也。”众泣,不能仰视。巡就戮时,颜色不乱,阳阳如平常。远宽厚长者,貌如其心。与巡同年生,月日后于巡,呼巡为兄。死时年四十九。

嵩贞元初死于亳、宋间。或传嵩有田在亳、宋间，武人夺而有之，嵩将诣州讼理，为所杀。嵩无子。张籍云。

阅读十

祭十二郎文

年月日，季父愈闻汝丧之七日，乃能衔哀致诚，使建中远具时羞之奠，告汝十二郎之灵：

呜呼！吾少孤，及长，不省所怙，惟兄嫂是依。中年兄殁南方，吾与汝俱幼，从嫂归葬河阳，既又与汝就食江南，零丁孤苦，未尝一日相离也。吾上有三兄，皆不幸早世。承先人后者，在孙惟汝，在子惟吾，两世一身，形单影只。嫂尝抚汝指吾而言曰："韩氏两世，惟此而已！"汝时尤小，当不复记忆；吾时虽能记忆，亦未知其言之悲也。

吾年十九，始来京城。其后四年，而归视汝。又四年，吾往河阳省坟墓，遇汝从嫂丧来葬。又二年，吾佐董丞相幕于汴州，汝来省吾；止一岁，请归取其孥。明年，丞相薨，吾去汴州，汝不果来。是年，吾佐戎徐州，使取汝者始行，吾又罢去，汝又不果来。吾念汝从于东，东亦客也，不可以久；图久远者，莫如西归，将成家而致汝。呜呼！孰谓汝遽去吾而殁乎！吾与汝俱少年，以为虽暂相别，终当久相与处，故舍汝而旅食京师，以求斗斛之禄；诚知其如此，虽万乘之公相，吾不以一日辍汝而就也。

去年孟东野往，吾书与汝曰："吾年未四十，而视茫茫，而发苍苍，而齿牙动摇。念诸父与诸兄，皆康强而早世，如吾之衰者，其能久存乎？吾不可去，汝不肯来，恐旦暮死，而汝抱无涯之戚也。"孰谓少者殁而长者存，强者夭而病者全乎？呜呼！其信然邪？其梦邪？其传之者非其真邪？信也，吾兄之盛德，而夭其嗣乎？汝之纯明，而不克蒙其泽乎？少者强者而夭殁，长者衰者而存全乎？未可以为信也，梦也，传之非其真也？东野之书，耿兰之报，何为而在吾侧也？呜呼！其信然矣！吾兄之盛德，而夭其嗣矣！汝之纯明宜业其家者，不克蒙其泽矣！所谓天者诚难测，而神者诚难明矣！所谓理者不可推，而寿者不可知矣！虽然，吾自今年来，苍苍者或化而为白矣，动摇者或脱而落矣。毛血日益衰，志气日益微，几何不从汝而死也！死而有知，其几何离？其无知，悲不几时，而不悲者无穷期矣。汝之子始一岁，吾之子始五岁，少者强者不可保，如此孩提者又可冀其成立邪？呜呼哀哉！呜呼哀哉！

汝去年书云："比得软脚病，往往而剧。"吾曰："是疾也，江南之人，常常有之。"未始以为忧也。呜呼！其竟以此而殒其生乎？抑别有疾而至斯极乎？汝之书，六月十七日也。东野云：汝殁以六月二日。耿兰之报无月日。盖东野之使者不知问家人以月日；如耿兰之报，不知当言月日。东野与吾书，乃问使者，使者妄称以应之耳。其然乎？其不然乎？

今吾使健中祭汝，吊汝之孤与汝之乳母。彼有食可守以待终丧，则待终丧而取以来；如不能守以终丧，则遂取以来。其余奴婢，并令守汝丧。吾力能改葬，终葬汝于先人之兆，然后惟其所愿。

呜呼！汝病吾不知时，汝殁吾不知日；生不能相养以共居，殁不能抚汝以尽哀。敛不得凭其棺，窆不得临其穴。吾行负神明，而使汝夭，不孝不慈，而不得与汝相养以生，相守以死；一在天之涯，一在地之角，生而影不与吾形相依，死而魂不与吾梦相接，吾实为之，其又何尤！彼苍者天，曷其有极！

自今已往，吾其无意于人世矣！当求数顷之田于伊、颍之上，以待余年，教吾子与汝子，幸其成；长吾女与汝女，待其嫁，如此而已。呜呼！言有穷而情不可终，汝其知也邪？其不知也邪？呜呼哀哉！尚飨。

流离与奋发

——柳宗元散文专题

专题导语

柳宗元,在中国文学史上,是以悲剧面貌展现于世人面前的。一次政治斗争的失败,他被贬谪到蛮荒的永州。因为这,他冰洁的人格蒙受了千载的诬蔑,也因为这,他寒光熠熠的文学特质,长久以来,难以为人认同。

始作俑者,是两部唐史。“叔文沾沾小人,窃天下柄,……宗元等橈节从之,徼幸一时,贪帝昏病,抑太子之明,规权遂私。故贤者疾,不肖者,一偾而不复,宜哉！彼若不傅匪人,自励材猷,不失为名卿才大夫,惜哉!”(《新唐书》卷一百六十八)“蹈道不谨,昵比小人,自致流离,遂堕素业。”(《旧唐书》卷一百六十)两部官方史书的否定,成为柳宗元身后压在身上的巨石。

一代文豪欧阳修的言论同样表达了否定:“子厚与退之,皆以文章知名一时,而后世称为韩柳者,盖流俗之相传也。其为道不同,犹夷夏也”;“自唐以来,言文章者惟韩柳。柳岂韩之徒哉？真韩门之罪人也。盖世俗不知其所学之非,第以当时辈流言尔。”(《集古录跋尾》)此番言论的影响,一直流及到清代的桐城。

颇感欣慰的是,柳子的文才并没有就此湮没,更多的人抛开政治上的成见,表达了对柳子的认同。

挚友刘禹锡说:“吾尝评其文,雄深雅健,似司马子长,崔、蔡不足多也。”(《唐故尚书礼部员外郎柳君集纪》)

韩愈称其“俊杰廉悍,议论证据今古,出入经史百子,踔厉风发,率常屈其座人”。(《柳子厚墓志铭》)

苏轼在被贬琼州的日子里,随身携带的书只有《陶渊明集》和《柳宗元集》,并“常置左右,目为二友”。在给侄孙的信中,他把柳文作为最好的范文推荐,并郑重叮嘱:“宜熟读前后汉文和韩柳文。”(《与元老侄孙》)

严羽则以为:“唐人惟柳子厚深得骚学。”(《沧浪诗话诗评》)

即便是对柳子攻击最厉害的黄震,也不得不承认,其“记志人物,以寄其嘲骂,模写山水,以舒郁其抑,则峻洁精秀,如明珠夜光,见辄奇目。”(《黄氏日钞》)

事实是,在逝世后,能让韩愈连写了三篇文章来悼念的,唐时,唯有柳宗元一人而已。

“千山鸟飞绝,万径人踪灭。孤舟蓑笠翁,独钓寒江雪。”“千万孤独”的柳子,“孤”而不“独”。

文本研读

复杜温夫书

二十五日，宗元白：两月来，三辱生书，书皆逾千言，意若相望仆以不对答引誉者。然仆诚过也。而生与吾文又十卷，噫！亦多矣。文多而书频，吾不对答引誉，宜可自反。而来征不肯相见，亟拜亟问，其得终无辞乎？

凡生十卷之文，吾已略观之矣。吾性騃滞，多所未甚谕，安敢悬断是且非耶？书抵吾必曰周、孔，周、孔安可当也？拟人必于其伦，生以直躬见抵，宜无所谀道，而不幸乃曰周、孔，吾岂得无骇怪？且疑生悖乱浮诞，无所取幅尺，以故愈不对答。来柳州，见一刺史，即周、孔之；今而去我，道连而谒于潮，之二邦，又得二周、孔；去之京师，京师显人为文词、立声名以千数，又宜得周、孔千百，何吾生胸中扰扰焉多周、孔哉！

吾虽少为文，不能自雕斫，引笔行墨，快意累累，意尽便止，亦何所师法？立言状物，未尝求过人，亦不能明辨生之才致。但见生用助字，不当律令，唯以此奉答。所谓乎、欤、耶、哉、夫者，疑辞也；矣、耳、焉、也者，决辞也。今生则一之。宜考前闻人所使用，与吾言类且异，慎思之则一益也。庚桑子言藿蠋、鹄卵者，吾取焉。道连而谒于潮，其卒可化乎？然世之求知音者，一遇其人，或为十数文，即务往京师，急日月，犯风雨，走谒门户，以冀苟得。今生年非甚少，而自荆来柳，自柳将道连而谒于潮，途远而深矣，则其志果有异乎？又状貌嶷然类丈夫，视端形直，心无歧径，其质气诚可也，独要谨充之尔。谨充之，则非吾独能，生勿怨。亟之二邦以取法，时思吾言，非固拒生者。孟子曰："予不屑之教诲也者，是亦教诲之而已矣。"宗元白。

（本专题选文除特别注明外，均选自《柳宗元集》，中华书局，1979）

1. 问题研究

（1）解释下列句中加点词语。

A. 亟拜亟问　　B. 无所取幅尺　　C. 道连而谒于潮

D. 其卒可化乎　　E. 急日月　　F. 又状貌嶷然类丈夫

（2）下列句中加点词解释不同的一组是（　　）

A. 意若相望仆以不对答引誉者//而来征不肯相见

B. 生以直躬见抵//但见生用助字

C. 之二邦//去之京师

D. 然仆诚过也//未尝求过人

（3）"三辱生书"句中加点词属于古人行文中常见的何种用法。尝试从文中找出与此相同用法的词。

（4）并非解说"吾不对答引誉"原因的是（　　）

A. 文多而书频　　B. 无所取幅尺

C. 而来征不肯相见　　D. 不幸乃曰周、孔

（5）将下列句子翻译成现代汉语。

A. 拟人必于其伦。

B. 今生则一之。

（6）作者在文末引孟子的话，想要表达的意蕴是什么？

（7）本文是柳宗元写给杜温夫的回信。信中既有批评、也有教导。联系文章，分别作适

当说明。

2. 相关链接

中华书局:《柳宗元集》;上海古籍出版社:《柳宗元诗文选评》(尚永亮　撰);南京大学出版社:《柳宗元评传》(陈昌武　著)

深度阅读

阅读一

三　戒(并序)

吾恒恶世之人,不推己之本,而乘物以逞,或依势以干非其类,出技以怒强,窃时以肆暴,然卒迨于祸。有客谈麋、驴、鼠三物,似其事,作《三戒》。

临江之麋

临江之人,畋得麋麑,畜之。入门,群犬垂涎,扬尾皆来。其人怒,怛之。自是日抱就犬,习示之,使勿动,稍使与之戏。积久,犬皆如人意。麋麑稍大,忘己之麋也,以为犬良我友,抵触偃仆,益狎。犬畏主人,与之俯仰甚善,然时啖其舌。

三年,麋出门,见外犬在道甚众,走欲与为戏。外犬见而喜且怒,共杀食之,狼籍道上。麋至死不悟。

黔之驴

黔无驴,有好事者船载以入。至则无可用,放之山下。虎见之,庞然大物也,以为神。蔽林间窥之,稍出近之,慭慭然莫相知。

他日,驴一鸣,虎大骇,远遁,以为且噬己也,甚恐。然往来视之,觉无异能者。益习其声,又近出前后,终不敢搏。稍近,益狎,荡倚冲冒,驴不胜怒,蹄之。虎因喜,计之曰:"技止此耳!"因跳踉大㘎,断其喉,尽其肉,乃去。

噫!形之庞也类有德,声之宏也类有能。向不出其技,虎虽猛,疑畏,卒不敢取。今若是焉,悲夫!

永某氏之鼠

永有某氏者,畏日,拘忌异甚。以为己生岁直子,鼠,子神也。因爱鼠,不畜猫犬,禁僮勿击鼠。仓廪庖厨,悉以恣鼠不问。由是鼠相告,皆来某氏,饱食而无祸。某氏室无完器,椸无完衣,饮食大率鼠之余也。昼累累与人兼行,夜则窃啮斗暴,其声万状,不可以寝,终不厌。

数岁,某氏徙居他州。后人来居,鼠为态如故。其人曰:"是阴类恶物也,盗暴尤甚,且何以至是乎哉!"假五六猫,阖门撤瓦,灌穴,购僮罗捕之。杀鼠如丘,弃之隐处,臭数月乃已。

呜呼!彼以其饱食无祸为可恒也哉!

阅读二

鞭　贾

市之鬻鞭者,人问之,其贾宜五十,必曰五万。复之以五十,则伏而笑;以五百,则小怒;五千，则大怒；必五万而后可。

有富者子，适市买鞭，出五万，持以夸余。视其首，则拳蹙而不遂。视其握，则蹇仄而不植。其行水者，一去一来不相承。其节朽黑而无文，掐之灭爪，而不得其所穷。举之翲然若挥虚焉。

余曰："子何取于是而不爱五万？"曰："吾爱其黄而泽。且贾者云……"余乃召僮爚汤以濯之，则遬然枯，苍然白。向之黄者栀也，泽者蜡也。富者不悦，然犹持之三年。后出东郊，争道长乐坂下。马相踶，因大击，鞭折而为五六。马踶不已，坠于地，伤焉。视其内则空空然，其理若粪壤，无所赖者。

今之栀其貌、蜡其言，以求贾技于朝，当其分则善。一误而过其分，则喜；当其分，则反怒，曰："余曷不至于公卿？"然而至焉者亦良多矣。居无事，虽过三年不害。当其有事，驱之于陈力之列以御乎物，以夫空空之内，粪壤之理，而责其大击之效，恶有不折其用而获坠伤之患者乎？

阅读三

梓人传

裴封叔之第，在光德里。有梓人款其门，愿佣隙宇而处焉。所职寻引规矩绳墨，家不居砻斫之器。问其能，曰："吾善度材。视栋宇之制，高深圆方短长之宜，吾指使而群工役焉。舍我，众莫能就一宇。故食于官府，吾受禄三倍；作于私家，吾收其直太半焉。"他日，入其室，其床阙足而不能理，曰："将求他工。"余甚笑之，谓其无能而贪禄嗜货者。

其后，京兆尹将饰官署，余往过焉。委群材，会众工，或执斧斤，或执刀锯，皆环立向之。梓人左持引，右执杖，而中处焉。量栋宇之任，视木之能，举挥其杖曰："斧！"彼执斧者奔而右。顾而指曰："锯！"彼执锯者趋而左。俄而斤者斫，刀者削，皆视其色，俟其言，莫敢自断者。其不胜任者，怒而退之，亦莫敢愠焉。画宫于堵，盈尺而曲尽其制，计其毫厘而构大厦，无进退焉。既成，书于上栋曰："某年某月某日某建"，则其姓字也。凡执用之工不在列。余圜视大骇，然后知其术之工大矣。

继而叹曰：彼将舍其手艺，专其心智，而能知体要者欤！吾闻劳心者役人，劳力者役于人。彼其劳心者欤！能者用而智者谋，彼其智者欤！是足为佐天子相天下法矣，物莫近乎此也。

彼为天下者本于人。其执役者，为徒隶，为乡师里胥。其上为下士，又其上为中士，为上士。又其上为大夫，为卿，为公。离而为六职，判而为百役。外薄四海，有方伯连率。郡有守，邑有宰，皆有佐政。其下有胥吏，又其下皆有啬夫版尹，以就役焉，犹众工之各有执技以食力也。彼佐天子相天下者，举而加焉，指而使焉，条其纲纪而盈缩焉，齐其法制而整顿焉，犹梓人之有规矩绳墨以定制也。择天下之士，使称其职；居天下之人，使安其业。视都知野，视野知国，视国知天下，其远迩细大，可手据其图而究焉，犹梓人画宫于堵而绩于成也。能者进而由之，使无所德；不能者退而休之，亦莫敢愠。不炫能，不矜名，不亲小劳，不侵众官，日与天下之英才讨论其大经，犹梓人之善运众工而不伐艺也。夫然后相道得而万国理矣。相道既得，万国既理，天下举首而望曰："吾相之功也！"后之人循迹而慕曰："彼相之才也！"士或谈殷周之理者，曰伊傅周召。其百执事之勤劳而不得纪焉，犹梓人自名其功，而执用者不列也。大哉相乎！通是道者，所谓相而已矣。

其不知体要者反此。以恪勤为公，以簿书为尊，炫能矜名，亲小劳，侵众官，窃取六职百役之事，听听于府廷，而遗其大者远者焉，所谓不通是道者也。犹梓人而不知绳墨之曲直、规矩之方圆、寻引之短长，姑夺众工之斧斤刀锯以佐其艺，又不能备其工，以至败绩用而无所成也。不亦谬欤！

或曰："彼主为室者，傥或发其私智，牵制梓人之虑，夺其世守而道谋是用。虽不能成功，岂其罪邪？亦在任之而已！"

余曰不然。夫绳墨诚陈，规矩诚设，高者不可抑而下也，狭者不可张而广也。由我则固，不由我则圮。彼将乐去固而就圮也，则卷其术，默其智，悠尔而去，不屈吾道，是诚良梓人耳。其或嗜其货利，忍而不能舍也；丧其制量，屈而不能守也；栋桡屋坏，则曰：非我罪也！可乎哉？可乎哉？

余谓梓人之道类于相，故书而藏之。梓人，盖古之审曲面势者，今谓之都料匠云。余所遇者，杨氏，潜其名。

阅读四　游黄溪记

北之晋，西适豳，东极吴，南至楚越之交，其间名山水而州者以百数，永最善。环永之治百里，北至于浯溪，西至于湘之源，南至于泷泉，东至于黄溪东屯，其间名山水而村者以百数，黄溪最善。

黄溪距州治七十里，由东屯南行六百步，至黄神祠。祠之上，两山墙立，如丹碧之华叶骈植，与山升降。其缺者为崖峭岩窟。水之中，皆小石平布。黄神之上，揭水八十步，至初潭，最奇丽，殆不可状。其略若剖大瓮，侧立千尺，溪水积焉。黛蓄膏渟，来若白虹，沉沉无声，有鱼数百尾，方来会石下。南去又行百步，至第二潭。石皆巍然，临峻流，若颏颔龂腭。其下大石杂列，可坐饮食。有鸟赤首乌翼，大如鹄，方东向立。自是又南数里，地皆一状，树益壮，石益瘦，水鸣皆锵然。又南一里，至大冥之川，山舒水缓，有土田。始黄神为人时，居其地。

传者曰："黄神王姓，莽之世也。莽既死，神更号黄氏，逃来，择其深峭者潜焉。"始莽尝曰，"余黄、虞之后也"，故号其女曰黄皇室主。黄与王声相迩，而又有本，其所以传言者益验。神既居是，民咸安焉。以为有道，死乃俎豆之，为立祠，后稍徙近乎民，今祠在山阴溪水上。元和八年五月十六日，既归为记，以启后之好游者。

阅读五　小石城山记

自西山道口径北，逾黄茅岭而下，有二道。其一西出，寻之无所得；其一少北而东，不过四十丈，土断而川分，有积石横当其垠。其上为睥睨梁欐之形，其旁出堡坞，有若门焉。窥之正黑。投以小石，洞然有水声。其响之激越，良久乃已。环之可上，望甚远。无土壤而生嘉树美箭，益奇而坚。其疏数偃仰，类智者所施设也。

噫！吾疑造物者之有无久矣，及是，愈以为诚有。又怪其不为之中州，而列是夷狄，更千百年不得一售其伎，是故劳而无用。神者傥不宜如是，则其果无乎？或曰："以慰夫贤而辱于此者。"或曰："其气之灵，不为伟人，而独为是物，故楚之南少人而多石。"是二者，余未信之。

阅读六

贺进士王参元失火书

得杨八书，知足下遇火灾，家无余储。仆始闻而骇，中而疑，终乃大喜，盖将吊而更以贺也。道远言略，犹未能究知其状，果若荡焉泯焉而悉无有，乃吾所以尤贺者也。

足下勤奉养，宁朝夕，惟恬安无事是望也。今乃有焚炀赫烈之虞，以震骇左右，而脂膏滫瀡之具，或以不给，吾是以始而骇也。

凡人之言皆曰：盈虚倚伏，去来之不可常。或将大有为也，乃始厄困震悸，于是有水火之孽，有群小之愠，劳苦变动，而后能光明，古之人皆然。斯道辽阔诞漫，虽圣人不能以是必信，是故中而疑也。

以足下读古人书，为文章，善小学，其为多能若是，而进不能出群士之上以取显贵者，无他故焉。京城人多言足下家有积货，士之好廉名者，皆畏忌，不敢道足下之善，独自得之，心蓄之，衔忍而不出诸口，以公道之难明，而世之多嫌也。一出口，则嗤嗤者以为得重赂。

仆自贞元十五年，见足下之文章，蓄之者盖六七年未尝言。是仆私一身而负公道久矣，非特负足下也。及为御史尚书郎，自以幸为天子近臣，得奋其舌，思以发明天下之郁塞。然时称道于行列，犹有顾视而窃笑者，仆良恨修己之不亮，素誉之不立，而为世嫌之所加，常与孟几道言而痛之。

乃今幸为天火之所涤荡，凡众之疑虑举为灰埃。黔其庐，赭其垣，以示其无有，而足下之才能乃可显白而不污。其实出矣，是祝融、回禄之相吾子也。则仆与几道十年之相知，不若兹火一夕之为足下誉也。宥而彰之，使夫蓄于心者，咸得开其喙，发策决科者，授子而不慄，虽欲如向之蓄缩受侮，其可得乎？于兹吾有望乎尔！是以终乃大喜也。

古者列国有灾，同位皆相吊。许不吊灾，君子恶之。今吾之所陈如是，有以异乎古，故将吊而更以贺也。颜、曾之养，其为乐也大矣，又何阙焉？

足下前要仆文章古书，极不忘，候得数十幅，乃并往耳。吴二十一武陵来，言足下为《醉赋》及《对问》，大善，可寄一本。仆近亦好作文，与在京城时颇异。思与足下辈言之，桎梏甚固，未可得也。因人南来，致书访死生。不悉。宗元白。

阅读七

送薛存义之任序

河东薛存义将行，柳子载肉于俎，崇酒于觞，追而送之江之浒，饮食之。且告曰："凡吏于土者，若知其职乎？盖民之役，非以役民而已也。凡民之食于土者，出其十一佣乎吏，使司平于我也。今受其直怠其事者，天下皆然。岂惟怠之，又从而盗之。向使佣一夫于家，受若直，怠若事，又盗若货器，则必甚怒而黜罚之矣。以今天下多类此，而民莫敢肆其怒与黜罚者，何哉？势不同也。势不同而理同，如吾民何？有达于理者，得不恐而畏乎！"

存义假令零陵二年矣。蚤作而夜思，勤力而劳心，讼者平，赋者均，老弱无怀诈暴憎，其为不虚取值也的矣，其知恐而畏也审矣。

吾贱且辱，不得与考绩幽明之说；于其往也，故赏以酒肉而重之以辞。

阅读八

愚溪诗序

灌水之阳有溪焉，东流入于潇水。或曰：冉氏尝居也，故姓是溪为冉溪。或曰：可以染也，名之以其能，故谓之染溪。余以愚触罪，谪潇水上。爱是溪，入二三里，得其尤绝者家焉。古有愚公谷，今予家是溪，而名莫定，土之居者犹龂龂然，不可以不更也，故更之为愚溪。

愚溪之上，买小丘，为愚丘。自愚丘东北行六十步，得泉焉，又买居之，为愚泉。愚泉凡六穴，皆出山下平地，盖上出也。合流屈曲而南，为愚沟。遂负土累石，塞其隘，为愚池。愚池之东，为愚堂。其南，为愚亭。池之中，为愚岛。嘉木异石错置，皆山水之奇者，以余故，咸以愚辱焉。

夫水，智者乐也。今是溪独见辱于愚，何哉？盖其流甚下，不可以灌溉；又峻急多坻石，大舟不可入也。幽邃浅狭，蛟龙不屑，不能兴云雨，无以利世，而适类于余，然则虽辱而愚之，可也。

宁武子"邦无道则愚"，智而为愚者也；颜子"终日不违如愚"，睿而为愚者也。皆不得为真愚。今余遭有道而违于理，悖于事，故凡为愚者莫我若也。夫然，则天下莫能争是溪，余得专而名焉。

溪虽莫利于世，而善鉴万类，清莹秀澈，锵鸣金石，能使愚者喜笑眷慕，乐而不能去也。余虽不合于俗，亦颇以文墨自慰，漱涤万物，牢笼百态，而无所避之。以愚辞歌愚溪，则茫然而不违，昏然而同归，超鸿蒙，混希夷，寂寥而莫我知也。于是作《八愚诗》，纪于溪石上。

阅读九

段太尉逸事状

太尉始为泾州刺史时，汾阳王以副元帅居蒲，王子晞为尚书，领行营节度使，寓军邠州，纵士卒无赖。邠人偷嗜暴恶者，率以货窜名军伍中，则肆志，吏不得问。日群行丐取于市，不嗛，辄奋击折人手足，椎釜鬲瓮盎盈道上，袒臂徐去，至撞杀孕妇人。邠宁节度使白孝德以王故，戚不敢言。

太尉自州以状白府，愿计事。至则曰："天子以生人付公理，公见人被暴害，因恬然，且大乱，若何？"孝德曰："愿奉教。"太尉曰："某为泾州甚适，少事，今不忍人无寇暴死，以乱天子边事。公诚以都虞候命某者，能为公已乱，使公之人不得害。"孝德曰："幸甚！"如太尉请。

既署一月，晞军士十七人入市取酒，又以刃刺酒翁，坏酿器，酒流沟中。太尉列卒取十七人，皆断头注槊上，植市门外。晞一营大噪，尽甲。孝德震恐，召太尉曰："将奈何？"太尉曰："无伤也！请辞于军。"孝德使数十人从太尉，太尉尽辞去，解佩刀，选老躄者一人持马，至晞门下。甲者出，太尉笑且入，曰："杀一老卒，何甲也？吾戴吾头来矣！"甲者愕。因谕曰："尚书固负若属耶？副元帅固负若属耶？奈何欲以乱败郭氏？为白尚书，出听我言。"晞出，见太尉。太尉曰："副元帅勋塞天地，当务始终。今尚书恣卒为暴，暴且乱，乱天子边，欲谁归罪？罪且及副元帅。今邠人恶子弟以货窜名军籍中，杀害人，如是不止，几日不大乱？大乱由尚书出，人皆曰，尚书倚副元帅不戢士，然则郭氏功名其与存者几何？"言未毕，晞再拜曰："公幸教晞以道，恩甚大，愿奉军以从。"顾叱左右曰："皆解甲，散还火伍中。敢哗者死！"太尉曰："吾未晡食，请假设草具。"既食，曰："吾疾作，愿留宿门下。"命持马者去，旦日来。遂卧军中。晞不解衣，戒候卒击柝卫太尉。旦，俱至孝德所，谢不能，请改过。邠州由是无祸。

先是，太尉在泾州为营田官，泾大将焦令谌取人田，自占数十顷，给与农曰：“且熟，归我半。”是岁大旱，野无草，农以告谌。谌曰：“我知入数而已，不知旱也。”督责益急。且饥死，无以偿，即告太尉。太尉判状，辞甚巽，使人来谕谌。谌盛怒，召农者曰：“我畏段某耶？何敢言我！”取判铺背上，以大杖击二十，垂死，舆来庭中。太尉大泣曰：“乃我困汝！”即自取水洗去血，裂裳衣疮，手注善药，旦夕自哺农者，然后食。取骑马卖，市谷代偿，使勿知。淮西寓军帅尹少荣，刚直士也。入见谌，大骂曰：“汝诚人耶？泾州野如赭，人且饥死，而必得谷，又用大杖击无罪者。段公，仁信大人也，而汝不知敬。今段公唯一马，贱卖市谷入汝，汝又取不耻。凡为人，傲天灾、犯大人、击无罪者，又取仁者谷，使主人出无马，汝将何以视天地？尚不愧奴隶耶！”谌虽暴抗，然闻言则大愧流汗，不能食，曰：“吾终不可以见段公。”一夕自恨死。

及太尉自泾州以司农征，戒其族：“过岐，朱泚幸致货币，慎勿纳。”及过，泚固致大绫三百匹，太尉婿韦晤坚拒，不得命。至都，太尉怒曰：“果不用吾言！”晤谢曰：“处贱，无以拒也。”太尉曰：“然终不以在吾第。”以如司农治事堂，栖之梁木上。泚反，太尉终，吏以告泚。泚取视，其故封识具存。

太尉逸事如右。

元和九年月日，永州司马员外置同正员柳宗元谨上史馆。今之称太尉大节者出入，以为武人一时奋不虑死，以取名天下。不知太尉之所立如是。宗元尝出入岐、周、邠、斄间，过真定，北上马岭，历亭鄣堡戍，窃好问老校退卒，能言其事。太尉为人姁姁，常低首拱手行步，言气卑弱，未尝以色待物。人视之，儒者也。遇不可，必达其志，决非偶然者。会州刺史崔公来，言信行直，备得太尉遗事，复校无疑。或恐尚逸坠，未集太史氏，敢以状私于执事。谨状。

阅读十

桐叶封弟辩

古之传者有言，成王以桐叶与小弱弟，戏曰：“以封汝。”周公入贺。王曰：“戏也。”周公曰：“天子不可戏。”乃封小弱弟于唐。

吾意不然。王之弟当封耶？周公宜以时言于王，不待其戏而贺以成之也。不当封耶？周公乃成其不中之戏，以地以人与小弱者为之主，其得为圣乎？且周公以王之言不可苟焉而已，必从而成之耶？设有不幸，王以桐叶戏妇寺，亦将举而从之乎？凡王者之德，在行之何若。设未得其当，虽十易之不为病；要于其当，不可使易也，而况以其戏乎？若戏而必行之，是周公教王遂过也。

吾意周公辅成王，宜以道，从容优乐，要归之大中而已，必不逢其失而为之辞。又不当束缚之，驰骤之，使若牛马然，急则败矣。且家人父子尚不能以此自克，况号为君臣者邪？是直小丈夫缺缺者之事，非周公所宜用，故不可信。

或曰：封唐叔，史佚成之。

兴废与起行

——欧阳修散文专题

专题导语

使散文勃兴于唐的，是韩愈；而在宋朝，令散文到达又一个高峰的，则是欧阳修。苏辙在《欧阳文忠公神道碑》中有言："自退之以来，五代相承，天下不知所以为文。…… 及公之文行于天下，乃复无愧于古。……自孔子至今，于数百年，文章废而复兴，唯得二人焉。"就韩、欧于古代散文的贡献而言，这些话不无道理。

欧阳修在文章上推崇韩愈，却并非一味承袭韩文，而是创造了自己独特的风格。

苏轼说："愈之后三百余年，而后得欧阳子，其学推韩愈、孟子以达于孔氏，著礼乐仁义之实，以合于大道。其言简而明，信而通，引物连类，折之于至理，以服人心，故天下翕然师尊之。……欧阳子论大道似韩愈，论事似陆贽，记事似司马迁，诗赋似李白。此非余言也，天下之言也。"（《六一居士集叙》）

苏洵说："执事之文，纡余委备，往复百折，而条达疏畅，无所间断，气尽语极，急言竭论，而容与闲易，无艰难劳苦之态。"（《上欧阳内翰第一书》）

吴充在《欧阳公行状》中称其为"文备众体，变化开阖，因物命意，各极其工"。

大体而言，韩愈的文章以波澜壮阔的气势服人，柳宗元的文章以凄清澄明的气质感人，欧阳修的文章，则是以平缓流畅、纡徐深婉的气度醉人。

它的美，自在你一品一读之间。

文本研读

秋　声　赋

欧阳子方夜读书，闻有声自西南来者，悚然而听之，曰："异哉！"初淅沥以萧飒，忽奔腾而砰湃，如波涛夜惊，风雨骤至。其触于物也，鏦鏦铮铮，金铁皆鸣。又如赴敌之兵，衔枚疾走，不闻号令，但闻人马之行声。余谓童子："此何声也？汝出视之。"童子曰："星月皎洁，明河在天，四无人声，声在树间。"

余曰："噫嘻，悲哉！此秋声也，胡为而来哉？盖夫秋之为状也，其色惨淡，烟霏云敛；其容清明，天高日晶；其气栗冽，砭人肌骨；其意萧条，山川寂寥。故其为声也，凄凄切切，呼号愤发。丰草绿缛而争茂，佳木葱茏而可悦。草拂之而色变，木遭之而叶脱。其所以摧败零落者，乃其一气之余烈。

"夫秋，刑官也，于时为阴；又兵象也，于行用金，是谓天地之义气，常以肃杀而为心。天之于物，春生秋实。故其在乐也，商声主西方之音，夷则为七月之律。商，伤也，物既老而悲伤；夷，戮也，物过盛而当杀。

"嗟乎,草木无情,有时飘零。人为动物,惟物之灵,百忧感其心,万事劳其形。有动于中,必摇其精;而况思其力之所不及,忧其智之所不能,宜其渥然丹者为槁木,黟然黑者为星星。奈何以非金石之质,欲与草木而争荣。念谁为之戕贼,亦何恨乎秋声?"

童子莫对,垂头而睡。但闻四壁虫声唧唧,如助余之叹息。

(本专题选文除特别注明外,均选自《欧阳修全集》,中华书局,2001)

1. 问题研究

(1) 欧阳修,字永叔,晚号______________,其《六一诗话》创造了__________体评论。

(2) 解释下列句中加点词语。

A. 胡为而来哉　　B. 砭人肌骨

C. 春生秋实　　D. 物过盛而当杀

(3) 指出下列两个比喻的比喻对象。

A. 如波涛夜惊　　B. 如赴敌之兵

(4) 不属于"有动于中"的"中"所指的是(　　)

A. 百忧感其心　　B. 思其力之所不及

C. 忧其智之所不能　　D. 万事劳其形

(5) 本文从多方面描写秋声,试作说明。

(6) 倒数第二段是全文的题旨所在,请尝试用自己的话概括。

(7) 文章主要表达作者对"秋声"的感悟,却于其中穿插了"童子"这一形象,其用意是什么呢?

2. 相关链接

中华书局:《欧阳修全集》;上海古籍出版社:《欧阳修诗词文选评》(黄进德　撰);百花文艺出版社:《欧阳修散文选集》(王水照,王宜媛　编)

深度阅读

阅读一

朋 党 论

臣闻朋党之说,自古有之,惟幸人君辨其君子、小人而已。

大凡君子与君子以同道为朋,小人与小人以同利为朋,此自然之理也。然臣谓小人无朋,惟君子则有之,其故何哉?小人所好者禄利也,所贪者财货也,当其同利之时,暂相党引以为朋者,伪也;及其见利而争先,或利尽而交疏,则反相贼害,虽其兄弟亲戚不能相保。故臣谓小人无朋,其暂为朋者,伪也。君子则不然,所守者道义,所行者忠信,所惜者名节。以之修身,则同道而相益,以之事国,则同心而共济,终始如一。此君子之朋也。故为人君者,但当退小人之伪朋,用君子之真朋,则天下治矣。

尧之时,小人共工、驩兜等四人为一朋,君子八元、八恺十六人为一朋;舜佐尧退四凶小人之朋,而进元、恺君子之朋,尧之天下大治。及舜自为天子,而皋、夔、稷、契等二十二人并列于朝,更相称美,更相推让,凡二十二人为一朋,而舜皆用之,天下亦大治。《书》曰:"纣有臣亿万,惟亿万心;周有臣三千,惟一心。"纣之时,亿万人各异心,可谓不为朋矣,然纣以亡国。周武王之臣三千人为一大朋,而周用以兴。后汉献帝时,尽取天下名士囚禁之,目为党人。及黄巾贼起,汉室大乱,后方悔悟,尽解党人而释之,然已无救矣。唐之晚年,渐起朋党之论。及昭宗时,尽杀朝之名士,或投之黄河,曰此辈清流,可投浊流,而唐遂亡矣。

夫前世之主,能使人人异心不为朋,莫如纣;能禁绝善人为朋,莫如汉献帝;能诛戮清流之朋,莫如唐昭宗之世。然皆乱亡其国。更相称美推让而不自疑,莫如舜之二十二臣,舜亦不疑而皆用之。然而后世不诮舜为二十二人朋党所欺,而称舜为聪明之圣者,以辨君子与小人也。周武之世,举其国之臣三千人共为一朋,自古为朋之多且大莫如周,然周用此以兴者,善人虽多而不厌也。

夫兴亡治乱之迹,为人君者可以鉴矣。

阅读二

梅圣俞诗集序

予闻世谓诗人少达而多穷,夫岂然哉?盖世所传诗者,多出于古穷人之辞也。凡士之蕴其所有而不得施于世者,多喜自放于山巅水涯,外见虫鱼草木、风云鸟兽之状类,往往探其奇怪,内有忧思感愤之郁积,其兴于怨刺,以道羁臣寡妇之所叹,而写人情之难言,盖愈穷则愈工。然则非诗之能穷人,殆穷者而后工也。

予友梅圣俞,少以荫补为吏,累举进士,辄抑于有司。困于州县凡十余年,年今五十,犹从辟书,为人之佐。郁其所蓄,不得奋见于事业。其家宛陵,幼习于诗,自为童子,出语已惊其长老。既长,学乎六经仁义之说,其为文章,简古纯粹,不求苟说于世,世之人徒知其诗而已。然时无贤愚,语诗者必求之圣俞。圣俞亦自以其不得志者,乐于诗而发之。故其平生所作,于诗尤多。

世既知之矣,而未有荐于上者。昔王文康公尝见而叹曰:“二百年无此作矣!”虽知之深,亦不果荐也。若使其幸得用于朝廷,作为雅颂,以歌咏大宋之功德,荐之清庙,而追商、周、鲁颂之作者,岂不伟欤!奈何使其老不得志,而为穷者之诗,乃徒发于虫鱼物类、羁愁感叹之言?世徒喜其工,不知其穷之久而将老也,可不惜哉!

圣俞诗既多,不自收拾。其妻之兄子谢景初,惧其多而易失也,取其自洛阳至于吴兴已来所作,次为十卷。予尝嗜圣俞诗,而患不能尽得之,遽喜谢氏之能类次也,辄序而藏之。其后十五年,圣俞以疾卒于京师,余既哭而铭之,因索于其家,得其遗稿千余篇,并旧所藏,掇其尤者六百七十七篇,为一十五卷。呜呼!吾于圣俞诗,论之详矣,故不复云。

庐陵欧阳修序。

阅读三

苏氏文集序

予友苏子美之亡后四年,始得其平生文章遗稿于太子太傅杜公之家,而集录之以为十卷。

子美,杜氏婿也,遂以其集归之,而告于公曰:“斯文,金玉也,弃掷埋没粪土,不能销蚀。其见遗于一时,必有收而宝之于后世者。虽其埋没而未出,其精气光怪已能常自发见,而物亦不能掩也。故方其摈斥摧挫、流离穷厄之时,文章已自行于天下,虽其怨家仇人,及尝能出力而挤之死者,至其文章,则不能少毁而掩蔽之也。凡人之情,忽近而贵远,子美屈于今世犹若此,其伸于后世宜如何也。公其可无恨。”

予尝考前世文章、政理之盛衰,而怪唐太宗致治几乎三王之盛,而文章不能革五代之余习。后百有余年,韩、李之徒出,然后元和之文始复于古。唐衰兵乱,又百余年而圣宋兴,天下一定,晏然无事。又几百年,而古文始盛于今。自古治时少而乱时多,幸时治矣,文章或不能纯粹,或迟久而不相及。何其难之若是欤！岂非难得其人欤？苟一有其人，又幸而及出于治世，世其可不为之贵重而爱惜之欤？嗟吾子美，以一酒食之过，至废为民而流落以死。此其可以叹息流涕，而为当世仁人君子之职位宜与国家乐育贤材者惜也！

子美之齿少于予，而予学古文反在其后。天圣之间，予举进士于有司，见时学者务以言语声偶相擿裂，号为时文，以相夸尚。而子美独与其兄才翁及穆参军伯长，作为古歌诗杂文，时人颇共非笑之，而子美不顾也。其后天子患时文之弊，下诏书讽勉学者以近古，由是其风渐息，而学者稍趋于古焉。独子美为于举世不为之时，其始终自守，不牵世俗趋舍，可谓特立之士也。

子美官至大理评事、集贤校理而废，后为湖州长史以卒，享年四十有一。其状貌奇伟，望之昂然而即之温温，久而愈可爱慕。其材虽高，而人亦不甚嫉忌，其击而去之者，意不在子美也。赖天子聪明仁圣，凡当时所指名而排斥，二三大臣而下，欲以子美为根而累之者，皆蒙保全，今并列于荣宠。虽与子美同时饮酒得罪之人，多一时之豪俊，亦被收采，进显于朝廷。而子美独不幸死矣，岂非其命也。悲夫！

庐陵欧阳修序。

阅读四

丰乐亭记

修既治滁之明年夏，始饮滁水而甘。问诸滁人，得于州南百步之近。其上丰山耸然而特立，下则幽谷窈然而深藏，中有清泉滃然而仰出。俯仰左右，顾而乐之，于是疏泉凿石，辟地以为亭，而与滁人往游其间。

滁于五代干戈之际，用武之地也。昔太祖皇帝尝以周师破李景兵十五万于清流山下，生擒其将皇甫晖、姚凤于滁东门之外，遂以平滁。修尝考其山川，按其图记，升高以望清流之关，欲求晖、凤就擒之所，而故老皆无在者。盖天下之平久矣。自唐失其政，海内分裂，豪杰并起而争，所在为敌国者，何可胜数！及宋受天命，圣人出而四海一。向之凭恃险阻，刬削消磨，百年之间，漠然徒见山高而水清。欲问其事，而遗老尽矣。

今滁介于江淮之间，舟车商贾、四方宾客之所不至，民生不见外事而安于畎亩衣食，以乐生送死。而孰知上之功德，休养生息，涵煦百年之深也。

修之来此，乐其地僻而事简，又爱其俗之安闲。既得斯泉于山谷之间，乃日与滁人仰而望山，俯而听泉，掇幽芳而荫乔木，风霜冰雪，刻露清秀，四时之景，无不可爱。又幸其民乐其岁物之丰成，而喜与予游也。因为本其山川，道其风俗之美，使民知所以安此丰年之乐者，幸生无事之时也。夫宣上恩德，以与民共乐，刺史之事也。遂书以名其亭焉。

庆历丙戌六月日，右正言知制诰知滁州军州事欧阳修记。

阅读五

相州昼锦堂记

仕宦而至将相，富贵而归故乡。此人情之所荣，而今昔之所同也。盖士方穷时，困厄闾里，庸人孺子皆得易而侮之，若季子不礼于其嫂，买臣见弃于其妻。一旦高车驷马，旗旄导前而骑卒拥后，夹道之人，相与骈肩累迹，瞻望咨嗟，而所谓庸夫愚妇者，奔走骇汗，羞愧俯伏，以自悔罪于车尘马足之间。此一介之士，得志于当时，而意气之盛，昔人比之衣锦之荣者也。

惟大丞相卫国公则不然。公,相人也,世有令德,为时名卿。自公少时,已擢高科,登显仕。海内之士,闻下风而望余光者,盖亦有年矣。所谓将相而富贵,皆公所宜素有,非如穷厄之人侥幸得志于一时,出于庸夫愚妇之不意,以惊骇而夸耀之也。然则高牙大纛不足为公荣,桓圭衮冕不足为公贵,惟德被生民,而功施社稷,勒之金石,播之声诗,以耀后世而垂无穷,此公之志,而士亦以此望于公也。岂止夸一时而荣一乡哉!

公在至和中,尝以武康之节来治于相,乃作昼锦之堂于后圃。既又刻诗于石以遗相人。其言以快恩仇、矜名誉为可薄,盖不以昔人所夸者为荣,而以为戒。于此见公之视富贵为何如,而其志岂易量哉!故能出入将相,勤劳王家,而夷险一节。至于临大事、决大议,垂绅正笏,不动声气,而措天下于泰山之安,可谓社稷之臣矣!其丰功盛烈,所以铭彝鼎而被弦歌者,乃邦家之光,非闾里之荣也。

余虽不获登公之堂,幸尝窃诵公之诗,乐公之志有成,而喜为天下道也。于是乎书。

尚书吏部侍郎、参知政事欧阳修记。

阅读六

王彦章画像记

太师王公,讳彦章,字子明。郓州寿张人也。事梁,为宣义军节度使,以身死国,葬于郑州之管城。晋天福二年,始赠太师。

公在梁以智勇闻。梁、晋之争数百战,其为勇将多矣,而晋人独畏彦章。自乾化后,常与晋战,屡困庄宗于河上。及梁末年,小人赵岩等用事,梁之大臣老将,多以谗不见信,皆怒而有怠心,而梁亦尽失河北。事势已去,诸将多怀顾望,独公奋然自必,不少屈懈。志虽不就,卒死以忠。公既死而梁亦亡矣。悲夫!

五代终始才五十年,而更十有三君,五易国而八姓。士之不幸而出乎其时,能不污其身,得全其节者,鲜矣!公本武人,不知书,其语质,平生尝谓人曰:“豹死留皮,人死留名。”盖其义勇忠信出于天性而然。

予于《五代书》,窃有善善恶恶之志。至于公传,未尝不感愤叹息。惜乎旧史残略,不能备公之事。康定元年,予以节度判官来此。求于滑人,得公之孙睿所录家传,颇多于旧史,其记德胜之战尤详。又言敬翔怒末帝不肯用公,欲自经于帝前;公因用笏画山川,为御史弹而见废。又言公五子,其二同公死节。此皆旧史无之。又云公在滑,以谗自归于京师,而《史》云召之。是时,梁兵尽属段凝,京师羸兵不满数千;公得保銮五百人,之郓州,以力寡,败于中都。而《史》云将五千以往者,亦皆非也。

公之攻德胜也,初受命于帝前,期以三日破敌;梁之将相闻者皆窃笑。及破南城,果三日。是时,庄宗在魏,闻公复用,料公必速攻,自魏驰马来救,已不及矣。庄宗之善料,公之善出奇,何其神哉!

今国家罢兵四十年,一旦元昊反,败军杀将,连四五年,而攻守之计,至今未决。予尝独持用奇取胜之议,而叹边将屡失其机。时人闻予说者,或笑以为狂,或忽若不闻;虽予亦惑,不能自信。及读公家传,至于德胜之捷,乃知古之名将,必于出奇,然后能胜。然非审于为计者不能出奇,奇在速,速在果,此天下伟男子之所为,非拘牵常算之士可到也。每读其传,未尝不想见其人。

后二年,予复来通判州事。岁之正月,过俗所谓铁枪寺者,又得公画像而拜焉。岁久磨灭,隐隐可见。亟命工完理之,而不敢有加焉,惧失其真也。公善用枪,当时号“王铁枪”。公死已百年,至今俗犹以名其寺,童儿牧竖皆知王铁枪之为良将也。一枪之勇,同时岂无?而公独不朽者,岂其忠义之节使然欤?

画已百余年矣,完之复可百年。然公之不泯者,不系乎画之存不存也。而予尤区区如此者,盖其希慕之至焉耳。读其书,尚想乎其人,况得拜其像,识其面目,不忍见其坏也。画既完,因书予所得者于后,而归其人,使藏之。

阅读七　戕竹记

洛最多竹,樊圃棋错。包箨榯笋之赢,岁尚十数万缗,坐安侯利,宁肯为渭川下。然其治水庯,任土物,简历芟养,率须谨严。家必有小斋闲馆在亏蔽间,宾欲赏,辄腰舆以入,不问辟疆,恬无怪让也。以是名其俗为好事。

壬申之秋,人吏率持镰斧,亡公私谁何,且戕且桴,不竭不止。守都出令:有敢隐一毫为私,不与公上急病,服王官为慢,齿王民为悖。如是累日,地榛园秃,下亡有啬色少见于颜间者,由是知其民之急上。

噫!古者伐山林,纳材苇,惟是地物之美,必登王府,以经于用。不供谓之畔废,不时谓之暴殄。今土宇广斥,赋入委叠,上益笃俭,非有广居盛囿之侈。县官材用,顾不衍溢朽蠹,而一有非常,敛取无艺。意者营饰像庙过差乎!《书》不云:“不作无益害有益。”又曰:“君子节用而爱人。”天子有司所当朝夕谋虑,守官与道,不可以忽也。推类而广之,则竹事犹末。

阅读八　画舫斋记

予至滑之三月,即其署东偏之室,治为燕私之居,而名曰画舫斋。斋广一室,其深七室,以户相通,凡入予室者,如入乎舟中。其温室之奥,则穴其上以为明;其虚室之疏以达,则栏槛其两旁以为坐立之倚。凡偃休于吾斋者,又如偃休乎舟中。山石崷崪,佳花美木之植列于两檐之外,又似泛乎中流,而左山右林之相映,皆可爱者。故因以舟名焉。

《周易》之象,至于履险蹈难,必曰涉川。盖舟之为物,所以济险难而非安居之用也。今予治斋于署,以为燕安,而反以舟名之,岂不戾哉?矧予又尝以罪谪走江湖间,自汴绝淮,浮于大江,至于巴峡,转而以入于汉沔,计其水行几万余里。其羁穷不幸,而卒遭风波之恐,往往叫号神明以脱须臾之命者,数矣。当其恐时,顾视前后,凡舟之人,非为商贾,则必仕宦。因窃自叹,以谓非冒利与不得已者,孰肯至是哉?赖天之惠,全活其生。今得除去宿负,列官于朝,以来是州,饱廪食而安署居。追思曩时山川所历,舟楫之危,蛟鼍之出没,波涛之汹欻,宜其寝惊而梦愕。而乃忘其险阻,犹以舟名其斋,岂真乐于舟居者邪!

然予闻古之人有逃世远去江湖之上,终身而不肯反者,其必有所乐也。苟非冒利于险,有罪而不得已,使顺风恬波,傲然枕席之上,一日而千里,则舟之行岂不乐哉!顾予诚有所未暇,而舫者宴嬉之舟也,姑以名予斋,奚曰不宜?

予友蔡君谟善大书,颇怪伟,将乞其大字以题于楹。惧其疑予之所以名斋者,故具以云。又因以置于壁。

壬午十二月十二日书。

阅读九　洛阳牡丹记(风俗记)

洛阳之俗,大抵好花。春时城中无贵贱皆插花,虽负担者亦然。花开时,士庶竞为游遨,往往于古寺废宅有池台处为市井,张幄帟,笙歌之声相闻。最盛于月坡堤、张家园、棠棣坊、长寿寺东街与郭令宅,至花落乃罢。

洛阳至东京六驿,旧不进花,自今徐州李相迪为留守时始进御。岁遣衙校一员,乘驿马一日一夕至京师,所进不过姚黄、魏花三数朵,以菜叶实竹笼子藉覆之,使马上不动摇,以蜡封花蒂,乃数日不落。

大抵洛人家家有花,而少大树者,盖其不接则不佳。春初时,洛人于寿安山中斫小栽子卖城中,谓之山篦子。人家治地为畦塍种之,至秋乃接。接花工尤著者,谓之门园子,豪家无不邀之。姚黄一接头,直钱五千,秋时立契买之,至春见花乃归其直。洛人甚惜此花,不欲传。有权贵求其接头者,或以汤中蘸杀与之。魏花初出时,接头亦直钱五千,今尚直一千。

接时须用社后重阳前,过此不堪矣。花之木去地五七寸许截之,乃接,以泥封裹,用软土拥之,以蒻叶作庵子罩之,不令见风日,唯南向留一小户以达气,至春乃去其覆。此接花之法也。

种花必择善地,尽去旧土,以细土用白敛末一斤和之。盖牡丹根甜,多引虫食,白敛能杀虫。此种花之法也。

浇花亦自有时,或用日未出,或日西时。九月旬日一浇,十月、十一月三日、二日一浇,正月隔日一浇,二月一日一浇。此浇花之法也。

一本发数朵者,择其小者去之,只留一二朵,谓之打剥,惧分其脉也。花才落,便翦其枝,勿令结子,惧其易老也。春初既去蒻庵,便以棘数枝,置花丛上,棘气暖可以辟霜,不损花芽,他大树亦然。此养花之法也。

花开渐小于旧者,盖有蠹虫损之,必寻其穴,以硫黄簪之,其旁又有小穴如针孔,乃虫所藏处,花工谓之气窗,以大针点硫黄末针之,虫乃死,虫死,花复盛。此医花之法也。

乌贼鱼骨以针花树,入其肤,花辄死,此花之忌也。

阅读十　六一居士传

六一居士初谪滁山,自号醉翁。既老而衰且病,将退休于颍水之上,则又更号六一居士。

客有问曰:“六一,何谓也?”居士曰:“吾家藏书一万卷,集录三代以来金石遗文一千卷,有琴一张,有棋一局,而常置酒一壶。”客曰:“是为五一尔,奈何?”居士曰:“以吾一翁,老于此五物之间,是岂不为六一乎?”客笑曰:“子欲逃名者乎? 而屡易其号。此庄生所诮畏影而走乎日中者也;余将见子疾走大喘渴死,而名不得逃也。”居士曰:“吾固知名之不可逃,然亦知夫不必逃也;吾为此名,聊以志吾之乐尔。”客曰:“其乐如何?”居士曰:“吾之乐可胜道哉! 方其得意于五物也,太山在前而不见,疾雷破柱而不惊;虽响九奏于洞庭之野,阅大战于涿鹿之原,未足喻其乐且适也。然常患不得极吾乐于其间者,世事之为吾累者众也。其大者有二焉,轩裳珪组劳吾形于外,忧患思虑劳吾心于内,使吾形不病而已悴,心未老而先衰,尚何暇于五物哉? 虽然,吾自乞其身于朝者三年矣,一日天子恻然哀之,赐其骸骨,使得与此五物偕返于田庐,庶几偿其夙愿焉。此吾之所以志也。”客复笑曰:“子知轩裳珪组之累其形,而不知五物之累其心乎?”居士曰:“不然。累于彼者已劳矣,又多忧;累于此者既佚矣,幸无患。吾其何择哉?”于是与客俱起,握手大笑曰:“置之,区区不足较也。”

已而叹曰:“夫士少而仕,老而休,盖有不待七十者矣。吾素慕之,宜去一也。吾尝用于时矣,而讫无称焉,宜去二也。壮犹如此,今既老且病矣,乃以难强之筋骸,贪过分之荣禄,是将违其素志而自食其言,宜去三也。吾负三宜去,虽无五物,其去宜矣,复何道哉!”

熙宁三年九月七日,六一居士自传。

激越与浩荡

——苏轼散文专题

专题导语

像苏轼这样在文学、艺术各个领域都有巨大成就的人，在中国文学史上几乎绝无仅有。宋神宗皇帝曾精辟地说：“白有轼之才，无轼之学。”（陈岩肖：《庚溪诗话》）宋孝宗皇帝称苏轼：“雄视百代，自作一家，浑涵光芒。”（《御制文忠苏轼文集赞并序》）清代学者王国维则将苏轼与屈原、陶渊明、杜甫比肩：“天才者，或数十年而一出，或数百年而一出，而又须济之以学问，帅之以德性，始能产真正之大文学。此屈子、渊明、子美、子瞻等所以旷世而不一遇也。”（《文学小言》）

在文学创作上，苏轼强调文学的独创性、表现力和艺术价值。他认为作文应“如行云流水，初无定质，但常行于所当行，常止于所不可不止。文理自然，姿态横生”。（《答谢民师书》）他的文章往往以意为主，任情流泻，因而显得平易流畅，豪放自如。

释德洪在《跋东坡云忼池录》中评价说：“其文涣然如水之质，漫衍浩荡，则其波亦自然成文。”

刘熙载在《艺概》中评价苏轼的文章：“有寓理，有寓情，有寓气，有寓识。”

叶嘉莹先生称他是：“把儒家用世之志意与道家之旷观之精神，做了极圆满之融合。”（《灵词说》）

章培恒、骆玉明的《中国文学史》论及苏轼散文时说：“他的文学创作中所表现出的洒脱无羁与无可奈何，随缘自适与失意彷徨，深刻地反映了知识分子在封建专制愈益强化时代的内心苦闷。”

读了林语堂先生的《苏东坡传》，很欣赏其中的一段文字：“一提到苏东坡，在中国总会引起人亲切敬佩的微笑，也许这话最能概括苏东坡的一切了。”（《苏东坡传》）

那么，现在，你微笑了吗？

文本研读

超然台记

凡物皆有可观，苟有可观，皆有可乐，非必怪奇伟丽者也。餔糟啜醨，皆可以醉；果蔬草木，皆可以饱。推此类也，吾安往而不乐。

夫所为求福而辞祸者，以福可喜而祸可悲也。人之所欲无穷，而物之可以足吾欲者有尽，美恶之辨战乎中，而去取之择交乎前。则可乐者常少，而可悲者常多，是谓求祸而辞福。夫求祸而辞福，岂人之情也哉？物有以盖之矣。彼游于物之内，而不游于物之外。物非有大小也，自其内而观之，未有不高且大者也。彼挟其高大以临我，则我常眩乱反覆，如隙中之观斗，又焉知胜负之所在？是以美恶横生，而忧乐出焉。可不大哀乎！

余自钱塘移守胶西，释舟楫之安，而服车马之劳；去雕墙之美，而庇采椽之居；背湖山之观，而行桑麻之野。始至之日，岁比不登，盗贼满野，狱讼充斥，而斋厨索然，日食杞菊，人固疑余之不乐也。处之期年，而貌加丰，发之白者，日以反黑。余既乐其风俗之淳，而其吏民亦安予之拙也。于是治其园圃，洁其庭宇，伐安丘、高密之木，以修补破败，为苟完之计。而园之北，因城以为台者旧矣，稍葺而新之。时相与登览，放意肆志焉。南望马耳、常山，出没隐见，若近若远，庶几有隐君子乎！而其东则卢山，秦人卢敖之所从遁也。西望穆陵，隐然如城郭，师尚父、齐桓公之遗烈，犹有存者。北俯潍水，慨然太息，思淮阴之功，而吊其不终。台高而安，深而明，夏凉而冬温。雨雪之朝，风月之夕，余未尝不在，客未尝不从。撷园蔬，取池鱼，酿秫酒，瀹脱粟而食之，曰：乐哉游乎！

方是时，予弟子由适在济南，闻而赋之，且名其台曰“超然”，以见余之无所往而不乐者，盖游于物之外也。

（本专题选文除特别注明外，均选自《苏轼文集》，中华书局，1986）

1. 问题研究

（1）解释下列句中加点词语。

A. 是以美恶横生

B. 所为求福而辞祸者

C. 出没隐见

D. 师尚父、齐桓公之遗烈

（2）比较下列各组加点词的意思或用法，其中相同的一组是（　　）

A. 又焉知胜负之所在//而忧乐出焉

B. 可不大哀乎//皆有可乐

C. 以修补破败//彼挟其高大以临我

D. 予弟子由适在济南//适有孤鹤，横江东来

（3）与“洁其亭宇”加点词用法相似的一项是（　　）

A. 余既乐其风俗之淳　　B. 稍葺而新之

C. 亦安予之拙也　　D. 而庇采椽之居

（4）将下列句子翻译成现代汉语。

A. 物有以盖之矣。

B. 岁比不登。

C. 因城以为台者旧矣。

（5）文章认为，要做到“安往而不乐”，须____（用原文语句回答）。

（6）本文虽为“记”，却有相当的“议”，先明超然之理，继述____________，再说台的__________________________。

2. 相关链接

中华书局：《苏轼文集》；百花文艺出版社：《苏东坡传》（林语堂　著，张振玉　译）；中山大学出版社：《苏轼文艺美论》（王启鹏　著）

深度阅读

阅读一

黠鼠赋

苏子夜坐,有鼠方啮。拊床而止之,既止复作。使童子烛之,有橐中空,嘐嘐聱聱,声在橐中。曰:“嘻!此鼠之见闭而不得去者也。”发而视之,寂无所有,举烛而索,中有死鼠。童子惊曰:“是方啮也,而遽死耶?向为何声,岂其鬼耶?”覆而出之,堕地乃走,虽有敏者,莫措其手。

苏子叹曰:“异哉!是鼠之黠也。闭于橐中,橐坚而不可穴也。故不啮而啮,以声致人;不死而死,以形求脱也。吾闻有生,莫智于人。扰龙伐蛟,登龟狩麟,役万物而君之,卒见使于一鼠,堕此虫之计中,惊脱兔于处女。乌在其为智也?”

坐而假寐,私念其故。若有告余者曰:“汝惟多学而识之,望道而未见也。不一于汝,而二于物,故一鼠之啮而为之变也。‘人能碎千金之璧,不能无失声于破釜;能搏猛虎,不能无变色于蜂虿,此不一之患也。’言出于汝,而忘之耶?”余俯而笑,仰而觉。使童子执笔,记余之作。

阅读二

前赤壁赋

壬戌之秋,七月既望,苏子与客泛舟,游于赤壁之下。清风徐来,水波不兴。举酒属客,诵明月之诗,歌窈窕之章。少焉,月出于东山之上,徘徊于斗牛之间。白露横江,水光接天。纵一苇之所如,凌万顷之茫然。浩浩乎如冯虚御风,而不知其所止;飘飘乎如遗世独立,羽化而登仙。

于是饮酒乐甚,扣舷而歌之。歌曰:“桂棹兮兰桨,击空明兮溯流光。渺渺兮予怀,望美人兮天一方。”客有吹洞箫者,倚歌而和之。其声呜呜然,如怨如慕,如泣如诉;余音袅袅,不绝如缕。舞幽壑之潜蛟,泣孤舟之嫠妇。

苏子愀然,正襟危坐,而问客曰:“何为其然也?”客曰:“‘月明星稀,乌鹊南飞’,此非曹孟德之诗乎?西望夏口,东望武昌。山川相缪,郁乎苍苍,此非孟德之困于周郎者乎?方其破荆州,下江陵,顺流而东也,舳舻千里,旌旗蔽空,酾酒临江,横槊赋诗,固一世之雄也,而今安在哉?况吾与子渔樵于江渚之上,侣鱼虾而友麋鹿,驾一叶之扁舟,举匏樽以相属。寄蜉蝣于天地,渺沧海之一粟。哀吾生之须臾,羡长江之无穷。挟飞仙以遨游,抱明月而长终。知不可乎骤得,托遗响于悲风。”

苏子曰:“客亦知夫水与月乎?逝者如斯,而未尝往也;盈虚者如彼,而卒莫消长也。盖将自其变者而观之,则天地曾不能以一瞬;自其不变者而观之,则物与我皆无尽也,而又何羡乎?且夫天地之间,物各有主。苟非吾之所有,虽一毫而莫取。惟江上之清风,与山间之明月,耳得之而为声,目遇之而成色,取之无禁,用之不竭,是造物者之无尽藏也,而吾与子之所共适。”

客喜而笑,洗盏更酌,肴核既尽,杯盘狼藉。相与枕藉乎舟中,不知东方之既白。

阅读三

后赤壁赋

是岁十月之望,步自雪堂,将归于临皋。二客从予过黄泥之坂。霜露既降,木叶尽脱,人影在地,仰见明月,顾而乐之,行歌相答。已而叹曰:“有客无酒,有酒无肴,月白风清,如此良夜何?”客曰:“今者薄暮,举网得鱼,巨口细鳞,状似松江之鲈。顾安所得酒乎?”归而谋诸妇。妇曰："我有斗酒，藏之久矣，以待子不时之须。"

于是携酒与鱼，复游于赤壁之下。江流有声，断岸千尺；山高月小，水落石出。曾日月之几何，而江山不可复识矣。

予乃摄衣而上，履巉岩，披蒙茸，踞虎豹，登虬龙，攀栖鹘之危巢，俯冯夷之幽宫。盖二客不能从焉。划然长啸，草木震动，山鸣谷应，风起水涌。予亦悄然而悲，肃然而恐，凛乎其不可留也。反而登舟，放乎中流，听其所止而休焉。

时夜将半，四顾寂寥。适有孤鹤，横江东来。翅如车轮，玄裳缟衣，戛然长鸣，掠予舟而西也。须臾客去，予亦就睡。梦一道士，羽衣蹁跹，过临皋之下，揖予而言曰："赤壁之游乐乎？"问其姓名，俯而不答。"呜呼！噫嘻！我知之矣。畴昔之夜，飞鸣而过我者，非子也耶？"道士顾笑，予亦惊悟。开户视之，不见其处。

阅读四　喜雨亭记

亭以雨名，志喜也。古者有喜，则以名物，示不忘也。周公得禾，以名其书；汉武得鼎，以名其年；叔孙胜狄，以名其子。其喜之大小不齐，其示不忘一也。

余至扶风之明年，始治官舍。为亭于堂之北，而凿池其南，引流种树，以为休息之所。是岁之春，雨麦于岐山之阳，其占为有年。既而弥月不雨，民方以为忧。越三月乙卯乃雨，甲子又雨，民以为未足。丁卯大雨，三日乃止。官吏相与庆于庭，商贾相与歌于市，农夫相与忭于野，忧者以乐，病者以愈，而吾亭适成。

于是举酒于亭上以属客，而告之曰："五日不雨可乎？"曰："五日不雨则无麦。""十日不雨可乎？"曰："十日不雨则无禾。"无麦无禾，岁且荐饥，狱讼繁兴而盗贼滋炽。则吾与二三子，虽欲优游以乐于此亭，其可得耶？今天不遗斯民，始旱而赐之以雨，使吾与二三子得相与优游而乐于此亭者，皆雨之赐也。其又可忘耶？

既以名亭，又从而歌之。曰：使天而雨珠，寒者不得以为襦；使天而雨玉，饥者不得以为粟。一雨三日，繄谁之力？民曰太守，太守不有；归之天子，天子曰不然；归之造物，造物不自以为功；归之太空，太空冥冥。不可得而名，吾以名吾亭。

阅读五　墨宝堂记

世人之所共嗜者，美饮食，华衣服，好声色而已。有人焉，自以为高而笑之，弹琴弈棋，蓄古法书图画，客至，出而夸观之，自以为至矣。则又有笑之者曰：古之人所以自表见于后世者，以有言语文章也，是恶足好？而豪杰之士，又相与笑之。以为士当以功名闻于世，若乃施之空言，而不见于行事，此不得已者之所为也。而其所谓功名者，自知效一官，等而上之，至于伊、吕、稷、契之所营，刘、项、汤、武之所争，极矣。而或者犹未免乎笑，曰：是区区者曾何足言，而许由辞之以为难，孔丘知之以为博。由此言之，世之相笑，岂有既乎？

士方志于其所欲得，虽小物，有弃躯忘亲而驰之者。故有好书而不得其法，则椎心呕血，几死而仅存，至于剖冢斫棺而求之。是岂有声色臭味足以移人哉。方其乐之也，虽其口不能自言，而况他人乎！人特以己之不好，笑人之好，则过矣。

毗陵人张君希元，家世好书，所蓄古今人遗迹至多，尽刻诸石，筑室而藏之，属余为记。余蜀人也。蜀之谚曰:“学书者纸费,学医者人费。”此言虽小,可以喻大。世有好功名者,以其未试之学,而骤出之于政,其费人岂特医者之比乎?今张君以兼人之能,而位不称其才,优游终岁,无所役其心智,则以书自娱。然以余观之,君岂久闲者,蓄极而通,必将大发之于政。君知政之费人也甚于医,则愿以余之所言者为鉴。

阅读六

潮州韩文公庙碑

匹夫而为百世师,一言而为天下法。是皆有以参天地之化,关盛衰之运。其生也有自来,其逝也有所为。故申、吕自岳降,傅说为列星,古今所传,不可诬也。孟子曰:“吾善养吾浩然之气。是气也,寓于寻常之中,而塞乎天地之间。”卒然遇之,则王公失其贵,晋、楚失其富,良、平失其智,贲、育失其勇,仪、秦失其辩。是孰使之然哉?其必有不依形而立,不恃力而行,不待生而存,不随死而亡者矣。故在天为星辰,在地为河岳,幽则为鬼神,而明则复为人。此理之常,无足怪者。

自东汉以来,道丧文弊,异端并起,历唐贞观、开元之盛,辅以房、杜、姚、宋而不能救。独韩文公起布衣,谈笑而麾之,天下靡然从公,复归于正,盖三百年于此矣。文起八代之衰,而道济天下之溺,忠犯人主之怒,而勇夺三军之帅。此岂非参天地,关盛衰,浩然而独存者乎?

盖尝论天人之辨,以谓人无所不至,惟天不容伪。智可以欺王公,不可以欺豚鱼;力可以得天下,不可以得匹夫匹妇之心。故公之精诚,能开衡山之云,而不能回宪宗之惑;能驯鳄鱼之暴,而不能弭皇甫镈、李逢吉之谤;能信于南海之民,庙食百世,而不能使其身一日安之于朝廷之上。盖公之所能者天也,所不能者人也。

始潮人未知学,公命进士赵德为之师。自是潮之士,皆笃于文行,延及齐民,至于今,号称易治。信乎孔子之言:“君子学道则爱人,小人学道则易使也。”潮人之事公也,饮食必祭,水旱疾疫,凡有求必祷焉。而庙在刺史公堂之后,民以出入为艰。前守欲请诸朝作新庙,不果。元祐五年,朝散郎王君涤来守是邦。凡所以养士治民者,一以公为师。民既悦服,则出令曰:“愿新公庙者听!”民欢趋之,卜地于州城之南七里,期年而庙成。

或曰:“公去国万里,而谪于潮,不能一岁而归,没而有知,其不眷恋于潮也,审矣。”轼曰:“不然!公之神在天下者,如水之在地中,无所往而不在也。而潮人独信之深,思之至,焄蒿凄怆,若或见之。譬如凿井得泉,而曰水专在是,岂理也哉?”元丰七年,诏封公昌黎伯,故榜曰:“昌黎伯韩文公之庙。”潮人请书其事于石,因作诗以遗之,使歌以祀公。其词曰:

公昔骑龙白云乡,手抉云汉分天章,天孙为织云锦裳。飘然乘风来帝旁,下与浊世扫秕糠,西游咸池略扶桑,草木衣被昭回光。追逐李、杜参翱翔,汗流籍湜走且僵,灭没倒景不可望。作书抵佛讥君王,要观南海窥衡湘,历舜九嶷吊英皇。祝融先驱海若藏,约束蛟鳄如驱羊。钧天无人帝悲伤,讴吟下招遣巫阳。犦牲鸡卜羞我觞,于粲荔丹与蕉黄。公不少留我涕滂,翩然被发下大荒。

阅读七

六一泉泉铭并叙

欧阳文忠公将老,自谓六一居士。予昔通守钱塘,见公于汝阴而南。公曰:“西湖僧惠勤甚文,而长于诗,吾昔为《山中乐》三章以赠之。子间于民事,求人于湖山间而不可得,则盍往从勤乎?”予到官三日,访勤于孤山之下,抵掌而论人物。曰:“公,天人也。人见其暂寓人间,而不知其乘云驭风,历五岳而跨沧海也。此邦之人,以公不一来为恨。公麾斥八极,何所不至,虽江山之胜,莫适为主,而奇丽秀绝之气,常为能文者用,故吾以谓西湖盖公几案间一物耳。”勤语虽幻怪,而理有实然者。明年,公薨,予哭于勤舍。又十八年,予为钱塘守,则勤亦化去久矣。访其旧居,则弟子二仲在焉,画公与勤之像,事之如生。舍下旧无泉,予未至数月,泉出讲堂之后,孤山之趾,汪然溢流,甚白而甘。即其地,凿岩架石为室。二仲谓予:“师闻公来,出泉以相劳苦,公可无言乎?”乃取勤旧语,推本其意,名之曰六一泉,且铭之曰:

泉之出也,去公数千里,后公之没,十有八年,而名之曰六一,不几于诞乎?曰:君子之泽,岂独五世而已,盖得其人,则可至于百传。尝试与子登孤山而望吴越,歌山中之乐而饮此水,则公之遗风余烈,亦或见于斯泉也。

阅读八

书蒲永昇画后

古今画水,多作平远细皱,其善者不过能为波头起伏,使人至以手扪之,谓有洼隆,以为至妙矣。然其品格,特与印板水纸争工拙于毫厘间耳。

唐广明中,处士孙位始出新意,画奔湍巨浪,与山石曲折,随物赋形,尽水之变,号称神逸。其后蜀人黄筌、孙知微皆得其笔法。始知微欲于大慈寺寿宁院壁作湖滩水石四堵,营度经岁,终不肯下笔。一日,仓皇入寺,索笔甚急,奋袂如风,须臾而成,作输泻跳蹙之势,汹汹欲崩屋也。知微既死,笔法中绝五十余年。

近岁成都人蒲永昇,嗜酒放浪,性与画会,始作活水,得二孙本意,自黄居寀兄弟、李怀衮之流,皆不及也。王公富人或以势力使之,永昇辄嘻笑舍去。遇其欲画,不择贵贱,顷刻而成。尝与余临寿宁院水,作二十四幅,每夏日挂之高堂素壁,即阴风袭人,毛发为立。永昇今老矣,画亦难得,而世之识真者亦少。如往日董羽、近日常州戚氏画水,世或传宝之。如董、戚之流,可谓死水,未可与永昇同年而语也。

元丰三年十二月十八日夜,黄州临皋亭西斋戏书。

阅读九

方山子传

方山子,光、黄间隐人也。少时慕朱家、郭解为人,闾里之侠皆宗之。稍壮,折节读书,欲以此驰骋当世,然终不遇。晚乃遁于光、黄间,曰岐亭。庵居蔬食,不与世相闻。弃车马,毁冠服,徒步往来山中,人莫识也。见其所著帽,方屋而高,曰:“此岂古方山冠之遗像乎?”因谓之方山子。

余谪居于黄,过岐亭,适见焉。曰:“呜呼!此吾故人陈慥季常也,何为而在此?”方山子亦矍然问余所以至此者,余告之故。俯而不答,仰而笑。呼余宿其家,环堵萧然,而妻子奴婢皆有自得之意。余既耸然异之。独念方山子少时,使酒好剑,用财如粪土。前十有九年,余在岐下,见方山子从两骑,挟二矢,游西山。鹊起于前,使骑逐而射之,不获;方山子怒马独出,一发得之。因与余马上论用兵及古今成败,自谓一世豪士。今几日耳,精悍之色犹见于眉间,而岂山中之人哉?

然方山子世有勋阀,当得官,使从事于其间,今已显闻。而其家在洛阳,园宅壮丽,与公侯等。河北有田,岁得帛千匹,亦足以富乐。皆弃不取,独来穷山中,此岂无得而然哉?

余闻光、黄间多异人,往往阳狂垢污,不可得而见,方山子傥见之与?

阅读十　刑赏忠厚之至论

尧、舜、禹、汤、文、武、成、康之际,何其爱民之深,忧民之切,而待天下之以君子长者之道也!有一善,从而赏之,又从而咏歌嗟叹之,所以乐其始,而勉其终。有一不善,从而罚之,又从而哀矜惩创之,所以弃其旧,而开其新。故其吁俞之声,欢休惨戚,见于虞、夏、商、周之书。

成、康既没,穆王立,而周道始衰,然犹命其臣吕侯而告之以祥刑。其言忧而不伤,威而不怒,慈爱而能断,恻然有哀怜无辜之心,故孔子犹有取焉。《传》曰:"赏疑从与,所以广恩也;罚疑从去,所以慎刑也。"

当尧之时,皋陶为士。将杀人,皋陶曰:"杀之!"三,尧曰:"宥之!"三。故天下畏皋陶执法之坚,而乐尧用刑之宽。四岳曰:"鲧可用。"尧曰:"不可!鲧方命圮族。"既而曰:"试之。"何尧之不听皋陶之杀人,而从四岳之用鲧也?然则圣人之意,盖亦可见矣。《书》曰:"罪疑惟轻,功疑惟重。与其杀不辜,宁失不经。"呜呼!尽之矣!

可以赏可以无赏,赏之过乎仁;可以罚可以无罚,罚之过乎义。过乎仁,不失为君子;过乎义,则流而入于忍人。故仁可过也,义不可过也。

古者赏不以爵禄,刑不以刀锯。赏以爵禄,是赏之道行于爵禄之所加,而不行于爵禄之所不加也。刑以刀锯,是刑之威施于刀锯之所及,而不施于刀锯之所不及也。先王知天下之善不胜赏,而爵禄不足以劝也;知天下之恶不胜刑,而刀锯不足以裁也。是故疑则举而归之于仁,以君子长者之道待天下,使天下相率而归于君子长者之道。故曰:忠厚之至也!

《诗》曰:"君子如祉,乱庶遄已。君子如怒,乱庶遄沮。"夫君子之已乱,岂有异术哉?制其喜怒,而不失乎仁而已矣。《春秋》之义,立法贵严,而责人贵宽。因其褒贬之义,以制赏罚,亦忠厚之至也!

阅读十一　留　侯　论

古之所谓豪杰之士者,必有过人之节。人情有所不能忍者,匹夫见辱,拔剑而起,挺身而斗,此不足为勇也。天下有大勇者,卒然临之而不惊,无故加之而不怒。此其所挟持者甚大,而其志甚远也。

夫子房受书于圯上之老人也,其事甚怪;然亦安知其非秦之世有隐君子者出而试之?观其所以微见其意者,皆圣贤相与警戒之义。而世不察,以为鬼物,亦已过矣。且其意不在书。

当韩之亡,秦之方盛也,以刀锯鼎镬待天下之士。其平居无罪夷灭者,不可胜数。虽有贲、育,无所复施。夫持法太急者,其锋不可犯,而其末可乘。子房不忍忿忿之心,以匹夫之力,而逞于一击之间。当此之时,子房之不死者,其间不能容发,盖亦已危矣。千金之子,不死于盗贼,何哉?其身之可爱,而盗贼之不足以死也。子房以盖世之才,不为伊尹、太公之谋,而特出于荆轲、聂政之计,以侥幸于不死,此固圯上老人之所为深惜者也。是故倨傲鲜腆而深折之。彼其能有所忍也,然后可以就大事,故曰:"孺子可教也"。

楚庄王伐郑,郑伯肉袒牵羊以逆,庄王曰:"其君能下人,必能信用其民矣。"遂舍之。勾践之困于会稽而归,臣妾于吴者,三年而不倦。且夫有报人之志,而不能下人者,是匹夫之刚也。夫老人者,以为子房才有余,而忧其度量之不足,故深折其少年刚锐之气,使之忍小忿而就大谋。何则?非有平生之素,卒然相遇于草野之间,而命以仆妾之役,油然而不怪者,此固秦皇之所不能惊,而项籍之所不能怒也。

观夫高祖之所以胜,而项籍之所以败者,在能忍与不能忍之间而已矣。项籍唯不能忍,是以百战百胜而轻用其锋;高祖忍之,养其全锋而待其弊,此子房教之也。当淮阴破齐而欲自王,高祖发怒,见于词色,由此观之,犹有刚强不忍之气,非子房其谁全之?

太史公疑子房以为魁梧奇伟,而其状貌乃如妇人女子,不称其志气。呜呼!此其所以为子房欤!

豪气与骨气

——苏轼、辛弃疾词专题

专题导语

苏轼、辛弃疾两人向来被看作豪放派词人的“双子星座”。

稼轩专攻词，东坡主攻诗赋文，填词系余力为之；稼轩“以文入词”，东坡“以诗为词”，都使词达到了“无意不可入，无事不可言”之境界。

况周颐云：“东坡、稼轩其秀在骨。其厚在神。”

《四库全书提要》云：“弃疾词慷慨纵横，有不可一世之概。”

南宋刘辰翁说：“词至东坡，倾荡磊落，如诗如文，如天地奇观。”

王灼在《碧鸡漫志》里说：“东坡先生非心醉于音律者，偶尔作歌，指出向上一路，新天下耳目，弄笔者始知自振。”胡寅在《酒边词序》里说他“一洗绮罗香泽之态，摆脱绸缪宛转之度，使人登高望远，举首高歌，而逸怀浩气超乎尘埃之外”。

《词学集成》云：“稼轩仙才，亦霸才也。”

陈廷焯《白雨斋词话》云：“辛稼轩，词中之龙矣。气魄极雄大，意境却极沉郁。不善学之，流入叫嚣一派。”

宋词苏辛并称，而谁更出色，自南宋以来学人们就争论不休，但有此二人在，宋词不让唐诗矣！

你若有兴趣，不妨细处一看！

文本研读

辛弃疾：**水龙吟　登建康赏心亭**

楚天千里清秋，水随天去秋无际。遥岑远目，献愁供恨，玉簪螺髻。落日楼头，断鸿声里，江南游子。把吴钩看了，栏杆拍遍，无人会、登临意。

休说鲈鱼堪脍，尽西风、季鹰归未？求田问舍，怕应羞见，刘郎才气。可惜流年，忧愁风雨，树犹如此！倩何人、唤取红巾翠袖，揾英雄泪！

（本专题选文除特别注明外，均选自《宋词鉴赏辞典》，上海辞书出版社，2003）

1. 问题研究

（1）上阕中的“玉簪螺髻”属比喻，它的本体是什么？“江南游子”又是指谁？体现了词人怎样的情感？

（2）下阕中用了三个典故，其中“鲈鱼”“刘郎”二典表明了辛弃疾怎样的心迹？

2. 相关链接

（1）四川文艺出版社：《辛弃疾全集》

（2）巴蜀书社：《苏诗词赏析集》

（3）网站：http://www.blogchinese.com/06091/261042/archives/200820081290499.html

（4）网站：http://www.ccliterature.com/show

深度阅读　阅读一

苏轼词

满庭芳

蜗角虚名，蝇头微利，算来着甚干忙。事皆前定，谁弱又谁强。且趁闲身未老，须放我、些子疏狂。百年里，浑教是醉，三万六千场。

思量、能几许？忧愁风雨，一半相妨。又何须抵死，说短论长。幸对清风皓月，苔茵展、云幕高张。江南好，千钟美酒，一曲《满庭芳》。

江城子　密州出猎

老夫聊发少年狂，左牵黄，右擎苍。锦帽貂裘，千骑卷平冈。为报倾城随太守，亲射虎，看孙郎。

酒酣胸胆尚开张，鬓微霜，又何妨。持节云中，何日遣冯唐？会挽雕弓如满月，西北望，射天狼。

鹧鸪天

林断山明竹隐墙，乱蝉衰草小池塘。翻空白鸟时时见，照水红蕖细细香。

村舍外，古城旁，杖藜徐步转斜阳。殷勤昨夜三更雨，又得浮生一日凉。

水龙吟　次韵章质夫杨花词

似花还似非花，也无人惜从教坠。抛家傍路，思量却是，无情有思。萦损柔肠，困酣娇眼，欲开还闭。梦随风万里，寻郎去处，又还被、莺呼起。

不恨此花飞尽，恨西园、落红难缀。晓来雨过，遗踪何在，一池萍碎。春色三分，二分尘土，一分流水。细看来，不是杨花，点点是离人泪。

浣溪沙

游蕲水清泉寺，寺临兰溪，溪水西流。

山下兰芽短浸溪，松间沙路净无泥，萧萧暮雨子规啼。

谁道人生无再少？门前流水尚能西！休将白发唱黄鸡。

念奴娇　赤壁怀古

大江东去，浪淘尽、千古风流人物。故垒西边，人道是、三国周郎赤壁。乱石穿空，惊涛拍岸，卷起千堆雪。江山如画，一时多少豪杰！

遥想公瑾当年，小乔初嫁了，雄姿英发。羽扇纶巾，谈笑间、樯橹灰飞烟灭。故国神游，多情应笑我、早生华发。人间如梦，一樽还酹江月。

定风波

三月七日沙湖道中遇雨。雨具先去,同行皆狼狈,余独不觉。已而遂晴,故作此词。

莫听穿林打叶声,何妨吟啸且徐行。竹杖芒鞋轻胜马,谁怕?一蓑烟雨任平生。

料峭春风吹酒醒,微冷,山头斜照却相迎。回首向来萧瑟处,归去,也无风雨也无晴。

阮郎归　初夏

绿槐高柳咽新蝉,薰风初入弦。碧纱窗下水沉烟,棋声惊昼眠。

微雨过,小荷翻,榴花开欲然。玉盆纤手弄清泉,琼珠碎却圆。

江城子

乙卯正月二十日夜记梦

十年生死两茫茫。不思量,自难忘。千里孤坟,无处话凄凉。纵使相逢应不识,尘满面,鬓如霜。

夜来幽梦忽还乡。小轩窗,正梳妆。相顾无言,惟有泪千行。料得年年肠断处,明月夜,短松冈。

水调歌头

丙辰中秋,欢饮达旦,大醉,作此篇,兼怀子由。

明月几时有?把酒问青天。不知天上宫阙,今夕是何年。我欲乘风归去,又恐琼楼玉宇,高处不胜寒。起舞弄清影,何似在人间!

转朱阁,低绮户,照无眠。不应有恨,何事长向别时圆?人有悲欢离合,月有阴晴圆缺,此事古难全。但愿人长久,千里共婵娟。

阅读二　辛弃疾词

清平乐　博山道中即事

柳边飞鞚,露湿征衣重。宿鹭窥沙孤影动,应有鱼虾入梦。

一川明月疏星,浣纱人影娉婷。笑背行人归去,门前稚子啼声。

清平乐　村居

茅檐低小,溪上青青草。醉里吴音相媚好,白发谁家翁媪。

大儿锄豆溪东,中儿正织鸡笼;最喜小儿无赖,溪头卧剥莲蓬。

清平乐　独宿博山王氏庵

绕床饥鼠，蝙蝠翻灯舞。屋上松风吹急雨，破纸窗间自语。

平生塞北江南，归来华发苍颜。布被秋宵梦觉，眼前万里江山。

满江红　暮春

家住江南，又过了、清明寒食。花径里、一番风雨，一番狼藉。红粉暗随流水去，园林渐觉清阴密。算年年、落尽刺桐花，寒无力。

庭院静，空相忆。无说处，闲愁极。怕流莺乳燕，得知消息。尺素如今何处也，绿云依旧无踪迹。谩教人、羞去上层楼，平芜碧。

贺新郎

陈同父自东阳来过余，留十日。与之同游鹅湖，且会朱晦庵于紫溪，不至，飘然东归。既别之明日，余意中殊恋恋，复欲追路。至鹭鸶林，则雪深泥滑，不得前矣。独饮方村，怅然久之，颇恨挽留之不遂也。夜半投宿吴氏泉湖四望楼，闻邻笛悲甚，为赋《贺新郎》以见意。又五日，同父书来索词，心所同然者如此，可发千里一笑。

把酒长亭说。看渊明、风流酷似，卧龙诸葛。何处飞来林间鹊，蹙踏松梢微雪。要破帽多添华发。剩水残山无态度，被疏梅料理成风月。两三雁，也萧瑟。

佳人重约还轻别。怅清江、天寒不渡，水深冰合。路断车轮生四角，此地行人销骨。问谁使、君来愁绝？铸就而今相思错，料当初、费尽人间铁。长夜笛，莫吹裂。

贺新郎　赋琵琶

凤尾龙香拨，自开元《霓裳》曲罢，几番风月？最苦浔阳江头客，画舸亭亭待发。记出塞、黄云堆雪。马上离愁三万里，望昭阳宫殿孤鸿没，弦解语，恨难说。

辽阳驿使音尘绝，琐窗寒，轻拢慢撚，泪珠盈睫。推手含情还却手，一抹《梁州》哀彻。千古事，云飞烟灭。贺老定场无消息，想沉香亭北繁华歇。弹到此，为呜咽。

摸鱼儿

淳熙己亥，自湖北漕移湖南，同官王正之置酒小山亭，为赋。

更能消、几番风雨？匆匆春又归去。惜春长怕花开早，何况落红无数。春且住。见说道、天涯芳草无归路。怨春不语。算只有殷勤，画檐蛛网，尽日惹飞絮。

长门事，准拟佳期又误。蛾眉曾有人妒。千金纵买相如赋，脉脉此情谁诉？君莫舞，君不见、玉环飞燕皆尘土！闲愁最苦。休去倚危栏，斜阳正在、烟柳断肠处。

菩萨蛮　书江西造口壁

郁孤台下清江水,中间多少行人泪。西北望长安,可怜无数山。
青山遮不住,毕竟东流去。江晚正愁余,山深闻鹧鸪。

鹧鸪天

有客慨然谈功名,因追忆少年时事,戏作

壮岁旌旗拥万夫,锦襜突骑渡江初。燕兵夜娖银胡䩮,汉箭朝飞金仆姑。
追往事,叹今吾,春风不染白髭须。却将万字平戎策,换得东家种树书。

西江月　遣兴

醉里且贪欢笑,要愁那得工夫。近来始觉古人书,信着全无是处。
昨夜松边醉倒,问松"我醉何如"。只疑松动要来扶,以手推松曰:"去!"

西江月

夜行黄沙道中

明月别枝惊鹊,清风半夜鸣蝉。稻花香里说丰年,听取蛙声一片。
七八个星天外,两三点雨山前。旧时茅店社林边,路转溪桥忽见。

八声甘州

夜读《李广传》,不能寐。因念晁楚老、杨民瞻约同居山间,戏用李广事,赋以寄之。

故将军饮罢夜归来,长亭解雕鞍。恨灞陵醉尉,匆匆未识,桃李无言。射虎山横一骑,裂石响惊弦。落魄封侯事,岁晚田园。

谁向桑麻杜曲,要短衣匹马,移住南山?看风流慷慨,谈笑过残年。汉开边、功名万里,甚当时、健者也曾闲?纱窗外、斜风细雨,一阵轻寒。

破阵子　为陈同甫赋壮词以寄之

醉里挑灯看剑,梦回吹角连营。八百里分麾下炙,五十弦翻塞外声,沙场秋点兵。

马作的卢飞快,弓如霹雳弦惊。了却君王天下事,赢得生前身后名。可怜白发生!

南乡子　登京口北固亭有怀

何处望神州?满眼风光北固楼。千古兴亡多少事?悠悠,不尽长江滚滚流!

年少万兜鍪,坐断东南战未休。天下英雄谁敌手?曹刘。生子当如孙仲谋!

雅俗与隽永

——柳永、李清照词专题

专题导语

“凡有井水饮处，即能歌柳词。”（《避暑录话》）“柳”指柳永。

“大河百代，众浪齐奔，淘尽万古英雄汉；词苑千载，群芳竞秀，盛开一只（枝）女儿花。”“花”指李清照。

李之仪《跋吴思道小词》中有这样一段评述：“唐五代大抵以花间集中所载为宗，然后小阙，至柳耆卿始铺叙展衍，备足无余，形容盛明，千载如逢当日。”

明杨慎在《词品》中说：“宋人中填词，易安亦称冠绝，使在衣冠，当于秦七、黄九争，不独争雄于闺阁也。”

李清照在《词论》中才称柳永“变旧声作新声，出《乐章集》，大得声于时”。

北宋陈师道《后山诗话》这么说：“柳词骫骳（纡曲）从俗，天下咏之”，“俚不伤雅，雅而能俗”。

近人夏敬观指出：“耆卿多平铺直叙，清真特变其法，回环往复，一唱三叹，故慢词始盛于耆卿，大成于清真。”

郑振铎在《中国文学史》中评价说：“她（李清照）是独创一格的，她是独立于一群词人之中的。她不受别的词人的什么影响，别的词人也似乎受不到她的影响。她是太高绝一时了，庸才的作家是绝不能追得上的。”

“男中李后主，女中李易安，极是当行本色。前此太白，故称词家三李。”（沈去矜）

“李易安词，独辟门径，居然可观，其源自淮海、大晟，而铸语则多生造，妇人有此，可谓奇矣。”（《白雨斋词话》）

这样看待二人，也许才能比较完整地评述他们的创作人生。

文本研读

李清照：声　声　慢

寻寻觅觅，冷冷清清，凄凄惨惨戚戚。乍暖还寒时候，最难将息。三杯两盏淡酒，怎敌他晓来风急？雁过也，正伤心，却是旧时相识。　　满地黄花堆积。憔悴损，如今有谁堪摘？守著窗儿，独自怎生得黑！梧桐更兼细雨，到黄昏，点点滴滴。这次第，怎一个愁字了得！

（本专题文章除特别说明外均选自《宋词鉴赏辞典》，上海辞书出版社，2003）

1. 问题研究

（1）这首词起句就不寻常，一连用了七组叠词，不仅在填词方面，即使在词赋曲也绝无仅有。说说它的好处所在。

（2）自庾信以来，或言愁有千斛万斛，或言愁如江如海（分别见李煜、秦观词），总之是极言其多。这里却化多为少，只说自己思绪纷茫复杂，仅用一个“愁”字如何包括得尽。妙在又不说明于一个“愁”字之外更有什么心情，即戛然而止，仿佛不了了之。联系全词体味词人的“愁情”的内涵。

（本专题选文均出自：《李清照词赏读》，线装书局 2011；《柳永词研究》，文史哲出版社，1983）

2. 相关链接

（1） 线装书局：《李清照词赏读》

（2） 文史哲出版社（台北）：《柳永词研究》

深度阅读　阅读一

柳　永　词

蝶恋花

伫倚危楼风细细，望极春愁，黯黯生天际。草色烟光残照里，无言谁会凭阑意。

拟把疏狂图一醉，对酒当歌，强乐还无味。衣带渐宽终不悔，为伊消得人憔悴。

八声甘州

对潇潇暮雨洒江天，一番洗清秋。渐霜风凄紧，关河冷落，残照当楼。是处红衰翠减，苒苒物华休。唯有长江水，无语东流。

不忍登高临远，望故乡渺邈，归思难收。叹年来踪迹，何事苦淹留？想佳人妆楼颙望，误几回、天际识归舟？争知我，倚阑干处，正恁凝愁！

雨霖铃

寒蝉凄切，对长亭晚，骤雨初歇。都门帐饮无绪，留恋处、兰舟催发。执手相看泪眼，竟无语凝噎。念去去、千里烟波，暮霭沉沉楚天阔。

多情自古伤离别，更那堪冷落清秋节！今宵酒醒何处？杨柳岸、晓风残月。此去经年，应是良辰好景虚设。便纵有千种风情，更与何人说？

卜算子慢

江枫渐老，汀蕙半凋，满目败红衰翠。楚客登临，正是暮秋天气。引疏砧、断续残阳里。对晚景、伤怀念远，新愁旧恨相继。

脉脉人千里。念两处风情，万重烟水。雨歇天高，望断翠峰十二。尽无言、谁会凭高意？纵写得、离肠万种，奈归云谁寄？

定风波

自春来、惨绿愁红，芳心是事可可。日上花梢，莺穿柳带，犹压香衾卧。

暖酥消，腻云亸，终日厌厌倦梳裹。无那！恨薄情一去，音书无个。

早知恁么，悔当初、不把雕鞍锁。向鸡窗，只与蛮笺象管，拘束教吟课。镇相随，莫抛躲。针线闲拈伴伊坐。和我，免使年少光阴虚过。

望海潮

东南形胜，三吴都会，钱塘自古繁华。烟柳画桥，风帘翠幕，参差十万人家。云树绕堤沙。怒涛卷霜雪，天堑无涯。市列珠玑，户盈罗绮，竞豪奢。

重湖叠巘清嘉。有三秋桂子，十里荷花。羌管弄晴，菱歌泛夜，嬉嬉钓叟莲娃。千骑拥高牙。乘醉听箫鼓，吟赏烟霞。异日图将好景，归去凤池夸。

鹤冲天

黄金榜上，偶失龙头望。明代暂遗贤，如何向？未遂风云便，争不恣狂荡？何须论得丧。才子词人，自是白衣卿相。

烟花巷陌，依约丹青屏障。幸有意中人，堪寻访。且恁偎红倚翠，风流事，平生畅。青春都一饷。忍把浮名，换了浅斟低唱！

阅读二

李清照词

点绛唇·闺思

寂寞深闺，柔肠一寸愁千缕。惜春春去，几点催花雨。

倚遍阑干，祗是无情绪！人何处，连天芳草，望断归来路。

点绛唇

蹴罢秋千，起来慵整纤纤手。露浓花瘦，薄汗轻衣透。

见客入来，袜刬金钗溜。和羞走。倚门回首，却把青梅嗅。

武陵春

风住尘香花已尽，日晚倦梳头。物是人非事事休，欲语泪先流。

闻说双溪春尚好，也拟泛轻舟。只恐双溪舴艋舟，载不动许多愁。

醉花阴

薄雾浓云愁永昼，瑞脑消金兽。佳节又重阳，玉枕纱厨，半夜凉初透。

东篱把酒黄昏后，有暗香盈袖。莫道不消魂，帘卷西风，人比黄花瘦。

一剪梅

红藕香残玉簟秋。轻解罗裳，独上兰舟。云中谁寄锦书来？雁字回时，月满西楼。

花自飘零水自流。一种相思,两处闲愁。此情无计可消除,才下眉头,却上心头。

临江仙

欧阳公作《蝶恋花》,有"深深深几许"之句,予酷爱之。用其语作"庭院深深"数阕,其声即旧《临江仙》也。

庭院深深深几许?云窗雾阁常扃。柳梢梅萼渐分明。春归秣陵树,人老建康城。

感月吟风多少事,如今老去无成。谁怜憔悴更雕零,试灯无意思,踏雪没心情。

小重山

春到长门春草青。江梅些子破,未开匀。碧云笼碾玉成尘。留晓梦,惊破一瓯春。

花影压重门。疏帘铺淡月,好黄昏。二年三度负东君。归来也,著意过今春。

蝶恋花　离情

暖日晴风初破冻,柳眼梅腮,已觉春心动。酒意诗情谁与共?泪融残粉花钿重。

乍试夹衫金缕缝。山枕斜欹,枕损钗头凤。独抱浓愁无好梦,夜阑犹剪灯花弄。

永遇乐

落日熔金,暮云合璧,人在何处?染柳烟浓,吹梅笛怨,春意知几许?元宵佳节,融和天气,次第岂无风雨?来相召,香车宝马,谢他酒朋诗侣。

中州盛日,闺门多暇,记得偏重三五。铺翠冠儿,撚金雪柳,簇带争济楚。如今憔悴,风鬟霜鬓,怕见夜间出去。不如向、帘儿底下,听人笑语。

减字木兰花

卖花担上,买得一枝春欲放。泪染轻匀,犹带彤霞晓露痕。

怕郎猜道,奴面不如花面好。云鬓斜簪,徒要教郎比并看。

摊破浣溪沙

病起萧萧两鬓华,卧看残月上窗纱。豆蔻连梢煎熟水,莫分茶。

枕上诗书闲处好,门前风景雨来佳。终日向人多酝藉,木犀花。

念奴娇

萧条庭院，又斜风细雨，重门须闭。宠柳娇花寒食近，种种恼人天气。险韵诗成，扶头酒醒，别是闲滋味。征鸿过尽，万千心事难寄。

楼上几日春寒，帘垂四面，玉阑干慵倚。被冷香销新梦觉，不许愁人不起。清露晨流，新桐初引，多少游春意。日高烟敛，更看今日晴未？

拓展阅读

笑靥与泪水

——欧·亨利小说专题

专题导语

只要一提到短篇小说的结构艺术，我们总会想起欧·亨利，神奇的“欧·亨利式”的结尾。

结尾在短篇小说中具有非常重要的地位，它不但关联着前面的伏笔，同时还是靠结尾这一特点来刻画人物形象和显现主题。以至于有人说，写小说就是写结尾，构思小说就是要构思一个隽永的结尾。

不仅仅是结尾，还有幽默。幽默本是美国文学之传统。欧·亨利承袭这一传统，受同时代其他作家的影响，加之一生经历坎坷，使得他的幽默与众不同——在夸张、嘲讽、风趣、诙谐、机智的幽默之中，让人发笑；一笑之余，又泛起抑郁、凄楚的回味。因而被人们称为“含泪的微笑”，还被誉为“美国生活的幽默百科全书”。

欧·亨利

普利策（纽约《世界报》的老板）说，“19 世纪是小说家的世纪，20 世纪是新闻记者的世纪”，欧·亨利荣幸地生活在小说家掌权的最后时期，为我们奉献了他用苦难编织的美好，能够从苦难中看出微笑，从浮华中看出苦难。

欧·亨利曾被评论界誉为曼哈顿桂冠散文作家和美国现代短篇小说之父，也有人曾将他比作“美国的莫泊桑”，这是有其道理的。

不信，你读读吧。

文本研读

二十年以后

纽约的一条大街上，一位值勤的警察正沿街走着。一阵冷飕飕的风向他迎面吹来。已近夜间10点,街上的行人寥寥无几了。

在一家小店铺的门口,昏暗的灯光下站着一个男子。他的嘴里叼着一支没有点燃的雪茄烟。警察放慢了脚步,认真地看了他一眼,然后,向那个男子走了过去。

“这儿没有出什么事,警官先生。”看见警察向自己走来,那个男子很快地说,“我只是在这儿等一位朋友罢了。这是20年前定下的一个约会。你听了觉得稀奇,是吗?好吧,如果有兴致听的话,我来给你讲讲。大约20年前,这儿,这个店铺现在所占的地方,原来是一家餐馆……”

“那餐馆5年前就被拆除了。”警察接上去说。

男子划了根火柴,点燃了叼在嘴上的雪茄。借着火柴的亮光,警察发现这个男子脸色苍白,右眼角附近有一块小小的白色的伤疤。

“20年前的今天晚上,”男子继续说,“我和吉米·维尔斯在这儿的餐馆共进晚餐。哦,吉米是我最要好的朋友。我们俩都是在纽约这个城市里长大的。从孩提时候起,我们就亲密无间,情同手足。当时,我正准备第二天早上就动身到西部去谋生。那天夜晚临分手的时候,我们俩约定:20年后的同一日期、同一时间,我们俩将来到这里再次相会。”

“这听起来倒挺有意思的。”警察说,“你们分手以后,你就没有收到过你那位朋友的信吗?”

“哦,收到过他的信。有一段时间我们曾相互通信。”那男子说,“可是一两年之后,我们就失去了联系。你知道,西部是个很大的地方。而我呢,又总是不断地东奔西跑。可我相信,吉米只要还活着,就一定会来这儿和我相会的。他是我最信得过的朋友啦。”

说完,男子从口袋里掏出一块小巧玲珑的金表。表上的宝石在黑暗中闪闪发光。“九点五十七分了。”

他说,“我们上一次是10点整在这儿的餐馆分手的。”

“你在西部混得不错吧?”警察问道。

“当然!吉米的光景要是能赶上我的一半就好了。啊,实在不容易啊!这些年来,我一直不得不东奔西跑……”

又是一阵冷飕飕的风穿街而过。接着,一片沉寂。他们俩谁也没有说话。过了一会儿,警察准备离开这里。

“我得走了,”他对那个男子说,“我希望你的朋友很快就会到来。假如他不准时赶来,你会离开这儿吗?”

“不会的。我起码要再等他半个小时。如果吉米他还活在人间,他到时候一定会来到这儿的。就说这些吧,再见,警官先生。”

“再见,先生。”警察一边说着,一边沿街走去,街上已经没有行人了,空荡荡的。

男子又在这店铺的门前等了大约二十分钟的光景,这时候,一 个身材高大的人急匆匆地径直走来。他穿着一件黑色的大衣,衣领向上翻着,盖住了耳朵。

“你是鲍勃吗?”来人问道。

“你是吉米·维尔斯?”站在门口的男子大声地说,显然,他很激动。

来人握住了男子的双手。“不错,你是鲍勃。我早就确信我会在这儿见到你的。啧,啧,啧!20年是个不短的时间啊!你看,鲍勃!原来的那个饭馆已经不在啦!要是它没有被拆除,我们再一块儿在这里面共进晚餐该多好啊!鲍勃,你在西部的情况怎么样?”

“喔，我已经设法获得了我所需要的一切东西。你的变化不小啊，吉米。我原来根本没有想到你会长这么高的个子。”

“哦，你走了以后，我是长高了一点儿。”

“吉米，你在纽约混得不错吧？”

“一般，一般。我在市政府的一个部门里上班，坐办公室。来，鲍勃，咱们去转转，找个地方好好叙叙往事。”

这条街的拐角处有一家大商店。尽管时间已经不早了，商店里的灯还在亮着。来到亮处以后，这两个人都不约而同地转过身来看了看对方的脸。

突然间，那个从西部来的男子停住了脚步。

“你不是吉米·维尔斯。”他说，“20年的时间虽然不短，但它不足以使一个人变得容貌全非。”从他说话的声调中可以听出，他在怀疑对方。

“然而，20年的时间却有可能使一个好人变成坏人。”高个子说，“你被捕了，鲍勃。芝加哥的警方猜到你会到这个城市来的，于是他们通知我们说，他们想跟你‘聊聊’。好吧，在我们还没有去警察局之前，先给你看一张条子，是你的朋友写给你的。”

鲍勃接过便条。读着读着，他微微地颤抖起来。便条上写着：

……

（本专题文章除特别注明外，均选自《欧·亨利小说全集》，人民文学出版社，2005）

1. 问题研究

（1）根据文本的内容，推测一下小说结尾处的纸条上的内容。

附原文结尾：

鲍勃：

刚才我准时赶到了我们的约会地点。当你划着火柴点烟时，我发现你正是那个芝加哥警方所通缉的人。不知怎么的，我不忍自己亲自逮捕你，只得找了个便衣警察来做这件事。

（2）小说中有大量的人物外貌描写，其作用是什么？

2. 相关链接

中国书籍出版社：《欧·亨利短篇小说精粹》

深度阅读

阅读一

咖啡馆里的世界公民

半夜，咖啡馆拥挤不堪。我随意间选坐的一张小桌恰好不为人们所注目，还剩下两把空椅以诱人的殷勤，伸开双臂欢迎新涌进的顾客。

当时，一位世界公民和我同一张小桌，坐在另一张椅子上。我真高兴，因为我持这种理论，自亚当以来，还没有过一位真正的属于整个世界的居民。我们听说过世界公民，也在许多包裹上见过异国标签，但那是旅游者，不是世界公民。

我提到下面的情景定会引起你的思考——大理石桌面的桌子，一排排靠墙的皮革椅座，愉快的侣伴，稍加打扮的女士们正以微妙而又明显可见的情趣争相谈论着经济、繁盛和艺术，小心周到喜欢慷慨的侍者，使作曲家慌忙不迭的音乐机灵地满足一切人的口味，还有杂七杂八的谈话声、欢笑声——假如你乐意的话，高高的玻璃锥体维尔茨堡酒将躬身到你的唇边，就像那枝头上的熟樱桃摇晃进强盗鸟的嘴壳一样。一位来自英奇·丘恩克的雕塑家告诉我，这景象真正是巴黎式的。

我这位世界公民名叫 E·拉什莫尔·科格兰，明年夏天他将在科尼岛——他对我说，他即将在那儿建立一种新的“诱惑力”，并提供国王式的消遣。过后，他的谈话便随同经纬度的平行线而展开，把巨大的圆圆的世界握在手里，这样说吧，对世界了如指掌，又极为瞧不起，世界似乎只是客饭中黑葡萄酒里的樱桃核那般大小。他粗俗无礼地谈及赤道，匆匆由这块大陆转到那块大陆，他嘲笑那些地区，用餐巾抹掉狂涛巨浪。他把手一挥，谈起了海德拉巴邦的某个东方集市。噗！他会让你在拉普兰滑雪。嘘！你在基莱卡希基同夏威夷的土著一起驰骋在浪尖波顶。一转眼，他拖着你穿过阿肯色州长满星毛栎的沼泽，让你在艾达荷州他那碱性平原的牧场上炙烤一阵子，然后才旋风似地带你去维也纳大公们的上流社会。之后，他会给你讲到，有一次他在芝加哥湖吹了凉风而感冒，有位年长的埃斯卡米拉人在布宜诺斯艾丽斯又怎样用丘丘拉草药热浸剂才把他治好。你该致函“宇宙、太阳系、地球、E.拉什莫尔·科格兰先生”，一旦寄出，便会觉得信定会交到。

我确信自己终于发现了从亚当以来的第一个真正的世界公民，我倾听他纵横整个世界的宏论，生怕从中发现他仅仅是个环球旅行的地方口音。他的见解决非飘浮不定或令人沮丧，他对不同的城市、国家和各大洲都是不偏不依，有如吹风和万有引力一样自然。

正当 E.拉什莫尔·科格兰对这小小的星球高谈阔论之际，我高兴地想起了一位差不多算伟大的世界公民来，他为整个世界而写作，把自己献给了孟买。在一首诗中，他不得不说，地球上的城市之间不免有些妄自尊大，互相竞争，“靠这城市抚育着人们，让他们来来往往，但仅仅依附于城市的折缝之中，有如孩子依附于母亲的睡袍一样。”当他们走在“陌生的繁华街道上”，便会记起对故乡城镇是“多么忠诚、多么愚笨、多么令人喜爱”，使他们的名字与故乡的名字生死与共，紧紧相连。我的兴趣被激起来了，因为突然记起了吉卜林的疏忽大意。现在，我已经找到了一个不是由尘埃造就的人，他不是狭隘地吹捧自己的出生地或自己的国家，如果说褒扬的话，他是在赞美圆圆的整个地球，而与火星人和月球的居民相抗衡。

关于这类问题的见解是坐在这张桌子的第三转角处的 E.拉什莫尔·科格兰突然抛掷出来的。科格兰正在给我描绘西伯利亚铁路的地形时，乐队转成了集成曲。结束的曲调是“迪克西”，振奋人心的乐曲加快时，几乎被张张桌子的人们鼓掌声所淹没。

值得花上一段来讲讲纽约市内众多的咖啡馆每天晚上处处可见的这种引人入胜的场面。成吨的饮料挥霍于阐释各种理论。有人轻率地猜测，城里所有的南方人在夜幕降临之际都赶紧上咖啡馆。在北方的一座城市里如此赞许这种“反叛”气氛真有点叫人迷惑不解，但并非不可解答。对西班牙的战争，多年来薄荷和西瓜等农作物的丰收，新奥尔良的跑道上爆出冷门的获胜者，由印第安纳和堪萨斯的居民所组成的“北卡罗来纳社团”举办盛大的宴会已经使南方成了曼哈顿的“时尚”。你修剪指甲暗示着你的左手食指会提醒她你是个弗吉尼亚州里士满的绅士。呵，当然罗，不过，现在不少女士不得不工作——战争，你是知道的。

正演奏着“迪克西”，就在这时一位黑发年轻小伙子不知从什么地方蹦了出来，一声莫斯比游击队队员的吼声，疯狂地挥舞着软边帽，迂回地穿过烟雾，落坐于我们桌旁的空椅子上，抽出一支烟来。

这夜晚到了打破缄默的时候了。我们当中有人向侍者要了三杯维尔茨堡酒，黑发小伙子明白也包括他有一杯在内,便笑了笑,点了点头。我赶忙问他一个问题,因为我要证实我的一种理论。

“你不介意告诉我,你是哪儿的人……”

E.拉什莫尔·科格兰的拳头砰一声砸在桌上,把我吓得沉默了。

“原谅我,”他说,“但我决不喜欢听到这种问话。是哪里人又有什么相干呢?从一个人的通讯地址来判断人公正吗?唉,我见过肯塔基人厌恶威士忌,弗吉尼亚人不是从波卡洪塔丝传下来的,印第安纳人没写过一本小说。墨西哥人不穿缝口上钉银币的丝绒裤,有趣的英国人,挥霍的北方佬,冷酷的南方人,气量狭小的西方人,纽约人太匆忙,没能花上一小时在街上瞧瞧杂货店的独臂售货员怎样把越橘装进纸袋。让人真正像人,不要用任何地域的标签给他设置障碍。”

“请原谅,”我说,“但我的好奇心不是毫无根据的。我了解南方,当乐队奏起‘迪克西’时,我喜欢观察。我相信那位为这支乐曲喝彩特别卖劲、假装对南方最为忠诚的人一定来自新泽西州的塞考卡,或者在本市默里·希尔·吕克昂和哈莱姆河之间。我正要寻问这位绅士来证实我的看法,恰好被你的理论所打断,当然是更大的理论,我必须承认。”

现在,黑发小伙子对我说,很明显,他的思想也是按自己的一套习惯运行。

“我倒喜欢成为一枝长春花,”他玄妙地说,“长在峡谷之巅,高唱嘟——啦卢——啦卢。”

这显然过于朦胧了,因此,我又转向科格兰。

“我已经围绕地球走了十二遍,”他说。“我了解到厄珀纳维克的一位爱斯基摩人寄钱到辛辛那提去买领带,我看到乌拉圭的牧羊人在一次‘战斗小湾’早餐食品谜语竞赛中获了奖。我在开罗、希腊为一间房间付房租,在横滨为另一间付了全年租金。上海的一家茶馆专门为我准备了一双拖鞋,在里约热内卢的贾尼罗或者西雅图,我不必告诉他们怎样给我煮蛋。真是一个太小的旧世界。吹嘘自己是北方人、南方人有什么用呢?吹嘘山谷中的旧庄园的房舍、克里夫兰市的欧几里德大街、派克峰、弗吉尼亚的费尔法克斯县或阿飞公寓或者其他任何地方又有什么用呢?只有当我们摒弃这些糊涂观念,即由于我们碰巧出生在某个发霉的城市或者十公顷沼泽地便沾沾自喜的时候,这个世界才会变得更美好。”

“你似乎是个货真价实的世界公民,”我羡慕地说。“不过,你似乎也抵毁了爱国主义。”

“石器时代的残余,”科格兰激烈地宣称。“我们都是兄弟——中国人、英国人、祖鲁人、巴塔哥尼亚人以及住在考河湾的人都是兄弟。将有这么一天,一切为自己出生的城市、州、地区或国家的自豪感将一扫而光,正如我们理当如此的那样,都是世界公民。”

“可是,当你在陌生的地方游荡时,”我仍坚持道,“你的思想是否会回复到某个地点——某些亲近的和……”

“从来也没有这样一个地点,”E.拉什莫尔·科格兰毫不在意地打断我。“这一大块陆地的世界的行星的东西,只要稍微把两极弄平一点,称之为地球,这就是我的寓所。在国外,我碰到过这个国家的无数公民被某个地方所束缚。我见过芝加哥人在威尼斯的月夜,坐在凤尾船上,吹嘘他们的排水沟。我见过一位被介绍给英格兰国王的南方人,他连眼皮子也不眨一下,便把消息捅给了那位独裁者——他母亲方面的一位姑婆,通过婚姻关系,同查尔斯顿的珀金斯家的人搭上了关系。我知道一位纽约人被几个阿富汗的匪徒绑架索取赎金,等他的人送钱去,才同代理人一道回到喀布尔。

‘阿富汗?’当地人通过翻译对他说。‘呵,不是太慢了,你以为?’

‘哦,我不知道,’他说,然后他开始告诉他们关于第六大街和百老汇大街的一个马车驾驶人的事。我不是固定在直径不足八千英里的任何地方。请记下我,E·拉什莫尔·科格兰,属于整个地球的公民。”

我的世界公民作了个夸张的辞别,离开了我,因为他越过闲谈、透过烟雾看见某个熟悉的人。因此,只留下想当长春花的人和我在一起,他屈尊于维尔茨堡酒,再也没有能力去声言他在谷顶上唱歌的抱负了。

我坐在那儿,回味着我那明白无误的世界公民,弄不准怎么那位诗人没有注意到他。他是我的新发现,我信赖他。那是怎么回事呢?“靠这些城市抚育着人们,让他们来来往往,但仅仅依附于城市的褶缝之中,有如孩子依附于母亲的睡袍一样。”

而E.拉什莫尔·科格兰却不是这样。把整个世界作为他的……

我的沉思默想被咖啡馆另一边传来的高声吵嚷和争执所打断。从坐着的顾客头顶上望过去,我看见E.拉什莫尔·科格兰和另一个陌生人正激烈搏斗。他俩像泰坦们一样,在桌子之间打来打去,玻璃杯砸碎了,人们抓起帽子还来不及躲开便被打翻在地,一位微黑女郎尖声叫喊,另一位金发女郎却开始唱《取笑》。

我的世界公民仍保持着地球的骄傲和名声,就在这时,侍者们利用著名的飞速楔形结构插入两个格斗者之间,硬把他俩推出了咖啡馆,尽管还在抵抗。

我叫住一位法国侍者麦卡锡,问他争执的缘由。

“打红领带的那个人”(即我的世界公民),他说,“给惹火了,原因是另一个谈起了他出生的那个地方的人行道和供水都太差劲。”

“哦,”我难为情地说,“那人是个世界的公民——世界公民。他……”

“原籍是缅因州的马托瓦姆基格,他说,”麦卡锡继续道,“他不愿再忍受不敲掉那个鬼地方。”

阅读二

爱的牺牲

当你爱好你的艺术时,就觉得没有什么牺牲是难以忍受的。那是我们的前提。这篇故事将从它那里得出一个结论,同时证明那个前提的不正确。从逻辑学的观点来说,这固然是一件新鲜事,可是从文学的观点来说,却是一件比中国的万里长城还要古老的艺术。

乔·拉雷毕来自中西部槲树参天的平原,浑身散发着绘画艺术的天才。他还只六岁的时候就画了一幅镇上抽水机的风景画,抽水机旁边画了一个匆匆走过去的、有声望的居民。这件作品给配上架子,挂在药房的橱窗里,挨着一只留有几排参差不齐的玉米的穗轴。二十岁的时候,他背井离乡到了纽约,束着一条飘垂的领带,带着一个更为飘垂的荷包。

德丽雅·加鲁塞斯生长在南方一个松林小村里,她把六音阶之类的玩意儿搞得那样出色,以致她的亲戚们给她凑了一笔数目很小的款子,让她到北方去“深造”。他们没有看到她成——,那就是我们要讲的故事。

乔和德丽雅在一个画室里见了面,那儿有许多研究美术和音乐的人经常聚会,讨论明暗对照法、瓦格纳、音乐、伦勃朗的作品、绘画、瓦尔特杜弗、糊墙纸、萧邦、奥朗。

乔和德丽雅互相——或者彼此,随你高兴怎么说——一见倾心,短期内就结了婚——当你爱好你的艺术时,就觉得没有什么牺牲是难以忍受的。

拉雷毕夫妇租了一层公寓，开始组织家庭。那是一个寂静的地方——单调得像是钢琴键盘左端的A高半音。可是他们很幸福；因为他们有了各自的艺术，又有了对方。我对有钱的年轻人的劝告是——为了争取和你的艺术以及你的德丽雅住在公寓里的权利，赶快把你所有的东西都卖掉，施舍给穷苦的看门人吧。

公寓生活是唯一真正的快乐，住公寓的人一定都赞成我的论断。家庭只要幸福，房间小又何妨——让梳妆台坍下来作为弹子桌；让火炉架改作练习划船的机器；让写字桌充当临时的卧榻，洗脸架充当竖式钢琴；如果可能的话，让四堵墙壁挤拢来，你和你的德丽雅仍旧在里面。可是假若家庭不幸福，随它怎么宽敞——你从金门进去，把帽子挂在哈得拉斯，把披肩挂在合恩角，然后穿过拉布拉多出去，到头还是枉然。

乔在伟大的马杰斯脱那儿学画——各位都知道他的声望。他收费高昂；课程轻松——他的高昂轻松给他带来了声望。德丽雅在罗森斯托克那儿学习，各位也知道他是一个出名的专跟钢琴键盘找麻烦的家伙。

只要他们的钱没用完，他们的生活是非常幸福的。谁都是这样——算了吧，我不愿意说愤世嫉俗的话。他们的目标非常清楚明确。乔很快就能有画问世，那些鬓须稀朗而钱袋厚实的老先生，就要争先恐后地挤到他的画室里来抢购他的作品。德丽雅要把音乐搞好，然后对它满不在乎，如果她看到音乐厅里的位置和包厢不满座的话，她可以推托喉痛，拒绝登台，在专用的餐室里吃龙虾。

但是依我说，最美满的还是那小公寓里的家庭生活：学习了一天之后的情话絮语；舒适的晚饭和新鲜、清淡的早餐；关于志向的交谈——他们不但关心自己的，也关心对方的志向，否则就没有意义了——互助和灵感；还有——恕我直率——晚上十一点钟吃的菜裹肉片和奶酪三明治。

可是没多久，艺术动摇了。即使没有人去摇动它，有时它自己也会动摇的。俗语说得好，坐吃山空，应该付给马杰斯脱和罗森斯托克两位先生的学费也没着落了。当你爱好你的艺术时，就觉得没有什么牺牲是难以忍受的。于是，德丽雅说，她得教授音乐，以免断炊。

她在外面奔走了两三天，兜揽学生。一天晚上，她兴高采烈地回家来。

“乔，亲爱的，”她快活地说，“我有一个学生啦。哟，那家人可真好。一位将军——爱·皮·品克奈将军的小姐，住在第七十一街。多么漂亮的房子，乔——你该看看那扇大门！我想就是你所说的拜占廷式。还有屋子里面！喔，乔，我从没见过那样豪华的摆设。

“我的学生是他的女儿克蕾门蒂娜。我见了她就喜欢极啦。她是个柔弱的小东西——老是穿白的；态度又多么朴实可爱！她只有十八岁。我一星期教三次课；你想想看，乔！每课五块钱。数目固然不大，可是我一点也不在乎；等我再找到两三个学生，我又可以到罗森斯托克先生那儿去学习了。现在，别皱眉头啦，亲爱的，让我们好好吃一顿晚饭吧。”

“你倒不错，德丽，”乔说，一面用斧子和切肉刀在开一听青豆，“可是我怎么办呢？你认为我能让你忙着挣钱，我自己却在艺术的领域里追逐吗？我以般范纽都·切利尼的骨头赌咒，绝不能够！我想我可以去卖报纸，搬石子铺马路，多少也挣一两块钱回来。”

德丽雅走过来，勾住他的脖子。

“乔，亲爱的，你真傻。你一定得坚持学习。我并不是放弃了音乐去干别的事情。我一面教授，一面也能学一些。我永远跟我的音乐在一起。何况我们一星期有十五块钱，可以过得像百万富翁那般快乐。你绝不要打算脱离马杰斯脱先生。”

“好吧，”乔说，一面去拿那只贝壳形的蓝菜碟。“可是我不愿意让你去教课，那不是艺术。你这样牺牲真了不起，真叫人佩服。”

“当你爱好你的艺术时，就觉得没有什么牺牲是难以忍受的，”德丽雅说。

“我在公园里画的那张素描，马杰斯脱说上面的天空很好。”乔说。“丁克尔答应我在他的橱窗里挂上两张。如果碰上一个合适的有钱的傻瓜，可能卖掉一张。”

“我相信一定卖得掉的，”德丽雅亲切地说。“现在让我们先来感谢品克奈将军和这烤羊肉吧。”

下一个星期，拉雷毕夫妇每天一早就吃早饭。乔很起劲地要到中央公园里去在晨光下画几张速写，七点钟的时候，德丽雅给了他早饭、拥抱、赞美、接吻之后，把他送出门。艺术是个迷人的情妇。他回家时，多半已是晚上七点钟了。

周末，愉快自豪、可是疲惫不堪的德丽雅，得意洋洋地掏出三张五块钱的钞票，扔在那八呎阔十呎长的公寓客厅里的八吋阔十吋长的桌子上。

“有时候，”她有些厌倦地说，“克蕾门蒂娜真叫我费劲。我想她大概练习得不充分，我得三翻四复地教她。而且她老是浑身穿白，也叫人觉得单调。不过品克奈将军倒是一个顶可爱的老头儿！我希望你能认识他，乔，我和克蕾门蒂娜练钢琴的时候，他偶尔走进来——他是个鳏夫，你知道——站在那儿捋他的白胡子。”“十六分音符和三十二分音符教得怎么样啦？”他老是这样问道。

“我希望你能看到客厅里的护壁板，乔！还有那些阿斯特拉罕的呢门帘。克蕾门蒂娜老是有点咳嗽。我希望她的身体比她的外表强健些。喔，我实在越来越喜欢她了，她多么温柔，多么有教养。品克奈将军的弟弟一度做过驻波利维亚的公使。”

接着，乔带着基度山伯爵的神气，掏出一张十元、一张五元、一张两元和一张一元的钞票——全是合法的纸币——把它们放在德丽雅挣来的钱旁边。

“那幅方尖碑的水彩画卖给了一个从庇奥利亚来的人，”他郑重其事地宣布说。

“别跟我开玩笑啦，”德丽雅——“不会是从庇奥利亚来的吧！”

“确实是那儿来的。我希望你能见到他，德丽。一个胖子，围着羊毛围巾，衔着一根翮管牙签。他在丁克尔的橱窗里看到了那幅画，起先还以为是座风车呢。他倒很气派，不管三七二十一的，把它买下了。他另外预定了一幅——勒加黄那货运车站的油画——准备带回家去。我的画，加上你的音乐课！呵，我想艺术还是有前途的。”

“你坚持下去，真使我高兴，”德丽雅热切地说。“你一定会成功的，亲爱的。三十三块钱！我们从来没有这么多可以花的钱。今晚我们买牡蛎吃。”

“加上炸嫩牛排和香菌，”乔说，“肉叉在哪儿？”

下一个星期六的晚上，乔先回家。他把他的十八块钱摊在客厅的桌子上，然后把手上许多似乎是黑色颜料的东西洗掉。

半个钟头以后，德丽雅回来了，她的右手用绷带包成一团，简直不像样了。

“这是怎么搞的？”乔照例地招呼了之后，问道。德丽雅笑了，可是笑得并不十分快活。

“克蕾门蒂娜，”她解释说，“上了课之后一定要吃奶酪面包。她真是个古怪姑娘，下午五点钟还要吃奶酪面包。将军也在场，你该看看他奔去拿烘锅的样子，乔，好像家里没有佣人似的，我知道克蕾门蒂娜身体不好，神经过敏。她浇奶酪的时候泼翻了许多，滚烫的，溅在手腕上。痛得要命，乔。那可爱的姑娘难过极了！还有品克奈将军！——乔，那老头儿差点要发狂了。他冲下楼去叫人——他们说是烧炉子的或是地下室里的什么人——到药房里去买一些油和别的东西来,替我包扎。现在倒不十分痛了。”

“这是什么?”乔轻轻地握住那只手,扯扯绷带下面的几根白线,问道。

“那是涂了油的软纱。”德丽雅说,“喔,乔,你又卖掉了一幅素描吗?”她看到了桌子上的钱。

“可不是吗?”乔说,“只消问问那个从庇奥利亚来的人。他今天把他要的车站图取去了,他没有确定,可能还要一幅公园的景致和一幅哈得逊河的风景。你今天下午什么时候烫痛手的,德丽?”

“大概是五点钟,”德丽雅可怜巴巴的说。“熨斗——我是说奶酪,大概在那个时候烧好。你真该看到品克奈将军,乔,他——”

“先坐一会儿吧,德丽,”乔说,他把她拉到卧榻上,在她身边坐下,用胳臂围住了她的肩膀。

“这两个星期来,你到底在干什么,德丽?”他问道。

她带着充满了爱情和固执的眼色熬了一两分钟,含含混混地说着品克奈将军;但终于垂下头,一边哭,一边说出实话来了。

“我找不到学生,”她供认说,“我又不忍眼看你放弃你的课程,所以在第二十四街那家大洗衣作里找了一个烫衬衣的活儿。我以为我把品克奈将军和克蕾门蒂娜两个人编造得很好呢,可不是吗,乔?今天下午,洗衣作里一个姑娘的热熨斗烫了我的手,我一路上就编出那个浇奶酪的故事。你不会生我的气吧,乔?如果我不去做工,你也许不可能把你的画卖给那个庇奥利亚来的人。”

“他不是从庇奥利亚来的,”乔慢慢吞吞地说。

“他打哪儿来都一样。你真行,乔——吻我吧,乔——你怎么会疑心我不在教克蕾门蒂娜的音乐课呢?”

“到今晚为止,我始终没有起疑。”乔说,“本来今晚也不会起疑的,可是今天下午,我把机器间的油和废纱头送给楼上一个给熨斗烫了手的姑娘。两星期来,我就在那家洗衣作的炉子房烧火。”

“那你并没有——”

“我的庇奥利亚来的主顾,”乔说,“和品克奈将军都是同一艺术的产物——只是你不会管那门艺术叫做绘画或音乐罢了。”

他们两个都笑了,乔开口说:

“当你爱好你的艺术时,就觉得没有什么牺牲是——”可是德丽雅用手掩住了他的嘴。“别说下去啦,”她说——“只消说‘当你爱的时候’。”

阅读三

带家具出租的房间

在纽约西区南部的红砖房那一带地方,绝大多数居民都如时光一样动荡不定、迁移不停、来去匆匆。正因为无家可归,他们也可以说有上百个家。他们不时从这间客房搬到另一间客房,永远都是那么变幻无常——在居家上如此,在情感和理智上也无二致。他们用爵士乐曲调唱着流行曲“家,甜美的家”;全部家当用硬纸盒一拎就走;缠绕于阔边帽上的装饰就是他们的葡萄藤;拐杖就是他们的无花果树。

这一带有成百上千这种住客,这一带的房子可以述说的故事自然也是成百上千。当然,它们大多干瘪乏味;不过,要说在这么多漂泊过客掀起的余波中找不出一两个鬼魂,那才是怪事哩。

一天傍晚擦黑以后,有个青年男子在这些崩塌失修的红砖大房中间转悠寻觅,挨门挨户按铃。在第十二家门前,他把空荡荡的手提行李放在台阶上,然后揩去帽沿和额头上的灰尘。门铃声很弱,好像传至遥远、空旷的房屋深处。

他按响的是第十二家门铃。铃声响过,女房东应声出来开门。她的模样使他想起一只讨厌的、吃得过多的蛆虫。它已经把果仁吃得只剩空壳,现在正想寻找可以充饥的房客来填充空间。

年轻人问有没有房间出租。

"进来吧,"房东说。她的声音从喉头挤出,嘎声嘎气,好像喉咙上绷了层毛皮。"三楼还有个后间,空了一个星期。想看看吗?"

年轻人跟她上楼。不知从什么地方来的一线微光缓和了过道上的阴影。他们不声不响地走着,脚下的地毯破烂不堪,可能连造出它的织布机都要诅咒说这不是自己的产物。它好像已经植物化了,已经在这恶臭、阴暗的空气中退化成茂盛滋润的地衣或满地蔓延的苔藓,东一块西一块,一直长到楼梯上,踩在脚下像有机物一样黏糊糊的。楼梯转角处墙上都有空着的壁龛。它们里面也许曾放过花花草草。果真如此的话,那些花草已经在污浊肮脏的空气中死去。壁龛里面也许曾放过圣像,但是不难想象,黑暗之中大大小小的魔鬼早就把圣人拖出来,一直拖到下面某间客房那邪恶的深渊之中去了。

"就是这间,"房东说,还是那副毛皮嗓子。"房间很不错,难得有空的时候。今年夏天这儿还住过一些特别讲究的人哩——从不找麻烦,按时提前付房租。自来水在过道尽头。斯普罗尔斯和穆尼住了三个月。她们演过轻松喜剧。布雷塔·斯普罗尔斯小姐——也许你听说过她吧——喔,那只是艺名儿——就在那张梳妆台上边,原来还挂着她的结婚证书哩,镶了框的。煤气开关在这儿,瞧这壁橱也很宽敞。这房间人人见了都喜欢,从来没长时间空过。"

"你这儿住过很多演戏的?"年轻人问。

"他们这个来,那个去。我的房客中有很多人在演出界干事。对了,先生,这一带剧院集中,演戏的人从不在一个地方长住。到这儿来住过的也不少。他们这个来,那个去。"

他租下了房间,预付了一个星期的租金。他说他很累,想马上住下来。他点清了租金。她说房间早就准备规矩,连毛巾和水都是现成的。房东走开时,——他又——已经是第一千次了——把挂在舌尖的问题提了出来。

"有个姑娘——瓦西纳小姐——埃卢瓦丝·瓦西纳小姐——你记得房客中有过这人吗?她多半是在台上唱歌的。她皮肤白嫩,个子中等,身材苗条,金红色头发,左眼眉毛边长了颗黑痣。"

"不,我记不得这个名字。那些搞演出的,换名字跟换房间一样快,来来去去,谁也说不准。不,我想不起这个名字了。"

不。总是不。五个月不间断地打听询问,千篇一律地否定回答。已经花了好多时间,白天去找剧院经理、代理人、剧校和合唱团打听;晚上则夹在观众之中去寻找,名角儿会演的剧院去找过,下流污秽的音乐厅也去找过,甚至还害怕在那类地方找到他最想找的人。他对她独怀真情,一心要找到她。他确信,自她从家里失踪以来,这座水流环绕的大城市一定把她蒙在了某个角落。但这座城市就像一大团流沙,沙粒的位置变化不定,没有基础,今天还浮在上层的细粒到了明天就被淤泥和黏土覆盖在下面。

客房以假惺惺的热情迎接新至的客人,像个暗娼脸上堆起的假笑,红中透病、形容枯槁、马马虎虎。破旧的家具、破烂绸套的沙发、两把椅子、窗户间一码宽的廉价穿衣镜、一两个烫金像框、角落里的铜床架——所有这一切折射出一种似是而非的舒适之感。

房客懒洋洋地半躺在一把椅子上,客房则如巴比伦通天塔的一个套间,尽管稀里糊涂扯不清楚,仍然竭力把曾在这里留宿过的房客分门别类,向他细细讲来。

地上铺了一张杂色地毯,像一个艳花盛开的长方形热带小岛,四周是肮脏的垫子形成的波涛翻滚的大海。用灰白纸裱过的墙上,贴着紧随无家可归者四处漂流的图片——“胡格诺情人”“第一次争吵”“婚礼早餐”“泉边美女”。壁炉炉额的样式典雅而庄重,外面却歪歪斜斜扯起条花哨的布帘,像舞剧里亚马逊女人用的腰带。炉额上残留着一些零碎物品,都是些困居客房的人在幸运的风帆把他们载到新码头时抛弃不要的东西——一两个廉价花瓶、女演员的画片、药瓶儿、残缺不全的扑克纸牌。

渐渐地,密码的笔形变得清晰可辨,前前后后居住过这间客房的人留下的细小痕迹所具有的意义也变得完整有形。

梳妆台前那片地毯已经磨得只剩麻纱,意味着成群的漂亮女人曾在上面迈步。墙上的小指纹表明小囚犯曾在此努力摸索通向阳光和空气之路。一团溅开的污迹,形如炸弹爆炸后的影子,是杯子或瓶子连同所盛之物一起被砸在墙上的见证。穿衣镜镜面上用玻璃钻刀歪歪扭扭地刻着名字“玛丽”。看来,客房留宿人——也许是受到客房那俗艳的冷漠之驱使吧——

曾先先后后在狂怒中辗转反侧,并把一腔愤懑倾泄在这个房间上。家具有凿痕和磨损;长沙发因凸起的弹簧而变形,看上去像一头在痛苦中扭曲的痉挛中被宰杀的可怖怪物。另外某次威力更大的动荡砍去了大理石壁炉额的一大块。地板的每一块拼木各自构成一个斜面,并且好像由于互不干连、各自独有的哀怨而发出尖叫。令人难以置信的是,那些把所有这一切恶意和伤害施加于这个房间的人居然就是曾一度把它称之为他们的家的人;然而,也许正是这屡遭欺骗、仍然盲目保持的恋家本性以及对虚假的护家神的愤恨点燃了他们胸中的冲天怒火。一间茅草房——只要属于我们自己——我们都会打扫、装点和珍惜。

椅子上的年轻人任这些思绪缭绕心间,与此同时,楼中飘来有血有肉、活灵活现的声音和气味。他听见一个房间传来吃吃的窃笑和淫荡放纵的大笑;别的房间传来独自咒骂声,骰子的格格声,催眠曲和呜呜抽泣;楼上有人在兴致勃勃地弹班卓琴。不知什么地方的门砰砰嘭嘭地关上;架空电车不时隆隆驶过;后面篱墙上有只猫在哀叫。他呼吸到这座房子的气息。这不是什么气味儿,而是一种潮味儿,如同从地窖里的油布和朽木混在一起蒸发出的霉臭。

他就这样歇在那儿,突然,房间里充满木樨花浓烈的芬芳。它乘风而至,鲜明无误,香馥沁人,栩栩如生,活脱脱几乎如来访的嘉宾。年轻人忍不住大叫:“什么?亲爱的?”好像有人在喊他似地。他然后一跃而起,四下张望。浓香扑鼻而来,把他包裹其中。他伸出手臂拥抱香气。刹那间,他的全部感觉都给搅混在一起。人怎么可能被香味断然唤起呢?唤起他的肯定是声音。难道这就是曾抚摸、安慰过他的声音?

“她在这个房间住过,”他大声说,扭身寻找起来,硬想搜出什么征迹,因为他确信能辨认出属于她的或是她触摸过的任何微小的东西。这沁人肺腑的木樨花香,她所喜爱、唯她独有的芬芳，究竟是从哪儿来的？

房间只马马虎虎收拾过。薄薄的梳妆台桌布上有稀稀拉拉五六个发夹——都是些女性朋友用的那类东西，悄声无息，具有女性特征，但不标明任何心境或时间。他没去仔细琢磨，因为这些东西显然缺乏个性。他把梳妆台抽屉搜了个底朝天，发现一条丢弃的破旧小手绢。他把它蒙在脸上，天芥菜花的怪味刺鼻而来。他顺手把手绢甩在地上。在另一个抽屉，他发现几颗零星纽扣，一张剧目表，一张当铺老板的名片，两颗吃剩的果汁软糖，一本梦释书。最后一个抽屉里有一个女人用的黑缎蝴蝶发结。他猛然一愣，悬在冰与火之间，处于兴奋与失望之间。但是黑缎蝴蝶发结也只是女性庄重端雅但不具个性特征的普通装饰，不能提供任何线索。

随后他在房间里四处搜寻，像一条猎狗东嗅西闻，扫视四壁，趴在地上仔细查看拱起的地毯角落，翻遍壁炉炉额和桌子、窗帘和门帘、角落里摇摇欲坠的酒柜，试图找到一个可见的、但他还未发现的迹象，以证明她就在房间里面，就在他旁边、周围、对面、心中、上面，紧紧地牵着他、追求他，并通过精微超常的感觉向他发出如此哀婉的呼唤，以至于连他愚钝的感觉都能领悟出这呼唤之声。

他再次大声回答："我在这儿，亲爱的！"然后转过身子，目瞪口呆，一片漠然，因为他在木樨花香中还察觉不出形式、色彩、爱情和张开的双臂。唔，上帝啊，那芳香是从哪儿来的？从什么时候起香味开始具有呼唤之力？就这样他不停地四下摸索。

他把墙缝和墙角掏了一遍，找到一些瓶塞和烟蒂。对这些东西他不屑一顾，但他在一折地毯里发现一支抽了半截的纸雪茄，铁青着脸使劲咒了一声，用脚后跟把它踩得稀烂。他把整个房间从一端到另一端筛了一遍，发现许许多多流客留下的无聊、可耻的记载。但是，有关可能曾住过这儿的、其幽灵好像仍然徘徊在这里的、他正在寻求的她，他却丝毫痕迹也未发现。

这时他记起了女房东。

他从幽灵萦绕的房间跑下楼，来到透出一缝光线的门前。

她应声开门出来。他竭尽全力，克制住激动之情。

"请告诉我，夫人，"他哀求道，"我来之前谁住过那个房间？"

"好的，先生。我可以再说一遍。以前住的是斯普罗尔斯和穆尼夫妇，我已经说过。布雷塔·斯普罗尔斯小姐，演戏的，后来成了穆尼夫人。我的房子从来声誉就好。他们的结婚证都是挂起的，还镶了框，挂在钉子上——"

"斯普罗尔斯小姐是哪种女人——我是说，她长相如何？"

"喔，先生，黑头发，矮小，肥胖，脸蛋儿笑嘻嘻的。他们一个星期前搬走，上星期二。"

"在他们以前谁住过？"

"嗨，有个单身男人，搞运输的。他还欠我一个星期的房租没付就走了。在他以前是克劳德夫人和她两个孩子，住了四个月；再以前是多伊尔老先生，房租是他儿子付的。他住了六个月。都是一年以前的事了，再往以前我就记不得了。"

他谢了她，慢腾腾地爬回房间。房间死气沉沉。曾为它注入生机的香气已经消失，木樨花香已经离去，代之而来的是发霉家具老朽、陈腐、凝滞的臭气。

希望破灭，他顿觉信心殆尽。他坐在那儿，呆呆地看着嗞嗞作响的煤气灯的黄光。稍许，他走到床边，把床单撕成长条，然后用刀刃把布条塞进门窗周围的每一条缝隙。一切收拾得严实紧扎以后，他关掉煤气灯，却又把煤气开足，最后感激不尽地躺在床上。

按照惯例，今晚轮到麦克库尔夫人拿罐子去打啤酒。她取酒回来，和珀迪夫人在一个地下幽会场所坐了下来。这是房东们聚会、蛆虫猖獗的地方。

“今晚我把三楼后间租了出去,”珀迪夫人说,杯中的酒泡圆圆的。“房客是个年轻人。两个钟头以前他就上床了。”

“嗬,真有你的,珀迪夫人,”麦克库尔夫人说,羡慕不已。“那种房子你都租得出去,可真是奇迹。那你给他说那件事没有呢?”她说这话时悄声细语,嘎声哑气,充满神秘。

“房间里安起家具嘛,”珀迪夫人用她最令人毛骨悚然的声音说,“就是为了租出去。我没给他说那事儿,麦克库尔夫人。”

“可不是嘛,我们就是靠出租房子过活。你的生意经没错,夫人。如果知道这个房间里有人自杀,死在床上,谁还来租这个房间呢。”

“当然嘛,我们总得活下去啊,”珀迪夫人说。

“对,夫人,这话不假。一个星期前我才帮你把三楼后间收拾规矩。那姑娘用煤气就把自己给弄死了——她那小脸蛋儿多甜啊,珀迪夫人。”

“可不是嘛,都说她长得俏,”珀迪夫人说,既表示同意又显得很挑剔。“只是她左眼眉毛边的痣长得不好看。再来一杯,麦克库尔夫人。”

阅读四　证券经纪人的浪漫故事

证券经纪人哈维·马克斯韦尔于九点半在年轻女速记员陪同下步履轻快地来到办公室。机要秘书皮彻那通常毫无表情的面孔不禁露出一丝好奇和诧异。马克斯韦尔只随口道了声“早上好”,便径直奔向办公桌,匆忙得好像想一步跨过桌面,随后就一头扎进一大堆等着他处理的信件和电报。

年轻女郎给马克斯韦尔当速记员已经有一年。她异常秀美动人,绝非速记员草草几笔所能简单描述。她不愿采用华丽诱人的庞巴杜式发型,不戴项链、手镯或鸡心。她脸上没有随时准备受邀外出进餐的神气。她的灰色衣服素净朴实,但却生动勾勒出她的身材而不失典雅。她那顶精巧的黑色无边帽上插了根艳绿色金刚鹦鹉毛。今天早上,她春风飘逸,温柔而羞涩。她的眼睛流波瞑瞑,双颊桃红妖娆,满面乐融,又略带一丝回味。

好奇之余,皮彻发现今天她的举止也有点儿异样。她没有直接到放有她办公桌的里间办公室去,而是滞留在外间办公室,有点儿拿不定主意似的。她慢慢蹭到马克斯韦尔桌边,离他很近,足以让他意识到她的存在。

坐在办公桌前的他已经不再是个常人,而是一个繁忙的纽约证券经纪人,一架完全受嗡嗡作响的轮子和张开的弹簧所驱动的机器。

“嘿,怎么啦?有事?”马克斯韦尔问,语气尖刻。那些拆开的邮件堆了满满一桌,就像演戏用的假雪。他那锐利的灰蓝色眼睛,毫无人情味儿,严厉粗暴,不耐烦地盯着她。

“没什么,”速记员回答说,然后微笑着走开了。

“皮彻先生,”她问机要秘书,“马克斯韦尔先生昨天提没提过另外雇一名速记员的事?”

“提过,”皮彻说。“他吩咐我另外找一个。昨天下午我已通知职业介绍所,让他们今天上午送几个来面试。现在已经九点四十五了,可还没有哪个戴阔边帽或嚼菠萝口香糖的人露面哩。”

“那我还是照常工作好啦,”年轻女郎说,“等有人替补再说。”说完她马上走到自己的办公桌边，在老地方挂起那顶插有金刚鹦鹉毛的黑色无边帽。

谁无缘目睹曼哈顿经纪人在生意高峰时刻那股紧张劲儿，谁搞人类学研究就有极大缺陷。有诗人赞颂“绚丽生活中的拥挤时辰”。证券经纪人不仅时辰拥挤，他的分分秒秒都是挤得满满当当的，像是前后站台都挤满乘客的车厢里的拉手吊带，每根都被拉得紧绷绷的。

今天又正是哈维·马克斯韦尔的大忙天。行情收录器的滚轴开始瑟瑟卷动，忽停忽动地吐出卷纸，桌上的电话像害了慢性病似的响个不停。人们开始涌入办公室，隔着扶手栏杆朝他大喊大叫，有的欣喜若狂，有的横眉竖眼，有的恶意满怀，有的激动不已。信童拿着信件和电报跑进跑出。办公室的职员们忙得跳来跳去，就像与风暴搏斗的水手。连皮彻的脸也舒张开来，显得生机勃勃。

证券交易所里风云变幻，飓风、山崩、雪暴、冰川、火山瞬息交替；这些自然力的剧动以微观形式在经纪人办公室中再现。马克斯韦尔把椅子掀到墙边，如踢踏舞演员般敏捷地处理业务，时而从自动收录器跳向电话，时而从桌前跳到门口，其灵活不亚于受过专门训练的滑稽丑角。

经纪人全神致力于这堆越来越多但又十分重要的事务之中，这时他突然注意到一头高高卷起的金发，上面是顶微微抖动的鹅绒帽和鸵毛羽饰；一件人造海豹皮短大衣，一串大如山核桃的珠子垂近地板，尾端还吊了一个银鸡心。这一大套装饰物与一个沉着镇定的年轻女子相关联。皮彻正准备引荐她，替她作解释。

“这位小姐从速记员介绍所来，说招聘的事。”

马克斯韦尔侧过身子，手上捏了一把文件和行情纸带。

“招聘什么?”他皱起眉头问。

“速记员，”皮彻说。“昨天你叫我打电话，让他们今天上午送一个过来。”

“你搞糊涂了吧?”马克斯韦尔说。“我干吗给你下这个命令？莱丝丽这一年工作表现十全十美。只要她愿意，这份工作就是她的。小姐，这儿没有空缺。皮彻，通知事务所，取消要人申请，叫他们别再送人过来。”

银鸡心离开了办公室。一路上她愤愤不平，大摇大摆，把桌椅沙发碰得乒乒乓乓。皮彻忙中偷闲给簿记员说，“老太爷”一天比一天心不在焉，多事健忘。

业务处理越来越紧张，节奏越来越快。在交易所马克斯韦尔的顾客投资巨额的六七种股票正在暴跌。收进和抛出的单据来来去去，疾如燕飞。有些他本人持有的股票也处于危险之中。经纪人工作起来就像一架高速运转、精密复杂、强壮有力的机器——绷紧到最大限度，运转至最快速度，精确无误，坚决果断，措词贴切而决策恰当，行动时机的选择如时钟般准确无误。股票、证券、贷款、抵押、保证金、债券——这是一个金融世界，人际感情或自然本性在这里毫无落脚之地。

午餐时间逐渐临近，喧嚣之中慢慢出现片刻暂息。

马克斯韦尔站在办公桌边，手上捏满了电报和备忘录，右耳上夹了支钢笔，几撮头发零乱地披在脑门上。窗户敞开着，因为亲爱的女门房——春——已经打开苏醒大地的暖气管，送来一丝暖意。

通过窗户飘来一丝悠悠——也许是失散——的香气。这是紫丁香幽微、甜美的芳菲。刹那间，经纪人给怔住了。因为这香气属于莱丝丽小姐。

这是她本人的气息，她独有的气息。

芳香在他心中唤出她的容貌，栩栩如生，几乎伸手可及。

金融世界转瞬间缩成一点。而她就在隔壁房间,仅二十步之遥。

“天哪,我现在就得去,”马克斯韦尔压低嗓子说。“我现在就去跟她说。怎么我没早点儿想起?”

他箭步冲进里间办公室,像个卖空头的人急于补足那样急不可耐。他对直冲向速记员的办公桌。

她抬起头,笑盈盈地看着他,脸上泛出淡淡红晕,眼睛里闪动着温柔和坦率。马克斯韦尔一支胳膊撑在桌上,手上依然握满了文件,耳朵上还夹着那支钢笔。

“莱丝丽小姐,”他仓仓促促地说,“我只能呆一小会儿,趁这个时候给你说件事。你愿意做我的妻子吗?我没时间以常人的方式向你求爱,但我确确实实爱你。请快回答我。那些人又在抢购太平洋联合公司的股票啰。”

“喔,你在说什么呀?”年轻女郎惊诧不已。她站起身,直愣愣地看着他,眼睛瞪得圆圆的。

“你不懂?”马克斯韦尔倔头倔脑地说。“我要你嫁给我。我爱你,莱丝丽小姐。我早就想告诉你,手头的事情稍微松些后,我才瞅空过来。又有人在打电话找我。皮彻,叫他们等一下。答应我吗,莱丝丽小姐?”

速记员的神态叫人莫名其妙。起初,她好像惊愕万分;继而,泪水又涌出她迷惘的眼睛;其后,泪眼又发出欢笑的光芒;最后,她又柔情地搂住经纪人的脖子。

“现在我懂了,”她亲切地说。“是这生意让你忘记了一切。刚才我还吓了一大跳。哈维,不记得了吗?昨天晚上八点,我们已经在街上拐角处的小教堂结过婚了。”

迷失与萃取

——莫泊桑小说专题

专题导语

莫泊桑是一位讲故事的高手。

他讲述的故事中的主人公,大多是小人物,有诺曼底狡猾的农民、慷慨的工匠、受欺凌的女佣、小职员、小店主、小市民,也有比市民还世俗的破落贵绅、富商、工厂主,以及野心勃勃的政客。

莫泊桑是一位看人识事的天才。

他"不是按照他所希望看到的样子而是照事物本来的样子来看事物",因而"就能揭发暴露事物,而且使得人们爱那值得爱的,恨那值得恨的事物"。"艺术家不该在他的作品中露面,就像上帝不该在自然界露面一样。"恩师福楼拜的这番话是对莫泊桑最好的评价,也曾因此而影响着莫泊桑小说创作。

莫泊桑

屠格涅夫也说莫泊桑是天才。他认为莫泊桑是19世纪末法国文坛上"最卓越的天才"。托尔斯泰认为他的小说具有"形式的美感"和"鲜明的爱憎",左拉说:"他的作品"无限地丰富多彩,无不精彩绝妙,令人叹为观止。"恩格斯则赞誉:"应该向莫泊桑脱帽致敬。"

所谓喜也人生,悲也人生;莫泊桑的故事,是在讲人生;读他的小说,是在经历另一种人生。

一个人只有一次人生。但借助于阅读,读莫泊桑一类作家的小说,你就会获得不同的人生体验。

文本研读

散　步

勒腊老爹,拉菩时公司司账员从店里出来的时候,他的眼睛被夕阳的光辉照昏了好一会儿。原来他是整天在煤气灯的黄色火光下面工作的,地方正是店房后面顶头的部分,刚好对着一个又深又窄像是一口水井样的天井。那间小屋子正是他40年以来一直度过白昼的地方,里面非常晦暗,即令在盛夏也只有11点到3点之间不必点灯。

小屋子里永远是又冷又潮湿的,它的唯一的窗子正对着那种壕沟样的地方,其中的蒸发物不断地从窗口混进来,小屋子里因此满是霉气和阴沟的臭气。40年以来,勒腊先生每天8点钟就走到这"监狱"里,接着就一直坐到傍晚7点钟,对着账簿弯着腰,用一种忠实店员的勤奋作风记账。

初入公司的时候,他每年工资是一千五百金法郎。现在已经加到每年三千了。他一直过着单身生活,他的收入不容许他娶亲。从来毫无享受,也没有什么大的欲望。然而,偶尔他被这种单调而不断的日常工作弄得疲倦了的时候,他发表他理想式的希望:“活见鬼,倘若我每年有五千金法郎的利息进款,我就要舒舒服服花掉它。”

实际上,他从来没有为了自己舒舒服服花过钱,并且,除了每月领得的工资以外,从来没有其他收入。

他的生活没有变化,没有波动,也几乎没有希望。每一个人心上怀着的梦境想象力,在他的凡庸志愿里从没有得以发挥。

21 岁那一年,他就进了拉菩时公司。以后,他一直没有离开过。1856 年,他死掉了父亲。他母亲是 1859 年死的。此后,他只在 1868 年搬了一次家,理由是他的房东要增加租价。

每天早上一到六点正,他的闹钟就用一阵如同船上放松铁锚链子一样可怕的喧噪,使他从床上跳起来。然而有两次,1866 年和 1874 年,那件机器却出了毛病,他呢,也从来不知道那是为着什么。他每天穿衣裳,铺被盖,揩桌椅,扫屋子,这些日常工作要用掉他一个半小时。

后来他出门了,走到了那家换过 11 个老板还没有改招牌的拉殊面包店里,他买了一个蛾眉月式的面包,接着就在路上一边走一边吃。

他一辈子的生活,简直完全在那间窄小晦暗而且壁上糊着同样颜色折花纸的办公室里消磨了。初进去,他年纪轻轻的,名义上是那位蒲吕孟先生的助手,他当年一心指望接替他的职务。

他早已接替了蒲吕孟,于是什么也不指望了。

旁人的生活的过程总有种种值得回忆的地方,譬如意料不到的变化,甜美的或者悲苦的爱情,冒险的旅行,而他对于这一切属于自由生活的偶然遇合,全是门外汉。

所有的日子、星期、月份、季节、年岁,全是彼此相似的。他每天在相同的钟点起床,出门,进公司,吃午饭,出公司,吃夜饭,末后睡觉。这些同样的行动,同样的事实和同样的思想都具有合乎规则的单调性,从来没有一点什么打断过它们。

从前,他在他前任留下来的小圆镜子里,瞧见过自己的金黄的髭须和卷起的头发。现在,他每天傍晚出公司以前在同样的镜子里欣赏的,是他的雪白的髭须和光秃的头顶了。40 年已经溜过去了,长久而又迅速,空虚得像是一个整天发愁的日子,而且简直就是失眠者的漫漫长夜!40 年之间,他一点什么没有留下,甚至于连一个回忆也没有,甚至于自从他父母去世以后,连一点厄运也没有。总而言之绝对空虚。

这一天,勒腊先生在公司的大门口被夕阳的光辉照昏了好一会儿;后来,他想起暂时不必回家,可以在晚饭之前去兜一个小圈子,这种兴致他一年中大约有五六次。

他走到城基大街上了,那一带,人潮在新绿的树阴下流着。时候正是暮春的一个黄昏,一个使人陶醉、心弦动荡的黄昏。

勒腊先生用他那种老翁式的小而急促的脚步走着;他带着愉快的眼光走着;由于大地的欢欣和空气的温暖,他感到幸福了。

他走到香榭丽舍大街了,接着继续前进,他被那阵在和风里经过的青春陶醉力鼓动兴致了。

天色整个儿红得像是着了火似的;凯旋门隔着地平线上的绯红背景浮出它的乌黑的体积,俨然是一个立在火灾现场之中的巨人。等到走到了这座巨丽的建筑物跟前,这个年老的司账员觉得自己的肚子饿了,接着他走进一家酒馆子里去吃夜饭。

有人招待他坐在店外人行道上的座儿上,他叫了一份酸汁冷羊脚,一份生菜和一份芦笋;后来勒腊先生吃着这顿很久没有吃过的较为像样的夜饭。又加上一块布里产的有名干乳酪,在那上面浇了半瓶郗尔它产的上好葡萄酒;随后,他喝了一杯咖啡,这在他是不常有的事,最后他又喝了一小杯白兰地。

等到付过账以后,他自己觉得很快乐,很活泼,并且略带醉意。末了他暗自说道:"今晚真是一个好天气。我索性继续散步直到布洛涅森林的入口为止吧。这是于我身体有益的。"

他重新走动了。一首在从前被他一个女邻居唱过的古老曲子,总是萦绕在他的脑子里:

林子新绿时,
情人向我语:
我望吾爱来,
同往花棚下。

他不停地哼着这首曲子,哼完了又来再哼。夜已经降到巴黎上空了,一个微风不动夜,一个很和暖的夜。勒腊先生随着布洛涅森林大道向前走,并且瞧着大道上的那些马车走过去。车子带着一对眼睛样的风灯,一辆跟着一辆走到近边,使人在一刹那中间望得见车子里成对儿的人搂在一处,女的穿的是浅颜色裙袍,而男的是黑颜色礼服。

那是一个由爱人儿组成的长行列,在一个满是星星而很热的天空之下兜风。车子不断地来,不断地来。爱人们不断地过,不断地过,躺在车子里,静默地彼此互相搂着,沉溺在幻觉之中了,沉溺在欲望之中了,沉溺在因拥抱而起的颤抖之中了。热烘烘的阴影像是充满了飘着的吻,浮着的吻。一种温存意味的感觉使得空气变成了更为窒人呼吸的。这一切互相搂着的人儿,这一切被相同的期待、被相同的思想所陶醉的人儿,引起了一种狂热的气氛。这一切满载着爱抚的车子,如同一阵淡淡的、然而恼人的放射物似地,在它们的路线上闪过。

勒腊先生走到末了有点倦了,就坐在一条长凳上去注视那些载着爱情的车马一辆跟一辆闪过去。而几乎立刻就有一个女人走到了他跟前,并且坐在他旁边了。

"早安,我的小伙子,"她说。

他没有回答。她接着又说:

"让我来爱你吧,我的亲人儿;你可以看得见我是很可爱的。"

他说:

"您认错了人,太太。"

她伸起一只胳膊挽着他了:

"哪儿的话,不用装傻,听我说……"

他站起了,并且走开了,心里感到不快活。

走到百来步光景,另外一个女人又走近他身边了:

"您可愿意在我身边坐一会儿,我的漂亮孩子?"

他向她说:

“您为什么要做这行买卖?”

她在他面前立定了,并且声音变得嘶哑,凶恶:

“活见鬼,总不是为了给自己快乐。”

他用柔和的声音盘问:

“那么,谁在后面逼着您?”

她咕噜着:

“人不得不过活呀,你这个没良心的。”

后来,她走开了,口里一面轻轻唱着。

勒腊先生口呆目瞪地待了好一会。许多其他的女人又在他跟前经过,叫他,邀请他。

他觉得他的头上展开了一些儿什么乌黑的东西、一些儿叫人伤心的东西。

后来,他重新坐在另一条长凳上了。成行的车子始终不断地跑着。

“我当初不到这儿来就好了,”他暗自想着,“现在我看见了一切,自己简直完全弄得心烦了。”

他开始想着摆在他眼前的这一切:买得到的或者出自真心的爱情,花了钱的或者自由的接吻。

爱情!他简直不大认识。他一生由于偶然,由于奇遇,也有过两个或者三个女人,可是他的收入不容许他的任何例外的开销。他想到他从前的生活了,那是和大众的生活很不同的,很黯淡,很忧郁,很平淡,很空虚。

世上有好些真正没有运气的人,忽然一下,如同一副厚实的幕布被人撕开了似的,他望见了苦楚,望见了自身生活里的漫无边际的、单调的苦楚:过去的苦楚,现在的苦楚,未来的苦楚。最后的日子和最初的一样,无论在前,在后,在左,在右,他四周一无所有,心里一无所有,任何方面都一无所有。

车子的行列始终走着。一对对在揭开顶盖的轿式马车的通过中间静悄悄地互相搂着的人,在他眼前显露出来又消失过去。他觉得全世界的人类都像是受着喜悦、快乐、幸福的陶醉在他跟前排成了队伍走过。他自己是个孤零零的,完全孤零零的旁观者。到明天,他也许依旧是孤零零的,始终孤零零的,孤零零得谁也没有尝过这样孤零零的滋味。

他站起了,走了几步,后来突然疲倦了,如同他新近赶完了一个长距离的徒步旅行一样,他重新又在第二条长凳上坐下了。

他等待什么?他指望什么?一点什么也不等待也不指望。他想起一个人在年老的时候,回到家里,看得见许多小孩子们咭咭呱呱地说话,应当是有滋味的。一个人被那些由自己抚育的孩子们围绕、疼爱、温存,对他说些有趣的和天真的话使得冷落的心重归温暖,使得一切都受到安慰,那么这时候,老境是甜美的。

后来,他想起了自己那间空的卧房,想到了自己那间清洁而愁惨的小卧房,除了自己从来没有谁进去过,于是一阵烦恼的感觉紧束着他的心灵,那间卧房,在他看来,觉得比他那间小办公室更叫人伤心。

谁也没有到那儿去过,谁也从来没有在那儿谈过天。它是死了的,哑了的,没有人声的回响的。旁人可以说房子若是被人住过,那么它把住过者身上的东西多少保留一点在它的墙壁里边,保留一点点姿态、形象和言论。所以凡是被幸福家庭住着的房子都比不幸的人住着的房子快活。他那间卧房正同他的人生一样,是绝没有任何纪念的。后来,想到要回到那间卧房里，孤零零地躺在自己的床上，照着老样子重新去做每天夜晚的种种行动和工作，真使他很害怕。末了，如同为了使自己和那间不吉祥的卧房以及那个将要必然又来的时刻更离开得远些儿似地，他又站起了，并且，忽然遇见了树阴下的第一条小径，他为了到野草上去坐，就走到一座轮流采伐的小树林子里了……

他听见了他的周遭，他的头上，四面八方，有一种模糊的，无限际的，连续不断的声浪，一种由好些数目很多种类很杂的噪响构成的声浪，一种微弱而远近皆有的声浪，一种不确定的和巨大的生命活动：那正是巴黎的气息，像一个巨人似的气息……

已经上升的太阳在布洛涅森林上面罩着一层光浪。三五辆车子开始流动了；后来骑着马散步的人们都快快活活地到了。

有一对人儿在一条没有游人的树阴小径上散步。突然间，那青年妇人抬起脑袋，望见了枝叶当中有一件棕黑色的东西；她吃惊了，不放心了，伸起手指着：

"你瞧……那是什么？"

随后，叫唤了一声，她不由自主地倒在她那个男伴侣的怀里了，他只得让她躺在地下。

看公园的警士立刻被人找来了，他们解下了一个用裤子吊带自缢的老人。

有人证明自杀是在前一天晚上完成的。那些从他身上找出来的证件，表明了他是拉菩时公司的司账员勒腊。

有人把他的死亡归入一种无法揣测动机的自杀之列。也许是一种突然而起的痴癫结果吧？

（本专题文章除特别说明外，均选自《莫泊桑中短篇小说全集》，人民文学出版社，1991）

1. 问题研究

（1）小说中作者运用了很多数字，其作用是什么？

（2）小说结尾处对主人公死亡缘由的推测，你赞成吗？说说你的看法。

2. 相关链接

人民文学出版社：《莫泊桑短篇小说选》

深度阅读

阅读一

雨　伞

——写给迦宓意·吴迪诺

倭雷依太太是个很节俭的妇人。她是知道一个铜子儿的价值的，并且为了累积零钱她有着一肚子的严格原则。她的女佣们从那些经手采买的食品上面刮点儿油水无疑地要费着大事；她丈夫倭雷依先生也要费尽极端的困难，才能在皮夹子里留点儿零花钱。然而他们家境却是很宽裕的，并且没有儿女。不过倭雷依太太看见那些白的小银元一个一个从她家里走出去就感受一种真切的痛苦。那简直是她心上的一条伤口，所以每逢她应该花一笔略为可观的钱，即令是断不可少的，她总有一两夜睡不安稳。

倭雷依不住地向他的妻子说道：

"你手笔应该放宽大一些，既然我们永远花不完我们的进款。"

她答道：

"未来的意外，谁也不知道。多留几文总比少留好些。"

那是一个四十来岁的矮妇人，爱活动，爱清洁，面上略带皱纹，但是时常要生气。

她丈夫因为她使他忍受的种种节约时时觉得不平。其中的某一些特别使他感到痛苦，因为那都是伤了他的自尊心的。

他是陆军部的一个主任科员，一径待在部里不回去，而原因不过是服从他妻子的命令之一，借此增加家里那些用不完的年金收入节约更多的钱。

然而两年以来，因为他永远提着那柄打满了补丁的雨伞使得同事们发笑。他终于被他们的轻嘴薄舌恼昏了，只得强迫他妻子替他买一柄新的。她替他买了一柄八个半金法郎的雨伞，那是某家大百货商店做广告的货品。部里同事们看见那是成千成万扔在巴黎市内无人过问的东西，因此又来重新另开玩笑，倭雷依先生只好忍着一肚皮闷气痛苦地熬着。那柄伞简直毫不经用。不到三个月就成了废物，在他的部里，大家都把这件事当成笑料。有人并且把这件事编成了一首歌，从早到晚，从那座大建筑物的楼上到楼下，大家都听见有人唱着。

倭雷依气极了，吩咐他妻子买一柄价值二十金法郎的薄绸子的新伞，并且要她带了发票回来做证明。

她却买了一柄十八个金法郎的，愤愤地红着面孔交给她的丈夫，一面说道：

“你有了这柄，至少要用五年。”

扬扬得意的倭雷依在办公室里真正挽回了面子。

到了他夜间回家的时候，他妻子用一种放心不下的眼光瞧着雨伞向他说道：

“你不应该把橡皮圈箍在上面，那是要勒断丝经的。这应该由你自己留心照顾，因为我不可能不到几天再买一柄新的给你。”

她拿着新伞把橡皮圈捋开，把伞衣摇散。但是她又吃惊了。在伞衣上发现了一个鹅眼大小的圆洞，那是一个被雪茄烟烧出来的焦痕！

她喃喃地念道：

“那上头是什么？”

她丈夫没有回过头来安然答道：

“什么，什么东西？你说什么？”

现在，怒气塞住了她的嗓子，她简直说不出话了：

“你……你……你烧焦了……你的……你的雨伞。你……你……你真发痴了！你想把大家弄得倾家荡产吗？”

他自己觉得面色发青了，转过身子向她问：

“你说什么？”

“我说你烧焦了你的雨伞，瞧吧！”

她如同要和他相打一般扑到他跟前，激烈地把那个圆圆的小小焦痕放在他的鼻子下面。

瞧见那个焦痕，他不免呆住了，吞吞吐吐说道：

“这……这……这是什么？我不知道！我什么也没有做，我向你发誓。我不知道这柄雨伞是怎么搞的一回事！”

她现在嚷起来了：

“我猜着你在部里，一定拿着这柄伞玩耍，你做了变戏法的，你打开了给他们看。”

他答道：

“我只撑开了一回，让他们看看这柄伞真漂亮。就是这样。我向你发誓。”

但是她气得跳起来了，向他狠狠地大闹了一场，使那些爱和平的男子觉得家庭比弹丸如雨的战场还可怕一些。

她量了大小，在旧雨伞上割了一块颜色不同的旧绸子补上去；第二天倭雷依不得不拿着这件经过修理的雨具出门了。到了部里，他就把它搁在柜子里，心里把它当做可怕的回忆一样不大惦记它了。

但是，他在傍晚时候回到家里，他的妻子便双手接住雨伞撑开来看，她发现伞已损坏得不可收拾，气得嗓子都噎住了。雨伞上穿了无数的小孔，那明明是烧成的，仿佛有人把烟斗里没有熄灭的灰倒在上面一样。东西是断送了，断送到不可救药的地步。

她一言不发地检查着，真气得一个字也吐不出。他也一样，他检查着损坏的情况，他发愣了，吓糊涂了，狼狈不堪。

两人互相瞧着，他只好低着眼睛，随后，她把那件破玩意掷到他的脸上，她的嗓子从愤不可遏之中恢复过来，她高声喊道：

"哈！短命鬼！短命鬼！你特意这样做！真得让你看看我的厉害！你将来再也得不着这东西……"

于是一出闹剧重新开幕了。暴风雨似地演了一个钟头以后，他终于能够解释了。他发誓说他一点也不知道，说这件事只能是由于恶意或者报复而来。

门上铃子一响可把他救出来了。原来那是一个到他们家里吃夜饭的朋友。

倭雷依太太把情况告诉了那个朋友。至于再买新伞，那算是拉倒了，她的丈夫再也不会有伞好用。

那个朋友对她讲道理：

"那么，太太，他的衣裳岂不断送了，衣裳当然比雨伞更值钱。"

那个矮小妇人依然是气愤愤的，她说道：

"那么他只准用厨房里用的雨伞，我没有新绸伞给他。"

听见这种意思，倭雷依生气了，他说：

"那么我就辞职，我！我是决不肯拿着厨子的雨伞到部里去的。"

那位朋友接着说：

"拿这个去换一块伞面吧，那并不很贵。"

倭雷依太太依然是忿忿不平的。她喃喃地说：

"至少也要八个金法郎才能换面子。八个加从前十八个，一共是二十六个！花二十六个金法郎买一柄雨伞，真是发痴！这真是胡闹。"

那位朋友是一个可怜的小资产阶级，忽然得着一种灵感，他说道：

"让您的保险公司赔偿吧。只要这损害是在您家里发生的，公司应当赔偿烧了的东西。"

听到这种主意，矮小妇人的怒气完全平息了，她思索了一分钟，就向丈夫说道：

"明天，你在到部以前，先到慈爱保险公司让他们验明这柄雨伞的情况，再要求赔偿。"

倭雷依跳起来说道：

"算什么话，我这一辈子也不敢去！那十八个金法郎是丢定了的。没有什么可说。我们不会因为这就送了命的。"

第二天，他携着手杖出门了。幸而天气晴朗。

倭雷依太太独自坐在家里，对于十八个金法郎的损失依然耿耿于怀。她把雨伞搁在饭厅的桌上，自己从四面瞧了一周，却得不到一个解决的方法。

保险赔偿的念头时时刻刻回到她的心上来，不过，保险公司那些接待顾客的先生们的嘲笑意味的眼色，也是她不愿意去领受的，因为她一到社会上总感到畏怯，所以在必须和陌生人谈话的时候，她一出场就弄得手足失措，她脸上可以毫无来由地红起来。

然而这十八个金法郎的损失使她肉痛得像是被人割了一刀。她不想再去转念头了，不过这损失却始终沉痛地锤着她，怎样办呢？光阴一小时一小时地过去了，她简直打不定主意。随后忽然如同懦夫变成了勇士似地，她得着她的解决方法了。“我一定去，去了再说！”

不过应当在雨伞上花点功夫，使它所遭的灾害更为严重一点，那么她所提的主张才容易得到支持。于是她从壁炉台子上取了一包火柴，在伞骨之间把伞面烧去手掌大小那么几块；然后仔仔细细地把剩下的绸伞面卷起再用橡皮圈箍住，自己披上围巾，戴上帽子，提起快步走下楼来，向着保险公司所在的黎伏力街走。

不过她越是走得和公司相近，她的脚步越发慢下来。自己怎样去说？旁人怎样来回答她？

她在黎伏力街注意房屋门牌的号数了。和她相距还有二十八家。很好呀！她可以思索。她越走越慢了，突然发起抖来。原来她走到公司门前了，门上金晃晃的几个字标着：“慈爱火险有限公司。”已经走到了，好快！她停了一会，又发愁又惭愧，走过去，又走回来，随后又走过去，走回来。她终于暗自默想：

“然而我应该进去。早到一点总比迟到一点好些。”

不过走进那栋房子里的时候，她发现自己的心正跳着。她走到了一个宽大的厅子里了，厅子的周围有许多窗口，每个窗口里面只看见有一个人露着脑袋，身材以及其他部分都被一道格子墙遮住了。

一位先生手里拿着许多纸片在厅子里经过。她停住脚步向他羞怯怯地低声问道：

“打扰一下，先生，哪儿是顾客要求赔偿烧毁了物件的地方，您能够告诉我吗？”

他大声回答：

“在二楼靠左首，损失科。”

损失这二字，更使她害羞了，她很想逃走，预备什么话也不说，甘愿牺牲那十八个金法郎。但是想到这个数目，她心上的勇气又上来了一点，她上楼了，一面喘着气，走一步停一下。

在二楼上，她瞧见了一张门，她叩门了。里面有人清朗地喊着：

“请进来。”

她进去了，看见那间大的屋子中间，有三位气概庄严身挂勋表的先生站着说话。

其中有一位对她鞠了个躬道：

“您有什么要求，太太？”

她找不着她的字眼了，吞吞吐吐地说道：

“我来……我来……为的是……一件火灾的损失。”

那位先生恭恭敬敬指着一个位子请她坐下一面说道：

“请您费心坐一会儿，我立刻和您谈话。”

他依然转身向着那两位先生继续谈话了，他说：

“先生们，超出四十万金法郎以上的数目，本公司自信对于二位是不受约束的。我们不能承认您二位这种追还原数的要求，使我们格外多付十万。并且估价……”

那二人中间有一个把他止住说道：

“这就够了，先生，法院将来会作决定。我们此时只有告辞吧。”

于是他们恭恭敬敬行了几次礼便都出去了。

唉,倘若她敢于和他们一同出去,她便会那么做了,什么都放弃就此跑了！但是她能够那么做吗？那位先生走近前来鞠躬问道：

“贵干是什么,太太?”

她困难地支支吾吾说道：

“我来是为了……为了这个。”

那位经理用一种天真的诧异神态,低头望着她举给他看的那件东西。

她用一只发抖的手试着捋开橡皮圈。费了好些劲儿才达到了目的,于是连忙撑开了那副只剩下残破面子的雨伞残骸。

经理恻然说道：

“我觉得这东西损坏得不轻。”

她迟疑地高声说道：

“这东西送掉我二十个金法郎。”

他吃惊了,说道：

“真的！要这么多?”

“是的,这东西以前是很好的。现在我想请您检查它的情况。”

“很清楚,我看得到。很清楚。但是我不知道这东西和我有什么关系。”

她不放心了,以为这公司不肯赔偿这种小东西,于是说道：

“但是……这柄伞被火烧了……”

经理并不否认：

“我看得很清楚。”

她张着嘴发呆,不知道如何说下去,随后,忽然明白自己忘了把来意说清楚,于是连忙说道：

“我是倭雷依太太,我们在慈爱公司保了火险,现在我是为了要求赔偿损失来的。”

她害怕旁人干脆地拒绝她,又连忙添上一句：

“我只要求您为我补上一个新伞面。”

这可把经理窘了,说道：

“但是……太太,我们不是卖雨伞的商人。我们不能亲自担负这类的修理事情。”

这个矮小的妇人觉得自己的事有着落了。自然应该奋斗。她可以奋斗了！她终于没有恐惧心了。她说道：

“我只要求修理的费用。我自己能够去办。”

经理先生好像有点糊涂了,说道：

“真的,太太,这真不算多。不过旁人从来不向我们要求赔偿这样轻微的灾害损失。我们现在断不能够照付,请您想想吧,譬如手帕、手套、扫帚、破鞋子,一切小的东西,那都是每日逃不了火灾的损失的。”

她面红了,觉得满身都是怒气了,说道：

“先生,不过去年十二月,因为烟囱走火,我们至少损失五百金法郎,倭雷依先生一点儿没有要求赔偿,今天公司赔偿我的雨伞是应该的。”

经理猜到她是说谎,就带着微笑说道：

“你可以老实说哟,太太,倭雷依先生对于五百金法郎的损失一点儿也不要求赔偿,现在为了修理雨伞的五六个法郎,倒反来要求,这是很可怪的事。”

她一点也不惊慌地答道:

“请您见谅,先生,五百金法郎的损失,是属于倭雷依先生的钱袋里的,至于这十八个的损失,是属于倭雷依太太名下的。这不是一码事。”

经理看见他既然推不开这个妇人,并且徒然耗去时间,于是用退让的神情问道:

“请您把怎样成灾的情形说给我听。”

她觉得胜利在望,便开始叙述起来:

“请听吧,先生,我有一只搁雨伞和手棍的铜架子放在大门旁边。某天我回家的时候就把这柄伞搁在架子里。我应该告诉您,架子上部有一块板子是做安置蜡烛火柴用的。我伸手取了三四根火柴。拿一根一划,谁知它断了;我再划第二根,立刻燃了,却又立刻灭了。再划第三根,谁知也是一样。”她说到这里,经理用一句俏皮话打断了她的叙述:

“那果真都是政府制造的火柴吗?”

她不懂这个意思,依然继续叙述:

“那是很可能的。我每次都是划到了第四根才划出火去点燃蜡烛,随后我进房预备睡觉。但是刻把钟以后,我觉得有点烧焦了东西的味儿。我素来是害怕火烛的。唉!倘若我们偶然出了一个乱子,那不可能是我的过错!尤其自从遇见我刚才告诉您的那次烟囱走火以后,一直没有见过它。我所以立时起床走到外面去找,我像猎犬一样向四处嗅着,终于看见这雨伞烧着了。那大约是因为掉了一根火柴进去的原故。现在你看见它被火烧成什么样子了……”

经理已经打定了主意,问道:

“这种损失,你估计要多少钱?”

她不敢确定数目,待着没有说话。后来她装着大度地说道:

“请您教人修理吧。我再到您手中来取。”

他拒绝了:

“不成,太太,我不能照办。您要求多少,请您告诉我吧。”

“但是……我觉得……这样吧,先生,我不能赚您的钱,我们去试一下。我把这雨伞拿到一家伞铺子里,教他们配一个又好又结实的绸伞面,以后再拿发票向您取款。这可成?”

“很好,太太,就这么说妥了。我写一张通知出纳科付款的条子给您,那里有人偿还您的用费。”

于是他写了一张片子交给倭雷依太太,她伸手接了它,道了谢,害怕经理变卦就匆匆走出来了。

她现在欢欢喜喜地在街上走着去寻一家气象与众不同的雨伞店。等到寻得了一家华美的铺子,她就走进去用一道安安稳稳的声音说道:

“这是一柄要换绸面的雨伞,要顶好的伞面。请您拿最好的装上去。我决不在乎价钱。”

阅读二

旅途上

——写给巨思达夫·都杜寺

一

从戛纳车站起，客车里已经满是人了，因为彼此全是互相认识的，大家都谈起来。过了达拉司孔的时候，有一个人说道："暗杀的地方就是这里。"于是大众开始来议论那个凶手了，他不仅神秘得简直逮不住，而且两年来还杀过几次过往的旅客。每一个人都作了好些推测，每一个人都发表自己的意见；妇女们带着毛骨悚然之感瞧着车窗外面的夜色，心里害怕自己突然看得见一个脑袋从窗口边显出来。末后，大家渐渐谈到种种怕人的故事了，有些是险恶的遭遇，有些是在特别快车里和疯人同会一个车舱，有些是和一个可疑的人物长久地单独相对。

每一个男客都晓得一件可以当作本人荣誉的轶闻，每一个人都曾经在惊人的情况中间，用了一种镇静的态度和勇气去威吓过，掀翻过和捆住过什么匪党，有一个每年必到法国南部过冬的医生，在轮到他说话的时候，谈起了他的一个奇遇。

我现在把他的话录在下面：

我呢，从来没有机会在这类事件里头试验我的勇气，不过我认识过一个妇人，一个已经去世的女病人，她遇见了世上最罕见的也可以说是最神秘的和最使人感动的事。

那是一个俄国妇人，马丽·巴乐诺夫伯爵夫人，一个姿容绝世而且很阔绰的夫人。您各位都晓得俄国妇人真都是美貌的，至少，她们那种挺直的鼻梁，细巧的嘴巴，略见蹙拢而色彩不定的青灰色的眼睛，以及略现严谨的冷静娇态，在我们看来是那么美貌！她们的意味多少都有些儿是忧郁而又有诱惑力的，是高傲而又亲切的，是柔和而又严肃的，所以，在一个法国人眼睛里那是十分动人的了。彻底说来，也许仅仅就是这点儿在种族上和典型上的不同，教我在她们身上看见许多事。

自从好几年来，巴乐诺夫伯爵夫人的医生已经看见她受到了肺病的威胁，于是极力使她打定主意到法国南部来，但是她固执地不肯离开彼得堡。到了去年秋天，医生终于断定她已经没有希望，于是就通知她的丈夫，她的丈夫立刻吩咐她动身到芒东去。

她乘了火车，独自一人坐在客车的一个车舱里，她的随从却坐着另外一个车舱。她略怀愁意，靠着窗口坐下，瞧着田园和村庄在窗外过去，觉得自己很孤单，真的在生活之中被人遗弃了，没有儿女，几乎没有亲属，只有一个爱情已入坟墓的丈夫，而现在，丈夫如同世人把病了的仆人送入医院似的，把她这样扔到世界的尽头而自己并不来相伴。

每逢列车在一个车站停下来，她的男跟班伊万总来询问女主人是否要点什么东西。那是一个忠心耿耿的老家人，对于她吩咐的一切事情都一律照办。

天黑了，列车正全速前进，她过度烦躁，没有法儿入睡。忽然她记起她丈夫在她临行之际交给了她一些法国金币做零用钱，现在她想数一数那笔钱的数目。于是打开了她那只小小的钱荷包，把那点儿金光灿灿的泉水样的东西倒在自己的裙子上。

但是陡然有一道冷的空气拂到她的脸上了。她吃惊了，抬起头一看，才发见车舱的门刚刚被人弄开了。伯爵夫人骇然了，匆匆地抓了一条围巾掩住那些摊在裙子上的金币，一面静候着。几秒钟过了，接着出现了一个男人，头是光着的，手是带伤的，呼呼直喘气，而身上穿的却是晚礼服。他重新关好了车舱的门,坐行了,用那双闪灼有光的眼睛瞧着这位同舱的女客,随后用一条手帕裹好自己那只出血的手。

那青年妇人感到自己快要因为害怕而发晕了。这个汉子显然看见了她在点数金币,那么他到这儿,为的就是抢劫她和杀她。

他始终眼睁睁地瞧着她,呼吸急促,面部的肌肉抽搐不停,显然是预备向她身上扑过来。

他突然向她说:

“夫人,请您不用害怕!”

她一个字也没有回答,因为已经没有能力开口了,只听见自己的耳鸣和心跳。

他却继续说:

“我不是个干坏事的人,夫人。”

她始终一个字也不说,但是,她匆促地把自己的膝头并到了一处,于是那些金币就如同一道从承溜管里流出来的水似的开始向舱里的地毯上直流。

那个男人吃惊了,瞧着这一道金光灿灿的泉水,便突然弯下身子去拾。

张皇失措的她站起了,这一来,她衣襟上的钱通通落到了地上,而她本人却扑到车舱的门边预备跳到轨道上去。但是他明白她想干什么,于是连忙扑过去,伸起胳膊抱着她,使劲叫她坐下,并且抓着她双手向她说:“请您听我说,夫人,我不是个干坏事的人,而证据呢,就是我要拾起这些钱还给您。不过我是一个绝望的人,一个死人,倘若您不帮助我过关出境。我不能向您再说更多的话了。一点钟以后,我们就要到俄国境内最末了的一个车站,一点二十分钟以后,我们就要越过俄罗斯帝国的边界了。倘若您一点儿也不帮助我,我简直是绝望的了。然而,夫人,我并没有杀害过谁,也没有抢劫过谁,更没有做过什么不顾名誉的事。这一层,我向您发誓。我不能向您再说更多的话了。”

他跪在地下去拾那些金币了,连座位下面都搜了一遍,连那些滚得远远的都寻了出来。随后,等到那只小小的皮荷包重新装满了以后,他一言不发地把它交给他这位同舱的伯爵夫人,自己就转身坐在车舱里的另一只角儿上。

他们这两个人彼此都不动弹了。她依然因为恐怖弄得浑身发软,始终呆呆地不言不动,不过却渐渐安定了。他呢,他没有做一个手势,也没有一个动作,只直挺挺地坐着,直挺挺地看着前面,脸色很苍白,活像是已经死了。她不时向他匆促地望一眼,不过迅速地又回过眼光来。那是一个三十来岁的男子,很漂亮,很有一个世家子弟的气概。

列车在黑暗里奔跑,从夜色里迸出它种种震耳的声响,偶尔减低了它的速度,随后又很快地向前飞驰。不过忽然它的行动慢下来,它鸣了几声汽笛,终于竟完全停住。

伊万重新走到车舱门口来听候吩咐。

那位伯爵夫人向她同车的古怪人又端详了最后的一回,随后用一道发抖的声音向她的仆从说:

“伊万,你可以回去伺候爵爷,我现在用不着你了。”这个茫然的汉子张着那双大眼睛,低声地说:

“不过……伯爵夫人……”

她接着说:

“不必,你以后不用来,我换了主意。我现在要你待在俄国。拿去,这是你回去的盘缠,你把你的便帽和外套留给我。”那个老家人发呆了,他终于脱下了帽子和外套,一言不发地表示服从,他两位主人的变幻无常的意思和不可抵抗的乖僻脾气,他都是尝惯了的。末了,他含着两眶眼泪走开了。列车又开动了,向着边界前进。

这时候,伯爵夫人向她同车的人说:

"这些东西是留给您的,先生。您现在是伊万,我的跟班。我对于我所做的只要一个交换的条件:就是您永远不要和我说话,您不可以和我说一个字,用不着谢我,无论什么话都用不着说。"

这个不知姓名的人鞠躬了,没有说一句话。

不久,列车又停住了,于是就有好几个身着制服的官吏来查车。伯爵夫人拿着好几张证件交给他们,并且指着车舱那一头角儿上的汉子说:

"那是我的仆人伊万,护照在这里。"

列车终于重新开走了。

这一整夜,他们面对面地待着,谁也没有说话。

天明了,列车在德国境内某一个车站跟前停住的时候,那个不知姓名的人下了车,随后,他立在车舱门边说:"请您宽恕我,夫人,我现在打破了我以前的诺言,但是因为我,您竟缺少了随从的人,我现在来代替也是应该的。您现在什么也不缺吗?"

她冷淡地回答道:

"您去给我找个随身的女佣人来吧。"

他去了。随后他不见踪迹了。

等到她下车走入车站的餐室的时候,她却望见他正在远处望着她,末后他们都到了芒东。

二

医生说到这里,沉默了一会儿,随后才接着说:

"某一天,我正在诊所里接待顾客们,忽然看见一个身材高大的青年人走进来向我说:'医生,我特地来请教您巴乐诺夫伯爵夫人的消息,她本人固然不认识我,我却是她丈夫的一个朋友。'"

我说:"她没有希望了。她是回不了俄国的了。"

这青年人突然呜咽起来,随后他站起来,踉踉跄跄像一个醉汉似的走了。

当天晚上,我通知这位伯爵夫人,说起有一个不知姓名的人问起她的健康。她像是很受感动,就向我谈起我刚才向各位说过的那个故事。末了她还说道:

"我与这个人素不相识,现在竟像是我的影子似的跟着我,我每次出外总碰见他;他用一种古怪的样子瞧着我,不过从不向我说话。"

想了好一会儿,她接着又说道:

"对呀,我现在可以向您打赌,他就在我的窗子下边。"她离开了她那张躺椅,走去揭开她的窗帏,果然对我指出了那个在白天找过我的青年人,他正坐在人行道上的一条长凳上抬头望着那座房子。他望见我们就站起了,头也不回就走了。

这样一来,我目击了一件惊人的和伤心的事,那种属于两个绝不相识的人的无言的爱情。他用一种因为获救感恩所以至死尽忠的感情去爱她。他懂得我猜着了他的事,每天一定走来问我:"她的病体怎样?"后来,他看见她日见衰弱和日见面无血色的时候,他竟失声痛哭了。她向我说道:"这个古怪人,我只向他说过一次话,然而我却像已经认识他二十年了。"

后来,他们相遇的时候,她总用一种庄重而又妩媚的微笑去答复他的敬礼。她如此无人理会而且自知已经失望,我认为那究竟是幸福的。因为这样被人用尊敬而且有恒的态度来恋爱,这样被人用充满诗意的激情来恋爱,这样被人用奋不顾身的忠实态度来恋爱,我认为她究竟是幸福的。然而她却不肯抛弃她的激昂的固执态度,坚决不愿接见他,不愿晓得他的姓名,不愿和他谈话。她说过:“不成,不成,那样一来,可以弄糟这种异常的友谊。我和他应该守着彼此各不相识的地位。”

至于他,他当然也是一个堂·吉诃德先生样的人,因为他绝不设法和她接近。他始终想坚持从前车舱里表示过的那个永远不和她说话的承诺。

时常,在长期的衰弱状态里,她从躺椅上站起来,走到窗子跟前略略揭开窗帏去看他是否在那儿,是否在窗子下面。等到她看见他始终安安静静坐在长凳上以后,她就带着嘴唇上的微笑走回来躺下了。

某一天早上十点钟光景,她死了。我刚好走出她的宅子,他正哭丧着脸儿朝我走来,他已经晓得她的消息了。

“我想当着您面看她一两秒钟。”他说。

我挽着他的胳膊,接着就引他进去了。

等到他走到灵床跟前,随即握着她的手吻着不肯放,末了他才像是一个傻子似地走了。医生说到这儿又沉默了好一会,后来他才接着说:

“在我晓得的铁路旅行的遭遇当中,这确实是最罕见的。也应当说那两个人全是痴人当中的最奇怪的。”

一个女客低声慢气地说:“那两个都不像您想象的那般痴癫……他们都是……他们都是……”

但是她没有再往下说。她已经流眼泪了。于是大家变换了谈话的题目去使她平静下来,因此竟不知道她究竟想说什么。

阅读三

项　　链

她也是一个美丽动人的姑娘,好像由于命运的差错,生在一个小职员的家里。她没有陪嫁的资产,也没有什么法子让一个有钱的体面人认识她,了解她,爱她,娶她;最后只得跟教育部的一个小书记结了婚。

她不能够讲究打扮,只好穿得朴朴素素,但是她觉得很不幸,好像这降低了她的身份似的。因为在妇女,美丽、丰韵、娇媚,就是她们的出身;天生的聪明、优美的资质、温柔的性情,就是她们唯一的资格。

她觉得她生来就是为着过高雅和奢华的生活,因此她不断地感到痛苦。住宅的寒伧、墙壁的黯淡、家具的破旧、衣料的粗陋,都使她苦恼。这些东西,在别的跟她一样地位的妇人,也许不会挂在心上,然而她却因此痛苦,因此伤心。她看着那个替她做琐碎家事的勃雷大涅省的小女仆,心里就引起悲哀的感慨和狂乱的梦想。她梦想那些幽静的厅堂,那里装饰着东方的帷幕,点着高脚的青铜灯,还有两个穿短裤的仆人,躺在宽大的椅子里,被暖炉的热气烘得打盹儿。她梦想那些宽敞的客厅,那里张挂着古式的壁衣,陈设着精巧的木器、珍奇的古玩。她梦想那些华美的香气扑鼻的小客室,在那里,下午五点钟的时候,她跟最亲密的男朋友闲谈,或者跟那些一般女人所最仰慕最乐于结识的男子闲谈。

每当她在铺着一块三天没洗的桌布的圆桌边坐下来吃晚饭的时候,对面,她的丈夫揭开汤锅的盖子,带着惊喜的神气说:“啊!好香的肉汤!再没有比这更好的了!……”这时候,她就梦想到那些精美的晚餐,亮晶晶的银器;梦想到那些挂在墙上的壁衣,上面绣着古装人物,仙境般的园林,奇异的禽鸟;梦想到盛在名贵的盘碟里的佳肴;梦想到一边吃着粉红色的鲈鱼或者松鸡翅膀,一边带着迷人的微笑听客人密谈。

莫泊桑

她没有漂亮服装,没有珠宝,什么也没有。然而她偏偏只喜爱这些,她觉得自己生在世上就是为了这些。她一向就想望着得人欢心,被人艳羡,具有诱惑力而被人追求。

她有一个有钱的女朋友,是教会女校的同学,可是她再也不想去看望她了,因为看望回来就会感到十分痛苦。由于伤心、悔恨、失望、困苦,她常常整天地哭好几天。

然而,有一天傍晚,她丈夫得意洋洋地回家来,手里拿着一个大信封。

“看呀,”他说,“这里有点东西给你。”

她高高兴兴地拆开信封,抽出一张请柬,上面印着这些字:

“教育部部长乔治·郎伯诺及夫人,恭请路瓦栽先生与夫人于一月十八日(星期一)光临教育部礼堂,参加夜会。”

她不像她丈夫预料的那样高兴,她懊恼地把请柬丢在桌上,咕哝着:

“你叫我拿着这东西怎么办呢?”

“但是,亲爱的,我原以为你一定很喜欢的。你从来不出门,这是一个机会,这个,一个好机会!我费了多大力气才弄到手。大家都希望得到,可是很难得到,一向很少发给职员。你在那儿可以看见所有的官员。”

她用恼怒的眼睛瞧着他,不耐烦地大声说:

“你打算让我穿什么去呢?”

他没有料到这个,结结巴巴地说:

“你上戏园子穿的那件衣裳,我觉得就很好,依我……”

他住了口,惊惶失措,因为看见妻子哭起来了,两颗大大的泪珠慢慢地顺着眼角流到嘴角来了。他吃吃地说:

“你怎么了?你怎么了?”

她费了很大的力,才抑制住悲痛,擦干她那润湿的两腮,用平静的声音回答:

“没有什么。只是,没有件像样的衣服,我不能去参加这个夜会。你的同事,谁的妻子打扮得比我好,就把这请柬送给谁去吧。”

他难受了,接着说:

“好吧,玛蒂尔德。做一身合适的衣服,你在别的场合也能穿,很朴素的,得多少钱呢?”

她想了几秒钟,合计出一个数目,考虑到这个数目可以提出来,不会招致这个俭省的书记立刻的拒绝和惊骇的叫声。

末了,她迟疑地答道:

"准数呢,我不知道,不过我想,有四百法郎就可以办到。"

他脸色有点发白了。他恰好存着这么一笔款子,预备买一杆猎枪,好在夏季的星期天,跟几个朋友到南代尔平原去打云雀。

然而他说:

"就这样吧,我给你四百法郎。不过你得把这件长衣裙做得好看些。"

夜会的日子近了,但是路瓦栽夫人显得郁闷、不安、忧愁。她的衣服却做好了。她丈夫有一天晚上对她说:

"你怎么了?看看,这三天来你非常奇怪。"

她回答说:

"叫我发愁的是一粒珍珠、一块宝石都没有,没有什么戴的。我处处带着穷酸气,很想不去参加这个夜会。"

他说:

"戴上几朵鲜花吧。在这个季节里,这是很时新的。花十个法郎,就能买两三朵别致的玫瑰。"

她还是不依。

"不成,……在阔太太中间露穷酸相,再难堪也没有了。"

她丈夫大声说:

"你多么傻呀!去找你的朋友佛来思节夫人,向她借几样珠宝。你跟她很有交情,这点事满可以办到。"

她发出惊喜的叫声。

"真的!我倒没想到这个。"

第二天,她到她的朋友家里,说起自己的烦闷。

佛来思节夫人走近她那个镶着镜子的衣柜,取出一个大匣子,拿过来打开了,对路瓦栽夫人说:

"挑吧,亲爱的。"

她先看了几副镯子,又看了一挂珍珠项圈,随后又看了一个威尼斯式的镶着宝石的金十字架,做工非常精巧。她在镜子前边试这些首饰,犹豫不决,不知道该拿起哪件,放下哪件。她不断地问着:

"再没有别的了吗?"

"还有呢。你自己找吧,我不知道哪样合你的意。"

忽然她在一个青缎子盒子里发现一挂精美的钻石项链,她高兴得心也跳起来了。她双手拿着那项链发抖。她把项链绕着脖子挂在她那长长的高领上,站在镜前对着自己的影子出神好半天。

随后,她迟疑而焦急地问:

"你能借给我这件吗?我只借这一件。"

"当然可以。"

她跳起来,搂住朋友的脖子,狂热地亲她,接着就带着这件宝物跑了。

夜会的日子到了,路瓦栽夫人得到成功。她比所有的女宾都漂亮、高雅、迷人,她满脸笑容，兴高采烈。所有的男宾都注视她，打听她的姓名，求人给介绍；部里机要处的人员都想跟她跳舞，部长也注意她了。

她狂热地兴奋地跳舞，沉迷在欢乐里，什么都不想了。她陶醉于自己的美貌胜过一切女宾，陶醉于成功的光荣，陶醉在人们对她的赞美、羡慕和妒忌所形成的幸福的云雾里，陶醉在妇女们所认为最美满最甜蜜的胜利里。

她是早晨四点钟光景离开的。她丈夫从半夜起就跟三个男宾在一间冷落的小客室里睡着了。那时候，这三个男宾的妻子也正舞得快活。

她丈夫把那件从家里带来预备给她临走时候加穿的衣服，披在她的肩膀上。这是件朴素的家常衣服，这件衣服的寒伧味儿跟舞会上的衣服的豪华气派很不相称。她感觉到这一点，为了避免那些穿着珍贵皮衣的女人看见，想赶快逃走。

路瓦栽把她拉住，说：

“等一等，你到外边要着凉的。我去叫一辆马车来。”

但是她一点也不听，赶忙走下台阶。他们到了街上，一辆车也没看见，他们到处找，远远地看见车夫就喊。

他们在失望中顺着塞纳河走去，冷得发抖，终于在河岸上找着一辆拉晚儿的破马车。这种车，巴黎只有夜间才看得见；白天，它们好像自惭形秽，不出来。

车把他们一直拉到马丁街寓所门口，他们惆怅地进了门。在她，一件大事算是完了。她丈夫呢，就想着十点钟得到部里去。

她脱下披在肩膀上的衣服，站在镜子前边，为的是趁这荣耀的打扮还在身上，再端详一下自己。但是，她猛然喊了一声。脖子上的钻石项链没有了。

她丈夫已经脱了一半衣服，就问：

“什么事情？”

她吓昏了，转身向着他说：

“我……我……我丢了佛来思节夫人的项链了。”

他惊惶失措地直起身子，说：

“什么！……怎么啦！……哪儿会有这样的事！”

他们在长衣裙褶里、大衣褶里寻找，在所有口袋里寻找，竟没有找到。

他问：

“你确实相信离开舞会的时候它还在吗？”

“是的，在教育部走廊上我还摸过它呢。”

“但是，如果是在街上丢的，我们总听得见声响。一定是丢在车里了。”

“是的，很可能。你记得车的号码吗？”

“不记得。你呢，你没注意吗？”

“没有。”

他们惊惶地面面相觑。末后，路瓦栽重新穿好衣服。

“我去，”他说，“把我们走过的路再走一遍，看看会不会找着。”

他出去了。她穿着那件参加舞会的衣服，连上床睡觉的力气也没有，只是倒在一把椅子里发呆，精神一点也提不起来，什么也不想。

七点钟光景，她丈夫回来了。什么也没找着。

后来,他到警察厅去,到各报馆去,悬赏招寻,也到所有车行去找。总凡有一线希望的地方,他都去办了。

她面对着这不幸的灾祸,整天等候着,整天在惊恐的状态里。

晚上,路瓦栽带着瘦削苍白的脸回来了,一无所得。

“应该给你的朋友写信,”他说,“说你把项链的搭钩弄坏了,正在修理。这样,我们才有周转的时间。”

她照他说的写了封信。

过了一个星期,他们所有的希望都断绝了。

路瓦栽,好像老了五年,他决然说:

“应该想法赔偿这件首饰了。”

第二天,他们拿了盛项链的盒子,照着盒子上的招牌字号找到那家珠宝店。老板查看了许多账簿,说:

“太太,这挂项链不是我卖出的;我只卖出这个盒子。”

于是他们就从这家珠宝店到那家珠宝店,凭着记忆去找一挂同样的项链。两个人都愁苦不堪,快病倒了。

在皇宫街一家铺子里,他们看见一挂钻石项链,正跟他们找的那一挂一样,标价四万法郎。老板让了价,只要三万六千。

他们恳求老板,三天以内不要卖出去。他们又订了约,如果原来那一挂在二月底以前找着,那么老板可以拿三万四千收回这一挂。

路瓦栽现有父亲遗留给他的一万八千法郎。其余的,他得去借。

他开始借钱了。向这个借一千法郎,向那个借五百法郎,从这儿借五个路易,从那儿借三个路易。他签了好些债券,订了好些使他破产的契约。他跟许多放高利贷的人和各种不同国籍的放债人打交道。他顾不得后半世的生活了,冒险到处签着名,却不知道能保持信用不能。未来的苦恼,将要压在身上的残酷的贫困,肉体的苦楚,精神的折磨,在这一切的威胁之下,他把三万六千法郎放在商店的柜台上,取来那挂新的项链。

路瓦栽夫人送还项链的时候,佛来思节夫人带着一种不满意的神情对她说:

“你应当早一点还我,也许我早就要用它了。”

佛来思节夫人没有打开盒子。她的朋友正担心她打开盒子。如果她发觉是件代替品,她会怎样想呢?会怎样说呢?她不会把她的朋友当作一个贼吗?

路瓦栽夫人懂得穷人的艰难生活了。她一下子显出了英雄气概,毅然决然打定了主意。她要偿还这笔可怕的债务。她就设法偿还。她辞退了女仆,迁移了住所,租赁了一个小阁楼住下。

她懂得家里的一切粗笨活儿和厨房里的讨厌的杂事了。她刷洗杯盘碗碟,在那油腻的盆沿上和锅底上磨粗了她那粉嫩的手指。她用肥皂洗衬衣,洗抹布,晾在绳子上。每天早晨,她把垃圾从楼上提到街上,再把水从楼下提到楼上,走上一层楼,就站住喘气。她穿得像一个穷苦的女人,胳膊上挎着篮子,到水果店里,杂货店里,肉铺里,争价钱,受嘲骂,一个铜子一个铜子地节省她那艰难的钱。

月月都得还一批旧债,借一些新债,这样来延缓清偿的时日。

她丈夫一到晚上就给一个商人誊写账目,常常到了深夜还在抄写五个铜子一页的书稿。

这样的生活继续了十年。

第十年年底，债都还清了，连那高额的利息和利上加利滚成的数目都还清了。

路瓦栽夫人现在显得老了。她成了一个穷苦人家的粗壮耐劳的妇女了。她胡乱地挽着头发，歪斜地系着裙子，露着一双通红的手，高声大气地说着话，用大桶的水刷洗地板。但是有时候，她丈夫办公去了，她一个人坐在窗前，就回想起当年那个舞会来，那个晚上，她多么美丽，多么使人倾倒啊！

要是那时候没有丢掉那挂项链，她现在是怎样一个境况呢？谁知道呢？谁知道呢？人生是多么奇怪，多么变幻无常啊，极细小的一件事可以败坏你，也可以成全你！

有一个星期天，她到极乐公园去走走，舒散一星期来的疲劳。这时候，她忽然看见一个妇人领着一个孩子在散步。原来就是佛来思节夫人，她依旧年轻，依旧美丽动人。

路瓦栽夫人无限感慨。她要上前去跟佛来思节夫人说话吗？当然，一定得去。而且现在她把债都还清，她可以完全告诉她了。为什么不呢？

她走上前去。

"你好，珍妮。"

那一个竟一点也不认识她了。一个平民妇人这样亲昵地叫她，她非常惊讶。她磕磕巴巴地说：

"可是……太太……我不知道……你一定是认错了。"

"没有错。我是玛蒂尔德·路瓦栽。"

她的朋友叫了一声：

"啊！……我可怜的玛蒂尔德，你怎么变成这样了！……"

"是的，多年不见面了，这些年来我忍受着许多苦楚，……而且都是因为你！……"

"因为我？……这是怎么讲的？"

"你一定记得你借给我的那挂项链吧，我戴了去参加教育部夜会的那挂。"

"记得。怎么样呢？"

"怎么样？我把它丢了。"

"哪儿的话！你已经还给我了。"

"我还给你的是另一挂，跟你那挂完全相同。你瞧，我们花了十年工夫，才付清它的代价。你知道，对于我们这样什么也没有的人，这可不是容易的啊！……不过事情到底了结了，我倒很高兴了。"

佛来思节夫人停下脚步，说：

"你是说你买了一挂钻石项链赔我吗？"

"对呀。你当时没有看出来？简直是一模一样的啊。"

于是她带着天真的得意的神情笑了。

佛来思节夫人感动极了，抓住她的双手，说：

"唉！我可怜的玛蒂尔德！可是我那一挂是假的，至多值五百法郎！……"

阅读四　保　护　人

若昂·马阑从来不曾梦见自己有一种这样好的运气！他本是外省一个执达吏的儿子，从前也像许多其他的人一样到了巴黎拉丁区学习法律。那时候,他在各种被他先先后后光顾的啤酒馆里,结交了好几个狂喝啤酒高谈政治的饶舌的大学生做朋友。他对他们赞叹不止,一心跟着他们从这一家咖啡馆跑到另一家,有时候他手里有点钱也给他们付账。

随后,他成了律师了,辩护过一些在他手里败诉的案件。谁知在某一天早上,他从报纸上知道往日同学中的一个新近当选了众议院议员。

他重新又是他的忠实走狗了,那就是专门跑腿,有事招之即来而且简直不拘形迹的朋友。但是由于议院里的政潮,这个众议员居然做了阁员,半年以后,若昂·马阑就做了平政院评事。

开初,他有些得意忘形,他如同想使旁人一见就能猜到他的地位似的,专为显示自己的地位到街道上闲游。有时候,他到铺子里买点东西,到报亭子里买张报或者在街上叫一辆另雇的马车,即令谈到种种绝无意义的事情,他也想法子告诉铺子里商人或者卖报的,甚至于赶车的说:

“我本人是平政院评事……”

随后他自然而然地感到了一种迫不及待的需要,要去保护旁人;把保护旁人看作是他的威望的表现,是职业上的必要,是性情宽厚而力量雄大者的义务。无论遇着哪种情形,无论对于哪个,他总用一种无限的宽厚态度献出他的援助力。

在大街上遇见了面熟的人,他总喜笑颜开地走过去握手寒暄,接着并不等候旁人发言,他就高声说:“您知道我现在做了平政院评事,我很愿意给您帮忙。倘若我对于您能够有点用处,请您不必客气,把事情交给我办。在我这种地位,手上是有点办法的。”

于是他就同着这样遇见的朋友走到咖啡馆里去讨笔墨纸张,他说道:“只要一张纸,堂倌,那是写一封介绍信用的。”他就这样写了好些介绍信,每天十封二十封或五十封不等,并且都是在巴黎热闹街道上那些很有名的大咖啡馆里写的。法兰西共和国的官吏,从预审推事数到阁员,他都写过信了。并且他觉得自己有幸运,很有幸运。

有一天早上,他正从自己家里出来到平政院去,忽然遇着了雨。他颇想叫一辆出租马车,但是却没有叫,从街上冒雨走去。

那阵大雨愈下愈大了,淹没了街面,漫上了人行道。于是马阑先生不得不跑到一所住宅的大门下面去躲雨了。那地方已经躲着一个老教士,一个白头发老教士。在未做评事以前,马阑先生是很不欢喜教士的。自从有一个红袍主教曾经恭敬地请教他一件困难的事件以后,他现在竟尊重这种人了。那阵雨像大水一般地倾个不住,逼着这两个人一直走到那所住宅的看门人屋子里躲藏,去避免泥水溅到身上。马阑先生为了标榜自己,感到心痒难搔急于想说话,这时候他高声说道:

“天气真很恶劣,长老先生。”

那老教士欠一欠身子回答:

“唉!对呀,先生,对一个只预备到巴黎住几天的人来说,真讨厌。”

“哈!您可是从外省来的?”“对呀,先生,我只在巴黎路过。”

“一个人在京城里住几天却偏偏遇着下雨,确实是讨厌的。我们,在政界上服务的人,终年住在这儿,却没有想到这点。”

长老不再答话了。他瞧着那条雨势渐杀的街道。忽然,他下了决心,如同撩起裙袍跨过水沟的妇女们似地,撩起了他的道袍。

马阑先生瞧着他要走,高声喊道:

"您快要打得全身透湿,长老先生,再等一会儿吧,雨就要停止的。"

那个犹豫不决的老翁停住脚步了,随后他说道:

"因为我很忙。我有一个要紧的约会。"

马阑先生仿佛很不乐意似的。

"但是您一定会把全身打得透湿。我能够请教您到哪一区去吗?"

神父露出了迟疑的样子,随后才说:

"我到旧王宫附近去。"

"既然这样,长老老生,倘若您答应,我可以请您来和我共用这柄伞。我呢,我到平政院去。我是平政院评事。"

老教士抬起头来瞧着他,随后高声说:

"真的谢谢您,先生,我很愿意。"

于是马阑先生挽着他的胳膊,搀着他同走了。他引导他,防护他,劝告他:

"当心这个水荡吧,长老先生。尤其要格外注意马车的轮子;有时那东西溅得您从头到脚都是泥浆。路上的伞也要留意。对于眼睛,世上再没有比伞骨子更要危险的了。尤其那些女人真教人受不住;她们一点也不留心,不管是雨天或是晴天,永远把她们伞骨子从您对面撞过来。尤其她们从不对谁偏一偏自己的身子。简直可以说市区是属于她们的。她们统辖着街面和人行道。从我个人的意见看起来,我觉得她们的教育在以前是很没有被人注意的。"后来马阑先生开始笑起来。

教士没有回答。他走着,身躯向前略俯,仔细挑选那些踩脚的地方,使他的道袍和鞋子都不会沾上一点泥浆。

马阑先生接着又说:

"您到巴黎来一定是散散心的。"老翁回答:"不是,我有一件正经事情。"

"哦!可是一件重要的?我能不能请教您是什么问题?倘若我能够有益于您,我愿意听候您的吩咐。"

教士仿佛有些狼狈了。他吞吞吐吐地说:

"唉!是一件私事。一件和……和我的主教发生的小麻烦。那是不会使您发生兴趣的。是一件……一件有关宗教行政的……的……内部秩序的事情。"

马阑先生可发急了:

"不过,那些事正是归平政院管。既然如此,请您吩咐我吧。""是的,先生,我也是到平政院去的。您真好。我要去会勒来贝尔先生和沙奉先生,并且也许还要会白底巴先生。"

马阑先生突然停住了脚步。

"那简直都是我的朋友,长老先生,我的几个挚友,几个最好的同事,几个很可爱的人。我就写信给这三位,把您介绍介绍,并且,热烈地介绍。算在我身上吧。"

教士向他道了谢,歉疚不安似地用吞吞吐吐的样子,说了无数感恩的话。

马阑先生快乐得发痴了:

"唉!您不妨夸口说是遇着一种绝好的运气,长老先生。您就会看见,因为有了我介绍,您就会看见您的事情像是踏在轮盘上面似地转得很顺利了。"

他们到了平政院。马阑先生引了教士上楼走到自己的办公室里,端了一张椅子,请他坐在火炉前面,随后自己才到桌子跟前坐下,并且提笔写起来:

“亲爱的同事,请足下许我以最恳挚的意思,向足下介绍一位最尊贵最能干的教士,长老……”

他停笔不写了,问道:“尊姓呢?请教。”

“山杜尔。”

马阑先生继续写道:

“长老山杜尔先生,此君有小事须待面陈,以便领受高明指点。”

“我幸得此便,向足下……”

末后他加上几句通用的客气话作了结束。

他这样写完了三封信,一齐交给这个受他保护的人,这一个在说了无数感激的话以后就走了。

马阑先生办完了他的公事,回到了家里安宁地度过了白天的光阴,夜晚平静地睡了觉,第二天愉快地起了床,叫人拿报纸来看。

他打开来的第一份是一种激进派的日报,他读着:

“我们的宗教师和我们的官吏。

“宗教师的为非作歹的行动,我们说也说不完。某处有一个姓山杜尔的教士,曾经承认自己有过背叛现在政府的阴谋,且因为犯过种种值不得由我们来指出的不名誉事实曾经被人告发,此外还有人怀疑他是个由旧日的耶稣会教士变形的普通教士,某主教更因为他有种种被人认为不便明言的动机免了他的职,召他到巴黎来检查他的人品,岂知山杜尔找到了一个姓马阑的平政院评事做他的热心辩护者,这辩护者敢于为这个身着道袍的坏人,写了好些极有力量的介绍信,给共和国的一些官吏,他的同事们。

“我们现在特地指出这个评事的不堪容忍的作风,深望内阁注意……”

马阑先生一下跳起来,连忙着好衣裳,跑到他的同事白底巴先生家里,白底巴向他说:“唉!您把那个老鬼介绍给我,真是发痴了。”

于是马阑先生慌张起来了,吃着嘴说:

“不是的……请您想想吧……我上当了……那家伙的神气很像正派人……他骗了我……他卑劣地骗了我。我央求您,请您从严,格外从严惩办他。我就要写信。譬如要惩办他,应当写信给谁,请您告诉我吧。我要去找总检察长和巴黎的总主教,对呀,总主教……”

于是匆匆地坐到白底巴先生的书桌跟前,他写道:

“总主教阁下。敬启者,我新近为一个姓山杜尔的教士之阴谋及其谎语所欺,致受其害,特此奉闻……”随后,他在签了名和封了信的时候,回头瞧着他的同事高声说道:

“您可看见,好朋友,这回的事对于您应当是一个教训,请您再也不要替任何人作介绍吧。”

风生与水起

——宋四家散文拼盘

专题导语

宋代文坛，群星灿烂。在这个单元里，我们将读到，苏洵、王安石、曾巩、苏辙等被称为“宋四家”的作品。他们用各自不同的音色，融汇成了文坛盛世中又一支美妙的旋律。

苏洵的文风古朴简劲，但绝不少华采风神，行文开阖自如。欧阳修称赞他“纵横上下，出入驰骤，必造于深微而后止”（《故霸州文安县主簿苏君墓志铭》）；曾巩评论他的文章“指事析理，引物托喻”，“烦能不乱，肆能不流”（《苏明允哀词》）；他自己在《上田枢密书》中也自评其文兼得“诗人之优柔，骚人之清深，孟、韩之温淳，迁、固之雄刚，孙、吴之简切”。

王安石的文章雄健简练，奇崛峭拔。用刘熙载的话来说就是“只用一二语，便可扫却他人数大段”。（《艺概·文概》）

曾巩的文风以“古雅、平正、冲和”见称。《宋史·曾巩传》评其文“立言于欧阳修、王安石间，纡徐而不烦，简奥而不晦，卓然自成一家，可谓难矣”；王安石赞叹他是“曾子文章世稀有，水之江汉星之斗”。（《赠曾子固》）

苏辙的文风则显得“汪洋淡泊”，文气雍容，内涵丰富。其兄苏轼评价他说：“子由之文，词理精确，有不及吾；而体气高妙，吾所不及。”（《书子由超然台赋后》）宋孝宗曾经对苏辙曾孙苏诩这样说过：“子由之文，平淡而深造于理。”明代茅坤说：“子由之文，其奇峭处不如其父，其雄伟处不如兄，而其疏宕袅娜处亦自有一片烟波，似非诸家所及。”

四家之文，巍巍乎若泰山，洋洋乎若江水。

瑶琴已具，静候知音。

文本研读

苏　洵：**送石昌言使北引**

昌言举进士时，吾始数岁，未学也。忆与群儿戏先府君侧，昌言从旁取枣栗啖我，家居相近，又以亲戚故，甚狎。昌言举进士，日有名。吾后渐长，亦稍知读书，学句读属对声律，未成而废。昌言闻吾废学，虽不言，察其意甚恨。后十余年，昌言及第第四人，守官四方，不相闻。吾以壮大，乃能感悔，摧折复学。又数年，游京师，见昌言长安，相与劳苦，如平生欢。出文十数首，昌言甚喜称善。吾晚学无师，虽日为文，中甚自惭；及闻昌言说，乃颇自喜。今十余年，又来京师，而昌言官两制，乃为天子出使万里外强悍不屈之虏庭，建大旆，从骑数百，送车千乘，出都门，意气慨然。自思为儿时，见昌言先府君旁，安知其至此！

富贵不足怪，吾于昌言独有感也！大丈夫生不为将，得为使，折冲口舌之间足矣。往年彭任从富公使还，为我言曰：“既出境，宿驿亭，闻介马数万骑驰过，剑槊相摩，终夜有声，从者怛然失色。及明,视道上马迹,尚心掉不自禁。"凡虏所以夸耀中国者多此类。中国之人不测也,故或至于震惧而失辞,以为夷狄笑。呜呼！何其不思之甚也！昔者奉春君使冒顿,壮士大马皆匿不见,是以有平城之役。今之匈奴,吾知其无能为也。孟子曰:"说大人者,藐之。"况于夷狄！请以为赠。

(选自《嘉佑集笺注》,上海古籍出版社,2001)

1. 问题研究

(1) 本文的文体属于____________,其根据是________________________。

(2) 解释下列句中加点部分。

A. 忆与群儿戏先府君侧　　B. 又以亲戚故

C. 学句读属对声律　　D. 昌言及第第四人

E. 守官四方　　F. 相与劳苦

G. 闻介马数万骑驰过　　H. 说大人者

(3) 本文主要包括两部分内容,其一是________________________;其二是________________________。

(4) 文章引用孟子的话,要表达的意思是什么,请作简要解说。

(5) 将下列句子翻译成现代汉语。

A. 得为使,折冲口舌之间,足矣。

B. 尚心掉不自禁。

C. 中国之人不测也,故或至于震惧而失辞,以为夷狄笑。

2. 相关链接

东方出版中心:《苏洵散文精选》《苏辙散文精选》《王安石散文精选》《曾巩散文精选》(王运熙　主编)

深度阅读

阅读一

苏　洵:名二子说

轮辐盖轸,皆有职乎车,而轼,独若无所为者。虽然,去轼则吾未见其为完车也。轼乎！吾惧汝之不外饰也。

天下之车,莫不由辙,而言车之功者,辙不与焉。虽然,车仆马毙,而患亦不及辙。是辙者,善处乎祸福之间也。辙乎！吾知免矣。

(选自《嘉佑集笺注》,上海古籍出版社,2001)

阅读二

苏　洵:管仲论

管仲相桓公,霸诸侯,攘戎狄,终其身齐国富强,诸侯不叛。管仲死,竖刁、易牙、开方用,桓公薨于乱,五公子争立,其祸蔓延,讫简公,齐无宁岁。

夫功之成,非成于成之日,盖必有所由起;祸之作,不作于作之日,亦必有所由兆。则齐之治也,吾不曰管仲,而曰鲍叔。及其乱也,吾不曰竖刁、易牙、开方,而曰管仲。何则?竖刁、易牙、开方三子,彼固乱人国者,顾其用之者,桓公也。夫有舜而后知放四凶,有仲尼而后知去少正卯。彼桓公何人也?顾其使桓公得用三子者,管仲也。

仲之疾也，公问之相。当是时也，吾以仲且举天下之贤者以对。而其言乃不过曰竖刁、易牙、开方三子，非人情，不可近而已。呜呼！仲以为桓公果能不用三子矣乎？仲与桓公处几年矣，亦知桓公之为人矣乎？桓公声不绝乎耳，色不绝乎目，而非三子者则无以遂其欲。彼其初之所以不用者，徒以有仲焉耳。一日无仲，则三子者可以弹冠相庆矣。仲以为将死之言，可以絷桓公之手足邪？夫齐国不患有三子，而患无仲。有仲，则三子者，三匹夫耳。不然，天下岂少三子之徒？虽桓公幸而听仲，诛此三人，而其余者，仲能悉数而去之邪？呜呼！仲可谓不知本者矣。因桓公之问，举天下之贤者以自代，则仲虽死，而齐国未为无仲也。夫何患？三子者不言可也。

五霸莫盛于桓、文，文公之才不过桓公，其臣又皆不及仲，灵公之虐，不如孝公之宽厚。文公死，诸侯不敢叛晋，晋袭文公之余威，得为诸侯之盟主百有余年。何者？其君虽不肖，而尚有老成人焉。桓公之薨也，一乱涂地，无惑也，彼独恃一管仲，而仲则死矣。夫天下未尝无贤者，盖有有臣而无君者矣。桓公在焉，而曰天下不复有管仲者，吾不信也。仲之书有记其将死，论鲍叔、宾胥无之为人，且各疏其短。是其心以为是数子者皆不足以托国。而又逆知其将死，则其书诞谩不足信也。

吾观史鰌以不能进蘧伯玉而退弥子瑕，故有身后之谏。萧何且死，举曹参以自代。大臣之用心，固宜如此也。夫国以一人兴，以一人亡。贤者不悲其身之死，而忧其国之衰，故必复有贤者，而后可以死。彼管仲者，何以死哉？

（选自《嘉佑集笺注》，上海古籍出版社，2001）

阅读三

苏洵：辨奸论

事有必至，理有固然。惟天下之静者，乃能见微而知著。月晕而风，础润而雨，人人知之。人事之推移，理势之相因，其疏阔而难知，变化而不可测者，孰与天地阴阳之事。而贤者有不知，其故何也？好恶乱其中，而利害夺其外也。

昔者山巨源见王衍，曰："误天下苍生者，必此人也！"郭汾阳见卢杞，曰："此人得志，吾子孙无遗类矣！"自今而言之，其理固有可见者。以吾观之，王衍之为人，容貌言语，固有以欺世而盗名者，然不忮不求，与物浮沉，使晋无惠帝，仅得中主，虽衍百千，何从而乱天下乎？卢杞之奸，固足以败国，然而不学无文，容貌不足以动人，言语不足以眩世，非德宗之鄙暗，亦何从而用之？由是言之，二公之料二子，亦容有未必然也。

今有人口诵孔、老之言，身履夷、齐之行，收召好名之士、不得志之人，相与造作言语，私立名字，以为颜渊、孟轲复出，而阴贼险狠，与人异趣。是王衍卢杞合而为一人也，其祸岂可胜言哉！夫面垢不忘洗，衣垢不忘澣，此人之至情也。今也不然，衣臣虏之衣，食犬彘之食，囚首丧面而谈诗书，此岂其情也哉？凡事之不近人情者，鲜不为大奸慝，竖刁、易牙、开方是也。以盖世之名，而济其未形之患，虽有愿治之主，好贤之相，犹将举而用之，则其为天下患，必然而无疑者，非特二子之比也。

孙子曰："善用兵者，无赫赫之功。"使斯人而不用也，则吾言为过，而斯人有不遇之叹。孰知祸之至于此哉？不然，天下将被其祸，而吾获知言之名，悲夫！

（选自《嘉佑集笺注》，上海古籍出版社，2001）

阅读四　苏　辙：六　国　论

愚读六国世家，窃怪天下之诸侯，以五倍之地，十倍之众，发愤西向，以攻山西千里之秦，而不免于灭亡。常为之深思远虑，以为必有可以自安之计，盖未尝不咎其当时之士虑患之疏而见利之浅，且不知天下之势也。

夫秦之所与诸侯争天下者，不在齐、楚、燕、赵也，而在韩、魏。秦之有韩、魏，譬如人之有腹心之疾也。韩、魏塞秦之冲，而蔽山东之诸侯，故夫天下之所重者，莫如韩、魏也。昔者范雎用于秦而收韩，商鞅用于秦而收魏，昭王未得韩、魏之心，而出兵以攻齐之刚、寿，而范雎以为忧。然则秦之所忌者，可以见矣。

秦之用兵于燕、赵，秦之危事也。越韩过魏，而攻人之国都，燕、赵拒之于前，而韩、魏乘之于后，此危道也。而秦之攻燕、赵，未尝有韩、魏之忧，则韩、魏之附秦故也。夫韩、魏，诸侯之障，而使秦人得出入于其间，此岂知天下之势邪！委区区之韩、魏，以当强虎狼之秦，彼安得不折而入于秦哉？韩、魏折而入于秦，然后秦人得通其兵于东诸侯，而使天下遍受其祸。

夫韩、魏不能独当秦，而天下之诸侯藉之以蔽其西，故莫如厚韩亲魏以摈秦，秦人不敢逾韩、魏以窥齐、楚、燕、赵之国，而齐、楚、燕、赵之国因得以自安于其间矣。以四无事之国，佐当寇之韩、魏，使韩、魏无东顾之忧，而为天下出身以当秦兵，以二国委秦，而四国休息于内，以阴助其急。若此，可以应夫无穷，彼秦者将何为哉！不知出此，而乃贪疆场尺寸之利，背盟败约，以自相屠灭，秦兵未出，而天下诸侯已自困矣。至使秦人得间其隙，以取其国，可不悲哉！

（选自《苏辙集》，中华书局，2004）

阅读五　苏　辙：上枢密韩太尉书

太尉执事：辙生好为文，思之至深，以为文者气之所形。然文不可以学而能，气可以养而致。孟子曰："我善养吾浩然之气。"今观其文章，宽厚宏博，充乎天地之间，称其气之小大。太史公行天下，周览四海名山大川，与燕、赵间豪俊交游，故其文疏荡，颇有奇气。此二子者，岂尝执笔学为如此之文哉？其气充乎其中而溢乎其貌，动乎其言而见乎其文，而不自知也。

辙生十有九年矣。其居家所与游者，不过其邻里乡党之人；所见不过数百里之间，无高山大野可登览以自广；百氏之书，虽无所不读，然皆古人之陈迹，不足以激发其志气。恐遂汩没，故决然舍去，求天下奇闻壮观，以知天地之广大。过秦、汉之故都，恣观终南、嵩、华之高，北顾黄河之奔流，慨然想见古之豪杰。至京师，仰观天子宫阙之壮，与仓廪、府库、城池、苑囿之富且大也，而后知天下之巨丽。见翰林欧阳公，听其议论之宏辩，观其容貌之秀伟，与其门人贤士大夫游，而后知天下之文章聚乎此也。

太尉以才略冠天下，天下之所恃以无忧，四夷之所惮以不敢发，入则周公、召公，出则方叔、召虎。而辙也未之见焉。且夫人之学也，不志其大，虽多而何为？辙之来也，于山见终南、嵩、华之高，于水见黄河之大且深，于人见欧阳公，而犹以为未见太尉也。故愿得观贤人之光耀，闻一言以自壮，然后可以尽天下之大观而无憾者矣。

辙年少,未能通习吏事。向之来,非有取于斗升之禄,偶然得之,非其所乐。然幸得赐归待选,使得优游数年之间,将归益治其文,且学为政。太尉苟以为可教而辱教之,又幸矣!

(选自《苏辙集》,中华书局,2004)

阅读六

苏　辙:武昌九曲亭记

子瞻迁于齐安,庐于江上。齐安无名山,而江之南武昌诸山,陂陁蔓延,涧谷深密,中有浮图精舍,西曰西山,东曰寒溪。依山临壑,隐蔽松枥,萧然绝俗,车马之迹不至。每风止日出,江水伏息,子瞻策杖载酒,乘渔舟乱流而南。山中有二三子,好客而喜游,闻子瞻至,幅巾迎笑,相携徜徉而上,穷山之深,力极而息,扫叶席草,酌酒相劳,意适忘反,往往留宿于山上。以此居齐安三年,不知其久也。

然将适西山,行于松柏之间,羊肠九曲,而获少平。游者至此必息,倚怪石,荫茂木,俯视大江,仰瞻陵阜,旁瞩溪谷,风云变化,林麓向背,皆效于左右。有废亭焉,其遗址甚狭,不足以席众客。其旁古木数十,其大皆百围千尺,不可加以斤斧。子瞻每至其下,辄睥睨终日。一旦大风雷雨,拔去其一,斥其所据,亭得以广。子瞻与客入山视之,笑曰:“兹欲以成吾亭邪!”遂相与营之。亭成而西山之胜始具,子瞻于是最乐。

昔余少年,从子瞻游,有山可登,有水可浮,子瞻未始不褰裳先之。有不得至,为之怅然移日。至其翩然独在,逍遥泉石之上,撷林卉,拾涧实,酌水而饮之,见者以为仙也。

盖天下之乐无穷,而以适意为悦。方其得意,万物无以易之。及其既厌,未有不洒然自笑者也。譬之饮食,杂陈于前,要之一饱,而同委于臭腐。夫孰知得失之所在?惟其无愧于中,无责于外,而姑寓焉。此子瞻之所以有乐于是也。

(选自《苏辙集》,中华书局,2004)

阅读七

王安石:同学一首别子固

江之南有贤人焉,字子固,非今所谓贤人者,予慕而友之。淮之南有贤人焉,字正之,非今所谓贤人者,予慕而友之。二贤人者,足未尝相过也,口未尝相语也,辞币未尝相接也。其师若友,岂尽同哉?予考其言行,其不相似者,何其少也!曰:学圣人而已矣。学圣人,则其师若友,必学圣人者。圣人之言行,岂有二哉?其相似也适然。

予在淮南,为正之道子固,正之不予疑也。还江南,为子固道正之,子固亦以为然。予又知所谓贤人者,既相似,又相信不疑也。

子固作《怀友》一首遗予,其大略欲相扳以至乎中庸而后已。正之盖亦常云尔。夫安驱徐行,轥中庸之庭,而造于其堂,舍二贤人者而谁哉?予昔非敢自必其有至也,亦愿从事于左右焉尔,辅而进之,其可也。

噫!官有守,私有系,会合不可以常也。作《同学一首别子固》以相警,且相慰云。

(选自《王荆公文集笺注》,巴蜀书社,2005)

阅读八 王安石:答司马谏议书

某启:昨日蒙教,窃以为与君实游处相好之日久,而议事每不合,所操之术多异故也。虽欲强聒,终必不蒙见察,故略上报,不复一一自辨。重念蒙君实视遇厚,于反覆不宜卤莽,故今具道所以,冀君实或见恕也。

盖儒者所争,尤在于名实,名实已明,而天下之理得矣。今君实所以见教者,以为侵官、生事、征利、拒谏,以致天下怨谤也。某则以谓受命于人主,议法度而修之于朝廷,以授之于有司,不为侵官;举先王之政,以兴利除弊,不为生事;为天下理财,不为征利;辟邪说,难壬人,不为拒谏。至于怨诽之多,则固前知其如此也。

人习于苟且非一日,士大夫多以不恤国事、同俗自媚于众为善,上乃欲变此,而某不量敌之众寡,欲出力助上以抗之,则众何为而不汹汹然?盘庚之迁,胥怨者民也,非特朝廷士大夫而已。盘庚不为怨者故改其度,度义而后动,是而不见可悔故也。如君实责我以在位久,未能助上大有为,以膏泽斯民,则某知罪矣;如曰今日当一切不事事,守前所为而已,则非某之所敢知。无由会晤,不任区区向往之至。

(选自《王荆公文集笺注》,巴蜀书社,2005)

阅读九 曾巩:越州赵公救灾记

熙宁八年夏,吴越大旱。九月,资政殿大学士、右谏议大夫知越州赵公,前民之未饥,为书问属县:灾所被者几乡,民能自食者有几,当廪于官者几人,沟防构筑可僦民使治之者几所,库钱仓粟可发者几何,富人可募出粟者几家,僧道士食之羡粟书于籍者,其几具存,使各书以对,而谨其备。

州县吏录民之孤老疾弱不能自食者二万一千九百余人以告。故事,岁廪穷人,当给粟三千石而止。公敛富人所输及僧道士食之羡者,得粟四万八千余石,佐其费。使自十月朔,人受粟日一升,幼小半之。忧其众相蹂也,使受粟者男女异日,而人受二日之食。忧其且流亡也,于城市郊野为给粟之所,凡五十有七,使各以便受之,而告以去其家者勿给。计官为不足用也,取吏之不在职而寓于境者,给其食而任以事。不能自食者,有是具也。能自食者,为之告富人,无得闭粜。又为之出官粟,得五万二千余石,平其价予民。为粜粟之所,凡十有八,使籴者自便如受粟。又僦民完城四千一百丈,为工三万八千,计其佣与钱,又与粟再倍之。民取息钱者,告富人纵予之,而待熟,官为责其偿。弃男女者,使人得收养之。

明年春,大疫。为病坊,处疾病之无归者。募僧二人,属以视医药饮食,令无失所恃。凡死者,使在处随收瘗之。

法,廪穷人尽三月当止,是岁尽五月而止。事有非便文者,公一以自任,不以累其属。有上请者,或便宜多辄行。公于此时,蚤夜惫心力不少懈,事细巨必躬亲。给病者药食,多出私钱。民不幸罹旱疫,得免于转死;虽死得无失敛埋,皆公力也。

是时,旱疫被吴越,民饥馑疾疠,死者殆半,灾未有巨于此也。天子东向忧劳,州县推布上恩,人人尽其力。公所拊循,民尤以为得其依归。所以经营绥辑先后终始之际,委曲纤悉,无不备者。其施虽在越,其仁足以示天下;其事虽行于一时,其法足以传后。盖灾沴之行,治世不能使之无，而能为之备。民病而后图之，与夫先事而为计者，则有间矣；不习而有为，与夫素得之者，则有间矣。予故采于越，得公所推行，乐为之识其详，岂独以慰越人之思，将使吏之有志于民者，不幸而遇岁之灾，推公之所已试，其科条可不待顷而具，则公之泽岂小且近乎！

公元丰二年以大学士加太子少保致仕，家于衢。其直道正行在于朝廷、岂弟之实在于身者，此不著。著其荒政可师者，以为《越州赵公救灾记》云。

（选自《曾巩集》，中华书局，1984）

阅读十　曾　巩：唐　论

成、康殁而民生不见先王之治，日入于乱，以至于秦，尽除前圣数千载之法。天下既攻秦而亡之，以归于汉。汉之为汉，更二十四君，东西再有天下，垂四百年。然大抵多用秦法，其改更秦事，亦多附己意，非放先王之法，而有天下之志也。有天下之志者，文帝而已。然而天下之材不足，故仁闻虽美矣，而当世之法度，亦不能放于三代。汉之亡，而强者遂分天下之地。晋与隋虽能合天下于一，然而合之未久而已亡，其为不足议也。

代隋者唐，更十八君，垂三百年，而其治莫盛于太宗。太宗之为君也，诎己从谏，仁心爱人，可谓有天下之志。以租庸任民，以府卫任兵，以职事任官，以材能任职，以兴义任俗，以尊本任众。赋役有定制，兵农有定业，官无虚名，职无废事，人习于善行，离于末作。使之操于上者，要而不烦；取于下者，寡而易供。民有农之实，而兵之备存；有兵之名，而农之利在。事之分有归，而禄之出不浮；材之品不遗，而治之体相承。其廉耻日以笃，其田野日以辟。以其法修则安且治，废则危且乱，可谓有天下之材。行之数岁，粟米之贱，斗至数钱，居者有余蓄，行者有余资，人人自厚，几致刑措，可谓有治天下之效。夫有天下之志，有天下之材，又有治天下之效，然而不得与先王并者，法度之行，拟之先王未备也；礼乐之具，田畴之制，庠序之教，拟之先王未备也。躬亲行阵之间，战必胜，攻必克，天下莫不以为武，而非先王之所尚也；四夷万里，古所未及以政者，莫不服从，天下莫不以为盛，而非先王之所务也。太宗之为政于天下者，得失如此。

由唐、虞之治，五百余年而有汤之治；由汤之治，五百余年而有文、武之治；由文、武之治，千有余年而始有太宗之为君。有天下之志，有天下之材，又有治天下之效，然而又以其未备也，不得与先王并而称极治之时。是则人生于文、武之前者，率五百余年而一遇治世；生于文、武之后者，千有余年而未遇极治之世也。非独民之生于是时者之不幸也。士之生于文、武之前者，如舜、禹之于唐，八元、八凯之于舜，伊尹于汤，太公之于文、武，率五百余年而一遇；生于文、武之后，千有余年，虽孔子之圣、孟轲之贤而不遇。虽太宗之为君，而未可以必得志于其时也。是亦士民之生于是时者之不幸也。故述其是非得失之迹，非独为人君者可以考焉，士之有志于道，而欲仕于上者，可以鉴矣。

（选自《曾巩集》，中华书局，1984）

淡远与深厚

——明清小品文拼盘

专题导语

“小品”一词本是佛教用语，是相对于“大品”而言的。佛教中的“大品”指的是整部的佛经，“小品”则是指节略本的佛经。运用于文学，简而言之，主要指短小精悍的散文。

中国的小品文和中国的散文是同步产生并逐步发展演变的，把篇幅短小的艺术性散文称为“小品文”，则始于明中叶。

小品文的创作，在内容与形式上不必循规蹈矩，在理想与旨趣上不用太多顾忌，在手法与技巧上可以别开生面，在长短、深浅、雅俗等方面可以为所欲为。任性而发，抒写心声，从而满足人性本质中娱乐与审美的需求。即所谓“独抒性灵，不拘格套”。（袁宏道《叙小修诗》）

明末沈守正对小品文的风骨特征有过这样的描述：“夫人抱迈往不屑之韵，耻与人同，则必不肯言侔人之所言，而好言其所不敢言不能言。与其平也，宁奇；与其正也，宁偏；与其大而伪也，毋宁小而真也。”（《凌士重小草引》）

而明清小品文的这些特征，也深得后世的肯定。

著名教育家叶圣陶先生把小品文看成是与教科书、讲义体式的说理文截然不同的一种生动、有趣、能与读者达到情感与理智交流的“艺术性”文体。他说：“精粹的小品文是一个极端，好比最深色；讲义体中间的尤其坏的是另一个极端，好比最淡色。在这两极端之间的就只有程度的差异，越接近小品文的越是文学，越远于小品文的越不是文学。”（陈望道《小品文与漫画》）

中国现代美学大师朱光潜先生谈到小品文时说：“这类文章大半文词极简洁而意味隽永，耐人反复玩索。虽是零碎的记载，各自独立，而结集起来全盘看去，仍有一个一贯的生命，因为每句话都表现作者的人格，许多零碎的话借作者的混整的人格贯串起来，终成一个整体，虽杂而却不至于乱。……许多宏篇巨制，经作者精心结构，经我们读者仔细揣摩过的，往往只是一种功课，境过即忘；而这类零星感想却凭它们的简单而深刻，平易而微妙的力量渗入我们的肺腑，活在我们的生活里，在漫不经心的时候，突然在我们心里开花放光，令我们默契欣喜。”（《朱光潜全集》第九卷）

现在，我们将要读到的是一些袒露心灵、会“突然在我们心里开花放光，令我们默契欣喜”的文字，将要触及的是依然鲜活的灵魂。或许，我们也只有袒露了自己，才能真正走进他们的世界。

文本研读

陆树声：砚　石　记

余性寡嗜好，平生所蓄，舍书史外，无长物。自为史官，蓄一端砚。及官南雍，得一砚，歙石也。已前后得石，属工理之，凡得砚者十。曰："蓄此足矣，越十吾无取焉。"因自号十砚主人。椟藏之，题曰"砚室"。间一出之，置几上，兀傲相对。

客有规余好之癖者。余曰："癖此，不犹愈于癖他好乎？"异日，客有具辨眼者，视之，举非佳品也。余曰："客知余癖砚矣，宁庸以佳品为癖乎？且昔之论砚者多矣。自欧阳永叔、蔡君谟、洪景伯推龙尾良者出端石上，而苏子瞻至列以牛后，乃复为罗文作传。岂物无定论，其轻重一出士人之喙耶？又安知余所蓄之果佳乎否也？如使余嗜砚而取必于佳，则珍玩殊品，世不有万于砚者乎？夫珍玩殊品，非有力者不能致，而往往规夺所好于他人，故不以移余之嗜。独余材薄无文，知嗜砚矣，不能为之重。以余之不足以重砚也，又何暇计其品之高下？虽然，姑余之嗜砚，不移于珍玩殊品，则砚之托于余而见嗜也，安知不因以为重乎？然则余之癖未解也。"

他日，璋子学书，出其一授焉。曰："俟汝能书，吾将举全室畀之。"有问者，曰："此余家青毡也，惟勿以籝金例之。"十砚主人之记。

（选自《闲雅小品集观：明清文人小品五十家》，百花洲文艺出版社，1994）

1. 问题研究

（1）解释句中加点词语：

A. 无长物　　B. 属工理之

C. 兀傲相对　　D. 非有力者不能致

E. 举非佳品也　　F. 砚之托于余

（2）分析下列句中所可能含有的语法现象：

A. 椟藏之　　B. 砚之托于余而见嗜也

C. 不能为之重　　D. 惟勿以籝金例之

（3）下列问句中，是否有不属于反问句的？就此作适当说明：

A. 不犹愈于癖他好乎　　B. 宁庸以佳品为癖乎

C. 岂物无定论，其轻重一出士人之喙耶　　D. 又何暇计其品之高下

（4）将下列语句翻译成现代汉语：

A. 癖此，不犹愈于癖他好乎

B. 往往规夺所好于他人

C. 故不以移余之嗜

（5）文中引述欧阳永叔等"论砚者"，其作用是什么？

（6）从文中看，作者对所藏之砚佳否有自己的看法，试概述其主要观点。

2. 相关链接

河北人民出版社：《晚明二十家小品》（阿英　编）；岳麓书社：《明清小品选评》（李玫 选注/评译）；安徽文艺出版社：《明清名家小品精华》（欧明俊　主编）

深度阅读

阅读一　　张　岱：**湖心亭看雪**

崇祯五年十二月，余住西湖。大雪三日，湖中人鸟声俱绝。是日更定矣，余拏一小舟，拥毳衣炉火，独往湖心亭看雪。雾凇沆砀，天与云、与山、与水，上下一

白。湖上影子,惟长堤一痕,湖心亭一点,与余舟一芥,舟中人两三粒而已。

到亭上,有两人铺毡对坐,一童子烧酒,炉正沸。见余大喜,曰:“湖中焉得更有此人?”拉余同饮。余强饮三大白而别,问其姓氏,是金陵人,客此。及下船,舟子喃喃曰:“莫说相公痴,更有痴似相公者。”

(选自《张岱散文选集》,百花文艺出版社,2009)

阅读二

张　岱:西湖七月半

西湖七月半,一无可看,止可看看七月半之人。看七月半之人,以五类看之。其一,楼船箫鼓,峨冠盛筵,灯火优傒,声光相乱,名为看月而实不见月者,看之;其一,亦船亦楼,名娃闺秀,携及童娈,笑啼杂之,环坐露台,左右盼望,身在月下而实不看月者,看之;其一,亦船亦声歌,名妓闲僧,浅斟低唱,弱管轻丝,竹肉相发,亦在月下,亦看月而欲人看其看月者,看之;其一,不舟不车,不衫不帻,酒醉饭饱,呼群三五,跻入人丛,昭庆、断桥,嚣呼嘈杂,装假醉,唱无腔曲,月亦看,看月者亦看,不看月者亦看,而实无一看者,看之;其一,小船轻幌,净几暖炉,茶铛旋煮,素瓷静递,好友佳人,邀月同坐,或匿影树下,或逃嚣里湖,看月而人不见其看月之态,亦不作意看月者,看之。

杭人游湖,巳出酉归,避月如仇。是夕好名,逐队争出,多犒门军酒钱,轿夫擎燎,列俟岸上。一入舟,速舟子急放断桥,赶入胜会。以故二鼓以前,人声鼓吹,如沸如撼,如魇如呓,如聋如哑,大船小船,一齐凑岸,一无所见,止见篙击篙,舟触舟,肩摩肩,面看面而已。少刻兴尽,官府席散,皂隶喝道去,轿夫叫船上人,怖以关门,灯笼火把如列星,一一簇拥而去。岸上人亦逐队赶门,渐稀渐薄,顷刻散尽矣。

吾辈始舣舟近岸,断桥石磴始凉,席其上,呼客纵饮。此时,月如镜新磨,山复整妆,湖复頮面。向之浅斟低唱者出,匿影树下者亦出,吾辈往通声气,拉与同坐。韵友来,名妓至,杯箸安,竹肉发。月色苍凉,东方将白,客方散去。吾辈纵舟,酣睡于十里荷花之中,香气拍人,清梦甚惬。

(选自《张岱散文选集》,百花文艺出版社,2009)

阅读三

钟　惺:浣花溪记

出成都南门,左为万里桥。西折,纤秀长曲,所见如连环、如玦、如带、如规、如钩;色如鉴、如琅玕、如绿沉瓜,窈然深碧、潆回城下者,皆浣花溪委也。然必至草堂,而后浣花有专名,则以少陵浣花居在焉耳。

行三四里,为青羊宫,溪时远时近。竹柏苍然,隔岸阴森者尽溪,平望如荠。水木清华,神肤洞达。自宫以西,流汇而桥者三,相距各不半里。舁夫云通灌县,或所云“江从灌口来”是也。人家住溪左,则溪蔽不时见。稍断则复见溪。如是者数处,缚柴编竹,颇有次第。

桥尽,一亭树道左,署曰“缘江路”。过此则武侯祠。祠前跨溪为板桥一,覆以水槛,乃睹“浣花溪”题榜。过桥,一小洲横斜插水间如梭,溪周之,非桥不通。置亭其上,题曰“百花潭水”。由此亭还,度桥过梵安寺,始为杜工部祠。像颇清古,不必求肖,想当尔尔。石刻像一,附以本传,何仁仲别驾署华阳时所为也。碑皆不堪读。

钟子曰:杜老二居,浣花清远,东屯险奥,各不相袭。严公不死,浣溪可老,患难之于友朋大矣哉!然天遣此翁增夔门一段奇耳。穷愁奔走,犹能择胜,胸中暇整,可以应世,如孔子微服主司城贞子时也。

时万历辛亥十月十七日。出城欲雨,顷之霁。使客游者,多由监司郡邑招饮,冠盖稠浊,磬折喧溢,迫暮趣归。是日清晨,偶然独往。

楚人钟惺记。

(选自《钟惺散文选集》,百花文艺出版社,2009)

阅读四

侯方域:太子丹论

天下有绳墨之论,而挫英雄志士之气者,如以荆轲为盗是也。况乎狃于成败之形,而不察于确然之数,以忠臣孝子不得已之深心苦行,不痛惜其不幸,而反以为罪,则何以为后之国家者处仇敌法也?

昔者燕太子丹遣荆轲入秦,刺始皇不中,秦人来伐,王喜斩丹头以献于秦,国竟以灭。宋儒曰:"丹有罪焉,故书'斩'"。呜呼,丹之心事可以告之皇天后土而无憾矣!其死也,将下见其始祖召公奭于九原,即引而进之周之先文王、武王之侧,亦岂有惭色哉?本意欲杀敌,不遂则死,已决绝于易水送轲之日矣。其书"斩"者,固其所笑而不受也。

然且何以罪丹乎?曰:"召衅也。"夫强秦之欲灭燕,岂待有衅哉?彼六国之见灭者,又坐何衅也?刺亦亡,不刺亦亡,三尺童子能辨之矣。即云幸而苟延焉,乃蜉蝣之朝夕也,尚不得为蟪蛄之晦朔也。有两人行而遇虎者,其一惶恐拜跪而乞哀以死,其一大呼奋臂斗不胜而死,而论者顾以乞哀为智,以大呼奋臂为狂佻而撄虎之怒,则何其愚且谬也!

且太子丹之遣轲也,或筹之熟矣。秦之横行而不可御,乃天下惊魂震魄,自慑伏于秦,非秦果能制天下也。斩竿一呼而天下瓦解,相去几时?秦既无德以入人,其势又非蟠结而不可动,设一旦其万乘之君立死于匹夫之手,国有不内乱乎?天下豪杰因以知其不足畏,而太子丹者,且收合六国之余烬以西向而前,吾恐嬴氏之亡,不待沛公之入关矣。其以泄暴秦之威,而倡天下之义,莫此一击若也。他日张良之椎,盖犹踵荆轲之剑而为之者也,其不能成,则天也。故荆轲之与聂政,不可同日语也。

宋人有见于战国之世,圣人之道不明,先王之法不立,其公子养客而侠士轻生,故一切以儒者之论绳之。恶聂政之以私害公,而并及之于轲,恶原、尝、春申之属,而并及于太子丹。譬如有医之于药者,不察其人之何病,而概以乌附为不可用,日以宽和之剂养其肠胃,又安能起久痼而生之乎?且天下固多散缓肥重以死者,何必其暴蹶也!宋之亡也,秦桧、汤思退之流,日以挑衅之说,挟持杀戮天下之谋臣战将,始终以讲和误其国。仅有一大儒如考亭者,犹所见之如此,亦何怪乎三百年间,多议论而少成功哉!

然则轲可为忠臣,丹可为孝子乎?曰:由今日论之,轲可为忠臣矣。而要之,其人则英雄而感恩者也,设其遇严仲子,未必不为之用也。若太子丹者,虽与日月争光可也!

(选自《侯方域散文选集》,百花文艺出版社,2009)

阅读五

高　启:书博鸡者事

博鸡者,袁人,素无赖,不事产业,日抱鸡呼少年博市中。任气好斗,诸为里侠者皆下之。

元至正间,袁有守多惠政,民甚爱之。部使者臧新贵,将按郡至袁。守自负年德,易之,闻其至,笑曰:“臧氏之子也。”或以告臧。臧怒,欲中守法。会袁有豪民尝受守杖,知使者意嗛守,即诬守纳已赇。使者遂逮守,胁服,夺其官。袁人大愤,然未有以报也。

一日,博鸡者遨于市。众知有为,因让之曰:“若素民勇,徒能藉贫孱者耳!彼豪民恃其资,诬去贤使君,袁人失父母。若诚丈夫,不能为使君一奋臂耶?”博鸡者曰:“诺。”即入闾左,呼子弟素健者,得数十人,遮豪民于道。豪民方华衣乘马,从群奴而驰。博鸡者直前捽下,提殴之。奴惊,各亡去。乃褫豪民衣自衣,复自策其马,麾众拥豪民马前,反接,徇诸市。使自呼曰:“为民诬太守者视此!”一步一呼,不呼则杖,其背尽创。豪民子闻难,鸠宗族童奴百许人,欲要篡以归。博鸡者逆谓曰:“若欲死而父,即前斗。否则阖门善俟。吾行市毕,即归若父,无恙也。”豪民子惧遂杖杀其父,不敢动,稍敛众以去。袁人相聚从观,欢动一城。郡录事骇之,驰白府。府佐快其所为,阴纵之不问。日暮,至豪民第门,捽使跪,数之曰:“若为民不自谨,冒使君,杖汝,法也;敢用是为怨望,又投间蔑污使君,使罢。汝罪宜死,今姑贷汝。后不善自改,且复妄言,我当焚汝庐、戕汝家矣!”豪民气尽,以额叩地,谢不敢。乃释之。

博鸡者因告众曰:“是足以报使君未耶?”众曰:“若所为诚快,然使君冤未白,犹无益也。”博鸡者曰:“然。”即连楮为巨幅,广二丈,大书一“屈”字,以两竿夹揭之,走诉行御史台。台臣弗为理。乃与其徒日张“屈”字游金陵市中。台臣惭,追受其牒,为复守官而黜臧使者。方是时,博鸡者以义闻东南。

高子曰:余在史馆,闻翰林天台陶先生言博鸡者之事。观袁守虽得民,然自喜轻上,其祸非外至也。臧使者枉用三尺,以仇一言之憾,固贼戾之士哉!第为上者不能察,使匹夫攘袂群起,以伸其愤,识者固知元政紊弛,而变兴自下之渐矣。

(选自《高青丘集》,上海古籍出版社,1985)

阅读六

汤若士:《合奇》序

世间惟拘儒老生不可与言文。耳多未闻,目多未见,而出其鄙委牵拘之识,相天下文章,宁复有文章乎?

予谓文章之妙,不在步趋形似之间,自然灵气,恍惚而来,不思而至,怪怪奇奇,莫可名状,非物寻常得以合之。苏子瞻画枯株竹石,绝异古今画格,乃愈奇妙。若以画格程之,几不入格。米家山水人物,不多用意,略施数笔,形象宛然。正使有意为之,亦复不佳。故夫笔墨小技,可以入神而证圣,自非通人,谁与解此?

吾乡丘毛伯选《海内合奇》文止百余篇,奇无所不合。或片纸短幅,寸人豆马;或长河巨浪,汹汹崩屋;或流水孤村,寒鸦古木;或岚烟草树,苍狗白衣;或彝鼎商周,丘索坟典;凡天地间奇伟灵异,高朗古宕之气,犹及见于斯编,神矣化矣!夫使笔墨不灵,圣贤减色,皆浮沉习气为之魔。士有志于千秋,宁为狂狷,毋为乡愿,试取毛伯是编读之。

(选自《晚明二十家小品》,河北人民出版社,1989)

阅读七　袁宏道：虎　丘

虎丘去城可七八里，其山无高岩邃壑，独以近城，故箫鼓楼船，无日无之。凡月之夜，花之晨，雪之夕，游人往来，纷错如织，而中秋为尤胜。

每至是日，倾城阖户，连臂而至。衣冠士女，下迨蔀屋，莫不靓妆丽服，重茵累席，置酒交衢间。从千人石上至山门，栉比如鳞，檀板丘积，樽罍云泻，远而望之，如雁落平沙，霞铺江上，雷辊电霍，无得而状。

布席之初，唱者千百，声若聚蚊，不可辨识。分曹部署，竞以歌喉相斗，雅俗既陈，妍媸自别。未几而摇手顿足者，得数十人而已。已而明月浮空，石光如练，一切瓦釜，寂然停声，属而和者，才三四辈。一箫，一寸管，一人缓板而歌，竹肉相发，清声亮彻，听者魂销。比至夜深，月影横斜，荇藻凌乱，则箫板亦不复用，一夫登场，四座屏息，音若细发，响彻云际，每度一字，几尽一刻，飞鸟为之徘徊，壮士听而下泪矣。

剑泉深不可测，飞岩如削。千顷云得天池诸山作案，峦壑竞秀，最可觞客。但过午则日光射人，不堪久坐耳。文昌阁亦佳，晚树尤可观。面北为平远堂旧址，空旷无际，仅虞山一点在望。堂废已久，余与江进之谋所以复之，欲祠韦苏州、白乐天诸公于其中。而病寻作，余既乞归，恐进之兴亦阑矣。山川兴废，信有时哉！

吏吴两载，登虎丘者六。最后与江进之、方子公同登，迟月生公石上，歌者闻令来，皆避匿去。余因谓进之曰："甚矣，乌纱之横，皂隶之俗哉！他日去官，有不听曲此石上者，如月！"今余幸得解官称吴客矣，虎丘之月，不知尚识余言否耶？

（选自《晚明二十家小品》，河北人民出版社，1989）

阅读八　戴名世：药　身　说

戴子字褐夫，已而又自号曰药身。有呼者，或呼之曰"褐夫"，曰"唯"；或又呼之曰"药身"，又曰"唯"。是二者惟人之所呼之，无不可者。或谒余而问所以为药身之说，余曰："天下之苦口莫如药，非疾痛害事莫之尝焉。自黄帝、岐伯之所问答，医家、方士之所流传，《本草》、方书之所记载，其类不一，而其为说甚具。余所尝备极天下之苦，一身之内，节节皆病，盖宛转愁痛者久矣。又余多幽忧感慨，且病废，无用于世，徒采药山间，命之以其业，则莫如此为宜。"

或曰："悲夫！甚矣子之志也。虽然，抑犹有说焉。《书》曰：'若药不瞑眩，厥疾不瘳。'方今学者之疾，沉痼已久而不可治，苟有秦越人者出，视其症结，诊其膏肓，为之按方选药，一伸脊容身之间而已霍然矣。意者子之志其又有托于此乎？"戴子曰："否，否。"因备录其说。

（选自《戴名世散文选集》，百花文艺出版社，2009）

阅读九　纪　昀：滦阳消夏录六

南皮许南金先生，最有胆。在僧寺读书，与一友共榻。夜半，见北壁燃双炬，谛视，乃一人面出壁中，大如箕，双炬其目光也。友股栗欲死。先生披衣徐起曰："正欲读书，苦烛尽。君来甚善。"乃携一册背之坐，诵声琅琅。未数页，目光渐隐；拊壁呼之，不出矣。又一夕如厕，一小童持烛随。此面突自地涌出,对之而笑。童掷烛仆地。先生即拾置怪顶,曰:“烛正无台,君来又甚善。”怪仰视不动。先生曰:“君何处不可往,乃在此间?海上有逐臭之夫,君其是乎?不可辜君来意。”即以秽纸拭其口。怪大呕吐,狂吼数声,灭烛而没。自是不复见。

先生尝曰:“鬼魅皆真有之,亦时或见之;惟检点生平,无不可对鬼魅者,则此心自不动耳。”

(选自《阅微草堂笔记》,内蒙古人民出版社,2008)

阅读十　郑　燮:兰(节选)

余种兰数十盆,三春告莫,皆有憔悴思归之色。因移植于太湖石、黄石之间,山之阴,石之缝,既已避日,又就燥,对吾堂亦不恶也。来年忽发箭数十,挺然直上,香味坚厚而远。又一年更茂。乃知物亦各有本性。赠以诗曰:“兰花本是山中草,还向山中种此花。尘世纷纷植盆盎,不如留与伴烟霞。”又云:“山中兰草乱如蓬,叶暖花酣气候浓。出谷送香非不远,那能送到俗尘中?”此假山耳,尚如此,况真山乎!余画此幅,花皆出叶上,极肥而劲。盖山中之兰,非盆中之兰也。

(选自《郑板桥全集》,湖南教育出版社,1987)

阅读十一　方　苞:辕　马　说

余行塞上,乘任载之车,见马之负辕者而感焉。

古之车,独辀加衡而服两马。今则一马夹辕而驾,领局于轭,背承乎韅,靳前而靽后。其登阤也,气尽喘汗而后能引其轮之却也;其下阤也,股蹷蹄攒而后能抗其辕之伏也。鞭策以劝其登,棰棘以起其陷,乘危而颠,折筋绝骨,无所避之;而众马之前导而旁驱者不与焉。其渴饮于溪,脱驾而就槽枥,则常在众马之后。

噫!马之任,孰有艰于此者乎?然其德与力非试之辕下不可辨。其或所服之不称,则虽善御者不能调也。驽蹇者力不能胜,狡愤者易惧而变,有行坦途惊蹶而偾其车者矣。其登也若跛,其下也若崩,泞旋淖陷,常自顿于辕中,而众马皆为所掣。呜呼!将车者其慎哉。

(选自《方苞散文选集》,百花文艺出版社,2009)

阅读十二　袁　枚:随　园　记

金陵自北门桥西行二里,得小仓山,山自清凉胚胎,分两岭而下,尽桥而止。蜿蜒狭长,中有清池水田,俗号干河沿。河未干时,清凉山为南唐避暑所,盛可想也。凡称金陵之胜者,南曰雨花台,西南曰莫愁湖,北曰钟山,东曰冶城,东北曰孝陵,曰鸡鸣寺。登小仓山,诸景隆然上浮。凡江湖之大,云烟之变,非山之所有者,皆山之所有也。

康熙时,织造隋公当山之北巅,构堂皇,缭垣牖,树之获千章,桂千畦,都人游者,翕然盛一时,号曰随园,因其姓也。后三十年,余宰江宁,园倾且颓弛,其室为酒肆,舆台嚾呶,禽鸟厌之不肯妪伏,百卉芜谢,春风不能花。余恻然而悲,问其值,曰三百金,购以月俸。茨墙剪园,易檐改涂。随其高,为置江楼;随其下,为置溪亭;随其夹涧,为之桥;随其湍流,为之舟;随其地之隆中而欹侧也，为缀峰岫；随其蓊郁而旷也，为设宧窔。或扶而起之，或挤而止之，皆随其丰杀繁瘠，就势取景，而莫之夭阏者，故仍名曰随园，同其音，易其义。

落成叹曰："使吾官于此，则月一至焉；使吾居于此，则日日至焉。二者不可得兼，舍官而取园者也。"遂乞病，率弟香亭、甥湄君移书史居随园。闻之苏子曰："君子不必仕，不必不仕。"然则余之仕与不仕，与居兹园之久与不久，亦随之而已。夫两物之能相易者，其一物之足以胜之也。余竟以一官易此园，园之奇，可以见矣。己巳三月记。

（选自《袁枚散文选集》，百花文艺出版社，2009）

倚声与弦吹

——唐五代、宋金词拼盘

专题导语

张氏《词选序》曰:“词者,盖出于唐之诗人,采乐府之音,以制其词,因系其词,故名曰词。”唐代以诗入乐,“能逐弦吹之音,为侧艳之词。”(《旧唐书·温庭筠传》)

王国维曰:“词之为体,要眇宜修,能言诗之所不能言,而不能尽言诗之所能之,诗之境阔,词之言长。”(《人间词话》)《说文》:“词,意内而言外也。”

明人张南湖在《诗余图谱》中说:“词体大略有二,一体婉约,遗体豪放。婉约者欲其词调蕴藉,豪放者欲其气象恢弘”,“大约词体以婉约为正。”徐师曾也说:“词贵感人,要当以婉约为正,否则虽极精工,终乖本色,非有识者所取也。”

唐五代词音节谐婉,“语工而入律”,情调柔美,欧阳炯在《花间集序》中说:“……绮筵公子,绣幌佳人,递叶叶之花笺,文抽丽锦;举纤纤之玉手,拍按香檀。不无清绝之辞,用助娇娆之态。”

词言情,道尽人间悲欢离合、喜怒哀乐。

五代词人韦庄,善于运用各种抒情手法,成功地书写出自己对生活的感受。晏殊的《珠玉词》,抒情委婉,如明珠美玉,光艳照人,盖“情有文不能达,诗不能道者,而独于长短句中可以委婉形容之。”(查礼《铜鼓堂词话》)

毛晋《竹山词跋》:“竹山(蒋捷)词语语纤巧,字字妍倩。”黄昇《花庵词选》:“(姜夔)词极精妙,不减清真,其高处有美成所不能及。”张炎《词源》:“遗山(元好问)词,深于用事,精于炼句,风流蕴藉处,不减周、秦。”

词人把肺腑中的真情,悲愁与欢愉,诉诸于文句,曲折细腻地透露出来,赢得古今众人的同情与共鸣。

你会有这样的感受吗? 试试看。

文本研读

李　煜:**虞　美　人**

春花秋月何时了,往事知多少? 小楼昨夜又东风,故国不堪回首月明中。

雕栏玉砌应犹在,只是朱颜改。问君能有几多愁,恰似一江春水向东流。

(本专题选文除特别注明外,均选自《唐宋词鉴赏辞典》,上海辞书出版社,2011)

1. 问题研究

(1) 本首词运用了多种修辞手法,试指出不少于三种,并说说它们的好处所在。

(2) 结句“一江春水向东流”,是以水喻愁的名句,含蓄地显示出愁思的长流不断,无穷无尽。同它相比，刘禹锡的《竹枝调》“水流无限似侬愁”，稍嫌直率，而秦观的《江城子》“便作春江都是泪，流不尽，许多愁”，则又说得过尽，反而削弱了感人的力量。联系全词，谈谈你对此句的理解。

2. 相关链接

（1）福建人民出版社：《中国词史》

（2）中华书局：《词考集》

（3）网站：http://tieba.baidu.com/f? kz=140731122

（4）网站：http://www.xici.net/b160507/d13097614.htm

深度阅读

阅读一 隋唐词

杨广：无题

寒鸦飞数点，流水绕孤村。斜阳欲落处，一望黯销魂。

白居易：长相思

汴水流，泗水流，流到瓜洲古渡头。吴山点点愁。
思悠悠，恨悠悠，恨到归时方始休。月明人倚楼。

敦煌曲子词：菩萨蛮

枕前发尽千般愿，要休且待青山烂。水面上秤锤浮，直待黄河彻底枯。
白日参辰现，北斗回南面。休即未能休，且待三更见日头。

敦煌曲子词：浣溪沙

五两竿头风欲平，长风举棹觉船轻。柔橹不施停却棹，是船行。
满眼风波多闪灼，看山恰似走来迎。子细看山山不动，是船行。

刘禹锡：潇湘神

斑竹枝，斑竹枝，泪痕点点寄相思。楚客欲听瑶瑟怨，潇湘深夜月明时。

刘禹锡：忆江南

春去也，多谢洛城人。弱柳从风疑举袂，丛兰裛露似沾巾。独坐亦含嚬。

韦应物：调笑令

胡马，胡马，远放燕支山下。跑沙跑雪独嘶，东望西望路迷。迷路，迷路，边草无穷日暮。

李　白：菩萨蛮

平林漠漠烟如织，寒山一带伤心碧。暝色入高楼，有人楼上愁。
玉阶空伫立，宿鸟归飞急。何处是归程？长亭更短亭。

李　白：忆秦娥

箫声咽，秦娥梦断秦楼月。秦楼月，年年柳色，灞陵伤别。
乐游原上清秋节，咸阳古道音尘绝。音尘绝，西风残照，汉家陵阙。

司空图：酒泉子

买得杏花，十载归来方始坼。假山西畔药阑东，满枝红。
旋开旋落旋成空，白发多情人更惜。黄昏把酒祝东风，且从容。

阅读二

五　代　词

李　煜：浪淘沙令

帘外雨潺潺，春意阑珊。罗衾不耐五更寒。梦里不知身是客，一晌贪欢。

独自莫凭栏，无限江山。别时容易见时难。流水落花春去也，天上人间。

李　煜：相见欢

无言独上西楼，月如钩。寂寞梧桐深院锁清秋。
剪不断，理还乱，是离愁。别是一般滋味在心头。

李　煜：相见欢

林花谢了春红，太匆匆。无奈朝来寒雨晚来风。

胭脂泪,留人醉,几时重？自是人生长恨水长东！

李　煜：望江南(二首)

多少泪,断脸复横颐。心事莫将和泪说,凤笙休向泪时吹。肠断更无疑。

多少恨,昨夜梦魂中。还似旧时游上苑,车如流水马如龙。花月正春风。

李　煜：望江南(其二)

闲梦远,南国正芳春。船上管弦江面绿,满城飞絮辊轻尘。忙杀看花人。

闲梦远,南国正清秋。千里江山寒色远,芦花深处泊孤舟。笛在月明楼。

李　煜：破阵子

四十年来家国,三千里地山河。凤阁龙楼连霄汉,玉树琼枝作烟萝。几曾识干戈？

一旦归为臣虏,沈腰潘鬓消磨。最是仓皇辞庙日,教坊犹奏别离歌。垂泪对宫娥。

李　璟：山花子

菡萏香销翠叶残,西风愁起绿波间。还与韶光共憔悴,不堪看。

细雨梦回鸡塞远,小楼吹彻玉笙寒。多少泪珠何限恨,倚阑干。

温庭筠：更漏子

玉炉香,红蜡泪,偏照画堂秋思。眉翠薄,鬓云残,夜长衾枕寒。

梧桐树,三更雨,不道离情正苦。一叶叶,一声声,空阶滴到明。

温庭筠：望江南

梳洗罢,独倚望江楼。过尽千帆皆不是,斜晖脉脉水悠悠。肠断白蘋洲。

韦　庄：菩萨蛮(其二)

人人尽说江南好，游人只合江南老。春水碧于天，画船听雨眠。
垆边人似月，皓腕凝霜雪。未老莫还乡，还乡须断肠。

冯延巳：谒金门

风乍起，吹皱一池春水。闲引鸳鸯香径里，手挼红杏蕊。
斗鸭阑干独倚，碧玉搔头斜坠。终日望君君不至，举头闻鹊喜。

张志和：渔父

西塞山前白鹭飞，桃花流水鳜鱼肥。青箬笠，绿蓑衣，斜风细雨不须归。

阅读三

两　宋　词

欧阳修：生查子　元夕

去年元夜时，花市灯如昼。月上柳梢头，人约黄昏后。
今年元夜时，月与灯依旧。不见去年人，泪湿春衫袖。

晏　殊：浣溪沙

一曲新词酒一杯，去年天气旧亭台。夕阳西下几时回？
无可奈何花落去，似曾相识燕归来。小园香径独徘徊。

晏　殊：破阵子

燕子来时新社，梨花落后清明。池上碧苔三四点，叶底黄鹂一两声，日长飞絮轻。

巧笑东邻女伴，采桑径里逢迎。疑怪昨宵春梦好，元是今朝斗草赢，笑从双脸生。

晏　殊：蝶恋花

槛菊愁烟兰泣露，罗幕轻寒，燕子双飞去。明月不谙离恨苦，斜光到晓穿朱户。

昨夜西风凋碧树，独上高楼，望尽天涯路。欲寄彩笺兼尺素，山长水阔知何处！

晏几道：鹧鸪天

彩袖殷勤捧玉钟，当年拚却醉颜红。舞低杨柳楼心月，歌尽桃花扇底风。

从别后，忆相逢，几回魂梦与君同？今宵剩把银釭照，犹恐相逢是梦中。

张孝祥：六州歌头

长淮望断，关塞莽然平。征尘暗，霜风劲，悄边声。黯销凝。追想当年事，殆天数，非人力；洙泗上，弦歌地，亦膻腥。隔水毡乡，落日牛羊下，区脱纵横。看名王宵猎，骑火一川明，笳鼓悲鸣，遣人惊。

念腰间箭，匣中剑，空埃蠹，竟何成！时易失，心徒壮，岁将零。渺神京。干羽方怀远，静烽燧，且休兵。冠盖使，纷驰骛，若为情！闻道中原遗老，常南望、翠葆霓旌。使行人到此，忠愤气填膺，有泪如倾。

周邦彦：六丑

蔷薇谢后作

正单衣试酒，怅客里、光阴虚掷。愿春暂留，春归如过翼，一去无迹。为问花何在？夜来风雨，葬楚宫倾国。钗钿堕处遗香泽。乱点桃蹊，轻翻柳陌，多情为谁追惜？但蜂媒蝶使，时叩窗槅。

东园岑寂，渐蒙笼暗碧。静绕珍丛底、成叹息。长条故惹行客。似牵衣待话，别情无极。残英小，强簪巾帻。终不似、一朵钗头颤袅，向人欹侧。漂流处、莫趁潮汐。恐断红、尚有相思字，何由见得。

周邦彦：苏幕遮

燎沈香，消溽暑。鸟雀呼晴，侵晓窥檐语。叶上初阳干宿雨，水面清圆，一一风荷举。

故乡遥，何日去？家住吴门，久作长安旅。五月渔郎相忆否？小楫轻舟，梦入芙蓉浦。

周邦彦：少年游

并刀如水，吴盐胜雪，纤手破新橙。锦幄初温，兽烟不断，相对坐调笙。

低声问：向谁行宿？城上已三更。马滑霜浓，不如休去，直是少人行。

王安石：桂枝香

登临送目，正故国晚秋，天气初肃。千里澄江似练，翠峰如簇。征帆去棹残阳里，背西风酒旗斜矗。彩舟云淡，星河鹭起，画图难足。

念往昔，繁华竞逐。叹门外楼头，悲恨相续。千古凭高对此，谩嗟荣辱。六朝旧事随流水，但寒烟衰草凝绿。至今商女，时时犹唱，后庭遗曲。

吴文英：唐多令 惜别

何处合成愁？离人心上秋。纵芭蕉不雨也飕飕。都道晚凉天气好；有明月、怕登楼。

年事梦中休，花空烟水流。燕辞归、客尚淹留。垂柳不萦裙带住，漫长是、系行舟。

秦 观：鹊桥仙

纤云弄巧，飞星传恨，银汉迢迢暗度。金风玉露一相逢，便胜却人间无数。

柔情似水，佳期如梦，忍顾鹊桥归路。两情若是久长时，又岂在朝朝暮暮。

秦 观：浣溪沙

漠漠轻寒上小楼，晓阴无赖似穷秋。淡烟流水画屏幽。

自在飞花轻似梦，无边丝雨细如愁。宝帘闲挂小银钩。

欧阳修：采桑子

轻舟短棹西湖好，绿水逶迤，芳草长堤，隐隐笙歌处处随。

无风水面琉璃滑，不觉船移，微动涟漪，惊起沙禽掠岸飞。

欧阳修：踏莎行

候馆梅残，溪桥柳细，草薰风暖摇征辔。离愁渐远渐无穷，迢迢不断如春水。

寸寸柔肠，盈盈粉泪，楼高莫近危阑倚。平芜尽处是春山，行人更在春山外。

陆　游：钗头凤

红酥手，黄縢酒。满城春色宫墙柳。东风恶，欢情薄。一怀愁绪，几年离索。错，错，错。

春如旧，人空瘦。泪痕红浥鲛绡透。桃花落，闲池阁。山盟虽在，锦书难托。莫，莫，莫！

附：唐琬《钗头凤·世情薄》

世情薄，人情恶，雨送黄昏花易落。晓风干，泪痕残。欲笺心事，独语斜阑。难，难，难！

人成各，今非昨，病魂常似秋千索。角声寒，夜阑珊。怕人寻问，咽泪装欢。瞒，瞒，瞒！

陆　游：卜算子　咏梅

驿外断桥边，寂寞开无主。已是黄昏独自愁，更著风和雨。

无意苦争春，一任群芳妒。零落成泥碾作尘，只有香如故。

陆　游：诉衷情

当年万里觅封侯，匹马戍梁州。关河梦断何处，尘暗旧貂裘。

胡未灭，鬓先秋，泪空流。此身谁料，心在天山，身老沧洲。

陆　游：谢池春

壮岁从戎，曾是气吞残虏。阵云高、狼烟夜举。朱颜青鬓，拥雕戈西戍。笑儒冠自来多误。

功名梦断，却泛扁舟吴楚。漫悲歌、伤怀吊古。烟波无际，望秦关何处？叹流年又成虚度。

俞国宝：风入松

一春长费买花钱，日日醉湖边。玉骢惯识西湖路，骄嘶过、沽酒楼前。红杏香中箫鼓，绿杨影里秋千。

暖风十里丽人天，花压鬓云偏。画船载取春归去，余情付、湖水湖烟。明日重扶残醉，来寻陌上花钿。

李之仪：卜算子

我住长江头，君住长江尾。日日思君不见君，共饮长江水。
此水几时休，此恨何时已。只愿君心似我心，定不负相思意。

李重元：忆王孙　春词

萋萋芳草忆王孙，柳外高楼空断魂，杜宇声声不忍闻。欲黄昏，雨打梨花深闭门。

蒋　捷：一剪梅　舟过吴江

一片春愁待酒浇。江上舟摇，楼上帘招。秋娘渡与泰娘桥，风又飘飘，雨又萧萧。

何日归家洗客袍？银字笙调，心字香烧。流光容易把人抛，红了樱桃，绿了芭蕉。

贺　铸：六州歌头

少年侠气，交结五都雄。肝胆洞，毛发耸。立谈中，死生同，一诺千金重。推翘勇，矜豪纵。轻盖拥，联飞鞚，斗城东。轰饮酒垆，春色浮寒瓮，吸海垂虹。闲呼鹰嗾犬，白羽摘雕弓，狡穴俄空。乐匆匆。

似黄粱梦。辞丹凤，明月共，漾孤篷。官冗从，怀倥偬，落尘笼。簿书丛，鹖弁如云众，供粗用，忽奇功。笳鼓动，渔阳弄，思悲翁。不请长缨，系取天骄种，剑吼西风。恨登山临水，手寄七弦桐，目送归鸿。

黄庭坚：清平乐

春归何处？寂寞无行路。若有人知春去处，唤取归来同住。
春无踪迹谁知？除非问取黄鹂。百啭无人能解，因风飞过蔷薇。

姜　夔：扬州慢

淳熙丙申至日，予过维扬，夜雪初霁，荠麦弥望。入其城，则四顾萧条，寒水自碧。暮色渐起，戍角悲吟。予怀怆然，感慨今昔，因自度此曲，千岩老人以为有《黍离》之悲也。

淮左名都，竹西佳处，解鞍少驻初程。过春风十里，尽荠麦青青。自胡马窥江去后，废池乔木，犹厌言兵。渐黄昏，清角吹寒，都在空城。

杜郎俊赏，算而今、重到须惊。纵豆蔻词工，青楼梦好，难赋深情。二十四桥仍在，波心荡、冷月无声。念桥边红药，年年知为谁生！

语文视界

视点十二

咀嚼潜台词

中学语文教材中编入了一定数量的戏剧、电影文学作品。这一类文本的阅读学习，历来是一个难点。其中，构成这一类作品主要成分的台词是一个主要的阅读障碍。

台词，是剧作家为作品中人物设计的话（也包括唱词），也就是作品中的人物按故事推进过程中的戏剧冲突、角色活动需要与自身个性特点逐一呈现的话语系统，分为独白、对白、旁白等。阅读这类作品主要是通过对台词的结构、语气、语言特色、表达方式等的分析、归纳、综合等活动来实现理解与鉴赏。所谓台词是阅读的障碍，其实是指基于台词的“潜台词”的理解上存在着一些认知上的问题，而它们又常常是戏剧、电影“戏味”“戏眼”之所在。潜台词不曾理解就意味着一部戏剧、电影的关键之“味”未尝“品”出来，如果竟然说读懂一部戏剧、电影，从何说起呢？

潜台词，是戏剧、电影等表演艺术领域里的一个术语（实际应用要比这些领域大得多）。它指的是角色台词的内在根据与目的，以及隐藏在台词中的言外之意与未尽之意。这就是说，潜台词是文学剧本台词的潜在内容，它包括角色表演台词时所持有的内心根据与目的，也包括借助于戏剧情景、人物活动赋予台词本身原本不具有的意思，即言外之意与未尽之意。正是这两个方面的特有表达导致了阅读障碍。

例 1.

杨白劳：（放下心来）唉，这就好了，喜儿，你听听外面风刮得这么厉害！……

喜　儿：雪下得那么大！

杨白劳：天也快黑了。

喜　儿：道儿也难走，爹！

杨白劳：我看穆仁智这回不会来啦，咱欠东家这一石五斗租子，二十五块钱驴打滚的账，这回算又躲过去啦。（贺敬之《白毛女》）

这一节台词总共三组对白。前两组从台词本身意思看，似乎没什么难懂：父女俩的对话想表明除夕之夜天气十分恶劣。但是,角色表演台词的内心根据是什么呢?当然不会是对风花雪月的感叹,也不是对外出卖豆腐时一路艰辛的诉说,而是潜藏着这样一种心境:A.风雪严寒固然使穷人难过年关,但如果能躲过东家的逼债,倒宁愿遭受风雪的肆虐——矛盾心理。B.含蓄表示父女的关切点:都希望风雪天能阻止东家的逼债——心向一致。C.渲染风雪、暗夜所试图暗示的"逼债不可能"与后文的"竟然来"形成对照,深刻地显现了东家的狠毒。

例2.

娘子:自从他得着这点美差,看自来水,夜里他不定叫醒我多少遍。一会儿,娘子,鸡还没打鸣儿哪?

大娘:他可真鸡极呀!

娘子:待一会儿,娘子,还没天亮哪?这家伙,看着自来水,倒仿佛做了军机大臣,唯恐怕误了上朝。(老舍《龙须沟》)

这节台词运用了多种叙述方法:A.娘子的转述。台词的转述部分如果改为直接引述,则为:"一会儿,他说:'娘子,鸡还没打鸣哪?'""待一会儿,他问:'娘子,还没天亮哪?'"B.娘子的评说。即"这家伙,看着自来水,倒仿佛做了军机大臣,唯恐怕误了上朝"。C.大娘的插说。即"他可真鸡极呀"。这些叙述方法的运用,既是为下面程疯子的出场作铺垫,也是以快人快语的程娘子的愉快心境为根据,因而才有半是责怪、半是夸奖的诉说。而大娘仅有的一句台词,恰到好处地展现了她不理解新事新语而又急于介入新生活,于是用调侃来愉悦生活的心态。

对潜台词的理解,需要从整个文学剧本出发,结合人物个性、心境与语境等三方面因素以及剧本中的舞台提示,细细揣摩,方能完成。这一类潜台词,属于广义潜台词,即角色表演根据。另一类叫狭义潜台词:台词所带来的言外之意与未尽之意。

台词的言外之意,就是人们通常说的话里有话、意在言外。

例3.

鲁侍萍:(大哭)这真是一群强盗!(走至周萍面前)你是萍,……凭——什么打我的儿子?

周　萍:你是谁?

鲁侍萍:我是你的——你打的这个人的妈。(曹禺《雷雨》)

例4.

李　三:改良!改良!越改越凉,冰凉!(老舍《茶馆》)

特殊地说,台词的言外之意常常借助双关、歧义修辞手法。例3中的"萍"与"凭",例4中"良"与"凉"就属于谐音双关。通过一语关顾双方,使台词的言内言外之意得到和谐统一,因而在剧本中较多担当起潜台词的功能。为了表达台词的言外之意,还常常用到歧义修辞。

例5.

周朴园:他现在楼上陪着他的母亲看病。我叫他,他就可以下来见你。不过是——(顿)他很大了,——(顿)并且他以为他母亲早就死了的。(曹禺《雷雨》)

"母亲"一词既可指生身的人,也可以指按伦理、辈分应称为"母亲"的人。周朴园在这里巧妙地运用了"母亲"的两个义项予以歧用,收到了意在言外的效果。例3里的"你的"与"你打的"也是同一手法。可见,台词的潜在意思常常与语词、语句的多义性相联系,台词蕴含有言外之意,使台词变得含蓄、耐咀嚼,大大改善了台词的"口感"。

例6.

巡　警:可是为这点功劳,你不得另有份意思吗?(老舍《茶馆》)

例 7.

吴祥子:多年的交情,你看着办!你聪明,还能把这点意思闹成不好意思吗?(老舍《茶馆》)

"意思"的意思看起来确实有些含糊。但例 6、例 7 中的"意思"一点也不含糊:说得含糊,听得明白。一个普普通通的词,在这两个以敲诈勒索为生的人们嘴里玩得多么有滋有味!这种通过词的多义性产生的潜台词多么精微、精巧、精妙!

当然,言外之意并非一定要借助特殊的修辞手法才能实现。在剧本中大量存在的,还是那些富有个性特点的台词,它们在人物的心境、语境的共同作用下,被赋予了丰富的言外之意。

例 8.

王利发:(还生着气)哟!唐先生?我可不再白送茶喝!(打量,有了笑容)你混得不错呀!穿上绸子啦!

唐铁嘴:比从前好了一点!我感谢这个年月!(老舍《茶馆》)

当人们诅咒那个灾难频仍的年月的时候,唐铁嘴却要"感谢"它!这是反语吗?不是。唐铁嘴这个以看相为业的人确实要感谢它:"这年月,谁活着谁死都碰运气,怎能不多算算命、相相面呢?"看相业在那个社会畸形繁荣,正说明那个社会的动荡不安,这里的"感谢"就是另一种形式的诅咒,比直陈式的诅咒更深刻!当然,这里的潜台词是心境、语境及人物个性特点所赋予的,失去了这个依存条件,"我感谢这个年月"就失去了它的言外之意。同样的还有:

例 9.

王利发:我忘了姓什么,也忘不了您二位这回事!

例 10.

王利发:就走吧,还等着真挨两个脆的吗?(老舍《茶馆》)

与言外之意的潜台词同样需要在阅读学习中认真咀嚼、仔细体味的,是台词的未尽之意。它是指台词本身并未将意思全部表达出来,需要在语境、情节等因素的介入下使意思得到补足。从这个意义上说,对未尽之意的潜台词的理解,可能是阅读学习上的难点。

例 11.

梁大娘颤巍巍地站起来,举着酒杯说:"俺……喝!玉秀,你也喝!……早年间,鲁中军区开支前庆功会的时候,我喝过一回酒,三十多年了,……首长,我想说一句心里话,你是军长,你把孩子送到前线上,牺牲了!……"她又使劲地抑制眼泪说:"哪怕是我只看到这一个!我,……总算看到了!首长……你们好啊!……咱们中国能兴旺!"(李存葆《高山下的花环》)

这是人物在十分激动、情不自已的心境、语境下说的一段话,故而人物的话语是断断续续的,台词蕴含着未尽之意。"你们好啊"一句,句子结构是完整的,而意思却不完整。"好"什么呢?当时的语境可以补足:"你们"以身作则做得"好",牺牲小家保全大家的精神"好"……。在这些地方,台词看似未尽,台词的意蕴却丰富、深化了,人物的个性也就呼之欲出了。

例 12.

周朴园:(看周萍)不要走,萍儿!(望了一下侍萍)(曹禺《雷雨》)

这里的未尽之意是通过舞台提示与台词的共同作用完成的。在当时的语境下,周朴园只要对周萍说"不要走"或"你不要走"就足够了,完全不必再说"萍儿"。因而"萍儿"这句台词对周萍不起作用,只对鲁侍萍起作用,即暗示"他就是周萍"以满足鲁侍萍要见"萍儿"的愿望。

接下来的舞台提示对这一信息给予了进一步的强调。这样,一个词便获得了一句话的意思。这就是戏剧的“戏”、台词的“戏”味。在例5中,有两处“顿”和一句“他很大了”的台词,同样是舞台提示与台词交互作用使未尽之意得到了补足。“他很大了”,后续的话可以是“未必认得出你了”,也可以是“未必会认你了”等。

需要指出的是,潜台词虽然比较集中地体现于戏剧、电影作品,是文学剧本的一个重要组成部分,但这不等于说只存在于戏剧之中。其实,在小说之中也有大量存在。在对用作教材的小说进行阅读学习时,同样不能忽略潜台词的解析。

视点十三

修辞:鲜活的社会生活

中学教材一般将比喻、夸张、比拟、对偶、排比、反复、反语、反问、设问、引用、借代、对比等十二种修辞手法作为基本的表现手法,也作为语言学习、考查的要求。不过,有悖于这种学习“要求”初衷的是,修辞学习中竟出现了背定义、啃例句一类活动,真正考查起来,学习者对基本修辞手法的理解、功用似乎还是说不清道不明。这不就奇怪了:明明是生活中如影随行、须臾不可分离的表达需要,怎么会成了流于概念化的、费解的东西了呢?

让我们来看一看生活中是怎样一种鲜活的情形。

小说是生活的折射,这里权且举一些小说中的例子来代替生活的情景。

在《药》(鲁迅)中,华老栓去替儿子买人血馒头,走到街上:

“老栓看看灯笼,已经熄了。按一按衣袋,硬硬的还在。”

这里好像没有修辞。假如把语句补足,应是:华老栓看看灯笼,(灯笼)已经熄了。(他)按一按(他的)衣袋,(衣袋中)硬硬的(洋钱)还在。括弧中的“灯笼”“他”“衣袋”一类是一种语法意义上的省略(即承前省),它使语句更加简洁。而“洋钱”之省,则属于有修辞意义的省略,它产生了一种微妙的修辞效果:洋钱的质地是“硬硬的”,省去中心词“洋钱”之后,修饰词“硬硬的”更加突出,不仅表现出了洋钱的质地、华老栓对这一质地的谙熟,还把华老栓对含辛茹苦挣下几个钱的爱惜,通过“按一按衣袋”便知洋钱并没有丢失的踏实心理细腻地刻画出来了。

像这样的修辞省略而非仅仅语法省略的例子,生活中比比皆是。《阿Q正传》(鲁迅)中写阿Q对吴妈说了胡话之后:

“阿Q对墙壁跪着也发愣。于是两手扶着空板凳,慢慢地站起来,仿佛觉得有些糟,他这时确也有些忐忑了,慌张的将烟管插在裤带上,就想去舂米。蓬的一声,头上着了很粗的一下,他急忙回转身去,那秀才便拿了一支大竹杠站在他面前。”

“很粗的”是什么东西?显然是后文说的“大竹杠”。阿Q挨打的时候并没有看到“大竹杠”,而只是感觉到了“很粗”——在省略了中心词“大竹杠”“东西”之类后,阿Q感觉到的“很粗”就变得十分古怪:不说很重、很痛、很猛……,偏偏说“粗”;难道挨打还有“很细”的吗?但这样的处理,在这个情景中确实恰到好处,它形象地刻画了阿Q对吴妈说了胡话之后,虽然有些慌张,但又静等挨打的傻样子:尽管不知道什么东西打,却细腻地分辨出了那个东西的粗细——此时轻重已经不重要了。

《采薇》(鲁迅)中,伯夷、叔齐忌于周武王伐纣,避乱去首阳山途中,过一山岗:

“离土岗脚还有十几步,林子里便窜出五个彪形大汉来,头包白布,身穿破衣,为首的拿一把大刀,其余四个都是木棍。”

“四个”后面省去“人”以后,“四个”和“木棍”直接用判断词“是”来陈述,给人的印象似乎

“四个”不是人,而是“木棍”。这就产生了一种具有讽刺意味的表达效果:在伯夷、叔齐的眼里,唯有他们害怕的大刀、木棍之类的杀人凶器,而独独看不到人!——并不需要喋喋不休、太多的描写,只一句“其余四个都是木棍”,就把他们的恐惧心理与“彪形大汉”们的威严剖露得淋漓尽致!省略的修辞意趣可见一斑。

夸张,作为一种修辞方式的名称,鲁迅曾经指出:“‘夸张’这两个字也许有些语病,那么说是‘廓大’也是可以的。”由于相沿成习,“夸张”作为修辞格的说法由来已久;只是人们在理解“夸张”的时候,往往不去深究其本质属性而会望文生义,以为它只是把事物往高、大、好、强、重上说。这当然是片面的。事物的高低、大小、优劣、好歹、强弱、轻重等都可以是“夸张”的修辞对象。从根本上说,它通过对事物的“言过其实”“故作惊人之语”的表达来凸显其特点,表现作者隐含的褒贬之意。

比如《头发的故事》(鲁迅)里有这样一例:

“造物的皮鞭没有到中国的脊梁上时,中国便永远是这一样的中国,绝不可自己改变一根毫毛。”

革命不到位竟连一根毫毛都不会改变,这当然是一种夸张说法,属于夸张中的故意把事物往小、少、轻、薄、弱、低等上说,使事物基于这一夸张凸显其形象、状态、作用、程度等鲜明特征。因此,也有谈修辞的书籍把这样一种夸张,说成是“缩小”——只是这样说,似乎也有鲁迅说的语病。

也并非小说中有大量鲜活的修辞现象,其他文本类型中也大量存在。

唐代诗人刘禹锡的《望洞庭》写道:

“湖光秋月两相和,潭面无风镜未磨。遥望洞庭山水翠,白银盘面一青螺。”

将三万六千顷、偌大一个洞庭湖说成是一个“白银盘”——白银盘会有多大?而湖中的君山,诗人说它只是一粒“青螺”——青螺更其小矣!诗人笔下的故意“缩小”,正是为了显现洞庭湖与君山岛的秀丽与可爱,无须多说,此情此意就和盘托出了。

《药》里写到狱卒阿义对身陷囹圄的夏瑜的敲诈,这样说:

“红眼睛原知道他家里只有一个老娘,可是没有料到他竟会那么穷,榨不出一点油水,已经气破肚皮了。”

这里连用两个夸张:往“小”里说与往“大”里说。“……那么穷,榨不出一点油水”是将夏瑜家里之“穷”的程度往“小”里说,而“气破肚皮”则是将阿义因敲诈无果而失望、生气甚而至于愤怒,往“大”里说。一“小”一“大”,相映成趣。

现在谈修辞的书籍一般都不提及“转品”格修辞。有的虽然提到了,却又把它当成语法中的词性转化(陈望道《修辞学发凡》)。其实,修辞意义的“转品”与语法意义的词性转化是不同的。

试比较下面两例:

“这一回,新月社的‘自由言论’遭到了压迫,照老办法,是必须对压迫者,也加以压迫的……”(鲁迅《二心集·硬译与文学的阶级性》)

“……我同时便机械的拧转身子,用力往外只一挤,觉得背后便已满满的,大约那弹性的胖绅士早在我空处胖开了他的半个身子了。”(鲁迅《呐喊·社戏》)

前一例中的“压迫”一词,在上下句中只是词性的转变,并无更多的修辞意味。这样的现象,在汉语中是极普遍多见的,它反映了汉语语词在构句上的灵活性。

后一例中的胖绅士在“我”挤出人群的空档里“胖开了他的半个身子”，其中的“胖”就有了生动的修辞意味：不仅写出了胖态，还写出了胖的膨胀过程。“胖”在此例中，从形容词变成了动词，可见转品修辞是建立在词性变化基础上的。两者同样需要词性变化，仔细咀嚼一番，语法意义与修辞意义是很不同的。

同样的还有：

“但究竟马是奇蹄类，牛是偶蹄类，有些不同，还是分别了好，不必‘出到最后一册’的时候，偏来‘牛’一下子的。”（鲁迅《二心集・风马牛》）

像“牛”一类的事物名词，一般是不能转化为其他词性的。但在特殊的语言环境里，一经运用往往会产生让人哑然失笑的修辞效果。这里的“牛一下子”是讽刺翻译者的硬译与偏执到底的可笑，现在流行的“最牛”“谁比谁更牛”一类中“牛”的用法也有异曲同工之妙。

“……失去了东三省，只有几个学生上几篇‘呈文’，党国倒愈像一个国，可以博得‘友邦人士’的夸奖，永远‘国’下去一样。”（鲁迅《友邦惊诧论》）

生活中几乎没有“‘国’下去”的说法。但在这个语境里，“国”来自“党国”及其电文“国将不国”，鲁迅信手拈来，造出了一个潜台词无穷的怪句：照着“友邦人士”旨意治国，就不再是中国之“国”了。

还有这样一些修辞语例，也是来自鲁迅作品，试咀嚼一番，看看属于什么修辞、有何修辞效果：

“在我的后院，可以看见墙外有两株树，一株是枣树，还有一株也是枣树。”（鲁迅《野草・秋夜》）

“‘哈、哈、哈’阿Q十分得意地笑。

“‘哈、哈、哈’酒店里的人也九分得意的笑。”（鲁迅《呐喊・阿Q正传》）

“……还吃炒豆子，吃穷一家子！”（鲁迅《呐喊・风波》）

“无奈这‘归马于华山之阳’，竟踏坏了他的梦境……”（鲁迅《故事新编・采薇》）

视点十四

词的多义性与歧义修辞

汉语文本的阅读往往不能忽略对语词的研究、品评,它是最为基本的、基础性的阅读素养与关注点。

汉语中的语词常常是一词多义的。一个词的意义,由于语言环境的不同或语句表述形态不同,往往大相径庭。

1. 江上往来人,但爱鲈鱼肥。君看一叶舟,出没风波里。(范仲淹《江上渔者》)

2. 今有美尧、舜、鲧、禹、汤、武之道于当今之世者,必为新圣笑矣。(韩非子《五蠹》)

3. 可见昆明这地方虽美,先前人的生活可并不完美。(杨朔《滇池边的报春花》)

4. 青天上面,有无数美的人和美的事,我一一看见,一一知道。(鲁迅《好的故事》)

"美"这个语词,在上面的语例中分别有"鲜美""赞美""美丽""美好"等意思。一个词兼有几个义项,这反映了汉语语词的通用性与适应性。这一特点是在长期的语言演变之中形成的,并在复杂的社会活动中为人们所逐步认识,人们可以根据这一特性,用尽可能少的语词表现尽可能繁复的生活,使思想交流变得快捷、简洁。当然,也正因为语词具有多义性,它使语词在语言交流过程中带上了极大的可塑性。在阅读或说话时,人们必须十分审慎地考虑到语言的表述形态、语言环境对语词产生的微妙影响。否则,就可能闹出荒诞的笑话来。

5. 李献臣好为雅言。……时孙次公为陕漕罢,赴阙。先遣一使臣入京。所遣乃献臣故吏。到郑庭参,献臣甚喜,欲令左右延饭。乃问之曰:"餐来未?"使臣误意餐者为次公也,遽对曰:"离长安日,都运待制已治装。"献臣曰:"不问孙待制,官人餐来未?"其人惭怍而言曰:"不敢仰昧,为三司军将日,曾吃却十三。"盖鄙语谓"遭杖"为"餐"。献臣掩口曰:"官人误也。问'曾未曾餐饭',欲奉留一食耳。"(沈括《梦溪笔谈》)

李献臣说的"餐来未"之"餐",是"曾未曾餐饭"之"餐",即"吃"的意思。而使臣先误以为是指"孙待制",后又以为是指"遭杖"(就像有些地方把"挨打"叫做"吃生活""受到批评"说成"刮胡子"一样),出尽了洋相,甚至将"为军将日,曾吃却十三(杖)"的隐私也惭怍道出!当然,使臣所以误解,除了对于词的多义性不甚了解以外,也因为"李献臣好为雅言"。这就是说,一个语词的正确传导,不仅与传导对象有关,也与语词的表述者有密切关系。

6. 有献不死之药于荆王者。谒者操以入。中射之士问曰:"可食乎?"曰:"可。"因夺而食之。王怒,使人杀中射之士。中射之士使人说王曰:"臣问谒者。谒者曰:'可食。'臣故食之。是臣无罪,而罪在谒者也。且客献不死之药,臣食之,而王杀臣,是死药也。王杀无罪之人,而明人之欺王。"王乃不杀。(《战国策》)

"可食乎"一问,在当时的语言环境中,可以理解为:一、可以吃吗?也就是说,药吃了会不会死;二、能够吃吗?也就是"我"吃药允许吗?谒者所奉乃不死之药,自然回答中射之士"可食",即吃了不会死。而中射之士却根据"可食乎"的后一意思"夺而食之",其后又用"可食乎”的两个意思回答了楚王的诘难,使自己得到了解脱。

这就是多义语词在语义传导上的两种情形:无意误导与故意误导。前者是说话写文章要竭力避免的,也是阅读、理解中要注意克服的;后者则是出于修辞需要,利用语词的多义性来实现歧义传导,使表达产生一种隽永、机敏的意趣。

7.(大阿訇要阿凡提理发经常不给钱)有一次,大阿訇又来理发了。阿凡提给他刮脸的时候,问道:“阿訇,您要眉毛吗?”

“当然要!那还要问!”阿訇说。

“好,您要我就给您!”阿凡提说着,嗖嗖几刀,就把阿訇的两道眉毛刮下来,递到他手里。

大阿訇气得说不出话来——谁叫他自己说“要”呢?

“阿訇,胡子要吗?”阿凡提问。

“不要!不要!”大阿訇连忙说。

“好,您说不要就不要。”阿凡提说着,又嗖嗖几刀,就把大阿訇的胡子刮下来,甩在地上。(《少数民族机智人物故事选》)

“要”这个词,在当时的语言环境中,有“留”(即留在脸上)和“刮”(即手上拥有)的意思。阿凡提不说“您留眉毛”或“您刮眉毛”吗,而说“您要眉毛吗”,目的就是让大阿訇在理解上产生歧义。阿訇根据常理回答“当然要”,认为阿凡提的问话多此一举、明知故问,这就恰恰入了阿凡提所设之彀。于是好端端的眉毛被刮下来,“递到他手里”——不是说“要”吗?至于后面的刮胡子(维吾尔族男子是蓄胡子的)则是刮眉毛的反向推衍。于是一讹再讹,受到了机智的惩罚。

8. 鲁四凤:爸,您看您那一脸的油!……

鲁　贵:讲脸呢,又学你妈那点穷骨头,你看她,她要脸!跑他妈的八百里外女学堂里当老妈。(曹禺《雷雨》)

鲁贵故意不理会四凤说的“脸”(具体的,有油之脸),却生发开去,以“脸”在特定环境中的另一含义“人格”来取代它,并通过肯定句式(“她要脸”)产生的否定意味来讥讽、奚落四凤妈——鲁侍萍:对女儿讲做人要有“人格”,不让她去当女佣,而对自己不讲“人格”,去替别人当老妈子。

9. ……童话《小约翰》里,记着小约翰听两种菌类相争论,从旁批评了一句“你们俩都是有毒的”,菌们便惊喊道:“你是人么?这是人话呵!”……现在很有些人做书,格式是写给青年或少年的信。自然,说的一定是“人话”了。但不知道是哪一种“人话”?为什么不写给年龄更大的人们?年龄大了就不屑教诲么?还是青年和少年比较的纯厚,容易诓骗呢?(鲁迅《“人话”》)

“人话”除了“人说的话”的意思之外,当用反问句“你这是人话吗”说出来,就含有了非人话、鬼话一类的意思。作家在这里正是从“人话”的“人说的话”意思引出议论,指出那些“诓骗”青少年的文人所说的话,从生物学角度说是“人话”,就社会学角度说,其实是丧失人格的“鬼话”。

10. 大伙儿又把孙老头评议一会,同意……排他第八。坐在他的旁边的老初忍着笑跟他道贺:

“恭喜你谷雨搬家。”

老孙头冷丁一下没有领会意思,规规矩矩回答:

“谷雨怕不能搬吧,房子没分好。”(周立波《暴风骤雨》)

“谷雨搬家”本是一个歇后语,指的是乌龟习性(俗语“王八”的生活习性)。这是老初借“排他第八”这件事,想出个歇后语笑骂老孙头的。老孙头没反应过来,以为指自己决定搬家这件事,所以“规规矩矩回答”老初的笑话,结果闹了个大笑话:等于承认自己就是“王八”。

让词面保持前后一致是这一类语言修辞的基本要求,但也可以在语境中适当地有些变化,增加其适情应景的多样性;前提是读者能辨认出来,不会误认为是两个语词。

11. 方达生:这几年,你原来住在这么个地方!

陈白露:怎么,这个地方不好么?(曹禺《日出》)

“这么个地方”“这个地方”一字之差,意思却大相径庭。前者指寻欢作乐的风流场所,后者指陈白露自己的居所;前者含有贬斥意味,后者故意改变其贬斥意味,有意用轻松的话语将其转变为实际所指。

12. 居易,字乐天,太原下邽人。弱冠名未振,观光上国,谒顾况。况,吴人,恃才少所推可。因谑之曰:“长安百物皆贵,居大不易。”及览诗卷,至“离离原上草,一岁一枯荣。野火烧不尽,春风吹又生。”乃叹曰:“有句如此,居天下亦不难。老夫前言戏之耳。”(辛文房《唐才子传》)

“居易”本是白居易之名。顾况却在名字上借题发挥,讹解为“居住容易”,用“居大不易”来调侃白居易。当他读到《赋得古原草》诗,知道白居易是当时少有奇才之后,又由衷地感叹“居天下亦不难”——仍用歧解来赞誉他。

歧义手法也常常同其他手法错综运用,表现一种特别的辞趣。

13. ……施藩台又抢着说:“前天无锡县令来省,司里还同他说起:‘无锡的九龙山强盗很多,你们总得会同营里,时常派几条兵船去“游戈游戈”才好;不然,强盗胆子越弄越大,那里离太湖又近,倘若将来同太湖的“乌匪”合起帮来,可不是顽的!’”……童钦差一直等他说完,方同萧臬台说道:“……什么‘游戈游戈’难道下油锅不成?”……又说道:“他说太湖里还有什么‘乌匪’,……哦,我明白了,大约是‘枭匪’的‘枭’字,施大哥的一根木头被人家坑了去,自然那乌儿没处歇,就飞走了。施大哥好才情,真要算得想入非非了!”(李宝嘉《官场现形记》)

在这一例里,作者首先运用“飞白”修辞极力摹写施藩台将“游弋”“枭匪”念成别字“游戈”“乌匪”的神情声貌,然后又用“歧义”修辞让童钦差故意歧解这两个被念白的词,借以嘲弄施藩台。最后,运用讽刺手法讥笑施藩台“好才情”。这一段文字将大字不识几个、尸位素餐的官僚面目活脱脱凸显了出来。而几种手法的珠联璧合、一气呵成,造就了嬉笑怒骂的表达效果。其中,巧妙地调用语词的多义性正是达到这一效果的主要原因。

视点十五

关于主题、主旨之类

上语文课的时候,常常会有一些概念从语文教师的嘴里蹦出来:主题、主旨、中心、主体、本体、本论、立意、立论、题材、论题等。当了多年学生,上了无数堂课,听得多了,也有些木知木觉了,以为老师只是为了上课的需要讲讲而已。等到有一天,这些概念出现在考试卷上,这才发现,自己竟然不能准确地理解这些概念,答题从何下手?那就只能不管三七二十一:蒙呗!

那么,这些种种概念真的都需要弄个水落石出吗?回答是肯定的。近景地说,考试的题干中会出现它们的身影;远景地说,每个人在社会生活中碰到的语文问题,有相当一部分会与它们有干系——你总不至于不走进社会生活吧?

好,既然躲不开,那就硬着头皮来面对它们——也许,它们并没有那么难,说不定倒是解决语文文本阅读的一把利器呢!

对这里列举的概念,尝试分三组作一些解读:

1. 主题、主旨、中心

《现代汉语词典》(商务印书馆,1996;下同)是这样解释的:

主题:① 文学、艺术作品中所表现的中心思想,是作品思想内容的核心。② 泛指谈话、文件等的主要内容。

主旨:主要的意义、用意或目的。

中心:① 跟四周的距离相等的位置。② 事物的主要部分。

《中学语文教学实用大全》(曹文趣主编;下同)作这样解说:

主题:通过作品的全部内容表达出的基本观点,也称主题思想。这是个外来语、来自日本。在纪实性、抒情性作品中一般称为主题,议论性作品中一般称为中心思想。

中心:中心思想的简称。指贯穿全文、统率全篇的基本思想。也称主题或主题思想。中心思想是作者对所叙述、说明、议论的事物或事理作出的总体性判断和评价。

比较这两本书的说法,我们可以大致知道,“主题”与“中心”的意思相近,只是适用的文体,习惯上有所不同。用阅读分析的语言来表述,主题或中心是作者通过文本力图表达的观点、看法、主张、态度等。因而作品是载体,主题或中心是作品承载之物。没有一个作品没有主题或中心,如果“没有”,就失去了作者创作的意义——作者总试图借助作品对他人或社会说些什么。

那么,说些什么、说得怎么样呢?这就是语文阅读中必然要涉及的读点与考点,也是评价一个文本是否读懂的基本要素。

“说些什么”是用读者自己的话提炼、概括文本的主题或中心。根据主题或中心的基本界定,概括应包括两部分:载体部分与承载物部分。前者是指作品所展现的内容或手法,后者指的是借助这一内容或手法作者想要表达的意蕴。这就是我们很熟悉的一个表达结构:“通过……,揭示(抨击、批判、赞美、褒扬)了……。”

“说得怎么样”是对文本所表现的主题或中心作评价或鉴赏。这是中学语文阅读学习的一个要求:会评价、鉴赏作品主题。但对于中学生而言,由于受到社会生活阅历与作品阅读广度的限制,准确的评价、鉴赏可能有些难。

一般的评价或鉴赏,无非是就社会意义、审美意义或个人借鉴意义作出适当阐说。但因为可以用于对作品主题或中心的评价性语言诸如“深刻”“严谨”“典型”“普遍性”“有代表性”之类数量稀少,仅就这些语词做深度开掘,可以说出的话并不多;而且往往还要按照某一社会价值取向作主题或中心的社会性价值评判,使得评价或鉴赏常常流于论断化或政论化,似乎缺少了语文“味道”。而审美意义,关涉的是个人对作品好恶、美丑等的感受、看法,大都在文学性范畴里作讨论,可以比较、阐发的领域十分广阔。

例如,如果要对王维《阙题二首》之一的“蓝溪白石出,玉川红叶稀。山路元无雨,空翠湿人衣。”诗作主题鉴赏,首先要概括诗作的主题,然后对这一主题的价值作审美评判或鉴赏。整合两者,表述的文字可以文学一些,也可以逻辑一些。这首诗,显然是通过恬静的山景表达恬淡的心境。以下是对这首诗的一段鉴赏文字:

这是一幅恬静的秋山行旅图。

秋山也者,“蓝溪”之“蓝”、“白石”之“白”、“玉川”之“玉”、“红叶”之“红”,还有“湿人衣”之“翠”,五彩缤纷尽显画幅。

行旅也者,看“白石”之“出”而想“蓝溪”之浅,望“红叶”之“稀”而思“玉川”之澄,山中一路走来,人在画中、心在画外。

恬静也者,画上虽有五彩,却并非赤橙黄青紫的灿烂,而是蓝、白、玉、翠、日日稀少的红的清冷;画上虽无淅沥春雨、飘忽夏雨,却有苍翠欲滴的山色;走进山色,任由苍翠洒满襟怀……。

其实,这也是延伸着的画图,随着你从容脚步;也是悬挂着的图画,依着你恬淡情怀。

说到这里,要提到“主旨”。不知道什么时候开始,它成了目前高中语文测试中出现频度颇高的一个语词。如同《现代汉语词典》所说,“主旨”之“主”是“主要的”,“旨”是“意义、用意或目的”。这其实含有两个意思,一个文本的主要意义,即主题或中心;一个文本的用意或目的,即写作意图。当这个语词出现在测试的题干中,仅就“主要意义”来陈说是不够的,还要从“用意或目的”来说,也就是说作者写作本文出于何种目的,也可以说文本这样处理有何好处、作用等。这样说,当然是就这个语词的词典义来说的;从目前命题者的命题意图来推断,比较多见的还是把这个语词理解为“主要意义”,这其实是这个语词的狭义语义。

2. 主体、本体、本论

《现代汉语词典》没有关于“本论”的解释,其他两个词是这样解释的:

主体:事物的主要部分。

本体:机器、工程的主要部分。

《中学语文教学实用大全》没有对“本体”作专条解说,其他词这样解说:

主体:新闻的术语,指一篇新闻的正文部分,它以真实、具体的事实阐述、说明新闻的主题,是导语的具体展开和必要的交代或补充。

本论:议论文中分析问题的部分叫本论。它是议论文的主体,是对引论提出的问题展开具体分析,论证对问题所持的观点,作“为什么”的回答。

比较这两本书的说法,大体可以得到以下一些认识:

“主体”作为文体术语时,单指新闻、报道一类文章结构中的“主体部分”。新闻作品一般包括标题、导语、主体等部分。导语是新闻的开头一段,简约概述新闻需要报道的事实,而主题则是它的具体展开,从五“W”(Who、Where、When、What、Why)逐一陈述,因而占有的篇幅较大。但广义地说,主体也可以说文章的主要部分,如“议论文的主体”。

“本体”一词,比较多见地出现在对比喻修辞表达结构的分解分析之中,如说比喻由本体、喻体、比喻词三部分构成等。这里的“本体”,是指本来的陈述、原本的表达;而喻体是借用来改善原有表达的事物。在文本阅读中,“本体”这个语词通常不大会用来指文章的本身。

“本论”,是议论文结构的三论之一,即引论、本论、结论。引论通常是提出需要讨论、论证的问题;本论是对这一问题的论证过程:分解论点、引述论据、建构论证过程及运用论证方法等;结论是对已经完成的论证作归结,与上一论的关系相当于一个简约的复句,如“因为……,所以……”“如果……,就……”“只有……,才……”等。“本论”一词似乎不大会用作“本文所论”之意。

3. 立意、立论、题材、论题

《现代汉语词典》是这样解释的:

立意:① 打定主意。② 命意。

立论:对某个问题提出自己的看法,表示自己的意见。

题材:构成文学和艺术作品的材料,即作品中具体描写的生活事件或生活现象。

论题:真实性需要证明的命题。

《中学语文教学实用大全》作这样解说:

立意:指为所写的文章确立中心思想。本于古代画论中的概念“命意”;命意意指寓意,转用于文论称作“立意”。

立论:论述的一种方式,是以“立”为主的论述。它把论证或阐述论点的“正确”作为主要内容,但并不排除适当运用“驳论”。

题材:指构成作品内容、表现作品主题的生活材料。它是作品存在的基础,也是作品主题的载体。

论题:指文章所论述的问题。在逻辑学上,论题就是论点,在写作学上是指文章要论述的中心问题。一般说,论题规定了文章论述的对象、范围。

根据两本书所说与实际语文教学中所运用,可以作如下说明:

“立意”多数用在语文学习的写作之中。比如要求作文“立意新颖”“立意要高”等。这样说,就是要求中学生作文不是“码字”,一个个字的连缀,而是围绕一个主题或中心将语言(由字而句、由句而段、由段而篇)组织成为一个有机的整体。当然,强调立意的目的,是希望作文能言人所未语、思人所未想,具有让人耳目一新的感觉。

“立论”与“驳论”共同构成了议论文的两种主要形式。通俗地说,“立论”类文章是要证明其对,“驳论”类文章是要证明其非对。由于写“驳论”文章有一定难度,现在对中学生不作要求;读“驳论”文章,过去尽管有要求,但现行教材中编入得比较少,难以形成阅读能力。“立论”与“立意”,前者是确立论点,后者是确立文章的主题或中心,两者有交集,但适用于不同领域。

“题材”，是文章所运用、涉及的主要材料，就是通常说的“写什么”。作者借助它来承载主题或作生发。《白杨礼赞》是写白杨树的，“白杨树”就是题材；《孔乙己》是写旧时读书人的，其代表人物“孔乙己”的故事就是题材。同一个题材可以有不同的主题，不同的题材可以有相同的主题。例如“示儿”题材有不少作家写过，宋陆游的《示儿》诗“死去元知万事空，但悲不见九州同。王师北定中原日，家祭无忘告乃翁。”明于谦的《示冕》诗“阿冕今年已十三，耳鬓垂发绿毵毵。好亲灯火研经史，勤向庭闱奉甘旨。衔命年年巡塞北，思亲夜夜梦江南。题诗寄汝非无意，莫负青春取自惭。”两首诗的主题并不相同。

“论题”总是就议论文来说的。通常认为，论题是文章要讨论的问题，是议论的对象或范围，并不携带或表明作者的观点。其观点是要在议论展开中显现出来的。这与“论点”不同：论点是作者所持的观点或说有待文本证明的观点。论题、题目、论点三者之间，可以这样表述其关系：论题可以用作文章的题目，但并不规定它必须是题目；论题通常是一个语词或一个名词性短语，而论点是一个句子，用以陈述自己的观点。比如《最先与最后》是论题，也是题目，但不是论点。《费厄泼赖应该缓行》是题目，也是论点，但不是论题。

作了这样一番解说，不知道是否对文本阅读有帮助。还有一些阅读概念，将在后续的《语文视界》逐一说明。

视点十六

现代文文本阅读的读点示例

一、以《白莽作〈孩儿塔〉序》为例,探究现代文文本的可能读点:

1. 原文

白莽作《孩儿塔》序

春天去了一大半了,还是冷;加上整天的下雨,淅淅沥沥,深夜独坐,听得令人有些凄凉,也因为午后得到一封远道寄来的信,要我给白莽的遗诗写一点序文之类;那信开首说道:"我的亡友白莽,恐怕你是知道的罢。……"——这就使我更加惆怅。

说起白莽来,——不错,我知道的。四年之前,我曾写过一篇《为了忘却的记念》,要将他们忘却。他们就义了已经足有五个年头了,我的记忆上,早又蒙上许多新鲜的血迹;这一提,他的年轻的相貌就又在我的眼前出现,像活着一样,热天穿着大棉袍,满脸油汗,笑笑的对我说道:"这是第三回了。自己出来的。前两回都是哥哥保出,他一保就要干涉我,这回我不去通知他了。……"——我前一回的文章上是猜错的,这哥哥才是徐培根,航空署长,终于和他成了殊途同归的兄弟;他却叫徐白,较普通的笔名是殷夫。

一个人如果还有友情,那么,收存亡友的遗文真如捏着一团火,常要觉得寝食难安,给它企图流布的。这心情我很了然,也知道有做序文之类的义务。我所惆怅的是我简直不懂诗,也没有诗人的朋友,偶而一有,也终至于闹开,不过和白莽没有闹,也许是他死得太快了罢。现在,对于他的诗,我一句也不说——因为我不能。

这《孩儿塔》的出世并非要和现在一般的诗人争一日之长,是有别一种意义在。这是东方的微光,是林中的响箭,是冬末的萌芽,是进军的第一步,是对于前驱者的爱的大纛,也是对于摧残者的憎的丰碑。一切所谓圆熟简练,静穆幽远之作,都无须来作比方,因为这诗属于别一世界。

那一世界里有许多许多人,白莽也是他们的亡友。单是这一点,我想,就足够保证这本集子的存在了,又何需我的序文之类。

一九三六年三月十一夜,鲁迅记于上海之且介亭。

(选自《鲁迅全集》,人民文学出版社,1981)

2. 说明

本文可能有三个主要读点,即语词的咀嚼、手法的理解与评说、"序"的文体认识等,如果这篇文章作为教材编排在高一(上),那么,语词的咀嚼就是阅读重点。

(1) 需要咀嚼的文本语词

本文680余字,有哪些语词值得咀嚼,以达到以少胜多的学习效应,使阅读者逐步形成对语词的语感指向?文本下划线中指出了"惆怅"、"出世"、"别"三个语词,其中"惆怅"、"别"各出现两次,似乎是作者刻意选取的;"出世"虽只出现一次,但属于借用自另一领域的语词来表现《孩儿塔》诗集的出版,另有意蕴。可见,什么样的语词需要阅读者咀嚼一番,是有规律可探寻的。

(2) 需要关注的文本手法

文本的表现手法,通常是作者精心设计的,哪些需要阅读者特别关注呢?诸如文本中多次运用,或者虽非多次出现但特别突出的、比较特别的那些表达方式。例如本文的"这是东方的微光……也是对于摧残者的憎的丰碑"连用六个比喻、构成一个博喻,来对诗集《孩儿塔》进行浓墨重彩抒写,十分少见,值得细细品味。

文中的细节描写,虽然寥寥数语,但一个鲜活的生命跃然纸上。这属于以少胜多的用法。

(3) 需要关注的文本文体

本文是"序",自然应有"序"的一般内容,诸如缘起、过程、特色、评价等。但本文显然有别于一般的"序":作者虽然冠之以"序",但本人落款时又说成"鲁迅记于上海之且介亭",这就透露出本文的文体特色更多的是"记",从景、人、事、情等一一叙来,较之于一般介绍性序文,有更好的可读性。

二、以郁达夫的《故都的秋》为例,具体呈示现代文文本的基本读点及其设计根据:

1. 原文

故都的秋

秋天,无论在什么地方的秋天,总是好的;可是啊,北国的秋,却特别地来得清,来得静,来得悲凉。我的不远千里,要从杭州赶上青岛,更要从青岛赶上北平来的理由,也不过想饱尝一尝这"秋",这故都的秋味。

江南,秋当然也是有的;但草木凋得慢,空气来得润,天的颜色显得淡,并且又时常多雨而少风;一个人夹在苏州上海杭州,或厦门香港广州的市民中间,浑浑沌沌地过去,只能感到一点点清凉,秋的味,秋的色,秋的意境与姿态,总看不饱,尝不透,赏玩不到十足。秋并不是名花,也并不是美酒,那一种半开半醉的状态,在领略秋的过程上,是不合适的。

不逢北国之秋,已将近十余年了。在南方每年到了秋天,总要想起陶然亭的芦花,钓鱼台的柳影,西山的虫唱,玉泉的夜月,潭柘寺的钟声。在北平即使不出门去吧,就是在皇城人海之中,租人家一椽破屋来住着,早晨起来,泡一碗浓茶,向院子一坐,你也能看得到很高很高的碧绿的天色,听得到青天下驯鸽的飞声。从槐树叶底,朝东细数着一丝一丝漏下来的日光,或在破壁腰中,静对着像喇叭似的牵牛花(朝荣)的蓝朵,自然而然地也能感觉到十分的秋意。说到了牵牛花,我以为以蓝色或白色者为佳,紫黑色次之,淡红者最下。最好,还要在牵牛花底,教长着几根疏疏落落的尖细且长的秋草,使作陪衬。

北国的槐树,也是一种能使人联想起秋来的点缀。像花而又不是花的那一种落蕊,早晨起来,会铺得满地。脚踏上去,声音也没有,气味也没有,只能感出一点点极微细极柔软的触觉。扫街的在树影下一阵扫后,灰土上留下来的一条条扫帚的丝纹,看起来既觉得细腻,又觉得清闲,潜意识下并且还觉得有点儿落寞,古人所说的梧桐一叶而天下知秋的遥想,大约也就在这些深沉的地方。

秋蝉的衰弱的残声,更是北国的特产;因为北平处处全长着树,屋子又低,所以无论在什么地方,都听得见它们的啼唱。在南方是非要上郊外或山上去才听得到的。这秋蝉的嘶叫,在北平可和蟋蟀耗子一样,简直像是家家户户都养在家里的家虫。

还有秋雨哩,北方的秋雨,也似乎比南方下得奇,下得有味,下得更像样。

在灰沉沉的天底下,忽而来一阵凉风,便淅沥索落地下起雨来了。一层雨过,云渐渐地卷向了西去,天又青了,太阳又露出脸来了;著着很厚的青布单衣或夹袄的都市闲人,咬着烟管,在雨后的斜桥影里,上桥头树底去一立,遇见熟人,便会用了缓慢悠闲的声调,微叹着互答着的说:

"唉,天可真凉了——"(这了字念得很高,拖得很长。)

"可不是吗?一层秋雨一层凉啦!"

北方人念阵字,总老像是层字,平平仄仄起来,这念错的歧韵,倒来得正好。

北方的果树,到秋来,也是一种奇景。第一是枣子树;屋角,墙头,茅房边上,灶房门口,它都会一株株地长大起来。像橄榄又像鸽蛋似的这枣子颗儿,在小椭圆形的细叶中间,显出淡绿微黄的颜色的时候,正是秋的全盛时期,等枣树叶落,枣子红完,西北风就要起来了,北方便是尘沙灰土的世界,只有这枣子、柿子、葡萄,成熟到八九分的七八月之交,是北国的清秋的佳日,是一年之中最好也没有的 Golden Days。

有些批评家说,中国的文人学士,尤其是诗人,都带着很浓厚的颓废色彩,所以中国的诗文里,颂赞秋的文字特别的多。但外国的诗人,又何尝不然?我虽则外国诗文念得不多,也不想开出账来,做一篇秋的诗歌散文钞,但你若去一翻英德法意等诗人的集子,或各国的诗文的 Anthology 来,总能够看到许多关于秋的歌颂与悲啼。各著名的大诗人的长篇田园诗或四季诗里,也总以关于秋的部分,写得最出色而最有味。足见有感觉的动物,有情趣的人类,对于秋,总是一样的能特别引起深沉,幽远,严厉,萧索的感触来的。不单是诗人,就是被关闭在牢狱里的囚犯,到了秋天,我想也一定会感到一种不能自已的深情;秋之于人,何尝有国别,更何尝有人种阶级的区别呢?不过在中国,文字里有一个"秋士"的成语,读本里又有着很普遍的欧阳子的秋声与苏东坡的《赤壁赋》等,就觉得中国的文人,与秋的关系特别深了。可是这秋的深味,尤其是中国的秋的深味,非要在北方,才感受得到底。

南国之秋,当然是也有它的特异的地方的,譬如廿四桥的明月,钱塘江的秋潮,普陀山的凉雾,荔枝湾的残荷等等,可是色彩不浓,回味不永。比起北国的秋来,正像是黄酒之与白干,稀饭之与馍馍,鲈鱼之与大蟹,黄犬之与骆驼。

秋天,这北国的秋天,若留得住的话,我愿意把寿命的三分之二折去,换得一个三分之一的零头。

(选自《中国散文鉴赏文库》,百花出版社,1990)

2. 读点设计

阅读本文,可以从如下六个读点入手研读文本,以达到基本读懂的评价标准:

(1)"不过想饱尝一尝这'秋'"句中,"秋"加引号的原因是____________________。

学习指要

标点是现代文的重要组成部分,也是读懂的重要标志之一。并非现代文中所有标点都值得作为考试评价关注的指标，而是那些在文本中对表意产生了微妙影响的标点，可能成为命题的一个方面的设计。这些容易产生微妙影响的标点，诸如引号、破折号、省略号，甚或逗号之类。

（2）“秋的味，秋的色，秋的意境与姿态”中“秋的味”，即上文的“这故都的秋味”。具体说说文中“秋味”的内容____________________。

学习指要

文本语言是阅读考察的重要方面。一般而言，值得作为品评的“语言”是指文本中具有反复出现的、借用的、另有意味的等特点的语词、短语、语句，它们在一个文本中为数不多。能够敏锐筛选出这一类“语言”，说明已经具备了一定的语感；能够准确解说这一类“语言”的要点，则说明已具有良好的语言素养。

（3）“想起陶然亭的芦花，钓鱼台的柳影，西山的虫唱，玉泉的夜月，潭柘寺的钟声”属于排比修辞，这样写的好处是____________________。

学习指要

修辞也是文本的重要构成之一。对文本中所运用修辞的识别，是修辞学习最基本的；更重要的是要认识作者运用的目的与产生的作用，即对文本的表达是否产生新的意趣：生动与否、深刻与否、简约与否、丰富与否、传神与否、鲜明与否等。如同标点与语言一样，只有那些关涉主旨、成为文本突出特征的文本修辞现象才值得给予高度重视，而对这些修辞的解说水平，是评价修辞学习的主要指标。

（4）文章中桥头道秋一节的描写，细腻而富有韵味。试从文中再举出两例并说明：

A.______________________________；

B.______________________________。

学习指要

现代文所运用的“手法”，例如表达手法（记叙、议论、说明等）、写作方法（象征、类比、物象、联想等），是对文本谋篇布局的一种理性认识，也是运用审美进行鉴赏的主要抓手。在掌握一些常见“手法”基本概念的同时，学会对文本所运用“手法”中最为突出“手法”的识别与评说，是“手法”学习的重要方面；而其中最关键的是审美评说——其表述追求是微型短文或精致的小品文。

（5）概括作者对于“有些批评家说，中国的文人学士，尤其是诗人，都带着很浓厚的颓废色彩”说法的评说（不少于三点）：

A.______________________________；

B.______________________________；

C.______________________________。

学习指要

概括水平是一个人现代文阅读素养的主要指标之一。概括表达是聚合相关信息、提取各类要件的简约表达。一个文本中，适合作为概括题型设计的语段或篇章并非通篇都是，一般是那些具有头绪较多、表述较集中特征的语段一类常常被选作概括题型的设计对象。概括题的设计，具有多方面功能：既可以考察整体阅读、理解水平，判断语段的句、层、节切分水平，也可以了解语言的组织表达能力。概括表达的学习，可以从语句、语段的特征分析入手，掌握依据特征进行概括的方法而不是随意的望文生义。

(6) 结合本文,说说“秋并不是名花,也并不是美酒,那一种半开半醉的状态,在领略秋的过程上,是不合适的”的含义:____________________。

学习指要

对全文主旨的整体阅读、理解水平,可以通过文本中一句话的全文性阐说来设计,也可以“由此及彼”地相关联系来设计。后者是指借文本阅读生发开去,联系社会生活中相关的语文问题,进行比照、比较、推断、仿拟、例证等再加工,形成一个属于“你”的新文本。这是考察一个人综合语文素养的极好方式:是否读懂、能否联系、会否加工、如何表达等。

视点十七

物象、别称与文典

1. 笛

A. 别称　九漏、玉龙、玉骨、玉笛、孤竹、促管、横竹、横吹。

B. 文典

(桓伊)善音乐,尽一时之妙,为江左第一。有蔡邕柯亭笛,常自吹之。王徽之赴召京师,泊舟青溪侧。素不与徽之相识。伊于岸上过,船中客称伊小字曰:"此桓野王也。"徽之便令人谓伊曰:"闻君善吹笛,试为我一奏。"伊是时已贵显,素闻徽之名,便下车,踞胡床,为作三调,弄毕,便上车去,客主不交一言。(《晋书·桓伊传》)

2. 银

A. 别称　白金、镣、囊白。

B. 文典

楚人某,以丞倅官蜀中。其所官之地甚瘠苦,虽有衙署,相传有怪物踞之。其前任皆僦民屋而居,某穷甚,无僦屋之资,不得已,携一仆居署中。其夜不敢寝,素善饮酒,故取酒痛饮,腰间悬利刃以自卫。至夜半,忽有一巨人排闼入,势甚猛,视之皑如霜雪。某即拔利刃力斫之,铿然有物坠地,其人返奔,某大呼追之。……与仆共追至一处而灭。以物识之,复还入室,视所坠何物,则血淋漓一臂也。乃坐以待旦,亦无他异。及明,视此臂乃银也。大异之,至夜所识处,掘而视之,中埋一银人,但少一臂,以所断配之适合,荷以归,权之数千两。

(清·俞樾《右台仙馆笔记》)

3. 银河

A. 别称　九河、天汉、云汉、长河、汉、华汉、河、星汉、银汉、碧汉。

B. 文典

旧说云:天河与海通,近世有人居海渚者,年年八月,有浮槎去来不失期。人有奇志,立飞阁于槎上,多赍粮,乘槎而去。……去十余日,奄至一处,有城郭状,屋舍甚严,遥望宫中多织妇,见一丈夫,牵牛渚次饮之。牵牛人乃惊问曰:"何由至此?"此人见说来意,并问此何处。答曰:"君还至蜀郡,访严君平则知之。"竟不上岸,因还如期。后至蜀问君平曰:"某年月日,有客星犯牵。"宿计年月,正是此人到天河时也。(晋·张华《博物志》)

4. 鸽

A. 别称　飞奴、鹁鸽、人日鸟、半天娇、雪衣、波罗越。

B. 文典

颜清甫,曲阜人。颜子四十八代孙。尝卧病,其幼子偶弹得一鹁鸽,归以供膳。于梢翎间得书一缄,书上题云:“家付男郭禹开拆。”禹乃曲阜县尹郭仲贤也。盖其父自真定寄至者。时仲贤改授远平县尹去。鸽未及知,盘桓寻觅,遂遇害。清甫见之,责其子,便取木匣函鸽,候病稍愈,直抵仲贤官所,献书与鸽,且语其故。仲贤戚然曰:“畜此鸽已十七年矣。凡有家书,虽隔数千里,亦能传致,诚异禽也。”命左右瘗之。(明·陶宗仪《南村辍耕录》)

5. 猪

A. 别称　豕、亥豕、彘、豚、刚鬣、长喙将军。

B. 文典

(梁)鸿家贫而尚节,博览无不通。毕乃牧豕上林苑中。曾误遗火,延及他舍,及寻访烧者,问所失财物,悉推豕偿之。其主犹以为少,鸿曰:“无他财,原以身居作。”主人许,因为执勤不懈。耆老见鸿非恒人,乃共责让主人,而称鸿长者。于是始敬鸿还其豕,鸿不受。

(汉·刘珍《东观汉记》)

6. 猫

A. 别称　女奴、花奴、狸奴、虎舅、家狸。

B. 文典

(秦桧)其孙女封崇国夫人者,谓之童夫人,盖小名也。爱一狮猫,忽亡之,立限令临安府访求。及期,猫不获,府为捕系邻居民家,且俗劾兵官。兵官惶恐,步行求猫。凡狮猫悉捕致,而皆非也。乃赂入宅老卒,询其状,图百本,于茶肆张之。府尹因嬖人祈肯乃已。

(宋·陆游《老学庵笔记》)

7. 鹿

A. 别称　山客、仙兽、角仙、斑龙、华山道士。

B. 文典

赵高欲为乱,恐群臣不听,乃先设验,持鹿献于二世,曰:“马也。”二世笑曰:“丞相误邪?谓鹿为马。”问左右,左右或默,或言马以阿顺赵高。或言鹿者,高因阴中诸言鹿者以法,后群臣皆畏高。(汉·司马迁《史记·秦始皇本纪》)

8. 颈

A. 别称　项、领、脖。

B. 文典

(董宣)后特征为洛阳令。明湖阳公主苍头白日杀人,因匿主家,吏不能得。及主出行,而以奴骖乘,宣于夏门亭候之,乃驻车叩马,以刀画地,大言数主之失,叱奴下车,因格杀之。主即还宫诉帝。帝(光武)大怒,召宣,欲箠杀之。宣叩头曰:“愿乞一言而死。”帝曰:“欲何言?”宣曰:“陛下圣德中兴,而纵奴杀良人,将何以理天下乎?臣不须箠,请得自杀。”即以头击楹,流血被面。帝令小黄门持之,使宣叩头谢主。宣不从,强使顿之,宣两手据地,终不肯俯主。主曰:“文叔为白衣时,臧亡匿死,吏不敢至门,今为天子,威不能行一令乎?”帝笑曰:“天子不与白衣同。”因敕强项令出。赐钱三十万,宣悉以班诸吏。由是搏击豪强,莫不震栗。京师号为

“卧虎”。歌之曰：“枹鼓不鸣董少平。”　　　（汉·范晔《后汉书·酷吏列传·董宣传》）

9. 琴

A. 别称　七丝、七弦、三尺桐、玉徽、丝桐、孤桐、桐君、焦尾、清音居士。

B. 文典

（陈）子昂初入京，不为人知。有卖胡琴者，价百万，豪贵传视，无辨者。子昂突出，谓左右曰：“辇千缗市之。”众惊问，答曰：“余善此乐。”皆曰：“可得闻乎？”曰：“明日可集宣阳里。”如期偕往，则酒肴毕具，置胡琴于前。食毕，捧琴语曰：“蜀人陈子昂有文百轴，驰走京师，碌碌尘土，不为人知。此乐贱工之役，岂宜留心？”举而碎之，以其文轴遍赠会者。一日之内，声华溢郡。

（唐·李冗《独异记》）

10. 雁

A. 别称　鸿、鹄、阳鸟、客禽、霜信、霜翰、书空鸟、知时鸟。

B. 文典

庄子行于山中，见大木枝叶盛茂。伐木者止其旁而不取也。问其故，曰：“无所可用。”庄子曰：“此木以不材得终其天年。”（孔）夫子出于山，舍于故人之家。故人喜，命竖子杀雁而烹之。竖子请曰：“其一能鸣，其一不能鸣，请奚杀？”主人曰：“杀不能鸣者。”明日，弟子问于庄子曰：“昨日山中之木，以不材得终其天年；今主人之雁，以不材死。先生将何处？”庄子笑曰：“周将处乎材与不材之间。”　　　（战国·庄周《庄子·山木》）

11. 鹅

A. 别称　家雁、右军、羲爱。

B. 文典

汤邻初焕佐郡江右，在任生女。及周，郡人馈以鹅，颈为盒担压折，折成“之”字，怜而畜之。后罢郡归，亲党又馈以鹅，乃缺一掌者，亦怜而畜之。一雌一雄，遂配成匹偶。雄曰“乌郎”，雌曰“苍女”，呼其名，则应声而至。行则缺掌者先，食则折颈者先。畜至三十余年，迨汤夫人殁，二鹅哀号数昼夜，绝食，偕死于柩下。　　　（清·张潮辑《虞初新志》）

12. 瑟

A. 别称　文鹄。

B. 文典

唐天宝十年，钱起从乡荐居江湖客舍，闻吟于庭中曰：“曲终人不见，江上数风青。”视之，无所见矣。明年，崔暐试《湘灵鼓瑟》诗，落句久不属，即用为末句，因中选，人以为鬼谣。

唐·钱起《湘灵鼓瑟》诗：“善抚云和瑟，常闻帝子灵。冯夷空自舞，楚客不堪听。逸韵谐金石，清音发杳冥。苍梧来怨慕，白芷动芳馨。流水传湘浦，悲风过洞庭。曲终人不见，江上数风青。”　　　（清·张英等编《渊鉴类函·乐部》）

13. 鼓

A. 别称　鼛、宝揿、乐君、送君。

B. 文典

(曹)操愈见之而衡素相轻疾,自称狂病,不肯往而数有恣言。操怀忿而以其才名不欲杀之。闻衡善击鼓,乃召为鼓史。因大会宾客,阅试音节。诸史过者皆令脱其故衣,更着岑牟单绞之服。次至衡,衡方为《渔阳》参挝蹀躞而前,容态有异,声节悲壮,听者莫不慷慨。衡进至操前而止,吏诃之曰:"鼓史何不改装而轻敢进乎?"衡曰:"诺!"于是先解衵衣,次释余服,裸身而立,徐取岑牟单绞而着之,毕,复参挝而去,颜色不怍。操笑曰:"本欲辱衡,衡反辱孤。"

(汉·范晔《后汉书·祢衡传》)

14. 槐

A. 别称　锦绣郎、音声树。

B. 文典

景公有所爱槐,令吏谨守之,植木县之,下令曰:"犯槐者刑,伤之者死。"有不闻令,醉而犯之者,公闻之曰:"是先犯我令。"使吏拘之,且加罪焉。其女子往辞晏子之家,……晏子望见之,曰:"怪哉,有深忧。"进而问焉,曰:"何所忧也?"对曰:"君树槐县令,犯之者刑,伤之者死。妾父不仁,不闻令,醉而犯之,吏将加罪焉。妾闻之,明君莅国立政,不损禄,不益刑,有不益私恚害公法……今之令不然,以树木之故,罪法妾父,妾恐其伤察吏之法,而害明君之义也。邻国闻之,皆谓吾君爱树而贱人,其可乎? 愿相国察妾言以裁犯禁者。"晏子曰:"甚矣! 吾将为子言之于君。"使人送之归。明日,早朝,而复于公曰:"刑杀不称,贼民之深者。君享国,德行未见于众,而三辟著于国,婴恐其不可以莅国子民也。"公曰:"微大夫教寡人,几有大罪以累社稷,今子大夫教之,社稷之福,寡人受命矣。"晏子出,公令趣罢守槐之役,拔置县之木,废伤槐之法,出犯槐之囚。

(汉·刘向编《晏子春秋·内篇谏下》)

15. 鹊

A. 别称　乌鹊、干鹊、青雀、灵鸟、刍民。

B. 文典

孝武皇帝时,闲居无事,燕坐未央前殿。天新雨止,当此时,东方朔执戟在殿阶傍,屈指独语。上从殿上见朔,呼问之:"生独所语者何也?"朔对曰:"殿后柏树上有鹊立枯枝上,东向而鸣也。"帝便使视之,果然,问朔何由知之,对曰:"以人事言之,风从东方来,鹊尾长,旁风则倾,背风则蹶,必当顺风而立,是以知也。"

(宋·李昉编《太平御览》引《东方朔别传》)

16. 筷

A. 别称　箸、筯、筴、齐肩大夫。

B. 文典

汉王方食,曰:"子房前! 客有为我计桡楚权者。"具以郦生语告,曰:"于子房如何?"良曰:"谁为陛下画此计者? 陛下事去矣。"汉王曰:"何哉?"张良对曰:"臣请藉前箸为大王筹之。"

(《史记·留侯世家》)

17. 鼠

A. 别称　黠虫、社君、子神、西阁舍人。

B. 文典

永某氏者，畏日，拘忌异甚。以为己生岁直子，鼠，子神也，因爱鼠。不畜猫犬，禁僮勿击鼠。仓廪庖厨，悉以恣鼠不问。由是鼠相告，皆来某氏，饱食而无祸。某氏室无完器，椸无完衣，饮食大率鼠之余也。昼累累与人兼行，夜则窃啮斗暴，其声万状，不可以寝。终不厌。数岁，某氏徙居他州。后人来居，鼠为态如故。其人曰："是阴类恶物也，盗暴尤甚，且何以至是乎哉！"假五六猫，阖门撤瓦，灌穴，购僮罗捕之。杀鼠如丘，弃之隐处，臭数月乃已。呜呼！彼以其饱食无祸为可恒也哉！（唐·柳宗元《三戒·永某氏之鼠》）

18. 蜘蛛

A. 别称　丝虫、网工、亲客。

B. 文典

晋公子重耳奔齐，与五臣而游乎大泽之中，见蜘蛛布其网，曳其网而执豸以食之。公子重耳观之，顾谓其臣咎犯曰："此虫也，智之薄者矣，而犹役其智，曳其网而执豸以食之，况乎人之有智，而不能廓垂天之网，布络地之网以供方丈之御，是曾不如蜘蛛之智，孰可谓之人乎？"咎犯曰："公子慎勿言也，终行之，则有邦有嗣矣。"（《太平御览》卷九四八）

19. 蝉

A. 别称　蜩、玄虫、蜩螗、齐女。

B. 文典

客有弹琴于屏，邕至门试潜听之，曰："憘！以乐召我而有杀心，何也？"遂反。将命者告主人曰："蔡君向来，至门而去。"邕素为邦乡所宗，主人遽自追而问其故，邕具以告，莫不怃然。弹琴者曰："我向鼓弦，见螳螂方向鸣蝉，蝉将去而未飞，螳螂为之一前一却。吾心耸然，惟恐螳螂之失之也，此岂为杀心而形于声者乎？"邕莞然而笑曰："此足以当之矣。"

（《后汉书·蔡邕传》）

20. 鼻

A. 别称　山庭、气户、明堂、玉关。

B. 文典

魏王遗荆王美人，荆王甚悦之。夫人郑袖知王悦爱之也，亦悦爱之，甚于王。衣服玩好，择其所欲为之。王曰："夫人知我爱新人也，其悦爱之甚于寡人，此孝子所以养亲，忠臣之所以事君也。"夫人知王之不以己为妒也，因为新人曰："王甚悦爱子，然恶子之鼻，子见王，常掩鼻，则王长幸子矣。"于是新人从之，每见王，常掩鼻。王谓夫人曰："新人见寡人常掩鼻，何也？"对曰："不知也。"王强问之，对曰："顷尝言恶闻王臭。"王怒曰："劓之！"夫人先诫御者曰："王适有言，必可从命。"御者因揄刀而劓美人。（战国·韩非《韩非子·内储说》）

21. 鞋

A. 别称　舄、屣、屦、屐、靸、履。

B. 文典

程公鹏举，在宋季被虏，于兴元板桥张万户家为奴。张以虏到宦家某氏妻之。既婚之三日,即窃谓其夫曰:“观君之才貌,非久在人后者,何不为去计,而甘心于此乎?”夫疑其试己也,诉于张。……又诉于张,张命出之。遂鬻于市人家。妻临行,以所穿绣鞵一,易程一履,泣而曰:“期执此相见矣。”程感悟,奔归宋。时年十七八,以荫补入官,迨国朝统一海宇,程为陕西行省参知政事。自与妻别三十余年,义其为人,未尝再娶。至是,遣人携向之鞵履,往兴元求访之。市家云:“此妇到吾家,执作甚勤,遇夜未尝解衣以寝,每纺织达旦,毅然莫可犯。吾妻异之,视如己女。将半载,以所成布匹偿原鬻镪物,乞身为尼。吾妻施资,以成其志,见居城南某庵中。”所遣人即往寻见,以曝衣为由,故遗鞵履在地,尼见之,询其所从来。曰:“吾主翁程参政使寻其偶耳。”尼出鞵履示之合,亟拜曰:“主母也。”尼曰:“鞵履复合,吾之愿毕矣。”

（明·陶宗仪《南村辍耕录》卷四）

22. 蝌蚪

A. 别称　丁子、玄针、活师、水仙子。

B. 文典

绍兴郡丞张公佐治,擢金华守。去郡,至一处,见蝌蚪无数,夹道鸣噪,皆昂首若有诉。异之,下舆步视,而蝌蚪皆跳踯为前导。至田间,三尸叠焉。公有力,手挈二尸起,其下一尸微动,汤灌之,逡巡间复活,曰:“我商也,道见二人肩两筐适市,皆蝌蚪也。意伤之,购以放生。二人复曰:‘此皆浅水,虽放,人必复获;前有清渊,乃放生池也。’我从之至此,不虞挥斧,遂被害。二仆随后尚远,有腰缠,必诱至此,并杀而夺金也。”丞命急捕之,人金皆得。以属其守石公昆玉,一讯皆吐实,抵实;腰缠归商。（清·张潮《虞初新志》卷十八）

23. 蝗虫

A. 别称　飞蛩、飞蝗、蚂蚱。

B. 文典

开元初,山东大蝗。姚元崇请分遣使捕蝗埋之。上曰:“蝗,天灾也,诚由不德而致焉。卿请擒蝗,得无违而伤义乎?”元崇进曰:“臣闻《大田》诗曰:‘秉畀炎火’者,捕蝗之术也。古人行之于前,陛下用之于后;古人行之,所以安农,陛下行之,所以除害。臣闻安农,非伤义也。农安则物丰,除害则人丰乐,兴农去害,有国之大事也。幸陛下熟思之。”上喜曰:“事既师古,用可救时,是朕心也。”遂行之。……上谓左右曰:“吾与贤相讨论,已定捕蝗之事,敢议者,死!”是岁所司结奏捕蝗虫凡百余万石,时无饥馑,天下赖焉。（唐·郑棨《开天传信记》）

24. 蝼蛄

A. 别称　天蝼、石鼠、土狗。

B. 文典

庐陵太守太原庞企,字子及。自言其远祖不知几何世也,坐事系狱,而非其罪,不堪拷掠,自诬服之。及狱将上,有蝼蛄虫行其左右,乃谓之曰:“使尔有神,能活我死,不亦善乎?”因投饭与之。蝼蛄食饭尽去,顷复来,形体稍大,意每异之,乃复与食。如此去来,至数十日间,其大如豚。及竟报,当行刑。蝼蛄夜掘壁根为大孔,乃破械,从之出去。久时遇赦得活。

（晋·干宝《搜神记》卷二〇）

25. 稻

A. 别称　稌、香粒、鹦鹉粒、羊蹲鸱。

B. 文典

东周欲为稻，西周不下水，东周患之。苏子谓东周君曰："臣请使西周下水可乎?"乃往见西周之君，曰："君之谋过矣。今不下水，所以富东周也。今其民皆种麦，无他种矣。君若欲害之，不若一为下水，以病其所种。下水，东周必复种稻；种稻而复夺之。若是，则东周之民，可令一仰西周而受命于君矣。"　（汉·刘向编《战国策·东周》）

（参见《中国博物别名大辞典》中部分资料）

视点十八

古诗词专题集句鉴赏

一、咏物诗鉴赏

(一) 咏柳诗集句

A. 春风不解禁杨花,蒙蒙乱扑行人面。(宋晏殊《踏莎行》)

B. 小园桃李东风后,却看杨花自在飞。(宋王令《渰渰》)

C. 春尽絮花留不得,随风好去落谁家。(唐刘禹锡《杨柳枝》)

D. 他家本是无情物,一向南飞又北飞。(唐薛涛《柳絮》)

E. ______________,惟解漫天作雪飞。(唐韩愈《晚春》)

1. 在 E 中补出所缺诗句______________

2. 在 A—E 中,古人对杨柳的认识有几类?

____

____

____

3. 就上述咏柳诗句的写法,选择其中一种作鉴赏(50 字左右):

____

____

____

____

(二) 咏菊诗集句

A. 不是花中偏爱菊,此花开尽更无花。(唐元稹《菊花》)

B. 宁可枝头抱香死,何曾吹落北风中。(宋郑肖思《寒菊》)

C. 素心常耐冷,晚节本无瑕。(清许廷镕《白菊》)

D. 荷尽已无擎天盖,______________。(宋苏轼《赠刘景文》)

E. 雨荒深院菊,霜倒半池莲。(唐杜甫《宿赞公房》)

1. 在 D 中补出所缺诗句______________

2. 用自己的话概括菊的主要特征______________

____

3. 选择上述咏菊诗中的一联作鉴赏(80 字左右):

____

____

____

____

（三）咏梅诗集句

A. 寒梅最堪恨，长作去年花。（唐李商隐《忆梅》）

B. ______，迥临村路傍溪桥。（唐张谓《早梅》）

C. 向来冰雪凝严地，力斡春回竟是谁。（宋陆游《落梅》）

D. 疏花个个团冰雪，羌笛吹他不下来。（元王冕《素梅》）

E. 寻常一样窗前月，才有梅花便不同。（宋杜耒《寒夜》）

1. 在 B 中补出所缺诗句______

2. 比较 C、D、E 咏梅诗主旨上的不同：

______

3. 就你学过的咏梅诗与上述诗句作比较鉴赏（100 字左右）：

______

（四）咏松诗集句

A. 岂不罹凝寒，______。（汉刘桢《赠从弟》）

B. 连林人不觉，独树众乃奇。（晋陶渊明《饮酒》）

C. 松柏本孤直，难为桃李颜。（唐李白《古风》）

D. 落落盘踞虽得地，冥冥孤高多烈风。（唐杜甫《古柏行》）

E. 不露文章世已惊，未辞剪伐谁能送。（同上）

1. 在 A 中补出所缺诗句______

2. "不露文章"的意思是______

3. 选择上述咏松诗中一句与孔子名句"岁寒，然后知松柏之后凋也"作比较鉴赏（150 字左右）：

______

（五）咏竹诗集句

A. 始怜幽竹山窗下，______。（唐刘长卿《晚春归山居题窗前竹》）

B. 何可一日无此君。（南朝宋刘义庆《世说新语》）

C. 寒天草木黄落尽，犹自青青君始知。（唐岑参《范公丛竹歌》）

D. 绿竹入幽径，青萝拂行衣。（唐李白《下终南山》）

E. 我自不开花，免撩蜂与蝶。（清郑燮《板桥题画》）

1. 在 A 中补出所缺诗句＿＿＿＿＿＿＿＿＿＿＿＿＿＿＿＿

2. “何可一日无此君”所蕴含的意思是＿＿＿＿＿＿＿＿＿＿＿＿＿＿＿＿

3. 比较上述松、竹、梅诗,就其象征意义作鉴赏(200 字左右):

＿＿＿＿＿＿＿＿＿＿＿＿＿＿＿＿＿＿＿＿＿＿＿＿＿＿＿＿＿＿＿＿

二、四季诗鉴赏

(一) 节令诗集句

A. 千门万户曈曈日,总把新桃换旧符。(宋＿＿＿＿《元日》)

B. 东风夜放花千树,更吹落、星如雨。(宋辛弃疾《＿＿＿＿》)

C. 满眼游丝兼落絮,红杏开时,一霎清明雨。(南唐冯延巳《蝶恋花》)

D. 几许欢情与离恨,年年并在此宵中。(唐白居易《七夕》)

E. 况屈指中秋,十分好月,不照人圆。(宋辛弃疾《木兰花慢》)

F. 但将酩酊酬佳节,不用登临恨落晖。(唐杜牧《九日齐山登高》)

G. 寒随一夜去,春逐五更来。(唐史青《应诏赋得除夜》)

1. 在 A、B 中补出所缺部分:A. ＿＿＿＿＿＿＿＿;B. ＿＿＿＿＿＿＿＿

2. 写出 A—G 所描写的节令称谓:

A. ＿＿＿＿＿＿ B. ＿＿＿＿＿＿ C. ＿＿＿＿＿＿ D. ＿＿＿＿＿＿

E. ＿＿＿＿＿＿ F. ＿＿＿＿＿＿ G. ＿＿＿＿＿＿

3. 比较节令诗中诗人情意的表达,选出其中的一组作鉴赏(80 字左右):

＿＿＿＿＿＿＿＿＿＿＿＿＿＿＿＿＿＿＿＿＿＿＿＿＿＿＿＿＿＿＿＿

(二) 春诗集句

A. 不知细叶谁裁出,二月春风似剪刀。(唐贺知章《咏柳》)

B. 问道春还未相识,走傍寒梅访消息。(唐李白《早春寄王汉阳》)

C. 二月风光浓似酒,小楼新湿青红。(宋葛胜仲《临江仙》)

D. ＿＿＿＿＿＿,最难将息。(宋李清照《声声慢》)

E. 满眼不堪三月暮,举头已觉千山绿。(宋辛弃疾《满江红》)

1. 在 D 中补出所缺诗句＿＿＿＿＿＿＿＿＿＿＿＿＿＿＿＿

2. 试分析 A、B、C、E 句中所运用的修辞手法:

A. ＿＿＿＿＿＿＿＿＿＿＿＿ B. ＿＿＿＿＿＿＿＿＿＿＿＿

C. ＿＿＿＿＿＿＿＿＿＿＿＿ E. ＿＿＿＿＿＿＿＿＿＿＿＿

3. 鉴赏B诗句的写法(50字左右)：

____

____

____

（三）秋诗集句

A. 红烛秋光冷画屏,轻罗小扇扑流萤。(唐杜牧《秋夕》)

B. 秋阴不散霜飞绝,留得枯荷听雨声。(唐李商隐《宿骆氏亭》)

C. 一夜绿荷霜剪破,赚他秋雨不成珠。(唐来鹄《偶题三首》)

D. 一年好景君须记,______________。(宋苏轼《赠刘景文》)

E. 山色浅深随夕照,江流日夜变秋声。(清宋琬《九日同诸君登慧光阁》)

1. 在D中补出所缺诗句______________________________

2. 秋诗中表达了不同的心境。试逐一分析：

A. ______________________________

B. ______________________________

C. ______________________________

D. ______________________________

E. ______________________________

3. 人们认为"秋阴不散霜飞绝,留得枯荷听雨声"句写得极有情趣,就此作具体评说(80字左右)：

____

____

____

____

（四）冬诗集句

A. 不知庭霰今朝落,疑是林花昨夜开。(唐宋之问《苑中遇雪应制》)

B. 严冬不肃杀,何以见阳春。(唐吕温《孟冬蒲津关河亭作》)

C. 百泉冻皆咽,我吟寒更切。(唐刘驾《苦寒吟》)

D. 江山不夜月千里,天地无私玉万家。(元黄庚《雪》)

E. ____飞花入户时,坐看青竹变琼枝。(唐高骈《对雪》)

1. 在E中补出所缺词______________

2. B诗标题中的"孟冬"是指______________________________

3. 写冬天一般着眼于"严寒"或"肃杀",也有另辟蹊径的。联系上述诗、教材中学过的诗就此作评说(100字左右)：

____

____

____

____

（五）夏诗集句

A. 麦随风里熟,梅逐雨中黄。(北周庾信《奉和夏日应令》)

B. 芳菲歇去何须恨,夏木阴阴正可人。(宋秦观《三月晦日偶题》)

C. 日长篱落无人过,唯有蜻蜓蛱蝶飞。(宋范成大《四时田园杂兴》)

D. 黄梅时节家家雨,______________。(宋赵师秀《有约》)

E. 水晶帘动微风起,满架蔷薇一院香。(唐高骈《山亭夏日》)

1. 在 D 中补出所缺诗句______________________________

2. B 诗标题中的"晦日"指__________;A 诗标题中的"应令"的"令"指__________________

____

3. 鉴赏夏诗宜抓住夏诗表现夏季的特点。在 A—E 中,选择两联作鉴赏(80 字左右):

____

____

____

三、情思诗鉴赏

(一) 爱情诗集句

A. 中心藏之,何日忘之。(《诗经·小雅·隰桑》)

B. 愿得一心人,白头不相离。(汉乐府古辞《白头吟》)

C. 举手长劳劳,二情同依依。(汉乐府《孔雀东南飞》)

D. __________,脉脉不得语。(汉《古诗十九首·迢迢牵牛星》)

E. 曾经沧海难为水,除却巫山不是云。(唐元稹《离思五首》)

F. 东边日出西边雨,道是无晴却有晴。(唐刘禹锡《竹枝词三首》)

G. 春蚕到死丝方尽,蜡炬成灰泪始干。(唐李商隐《无题》)

H. 衣带渐宽终不悔,______________。(宋柳永《凤栖梧》)

I. 金风玉露一相逢,便胜却、人间无数。(宋秦观《鹊桥仙》)

J. 两情若是久长时,又岂在朝朝暮暮。(宋秦观《鹊桥仙》)

1. 在 D、H 中补出所缺诗句____________________、______________________

2. 对上述诗的主旨作分类概括:

____

____

____

3. F 诗标作"竹枝词",它是诗还是词?作简约说明:

____

4. 就上述诗所运用的修辞手法作鉴赏(150 字左右):

____

____

____

____

____

(二) 相思诗集句

A. 一日不见,如三秋兮。(《诗经·王风·采葛》)

B. 思君如流水，何有穷已时。（三国魏徐幹《室思》）
C. 他乡有明月，千里照相思。（唐李峤《送崔主簿赴沧州》）
D. 此时相望不相闻，愿逐月华流照君。（唐张若虚《春江花月夜》）
E. 唯有相思似春色，江南江北送君归。（唐王维《送沈子归江东》）
F. 相思相见知何日，此时此夜难为情。（唐李白《三五七言》）
G. 秋风吹不尽，________。（唐李白《子夜吴歌四首》）
H. 此曲有意无人传，愿随春风寄燕然。（唐李白《长相思》）
I. 人面不知何处去，桃花依旧笑春风。（唐崔护《题都城南庄》）
J. 身无彩凤双飞翼，心有灵犀一点通。（唐李商隐《无题二首》）
K. ________，一寸相思一寸灰。（唐李商隐《无题四首》）
L. 当时明月在，曾照彩云归。（宋晏几道《临江仙》）
1. 在G、K中补出所缺诗句________、________
2. F中的“难为情”意思是________，H中“燕然”运用了典故，与教材中学过的________诗句用法相似。
3. 冠以“相思”写相思，也有不写相思而有深深相思的。就后者从上述诗句中例证说明：
____
____
____
4. 概括A、C、I、J四联诗句的写法，写一则鉴赏文字（200字左右）：
____
____
____
____
____

（三）思乡诗集句

A. 昔我往矣，杨柳依依；今我来思，雨雪霏霏。（《诗经·小雅·采薇》）
B. ________，池鱼思故渊。（晋陶渊明《归园田居五首》）
C. 近乡情更怯，不敢问来人。（唐宋之问《渡汉江》）
D. 谁谓波澜才一水，已觉山川是两乡。（唐王勃《秋江送别》）
E. 伤心江上客，不是故乡人。（唐卢僎《南望楼》）
F. 唯有门前镜湖水，春风不改旧时波。（唐贺知章《回乡偶书》）
G. 此夜曲中闻《折柳》，何人不起故园情。（唐李白《春夜洛城闻笛》）
H. 露从今夜白，________。（唐杜甫《月夜怀舍弟》）
I. 不知何处吹芦管，一夜征人尽望乡。（唐李益《夜上受降城闻笛》）
J. 逢人渐觉乡音异，却恨莺声似故山。（唐司空图《漫书五首》）
1. 在B、H中补出所缺诗句________、________
2. G中“《折柳》”是指________________
3. 比较C、E两个联句，其表情达意上有何不同：
____

____

____

4. 上述思乡诗大都运用了细节描写,联系这些诗句作鉴赏(250 字左右):

____

____

____

(四) 怀古诗集句

A. 宫女如花满春殿,只今唯有鹧鸪飞。(唐李白《越中览古》)

B. 江山不管兴亡事,一任斜阳伴客愁。(唐包佶《再过金陵》)

C. 请君莫奏前朝曲,______________。(唐刘禹锡《杨柳枝词》)

D. 旧时王谢堂前燕,飞入寻常百姓家。(唐刘禹锡《乌衣巷》)

E. 西湖一勺水,阅尽古来人。(清洪昇《己卯春日湖上》)

F. ____

G. ____

1. 在 C 中补出所缺部分______________________________

2. 从所学过的古诗词中找出怀古诗句填入 F、G 中作为扩展。

3. 与 E 句的写法相似的有_________,其相似之处在于______________________

____

____

4. 比较 A、D 诗句所运用的手法,就其异同作评说(80 字左右):

____

____

____

____

视点十九

文言常用词表

中学文言文阅读中,有大量的词是经常要碰到的,这就是人们常说的常用词。古汉语学者王力先生认为,学习文言文很必要,但其中第一位的是积累文言语词。根据对中学各种版本语文教材中文言文选文(约 120 篇)的词频统计,有 1200 余个词在文言文中的出现概率较高,其中 300 余个为最常用词,出现频度为 85%;另 900 个为常用词。它们是:

A. 爱、安//阿、艾、按、案、谙;(2+5)

B. 白、百、悲、北、被、本、彼、必、变、便、兵、并、病、不//拔、把、罢、拜、班、颁、榜、葆、报、暴、卑、悖、背、备、鄙、俾、比、敝、辟、贬、标、表、别、秉、拨、薄、卜、部、布、步;(14+30)

C. 草、长、尝、常、臣、称、成、诚、乘、持、出、初、处、传、辞、此、从、存//裁、参、藏、操、曹、策、差、唱、超、朝、陈、承、弛、驰、耻、齿、啻、冲、重、酬、筹、楚、畜、黜、川、创、垂、辍、祠、次、刺、蹙、猝、蹴、萃、粹、错、措;(18+38)

D. 大、待、当、道、得、等、敌、地、定、动、独、对、多//达、待、贷、逮、怠、殆、但、耽、惮、党、蹈、迪、砥、第、的、颠、典、奠、殿、雕、调、洞、度、都、渎、笃、断、兑、敦、顿、遁、掇、夺;(13+33)

E. 而、耳、尔//俄、恶、遏、厄、讹、饵、贰、迩;(3+8)

F. 发、法、反、方、非、风、奉、夫、府、父、复、负、富//乏、番、藩、烦、樊、繁、凡、泛、饭、范、防、访、放、飞、匪、分、愤、封、丰、锋、否、敷、服、甫、拂、辅、赋、抚、副;(13+29)

G. 盖、感、高、告、各、更、公、攻、孤、故、顾、固、寡、观、归、国、果、过//概、干、敢、膏、缟、革、格、个、梗、工、功、苟、媾、构、沽、辜、鼓、贾、乖、怪、冠、管、贯、广、规、归、轨、贵、郭;(18+29)

H. 寒、好、何、后、乎、呼、还、患、会、或//害、骇、酣、函、颔、行、毫、耗、核、荷、曷、盍、恨、恒、衡、横、弘、讧、候、胡、怙、华、画、怀、坏、浣、荒、麾、回、毁、卉、惠、秽、晦、昏、浑、获、货;(10+38)

J. 几、击、及、即、急、疾、既、计、家、间、见、江、将、降、交、皆、今、近、金、进、惊、九、久、救、就、居、俱、举、绝、军、君//期、奇、稽、羁、机、吉、藉、集、极、迹、给、绩、济、霁、际、寄、冀、季、纪、浃、加、嘉、甲、驾、稼、假、兼、奸、简、缄、坚、蹇、检、贱、谏、渐、荐、监、鉴、疆、讲、教、矫、角、揭、诘、讦、结、捷、竭、节、解、借、诫、介、巾、斤、津、浸、禁、晋、京、竞、竟、精、旌、经、景、劲、径、窘、纠、旧、咎、究、掬、举、据、局、距、遽、具、踞、倨、捐、卷、镌、觉、厥、决、诀、抉、均、俊、浚、竣;(31+96)

K. 开、可、客、恐、口、苦//凯、慨、忾、楷、刊、看、堪、坎、瞰、康、抗、考、犒、科、克、课、恪、科、刻、疴、肯、空、孔、控、寇、扣、夸、快、款、匡、旷、况、亏、喟、窥、溃、匮、困;(6+38)

L. 来、老、礼、里、立、利、力、吏、良、令、流、留、乱、落//拉、赖、赉、阑、滥、牢、劳、涝、勒、乐、类、累、羸、离、理、黎、丽、莅、隶、厉、戾、例、利、历、廉、怜、敛、练、聊、料、潦、列、烈、劣、裂、遴、临、赁、凌、陵、零、灵、领、隆、陇、陋、庐、虏、赂、戮、录、率、律、缕、略、掠、伦、论、沦;(14+59)

M. 面、名、明、命、莫、谋、母、木、目//迈、谩、漫、慢、莽、冒、贸、貌、枚、弥、弭、觅、糜、靡、免、

藐、渺、邈、蔑、敏、泯、冥、溟、铭、摩、漠、陌、没、牟、某、暮、牧、募、慕;(9+34)

N. 乃、难、能、年、女//纳、奈、赧、淖、内、拟、泥、逆、匿、溺、啮、蹑、宁、凝、佞、弄、虐、诺;(5+18)

O. 偶、讴;(2)

P. 破、仆//排、派、判、攀、旁、炮、朋、批、披、匹、偏、骈、频、聘、平、凭、屏、颇、迫、扑、仆;(2+21)

Q. 其、起、气、泣、前、遣、强、且、轻、清、情、请、求、取、去//戚、葺、栖、齐、启、岂、企、契、器、洽、迁、牵、潜、黔、浅、歉、抢、戕、乔、巧、切、窃、怯、挈、亲、侵、沁、勤、倾、顷、罄、穷、区、趋、屈、趣、权、全、诠、痊、铨、畎、却、缺、阙、阕、群;(15+47)

R. 然、日、如、入、汝、若//让、攘、饶、扰、忍、任、茹、辱、乳、锐、弱;(6+11)

S. 三、色、善、上、尚、少、舍、身、深、神、甚、生、声、圣、胜、失、是、市、实、师、食、使、士、世、事、视、守、受、书、数、说、思、虽、岁、遂、所//洒、塞、丧、擅、赡、缮、苫、商、殇、觞、绍、稍、涉、设、摄、射、审、哂、绳、省、施、时、矢、市、示、式、室、势、释、饰、适、收、首、授、售、树、疏、孰、属、署、殊、枢、恕、庶、纾、衰、帅、爽、睡、朔、硕、私、俟、肆、嗣、伺、讼、素、速、夙、宿、溯、诉、索;(36+64)

T. 他、天、听、通、同、土//拓、台、泰、探、汤、塘、堂、倘、陶、讨、特、剔、提、题、体、涕、田、畋、恬、忝、殄、帖、贴、挺、童、投、突、徒、图、涂、推、退、屯、脱、托;(6+35)

W. 外、万、亡、王、望、往、为、未、谓、惟、文、问、闻、无、吾、物//完、玩、顽、挽、妄、枉、罔、微、委、韪、韦、维、唯、温、污、务、武、乌、勿、伍、吾、诬、悟、晤、忤、骛;(16+26)

X. 兮、下、先、贤、乡、向、相、小、心、信、行、幸、许、学//夕、习、息、系、奚、熹、席、袭、悉、隙、徙、戏、檄、黠、狎、遐、瑕、暇、鲜、先、嫌、咸、贤、闲、羡、县、陷、限、项、响、详、饷、晓、效、销、肖、萧、孝、挟、携、偕、邪、谐、亵、谢、馨、衅、兴、刑、形、凶、雄、修、羞、秀、休、须、徐、虚、序、绪、蓄、吁、畜、诩、勖、宣、暄、轩、旋、削、谑、寻、逊、循、殉、徇、讯;(14+78)

Y. 焉、言、也、一、衣、已、以、矣、义、亦、异、意、因、引、应、用、犹、游、有、余、于、予、语、欲、远、愿、曰、约、乐、云//涯、雅、湮、淹、妍、延、偃、奄、晏、彦、厌、央、殃、佯、恙、要、夭、邀、冶、业、叶、谒、晔、逸、艺、易、遗、宜、夷、益、弋、役、佚、揖、诣、懿、阴、殷、荫、垠、隐、英、营、颖、赢、迎、盈、萦、膺、庸、拥、永、优、佑、尤、攸、由、与、遇、逾、虞、迂、舆、豫、预、狱、渝、喻、寓、御、原、元、缘、怨、阅、越、蕴、允、陨、殒、愠;(30+81)

Z. 哉、再、则、贼、战、朝、召、者、之、知、执、直、止、至、志、治、置、中、终、重、众、诸、主、子、自、走、足、卒、罪、左、作、坐//杂、宰、载、暂、赞、臧、造、遭、责、泽、择、乍、占、沾、瞻、崭、绽、张、彰、杖、昭、遮、辙、辄、谪、臻、甄、斟、箴、缜、赈、砧、振、正、征、诤、拯、争、值、质、执、致、旨、炙、仲、衷、钟、冢、踵、周、胄、著、诛、嘱、瞩、注、撰、传、缀、准、卓、捉、拙、琢、濯、茁、酌、资、兹、字、滋、咨、恣、宗、总、奏、族、诅、俎、纂、最、尊。(32+82)

牢固掌握这部分基本文言语词的基本义项,是读懂浅近文言文的前提条件。据对近十年(1994—2003)语文高考上海卷的文言文常用词考查检索,所考查的48个文言词语中,单音节常用词占42个,如"延、苟、亟、绝、讳、觞、再、的、卒、革、御、止、狱、子、徒、威、咸、但、已、假、盍、与、爱、利、陵、檄、度、居、造、固、顾、抢、乍、尽、网、及、縻、阑、缓、憩、间、迥"等,绝大多数为上述常用词表中所列。其中,属于最常用词的,为"子、绝、再、卒、止、已、一、居、固、顾、及、间";其余属于常用词。从这一意义上说,文言常用词表具有一定的学习、复习目标检索价值。

文言常用词的积累、学习,可以采取分析、筛选词语的义项构成来学习。对那些与现代汉语语义距离较大的,作重点理解、掌握。如,“爱”的基本义项有:①爱。《史记·陈涉世家》:“吴广素~人。”②怜惜,同情。《左传·僖公二十二年》:“~其二毛。”③吝惜,舍不得。《老子》:“甚~必大费。”其中,只有③的义项比较陌生,需要重点掌握。而结合语境进行分析、分类研究,是积累、学习文言常用词的最基本的方法。

视点二十

中学文言文常见虚词基本用法

文言文常用虚词,包括夫、其、与、为、之、然、以、焉、则、是、故、即、而、斯、将、诸、惟、于、或、乃、虽、何、若等。

文言虚词与现代汉语虚词,概念不尽相同。

学习文言虚词,除识记其基本用法外,“再举一例”是一种有效的学习。

1. 之

“之”有三大类用法,一类是做代词,指代人、事或物,多为第三人称,也用作第一人称、指示代词;一类是做结构助词;一类作动词。

(1) 代词用法

A. 徐公来,孰视之(《邹忌讽齐王纳谏》)

B. 是说也,人常疑之(《石钟山记》)

C. 自以为得之矣(同前)

D. 于乱石间择其一二扣之(同前)

E. 之二虫,又何知(《庄子·逍遥游》)

(2) 助词用法

A. 洛阳处天下之中(《书〈洛阳名园记〉后》)

B. 公之视廉将军孰与秦王(《廉颇蔺相如列传》)

C. 王之蔽甚矣(《邹忌讽齐王纳谏》)

D. 孔子曰:“何陋之有?”(《陋室铭》)

(3) 动词用法

A. 吾欲之南海(《为学》)

2. 其

“其”有两类用法,一是做代词,指代人、事或物,“他的”“他”或用为第一人称以及指示代词;一是做副词,表示感叹、反诘、祈使、婉商、揣度等语气。

(1) 代词用法

A. 臣窃以为其人勇士,有智谋,宜可使(《廉颇蔺相如列传》)

B. 朝服衣冠,窥镜,谓其妻曰(《邹忌讽齐王纳谏》)

C. 及其离乱,继以五季之酷(《书〈洛阳名园记〉后》)

D. 不知其深浅,微波入焉(《石钟山记》)

(2) 语气副词用法

A. 圣人之所以为圣,愚人之所以为愚,其皆出于此乎(《师说》)

B. 今其智乃反不能及,其可怪也欤(同前;后一“其”)

C. 尔其无忘乃父之志(《伶官传序》)

3. 而

“而”通常做连词,起连接作用,表示并列、承接、转折、修饰等;有时也可表假设,相当于“如果”;或做通假用,同“尔”。

(1) 连词用法

A. 水落而石出者(《醉翁亭记》)

B. 假舟楫者,非能水也,而绝江河(《劝学》)

C. 哗然而骇者,虽鸡犬不得宁焉(《捕蛇者说》)

D. 忌不自信,而复问其妻曰(《邹忌讽齐王纳谏》)

(2) 假设用法

A. 人而无信,不知其可也(《论语·宪问》)

(3) 通假用法

A. 而翁归,当与汝复算耳(《促织》)

4. 则

“则”常做连词,起连接作用,但与“而”的连词用法略有不同。一般说,“则”除表示与前面部分构成连接关系外,还有强调意味。

(1) 连词用法

A. 天下常无事则已(《书〈洛阳名园记〉后》)

B. 有事,则洛阳必先收兵(同前)

C. 则《名园记》之作,予岂徒然哉(同前)

D. 在药则未为良时(《采草药》)

(2) 语气副词用法

A. 此则岳阳楼之大观也(《岳阳楼记》)

5. 以

“以”通常做介词,表示“用、拿”“靠、凭”“在、于”“因为”等;可作连词,相当于“而”,可表目的或结果;还可做动词,相当于“认为”;通假用法,同“已”,已经,或同“如”,像。

(1) 介词用法

A. 今以钟磬置水中(《石钟山记》)

B. 掭以尖草,不出(《促织》)

C. 成以其小,劣之(同前)

D. 果予以未时还家,则汝以辰时气绝(《祭妹文》)

E. 将军以神武雄才,兼仗父兄之烈(《赤壁之战》)

(2) 连词用法

A. 放乎一己之私意以自为(《书〈洛阳名园记〉后》)

B. 夫夷以近,则游者众(《游褒禅山记》)
C. 即其庐之西南为亭,以览观江流之胜(《黄州快哉亭记》)
D. 不宜妄自菲薄……以塞忠谏之路(《出师表》)
(3) 动词用法
A. 皆以美于徐公(《邹忌讽齐王纳谏》)
B. 孰视之,自以为不如(同前)
(4) 通假用法
A. 今两侯以出(《汉书·张敞传》)
B. 其间千二百里,虽乘奔御风,不以疾也(《三峡》)

6. 于

“于”做介词,相当于“在”“从”“由于”“向、对”“到”“比”“被”一类意思。
A. 此所谓战胜于朝廷(《邹忌讽齐王纳谏》)
B. 且天下之治乱,候于洛阳之盛衰而知(《书〈洛阳名园记〉后》)
C. 公卿大夫方进于朝(《书〈洛阳名园记〉后》)
D. 皆以美于徐公(《邹忌讽齐王纳谏》)
E. 业精于勤荒于嬉(《进学解》)
F. 皆朝于齐(《邹忌讽齐王纳谏》)
G. 欲有求于我也(《邹忌讽齐王纳谏》)

7. 或

“或”做不定代词,相当于“有人”“有的”;也作“或者”“有时”。
A. 或曰:“六国互丧,率赂秦耶?”(《六国论》)
B. 回视日观以西峰,或得日或否(《登泰山记》)
C. 予尝求古仁人之心,或异二者之为,何哉(《岳阳楼记》)
D. 蛟或浮或没(《周处》)

8. 乃

“乃”主要做副词,意思有“就、于是”“才”“竟、却”“仅仅”“是”等;也可做代词,相当于“你”。
(1) 副词用法
A. 乃重修岳阳楼(《岳阳楼记》)
B. 静思傅会,十年乃成(《张衡》)
C. 乃不知有汉,无论魏晋(《桃花源记》)
D. 至东城,乃有二十八骑(《项羽本纪》)
E. 则法术者,乃群臣士民之所祸也(《和氏》)
(2) 代词用法
A. 家祭无忘告乃翁(《示儿》)

9. 虽

“虽”一般是“即使、纵然”“尽管、虽然”之意。

A. 今虽死乎此(《捕蛇者说》)

B. 虽有槁暴，不复挺者(《劝学》)

C. 田虽薄恶，收可亩十石(《齐民要术》)

10. 然

“然”常见的用法是：表示转折，相当于“但是、可是”；起指代作用，“这样、那样”；附于形容词、拟声词之后作词尾，有“……的样子”的意思；表示同意，“是”“认为对”的意思。

A. 然得而腊之以为饵(《捕蛇者说》)

B. 则弛然而卧(同上)

C. 石之铿然有声者(《石钟山记》)

D. 𫐓使之然也(《劝学》)

E. 然则何时而乐耶(《岳阳楼记》)

F. 而半山居雾若带然(《登泰山记》)

G. 虽然，不可不为生言之(《答李翊书》)

11. 焉

“焉”在句中有三种位置：用于动词之后做语气词，有“啊、吧、呢”一类意思；或做兼词，介词兼指示代词，有“在这里”“在这件事上”等意思；附于形容词、拟声词之后做词尾，有“……的样子”的意思；用于动词之前，做疑问代词，有“怎么、哪儿”一类意思。

A. 既富矣，又何加焉(《论语》)

B. 以俟夫观人风者得焉(《捕蛇者说》)

C. 三人行，必有我师焉(《论语》)

D. 硿硿焉，余固笑而不信也(《石钟山记》)

E. 且焉置土石(《愚公移山》)

12. 是

“是”在文言中大都做代词，相当于“这”；也起提宾作用(无义)，还可作“是非”的“是”用；偶尔也用作判断。

A. 吾祖死于是，吾父死于是(《捕蛇者说》)

B. 是年夏五，改元景炎(《〈指南录〉后序》)

C. 是说也，人常疑之(《石钟山记》)

D. 石之铿然有声者，所在皆是也(同上)

E. 虽不谓吾言为是(《与妻书》)

F. 惟余马首是瞻(《冯婉贞》)

13. 因

“因”的实词用法可做名词(如“原因、因由”)，动词(如“沿袭、循着、顺从”一类意思)；虚词用法通常作介词用,有“通过”“凭借”“趁”等的意思;也作连词,相当于“于是”“就”等。

A. 因宾客至蔺相如门谢罪(《廉颇蔺相如列传》)

B. 因河为池(《过秦论》)

C. 不如因而厚遇之(《廉颇蔺相如列传》)

D. 因笑谓迈曰:“汝知之乎?”(《石钟山记》)

E. 因为长句(《琵琶行》)

14. 为

“为”在文言中大多做动词,其基本意思是“做”“干”,如“斩木为兵,揭竿为旗”(《过秦论》),并可引申出多种语境含义。也常做虚词,如介词,相当于“替、给”“对、向”“因为、为了”一类意思,或表示被动,“被”;做句尾语气词,相当于“呢、吗”一类意思。

A. 公为我献之(《鸿门宴》)

B. 臣为韩王送沛公(同上)

C. 为之奈何(同上)

D. 不足为外人道也(《桃花源记》)

E. 身死人手,为天下笑者,何也(《过秦论》)

F. 经北舰十余里,为巡船所物色,几从鱼腹死(《〈指南录〉后序》)

G. 如今人方为刀俎,我为鱼肉,何辞为(《鸿门宴》)

H. 何故怀瑾握瑜,而自令见放为(《屈原列传》)

15. 诸

“诸”用于名词前如“赵王与大将军廉颇诸大臣谋”,有“各”的意思;用于动词之后且位于句中,做兼词,相当于“之于”;用于动词之后且位于句尾,则作“之乎”。这两种情况要根据语境翻译为相应的现代汉语。

A. 投诸渤海之尾(《愚公移山》)

B. 更譬诸操舟(《论毅力》)

C. 王尝语庄子以好乐,有诸(《庄暴见孟子》)

16. 乎

“乎”的用法,主要是三种:用于句尾,做语气助词,相当于“呢、吗、吧”;用于句中、动词之后,相当于“于”可译作“在”“比”“对(对于)”等;用于句中且附于形容词或副词之后做词尾,相当于“……的样子”“地”一类意思。

A. 赵岂敢留璧而得罪于大王乎(《廉颇蔺相如列传》)

B. 汝知之乎(《石钟山记》)

C. 夫庸知其年之先后生于吾乎(《师说》)

D. 苟如君言,刘豫州何不遂事之乎(《赤壁之战》)

E. 吾能之乎? 抑汝能之乎(《与妻书》)

F. 其皆出于此乎(《师说》)

G. 君子慎其所立乎(《劝学》)

H. 生乎吾前,其闻道也固先乎吾(《师说》)

I. 吾尝疑乎是(《捕蛇者说》)

J. 孰不巍巍乎可畏,赫赫乎可象也(《卖柑者言》)

K. 嗟尔远道之人,胡为乎来哉(《蜀道难》)

(参见人教社 1988 年版教材及上海 H 版教材相关资料)